중세문법

학교문법의 이해

이영택 편저

天女ㅣ 닐오디 우리는 하늘히오 그듸는 當時로 사르미어니
도로 가 사르미 목숨 브리고 다시 이에 와 나아사 살리라
難陀ㅣ 부텻긔 와 솔븐디
부톄 니르샤디 네 겨지븨 고보미 天女와 엇더ᄒ더뇨
難陀ㅣ 솔보디 내 겨지비사 눈먼 獼猴 곧 도소ㅇ다
부톄 難陀드려 니르시고 閻浮提예 도라오시니 難陀ㅣ 하놀해
가 나고져 ᄒ야 修行을 브즈러니 ᄒ더라

이 책의 머리말
PREFACE

학교 문법에서 중세 문법이 차지하는 비중은 높지 않다. 학생들의 관심도 높지 않고 학습 부담을 많이 갖는 영역이다. 실생활에서 사용하는 문법이 아니라는 점도 중세 문법을 멀리하는 이유가 된다. 학교 현장에서도 교사들이 지도하는 중세 문법의 범위는 한정되어 있고, 교육의 필요성도 인식하지 못하는 경우가 많다. 그런데 중세 문법은 현대 국어 문법과 통시적인 측면에서 밀접한 관련을 맺고 있다. 이는 중세 국어 문법에 대한 지식은 현대 국어 문법을 이해하는 데 있어서 중요한 역할을 할 수 있다는 것이다.

현재 문법 교육과정에서는 '국어의 역사성'만을 간단하게 제시하고 있다. 국어의 역사성은 중세에서 근대를 거쳐 현대까지 국어의 통시적 변화에 초점을 둔다. 하지만 통시성을 이해하기 위한 전제가 공시성에 대한 이해이다. 따라서 중세 국어의 학습은 중세 국어의 음운, 형태, 통사에 대한 공시적 이해를 바탕으로 근대에서 현대로의 변화를 살펴볼 필요가 있다.

이 교재에서는 음운과 그 체계를 훈민정음의 제자 원리를 바탕으로 제시하였다. 중세 국어의 음운론은 훈민정음의 제자 원리를 바탕으로 음운 체계 등을 이해하고, 음운 변천 과정 및 음운 변동으로 확대해 나가는 것이 바람직하다. 형태론은 조사와 접사, 어미 등의 문법 형태소의 형태와 이형태, 그리고 그 기능에 대한 이해가 중요하다. 형태론은 통사론과의 관계를 고려하고, 현대 국어와의 비교를 통해 이해의 폭을 넓힐 필요가 있다. 통사론은 형태론에서 학습한 형태소가 문장 안에서 어떤 기능으로 실현되는가에 초점을 맞추는 것이 좋다. 중세 국어 자료는 원문을 가지고 스스로 형태소를 분석하면서 문법적 기능을 이해했으면 한다. 모든 영역이 그렇지만 눈앞에 있는 내용을 단순하게 암기한다고 해서 학습의 결과가 긍정적이지는 않다. 수학과 비교하는 것은 무리일 수도 있지만, 수학 문제를 풀어가듯이 고민하고 탐구하는 태도가 요구된다.

교원 임용고사에서 중세 국어에 대한 음운론과 형태론, 통사론적 지식과 함께 실제 자료를 분석할 수 있는 능력을 요구하는 문제가 출제되고 있다. 하지만 사범대학을 졸업한 대학생들이 볼 수 있는 교재가 한정되어 있으며, 학생들의 수준에 비해 지나치게 어렵기도 하다는 점이 문제가 된다. 그래서 이 교재에서는 여러 학자들의 개론서와 연구 논문을 자료로 하여 중세 문법의 기본을 닦고 싶은 교사와 교원 임용고사를 준비하는 사범대 국어교육과생을 위해 꼭 필요한 내용만을 중심으로 내용을 구성하였다. 그리고 예전에 공부했던 중세 자료를 제시하여 하나하나 형태소를 분석하여 자료를 분석하는 능력을 키우는 데 돕고자 했다. 중세 국어 이론에 대한 최소한의 필수 지식을 꼼꼼히 예문과 함께 학습한 이후에, 자료를 통해 좀더 구체적으로 확대할 수 있었으면 한다.

여러 권의 책을 보는 것도 중요하지만, 한 권의 책이라도 제대로 보는 것이 더 중요하다고 믿는다. 이는 원하는 결과를 얻기 위해 '기본'에 충실하는 것이 중요하다는 의미이다. 하나하나 단계적으로 꾸준하게 학습한다면, 원하는 결과를 얻을 것으로 믿는다.

이 책의 차례
CONTENTS

PART 1 ··· 문자

01 문자와 말소리 ··· 10
- **1** 훈민정음의 제자 원리 — 10
  - 1. 초성의 제자 원리 — 10
  - 2. 중성의 제자 원리 — 12
  - 3. 종성의 제자 원리 — 13

02 표기 ··· 15
- **1** 고대 국어의 표기법 — 16
  - 1. 고유 명사의 표기 — 16
  - 2. 이두(吏讀) — 17
  - 3. 구결(口訣) — 18
  - 4. 향찰(鄕札) – 종합적인 표기 체계 — 19
- **2** 중세 국어의 표기법 — 20
  - 1. 표기법의 원리 — 20
  - 2. 표기법의 유형 — 21
  - 3. 형태소끼리 결합할 때의 표기 방식 — 22
  - 4. 표기법의 변화 — 25
- **3** 문자 운용법 — 29
  - 1. 연서법 — 29
  - 2. 병서법 — 29
  - 3. 부서법 — 31

03 음운 ··· 32
- **1** 자음 체계 — 33
  - 1. 자음 — 33
  - 2. 자음의 변화 — 34
- **2** 모음 체계 — 39
  - 1. 단모음 — 39
  - 2. 이중 모음 — 41
  - 3. 모음의 변화 — 42
- **3** 운소 체계 — 43
  - 1. 성조(聲調) — 43

04 음운 변동 ··· 47
- **1** 음운의 교체[대치] — 48
  - 1. 평파열음화 — 48
  - 2. 비음화 — 48
  - 3. 경음화 — 49
  - 4. 모음 조화 — 49
  - 5. ㄱ 약화 — 51
- **2** 음운의 탈락 — 51
  - 1. 자음군 단순화 — 51
  - 2. 유음 탈락 — 52
  - 3. 모음 탈락 — 52
- **3** 음운의 첨가 — 53
  - 1. 반모음 첨가 — 53
- **4** 음운의 축약 — 53
  - 1. 유기음화 — 53
  - 2. 반모음화 — 54

5 음운 현상의 변화	54
1. 자음 관련 현상의 변화	54
2. 모음 관련 현상의 변화	57
■ 더 읽을거리 : 음운사	62
■ 연습 문제	65

PART 2 ··· 단어

01 단어 형성 ··· 80

1 단어 형성	80
1. 형태소	80
2. 단어 형성 유형	81
3. 형태음운론적 교체	82
2 파생법	83
1. 접두 파생법	83
2. 접미 파생법	84
3 합성법	88
1. 명사 합성법	88
2. 동사 합성법	89
3. 형용사 합성법	89
4. 관형사 합성법	89
5. 부사 합성법	89

02 품사 ··· 91

1 품사 분류	91
1. 정의와 분류 기준	91
2. 품사 통용	92
2 명사, 대명사, 수사	94
1. 명사	94
2. 대명사(代名詞)	96
3. 수사(數詞)	98
3 조사(助詞)	99
1. 조사의 정의	99
2. 형식상의 특수성	99
3. 격조사의 갈래와 성격	100
4. 접속 조사	106
5. 보조사	107
4 체언의 형태 교체	109
1. 표음적 표기에 의한 바꿈	109
2. ㅎ 종성 체언	109
3. 모음 탈락에 의한 형태 바꿈	110
4. 'ㄱ' 덧생김 체언(ㄱ曲用語)	111
5. '이'의 탈락	112
6. 대명사 곡용	112
5 동사와 형용사	113
1. 자동사 · 타동사	113
2. 형용사	113
3. 보조 용언	113
6 용언의 활용	115
1. 규칙 활용	115
2. 불규칙 활용	117

이 책의 차례 CONTENTS

7 어미 : 선어말 어미, 어말 어미	121
1. 선어말 어미	121
2. 어말 어미	125
8 관형사, 부사, 감탄사	130
1. 관형사	130
2. 부사	131
3. 감탄사	132
■ 더 읽을거리 : 형태사	133
■ 연습 문제	137
■ 퀴즈_재미있는 16세기의 동의어	152

PART 3 ⋯ 문장

01 문장 성분 ⋯ 154

1 주성분	154
1. 주어	154
2. 서술어	156
3. 목적어	157
4. 보어	159
2 부속 성분	159
1. 관형어	159
2. 부사어	161
3 독립 성분	163
1. 독립어	163

02 문장 구조 ⋯ 164

1 문장 속의 문장(안긴 문장)	164
1. 명사절로 안긴 문장	164
2. 서술절로 안긴 문장	165
3. 관형사절로 안긴 문장	165
4. 부사절로 안긴 문장	166
5. 인용절로 안긴 문장	167
2 이어진 문장	168
1. 대등하게 이어진 문장	168
2. 종속적으로 이어진 문장	168
3. 이어진 문장의 통사적 제약	169
4. 연결 어미의 분류	170

03 문법 요소 ⋯ 173

1 문장의 유형	173
1. 평서문	173
2. 의문문	174
3. 감탄문	177
4. 명령문	177
5. 청유문	178
2 높임 표현	179
1. 주체 높임법	179
2. 객체 높임법	181
3. 상대 높임법	183

3 시간 표현	**184**
1. 시제	185
2. 동작상	189
3. 태도의 표현[부차 서법]	190

4 사동과 피동 표현	**191**
1. 사동 표현	191
2. 피동 표현	192

5 부정 표현	**193**
1. '아니' 부정	193
2. '몯' 부정문	194
3. 말다 부정문	195

6 선어말 어미 '-오-'의 문법 기능	**195**
1. 형태	195
2. 인칭설	196
3. 의도설	197

■ 더 읽을거리 : 통사사	**199**
■ 연습 문제	**203**

PART 4 ··· 중세 국어 자료

중세국어 자료 1 ··· 216

01 세종어제훈민정음(世宗御製訓民正音)	216
02 용비어천가(龍飛御天歌)	221
03 석보상절(釋譜詳節)	232
04 월인석보(月印釋譜)	242
05 월인천강지곡(月印千江之曲)	255
06 삼강행실도(三綱行實圖)	259
07 내훈(內訓)	272
08 두시언해(杜詩諺解)	284
09 소학언해(小學諺解)	292
10 순신역전(純臣力戰)	295
11 노걸대언해(老乞大諺解)	296

중세 국어 자료 2 ··· 298

1 고려속요(高麗俗謠)	298
1. 정과정(鄭瓜亭)	298
2 가시리	300
3 서경별곡	302
4 청산별곡(靑山別曲)	304
5 정석가(鄭石歌)	307
6 쌍화점(雙花店)	310
7 상저가(相杵歌)	312
8 사모곡(思母曲)	312

■ 연습 문제	**314**

참고문헌 ··· **319**

PART 01

문자와 말소리

1. 문자
2. 표기
3. 음운
4. 음운 변동

01 문자

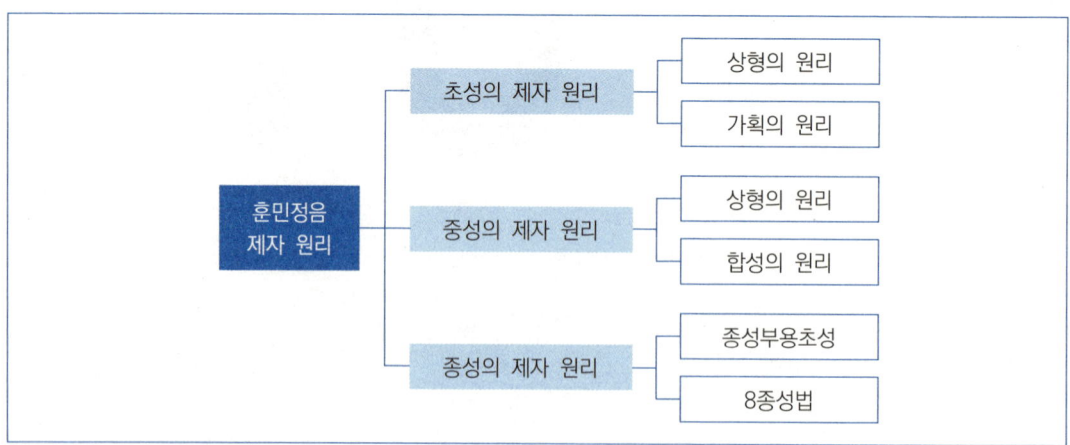

1 훈민정음의 제자 원리

1. 초성의 제자 원리

(1) '상형'의 원리

한글 상형의 원리를 기본으로 하여, 발음하는 기관의 모양을 본떠 기본자를 만들었다.

> 초성(初聲)은 무릇 열일곱 자이니, 아음(牙音) ㄱ은 혀뿌리가 목구멍을 막는 모양을 상형하고, 설음(舌音)은 혀가 윗잇몸에 닿는 모양을 상형하고 순음(脣音) ㅁ은 입의 모양을 상형하고, 치음(齒音) ㅅ은 이의 모양을 상형하고, 후음(喉音) ㅇ은 목구멍의 모양을 상형한 것이다.
> 『훈민정음』 해례

조음 위치	기본자[상형]	상형 내용
아	ㄱ	혀뿌리가 목구멍을 닫은 모양(꼴)을 본뜬다.(象舌根閉喉之形)
설	ㄴ	혀가 윗잇몸에 붙은 모양(꼴)을 본뜬다.(象舌附上腭之形)
순	ㅁ	입의 모양(꼴)을 본뜬다.(象口形)
치	ㅅ	이의 모양(꼴)을 본뜬다.(象齒形)
후	ㅇ	목구멍의 모양(꼴)을 본뜬다.(象喉形)

(2) '가획'의 원리

① **가획자** : 기본자에 소리의 세기인 '성려(聲厲)'의 자질에 따라 획을 더하는 가획(加劃)의 원리가 적용된다.

> ㅋ은 ㄱ에 비하여 소리남이 조금 센[厲] 까닭에 획을 더하였다. ㄴ에서 ㄷ, ㄷ에서 ㅌ, ㅁ에서 ㅂ, ㅂ에서 ㅍ, ㅅ에서 ㅈ, ㅈ에서 ㅊ, ㅇ에서 ㆆ, ㆆ에서 ㅎ은 그 소리로 말미암아 획을 더한 뜻이 모두 같다.
>
> 『훈민정음』해례

오음 분류	기본자	가획자		이체자
아	ㄱ		ㅋ	ㆁ
설	ㄴ	ㄷ	ㅌ	ㄹ
순	ㅁ	ㅂ	ㅍ	
치	ㅅ	ㅈ	ㅊ	ㅿ
후	ㅇ	ㆆ	ㅎ	

不厲(불려) ──── 聲厲(성려) ────→ 厲(려)
(발음이 세게 나는 정도)

② **이체자(異體字) 'ㄹ, ㆁ, ㅿ'** : 가획의 과정을 거쳤지만 가획의 의미인 '소리의 세기[聲厲]'가 세진다는 내용을 담고 있지 않다. 그리고 'ㆁ'은 아음이지만 후음의 기본자에 획을 더해 만들었다.

> 그러나 오직 ㆁ만은 다르며, 반설음(半舌音) ㄹ, 반치음(半齒音) ㅿ도 또한 혀와 이의 모양을 상형한 것이기는 하나, 그 모양을 달리해서 획을 더한 뜻이 없는 것이다.
>
> 『훈민정음』해례

〈훈민정음〉해례의 초성자의 규정

- 훈민정음의 초성 예 ㄱ ㅋ ㆁ ㄷ ㅌ ㄴ ㅂ ㅍ ㅁ ㅅ ㅈ ㅊ ㆆ ㅎ ㅇ ㄹ ㅿ (17자)
- 연서자(순경음) 예 ㅸ ㆄ ㅹ ㅱ
- 병서자 예 ㄲ, ㄸ, ㅃ, ㅆ, ㅉ, ㆅ (각자병서)
   ㅆ, ㅺ, ㅼ, ㅴ, ㅄ, ㅵ, ㅳ, ㅶ, ㅷ (합용 병서)

2. 중성의 제자 원리

(1) '상형'의 원리 : 기본자

하늘[天]과 땅[地], 사람[人] 등 삼재(三才)를 모방하여 기본자를 만들었다.

> 중성(中聲)은 무릇 열 한자이다. ㆍ는 혀가 수축(收縮)해서[舌縮] 소리가 깊다(深). 천(天)이 자(子)에서 열리는 바, 그 모양이 둥근 것은 하늘을 상형(象形)함이다[天圓]. ㅡ는 혀가 조금 수축해서(舌小縮) 그 소리가 깊지도 얕지도 않다[不深不淺]. 지(地)는 축(丑)에서 펼쳐진 바[地闢於丑], 그 모양이 평평함은 땅(地)을 상형함이다[地平]. ㅣ는 혀가 전혀 수축함이 없어[舌不縮] 소리가 얕다[淺]. 인(人)은 인(寅)에서 생기는 바[人生於寅], 그 모양이 서 있음은 사람을 상형함이다[人立].
>
> 『훈민정음』해례

자 형	상형 내용	성(聲)	발성 상태(모음의 조음 위치)
ㆍ	천원(天圓)	깊음[深]	혀를 움츠림[舌縮]
ㅡ	지평(地平)	깊지도 얕지도 않음[不深不淺]	혀를 조금 움츠림[舌小縮]
ㅣ	인립(人立)	얕음[淺]	혀를 움츠리지 않음[舌不縮]

(2) '합성'의 원리 : 재출자, 합용자

> 이 아래의 여덟 소리는 하나가 합(闔)이면, 하나는 벽(闢)이다. ㅗ는 ㆍ와 같으나 입이 오므러지는 바[口蹙], 그 모양은 ㆍ가 ㅡ와 합해서 된 것이라, 천(天)과 지(地)가 처음으로 사귐을 뜻한 데서 취한 것이다. ㅏ는 ㆍ와 같으나 입이 벌려지는 바[口張], 그 모양은 ㅣ가 ㆍ와 합해서 된 것이라, 천지의 용(用)이 사물(事物)에 나타나되 사람을 기다려서 이루는 뜻에서 취한 것이다. ㅜ는 ㅡ와 같으나 입이 오무러지는 바, 그 모양은 ㅡ가 ㆍ와 합해서 된 것이라, 역시 천과 지가 처음으로 사귐을 뜻하는데서 취한 것이라. ㅓ는 ㅡ와 같으나 입이 벌리어지는 바, 그 모양은 ㆍ가 ㅣ와 합해서 된 것이라, 역시 천지의 용이 사물에 나타나되 사람을 기다려서 이루어진다는 뜻에서 취한 것이다.
>
> 『훈민정음』해례

① 모음 계열의 자질과 성격

계 열	자 질	자 형		성 격	음 양
		초출자	재출자		
ㅗ與ㆍ同	구축(口蹙)	ㆍ+ㅡ → ㅗ	ㅛ(ㅣ+ㅗ)	합(闔) 원순	양
ㅏ與ㆍ同	구장(口張)	ㅣ+ㆍ → ㅏ	ㅑ(ㅣ+ㅏ)	벽(闢) 원순	양
ㅜ與ㅡ同	구축(口蹙)	ㅡ+ㆍ → ㅜ	ㅠ(ㅣ+ㅜ)	비원순 합(闔)	음
ㅓ與ㅡ同	구장(口張)	ㆍ+ㅣ → ㅓ	ㅕ(ㅣ+ㅓ)	벽(闢)	음

참고 ㆍ와 ㅡ 계열의 관계

```
입을 오므림[口蹙]        기본 모음           입을 폄[口張]
                          ㅣ
      ㅜ      ←           ㅡ           →      ㅓ
      ㅗ                                       ㅏ
  원순 모음                                비원순 모음
```

② 이중 모음(재출자)의 성격 : 모두 'ㅣ' 모음에서 시작한다.

> ㅛ는 ㅗ와 같으나 ㅣ에서 일어나고, ㅑ는 ㅏ와 같으나 ㅣ에서 일어나고, ㅠ는 ㅜ와 같으나 ㅣ에서 일어나고, ㅕ는 ㅓ와 같으나 ㅣ에서 일어난다.
>
> 『훈민정음』 해례

초출자(초생)			재출자(재생)	
양	ㅗ ㅏ	→	ㅛ(ㅣ+ㅗ) ㅑ(ㅣ+ㅏ)	천(天) → 양(陽)
음	ㅜ ㅓ	→	ㅠ(ㅣ+ㅜ) ㅕ(ㅣ+ㅓ)	지(地) → 음(陰)
천지에서 비롯			'ㅣ'에서 일어나서 '인(人)'을 겸함.	

국어의 모음은 양성 모음 계열과 음성 모음 계열의 대립으로 어감의 차이가 나는데, 제자해에서도 모음들을 양과 음의 대립으로 고찰하고 있다.

참고 〈훈민정음〉 해례의 중성자 규정
- 훈민정음의 중성 : ㆍ ㅡ ㅣ ㅗ ㅏ ㅜ ㅓ ㅛ ㅑ ㅠ ㅕ(11자)
- 이자합용자(二字合用字) : ㅘ, ㆇ, ㅝ, ㆊ(4자)
- ㅣ상합자(相合字) : ㅓ ㅢ ㅚ ㅐ ㅟ ㅔ ㆈ ㅒ ㆌ ㅖ ㅙ ㆋ ㅙ ㅞ(14자)

3. 종성의 제자 원리

(1) 종성부용초성
따로 글자를 만들지 않고 첫소리의 글자 체계를 그대로 사용한다.

> 乃냉終즁ㄱ소리는 다시 첫소리를 쓰ᄂ니라.[종성부용초성(終聲復用初聲)]
>
> 『훈민정음』 예의 본문

(2) 실제 표기 : 8종성법(ㄱㆁㄷㄴㅂㅁㅅㄹ)

> 그러나 ㄱㆁㄷㄴㅂㅁㅅㄹ 8자로 족히 쓸 수 있다.[然 ㄱㆁㄷㄴㅂㅁㅅㄹ 八字可足用也] 梨花(이화)는 빗곶이 되고, 虎皮(호피)는 엿의 갗이 되지마는 ㅅ자로 통용할 수 있는 까닭에, 오직 ㅅ자를 쓰는 것과 같은 것이다.
>
> 『훈민정음』 해례(解例) '종성해(終聲解)'

참고1 종성에서의 성조 : 종성에서 소리가 거세지 않은 불청불탁자 'ㆁ, ㄴ, ㅁ, ㅇ, ㅿ, ㄹ'은 평성, 상성, 거성에 해당하고, 소리가 센 전청·차청, 전탁자인 'ㄱ, ㄷ, ㅂ, ㆆ, ㅅ'은 입성에 해당한다.

> 소리(聲)에는 완(緩)과 급(急)의 다름이 있는 까닭에 평성(平聲) 상성(上聲) 거성(去聲)은 그 종성이 입성(入聲)의 촉급(促急)함과 같지 못하다. 불청불탁(不淸不濁)의 자는 그 소리(聲)가 거세지 못함으로 종성으로 쓰면 평성 상성 거성에 해당하고, 전청(全淸) 차청(次淸) 전탁(全濁)의 자는 그 소리(聲)가 거센 까닭에 종성으로 쓰면 입성에 해당한다.
>
> 『훈민정음』 해례(解例) '종성해(終聲解)'

성(聲)	성조	성격	문자	소리의 세기
완(緩)	평성·상성·거성	불청불탁	ㆁㄴㅁㅇㅿㄹ	불려(不厲)
급(急)	입성	전청·차청·전탁	ㄱㄷㅂㆆㅅ	려(厲)

참고2 〈훈민정음〉의 종성 규정
- '종성부용초성'의 규정 : 〈용비어천가〉와 〈월인천강지곡〉에만 적용.
- 초성합용즉병서 종성동(初聲合用則竝書 終聲同) : 'ㄺ, ㅺ, ㄼ' 등 병서자가 종성으로 쓰임.

02 표기

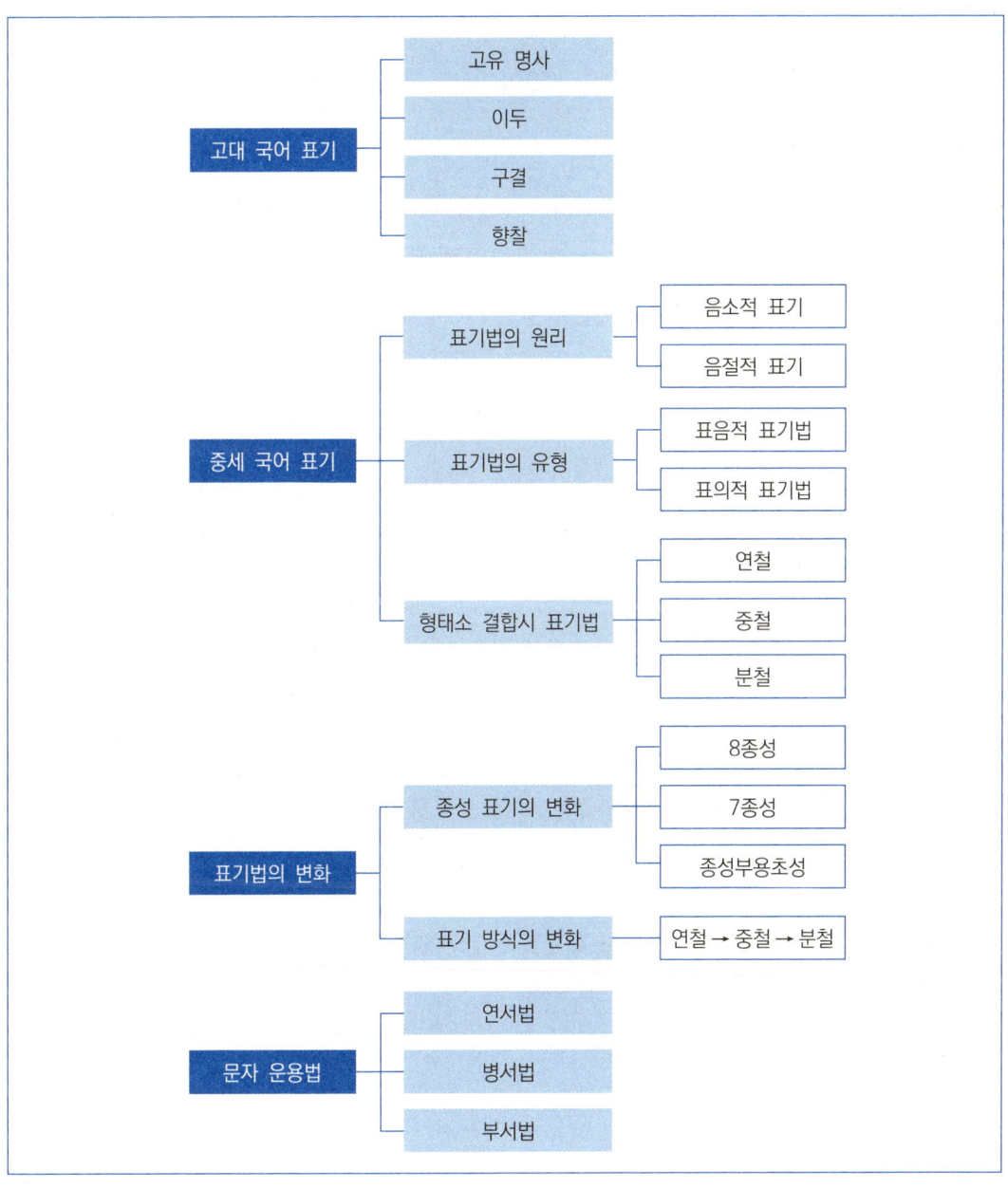

1 고대 국어의 표기법

1. 고유 명사의 표기

(1) 고유 명사의 표기

① 한자 차용 표기

> 素那(或云金川) 白城郡蛇山人也
>
> 소나(素那)[또는 금천(金川)이라고 한다.]는 백성군(白城郡) 사산(蛇山) 사람이다.

표기 방식

㉠ 표음적 표기[음독(音讀)] : 한자의 의미를 버리고 음만 빌려 오는 경우
  예 '소나'를 표기하기 위해 '素那'로 적고 그 음을 빌려 옴.

㉡ 표의적 표기[석독(釋讀)] : 한자의 음을 버리고 의미만 빌려 오는 경우
  예 '소나'를 표기하기 위해 '金川'으로 적고 그 뜻을 빌려 옴.

(2) 인명

> 赫居世王 蓋方言也 或作 弗矩內王(혁거세왕은 대개 신라의 말이다. 혹은 '불구내왕'이라고도 한다.)<삼국유사 권1> ['혁거세'는 훈차, '불구내'는 음차]

예 • 居柒夫 或云荒宗(거칠부 또는 '황'종이라고 이른다.)
     음차   훈차
   • 異斯夫 或云苔宗(이사부 혹 '태'종이라고 이른다.)
     음차   훈차

(3) 지명

> 永同郡 本吉同郡 景德王改名 今因之.(영동군은 본래 길동군인데 경덕왕이 이름을 고쳤으며, 지금 이를 그대로 쓰고 있다.)<삼국유사 권34> ['영-(永)'은 훈차, '길-(吉)'은 음차]

예 • 密城郡 本推火郡(밀성군은 본래 추화군이다.)
     훈차   음차
   • 大山縣 本翰山縣(대산현은 본래 한산현이다.)
     훈차   음차

> **차자 표기 방식1**
>
>   훈민정음 창제 이전에 한자의 음과 뜻을 빌려 우리말을 문자화한 표기법으로, 처음에는 인명, 지명 등 간단한 고유 명사부터 시작하여 향가라는 문학적 창작까지 이르게 되었다.
> - 음차(音借) : 한자의 음을 가져와 국어를 표기하는 방식.
>   예 那勿(나믈[鉛])
> - 훈차(訓借) : 한자의 의미를 가져와 국어를 표기하는 방식
>   예 牛耳菜(쇠귀느물), 光州(빛고을)
> - 음차와 훈자 혼용 표기
>   예 사스미뿔(沙蔘矣角) : 음차 : 沙, 蔘, 矣, 훈차 : 角

2. 이두(吏讀)

(1) 이두 표기

'서기체(誓記體)' 한문에 문법 형태소인 조사나 어미를 보충하는 차자 표기로, 이도(吏道), 이토(吏吐), 이서(吏書) 등 명칭이 다양했다. 공통적으로 나타나는 '吏'자로 인해 행정 실무 담당자인 이서(吏書)와 관련된 용어로 본다.

> 참고 서기체 표기 : '임신서기석(壬申誓記石)'에서 따온 문체로서 한자를 우리말의 어순대로 나열
>   예 壬申年六月十六日 二人竝誓記(임신년 6월 16일 두 사람이 함께 맹세하여 기록한다.)

(2) 국어의 문장 구조에 따른 어순 : 초기 이두

한문을 한국어의 문장 구조에 따라 그 어순을 조정하는 방식

> 辛亥年二月廿六日 南山新城作節 如法以作 後三年崩破者 罪教事爲聞教令誓事之.
>
> (신해년 2월 26일 남산 신성을 지을 때, 법대로 지은 후 3년 안에 붕파(崩破)하면 죄 주실 일로 삼아 듣게 하시고 맹세하게 하니라.) - 남산 신성비, 591년

① 국어의 어순 : '南山新城作節'은 목적어 '南山新城'과 타동사 '作'의 어순이 한문과 달리 국어의 어순과 같으며, '節, 以, 教, 爲, 令' 등의 용례는 후대 이두의 그것과 비슷하다.
② 초기 이두의 특징 : 초기 이두는 음독되지 않고 훈독되었고, 이두로 차용된 한자는 본래 한자가 가지고 있는 '의미'를 유지하였다.
   예 '以'는 부사격 조사 '으로/로'로 읽힘.
   참고 후대 이두는 '節'은 '디위', '以'는 부사격 조사 '으로/로'로 읽히는데, 이는 음독되지 않고 훈독된다.

(2) 우리말 문장 표기 : 조사나 어미의 표기

한문의 어순을 바꾸어 우리말 문장을 적는 단계를 넘어서서 우리말의 조사나 어미까지 차자 표기로 적는 본격적인 단계

> • 본격적인 이두
>
> 天寶十三載甲午八月一日初 乙未載二月十四日 一部周了成在之 成內願旨者 皇龍寺緣起法師爲內賜 第一恩賜父願爲內弥 第二法界 一切衆生皆成佛道 欲爲以成賜乎-新羅華嚴經寫經造成記.
>
> 경덕왕 14, 755년
>
> (천보 13년 갑오 8월 1일에 시작하여 을미년 2월 14일 1부를 모두 다 이루었다. 이룬 원지는 황룡사연기 법사가 하시었는데, 첫째는 은혜를 베푸신 아버지의 소원을 위하며 둘째는 법계의 모든 중생이 다 불도를 이루 기를 바라는 것으로 이루신 것이다.)
>
> • 고려·조선 시대의 이두
>
> • 謂謀背本國 潛從 國(한문 원문)
> • 本國乙 背叛爲遣 彼國乙 潛通謀叛爲行臥乎事(이두)
>
> (제 나라를 배반하고 다른 나라를 내통하여 모반하는 일)

① 조사나 어미의 차자 표기 : 우리말의 조사나 어미까지 차자 표기로 적는 단계로 나아가게 된다.
  ㉠ '之, 者, 以'는 초기 이두부터 쓰이던 문말의 어미 또는 격 표시의 조사를 표시한 차자가 쓰임.
  ㉡ 용언 '爲遣(하고), 爲良(하여), 爲乎矣(하되)'와 같은 활용형으로 '爲內賜, 爲弥' 등이 나타남.
  ㉢ 선어말 어미 '-ᄂ(內)-, -겨-(在)-, -시(賜)-', 종결 어미 '-다(之/如)', 연결 어미 '-며(弥)' 등 등장

② 초기 이두와의 차이 : 한자가 본래 가지고 있는 의미가 유지된 초기 이두와는 달리, 원래의 의미와는 상관없는 용법을 보인다.
  예 '弥'는 '활 부리다, 퍼지다' 등의 의미와는 상관없이 음을 빌어서 나열의 연결 어미 '-며'를 표기하고 있다.

3. 구결(口訣)

(1) 구결

한문 원문의 구절 사이에 의미나 문법적 관계를 표시하기 위해 한문 어구 사이에 덧붙이는 우리말 조사나 어미와 같은 요소

(2) 음독 구결

> • 國之語音<u>이</u> 異乎中國ᄒ야 與文字<u>로</u> 不相流通홀씨 故로 愚民<u>이</u> 有所欲言ᄒ야도 而終不得伸 其情者ㅣ多矣라
> • 天地之間萬物之中厓 唯人伊 最貴爲尼 所貴乎人者隱 以其有五倫也羅 (동몽선습)
>   厂(厓), 亻(伊), 匕(爲尼), 阝(隱), 㐅(羅) 등의 약자가 더 쓰임.

(3) 석독 구결

한문 원문을 우리말 어순으로 풀어서 읽는 번역문의 성격을 띠는 구결로, 한문 원문에 우리말로 해석하는 선서까지도 표시.

4. 향찰(鄕札)-종합적인 표기 체계

(1) 표기 방식

① 훈독(訓讀) : 명사나 용언의 어간과 같은 어휘 형태소 부분
② 음독(音讀) : 어미(선어말 어미)나 조사, 접사와 같은 문법 형태소 부분

   예 <u>吾</u>隱(나는), <u>汝</u>隱(너는), <u>主</u>隱(님은), <u>彼</u>矣(뎌의), <u>夜</u>矣(밤이), <u>吾</u>置(나도)
   <u>出</u>古(나고), <u>去</u>內尼叱古(가ᄂ닛고), <u>待</u>是古如(기드리고다), <u>置</u>內乎多(두ᄂ오다)

   * 밑줄 그은 부분은 훈차, 그 외는 음차

(2) 향찰 자료

① 제망매가

> <u>生死路</u>隱 此矣有阿米次肹伊遣 <u>吾</u>隱<u>去</u>內如<u>辭</u>叱都
>
> 生死 길은 예 있으매 머뭇거리고 나는 간다는 말도 (김완진 현대어역)

   ㉠ 의미부 : 단어나 어절의 개념을 나타내는 부분은 한자가 본래 가지고 있는 의미, 곧 원뜻이 유지된 차자로 표기
      예 '生死(路), 吾, 去, 辭'
   ㉡ 형태부 : 단어나 어절의 문법적인 관계를 표시하는 부분은 원뜻이 무시된 차자로 표기
      예 '隱, 隱, 內如, 叱都'

② 서동요(薯童謠)

> <u>善化公主</u>主隱 / 他密只嫁良置古 / <u>薯童房</u>乙 /<u>夜</u>矣卯乙抱遣去如
>
> 선화 공주님은 / 남 몰래 결혼하고 / 맛둥서방을 /밤에 몰래 안고 가다.

㉠ 의미부 : 善花公主(선화공주), 他, 密, 嫁, 置
㉡ 형태부 : 主, 隱, 只, 良, 古

> **차자 표기 방식2**
>
> 1. 차자 표기 방법
> ① **음독자(音讀字)** : 한자를 음으로 읽고 그 본뜻도 살려서 차용한 차자.
>   예 生死(생사), 下(하)…
> ② **음가자(音假字)** : 한자를 음으로 읽되 그 본뜻을 버리고 표음자로만 차용한 차자.
>   예 加(가), 古(고), 奴(노/로), 尼(니), 隱(은)…
> ③ **훈독자(訓讀字)** : 한자를 훈으로 읽고 그 본뜻도 살려서 차용한 차자.
>   예 吾(나), 去(가-), 成(이루-), 以(써)…
> ④ **훈가자(訓假字)** : 한자를 훈으로 읽되 그 뜻은 버리고 표음자로만 차용한 차자.
>   예 加(더), 如(다), 置(두), 月(둘)…
>
> 2. 한자 차용 표기 원리
> ① 단어나 어절 단위 표기가 이루어지고 의미부는 의자(意字)[음독/훈독], 형태부는 가자(假字)로 표기
>   예 成之(이두), 唯人伊(구결), 去內如
> ② **말음 첨기(末音添記)** : 훈주음종(訓主音從)의 원칙으로 앞쪽에 석독자를 두어 단어의 이미를 전달하고 뒤에 그 단어의 말음이나 말음절을 차음자로서 표기함.
>   예 夜音(밤), 道尸(길), 千隱(즈믄), 有叱(잇-), 慕理(그리-)
>
> 「한국민족문화대백과사전」

2 중세 국어의 표기법

1. 표기법의 원리

(1) 음소적 표기

중세 국어의 각 음소를 충실히 표기한다는 것으로, 모든 형태음소론적 교체가 표기법에 반영되었다.

예 명사 '돍(돗자리)' : '돍'과 '돗'의 교체 표기 반영
- 돗기, 돗골, 돗기(모음으로 시작하는 조사와 결합)
- 돗, 돗과, 돗도(자음으로 시작하는 조사와 결합하거나 휴지 앞)

예외 • 곶[花], 깊고[深], 좇거늘[從] 등 <용비어천가>
     • 낮[晝], 낯[面], 닢[葉], 앒[前], 낱[箇] 등 <월인천강지곡>

(2) 음절적 표기

음절을 단위로 모아쓰는 표기법

> 무릇 글자는 반드시 합해서 '성음'이 된다.(凡字必合而成音)
>
> 『훈민정음』 예의

> 초성과 중성, 종성은 합하여 글자가 된다(初中終三聲合而成字)
>
> 『훈민정음』 해례 '합자해'

예외 체언이나 용언 어간의 끝 자음이 'ㆁ, ㄴ, ㅁ, ㄹ, ㅿ' 등과 같은 유성 자음에 국한된다.
예 죵ᆯ[奴], 눈에, 몸앳[身], 즈믈, 안아[抱] 등 <월인천강지곡>
참고 한자와 한글을 혼용하는 경우 : 'ㅣ'나 'ㅅ'과 같이 앞에 오는 한자의 중성이나 종성인 글자는 따로 쓴다.

> 문(文)과 언(諺)을 섞어 쓰면, 글자의 음에 따라서는 중성이지만, 종성으로써 보완(補完)해야 할 것이 있는 바 「孔子ㅣ 魯ㅅ : 사ᄅᆞᆷ」으로 하는 따위와 같다.(당시 문헌에서 '始祖ㅣ, 西水ㅅᄀᆞᅀᅵ'와 같은 표현이 나타난 이유)
>
> 『훈민정음』 해례 '합자해'

* 문(文) : 한자
* 언(諺) : 속어의 의미로, 중국말과 대립하여 국어를 언어라고 함.

2. 표기법의 유형

(1) 표음적·표의적 표기법

① 표음적 표기법 : 8종성 가족용(八終聲可足用) [종성 표기 규정]

> 그러나 ㄱㆁㄷㄴㅂㅁㅅㄹ 8자로 족히 쓸 수 있다. 예를 들면 '梨花'인 '빗곶', '狐皮'인 '엿의 갗' 등에서는 ㅅ자를 가히 통용할 수 있으므로 오직 ㅅ자만 쓰는 것과 같다.(然 ㄱㆁㄷㄴㅂㅁㅅㄹ 八字可足用也 如빗곶 爲梨花 엿의갗爲狐皮 而ㅅ字可以通用 故只用ㅅ字)
>
> 훈민정음 해례 '종성해'

종성에서 'ㄱ, ㆁ, ㄷ, ㄴ, ㅂ, ㅁ, ㅅ, ㄹ'의 8자만 받침으로 써도 좋다는 편의주의 규정(음절말 위치에 나타나는 자음의 중화(中和) 현상을 인식하여 만든 규정)
예 받(밭), 놉고(높고), 곳(곶), 노싸고(놓습고)
  예외 8종성으로 대체
  예 ㅋ→ㄱ, ㅌ→ㄷ, ㅍ→ㅂ, ㅈ·ㅊ→ㅅ

② **표의적 표기법** : 종성 부용 초성(終聲復用初聲)[종성 제자 규정]

> 종성은 다시 초성을 쓴다.(終聲復用初聲)

훈민정음 해례 '예의'

  ㉠ **규정** : 초성(자음) 17자를 모두 받침으로 쓸 수 있다는 규정(원칙론)(초성과 종성이 음운론적으로 동일성을 갖는다는 사실에 근거하여 종성을 따로 만들지 않는다는 제자상의 원칙)

    예 곶, 닢, 빛……

  ㉡ **표음적 표기법의 예외** : 체언이나 어간에 모음으로 시작되는 조사나 어미가 연결될 경우에 현대 정서법과 같이 분철을 행하고 있다.(형태소 경계에 대한 인식 반영)

  ㉢ <용비어천가>와 <월인천강지곡> 이외에는 그 용례가 없으며, 'ㅋ, ㅎ'은 받침의 용례가 보이지 않는다.

3. 형태소끼리 결합할 때의 표기 방식

(1) 연철·중철·분철

① **연철(連綴)** : 자음으로 끝나는 명사나 용언의 어간 뒤에 모음으로 시작되는 조사나 어미가 오면 앞의 자음(종성)이 다음 음절의 초성으로 연철되는 것.(음절의 표기 반영)

	형태 교체	
명사+조사	• 사룸+이 → 사루미 • 사룸+의 → 사루믹	• 사룸+올 → 사루믈 • 사룸+과 → 사룸과
용언 어간+어미	• 먹-+-으니 → 머그니 • 먹-+-고 → 먹고	• 먹-+-어서 → 머거서 • 먹-+-더니 → 먹더니

② **중철(重綴)** : 자음으로 끝나는 명사나 용언의 어간 뒤에 모음으로 시작되는 조사나 어미를 만나 앞말의 종성을 적고 뒷말의 초성에도 내려적는 것[과도기적 표기법]

    예 • 사룸믈<여씨향약언해 1>
       • 블 븓틔 마오<여씨향약언해 29>

③ **분철(分綴)** : 자음으로 끝나는 명사나 용언의 어간 뒤에 모음으로 시작되는 조사나 어미가 오면 앞말의 종성을 적고 뒷말의 초성에는 ㅇ을 적는 것

    예 • 곶(花), 깊고(深), 좇거늘(從), 빛나시니이다(光), 닢(葉)<용비어천가>
       • 낮(晝), 놏(面), 붚(鼓), 앒(前), 높고(高), 종올(奴), 눈에, 몸앳(身), 즁을, 안아(抱) <월인천강지곡>
       • 모맷 필 뫼화 그르세 담아 男女를 내슨븡니<월인석보 상2>
       • 네 몸으로<법화경언해 7:71>

(3) 사잇소리[관형격 촉음(冠形格促音)] 표기

① 개념 : 명사와 명사가 연결될 때 사이에 들어가는 소리로, 15C(세종·세조) 문헌에서 현대어와는 달리 용례가 매우 복잡하게 나타난다.

② 성격
  ㉠ 관형격 조사 '~의'와 같은 구실을 하며, 현대 국어의 '사이시옷'과 쓰임이 유사하다.
    예 가온뒷소리
    보충 현대어와의 차이 : 중세 국어에서는 합성 명사는 물론 구에서도 사용된다.
      예 즘겟가재, 빗곶 ; 아바닚 뒤, ᄀᆞ랆 ᄀᆞ매, 魯ㅅ 사ᄅᆞᆷ
  ㉡ 무성 받침 아래에서는 사용되지 않았다. 예외로 'ㅿ'만 한자어나 고유어 모두에서 '유성음' 사이에 쓰였다.
    보충 세종, 세조 때의 문헌(용비어천가, 월인천강지곡)에만 다양한 관형격 촉음이 사용되었고, 모든 시기에 사잇소리는 'ㅅ'이 사용되었다.

③ 사잇소리의 위치
  ㉠ 앞말의 받침 예 가온뒷소리, 빗곶
  ㉡ 뒷말의 초성으로 병서 예 엄쏘리, 혀쏘리
  ㉢ 한자어 아래에서 독립 표기 예 몃ㄱ뜯

④ 보이중종성(補以中終聲) : 한자음을 섞어 쓸 경우 중성 'ㅣ'나 종성 'ㅅ'을 보충해서 사용한다.
  예 孔子ㅣ 魯ㅅ사ᄅᆞ미니라.

⑤ 특이한 사잇소리 'ㅅ' : 관형사형 어미 또는 인용 조사의 기능을 하는 것으로서 어말 어미 '-다, -라' 뒤에 쓰인 'ㅅ'이 있다.
  예 술 닉닷 말 어제 듣고(술이 익었다는 말을 어제 듣고)
    乃至랏 말도(내지라고 하는 말도)

⑥ 관형격 촉음의 용례

	조건			용례
	앞말의 끝소리	관형격 촉음	아랫말 첫소리	
한자어	ㆁ	ㄱ	무성음	洪ᅘᅩᇰㄱ字ᄍᆞᆼ, 몃ㄱ뜯
	ㄴ	ㄷ		君군ㄷ字ᄍᆞᆼ, 몃間간ㄷ집
	ㅁ	ㅂ		侵침ㅂ字ᄍᆞᆼ
	ㅱ	ㅸ		斗두ㅸ字ᄍᆞᆼ, 漂푱ㅸ字ᄍᆞᆼ
	ㅇ	ㆆ		虛헝ㆆ字ᄍᆞᆼ, 快쾡ㆆ字ᄍᆞᆼ
	유성음	ㅿ	유성음	世子ㅿ 位, 天子ㅿ ᄆᆞᅀᆞᆷ
고유어	유성음	ㅅ	무성음	셔봀 그별, 빗곶, 엄쏘리
		ㄷ		눈ㅅ시울
		ㅿ	유성음	눖믈, 바ᄅᆞᆯ우희, 나랏일훔
	ㄹ	ㆆ	ㄸ	하ᄂᆞᇙ뜯
	ㅁ	ㅂ	무성음	사ᄅᆞᆷㅂ서리

(4) 한자음 표기 - 동국정운식 한자음 표기

① **동국정운식 표기** : 세종 29년 완성. 30년에 간행한 최초의 음운서(전6권)로, 중국의 <홍무정운>을 모방한 것으로, 당시 우리나라의 현실 한자음이 중국 원음과 너무나 달랐기 때문에 중국 원음에 가깝게 적으려고 개신(改新)한 한자음.
[세종이 훈민정음의 제정과 동시에 그 당시의 우리 나라 한자음을 정리 통일하기 위하여 편찬한 것. 훈민정음의 초성자 체계가 동국정운식 한자음의 체계를 기준으로 해서 만들었다는 결론]

② **용례**
  ㉠ 중국 원음에 가깝게 표기 예 中듕國귁, 便뼌安한
  ㉡ 종성의 'ㅇ' 첨가 : 성음법[음절 이루기]에 따라 삼성(三聲 : 초성, 중성, 종성)을 고루 갖추기 위해 종성에 발음이 되지 않는 형식적 글자 'ㅇ, ㅱ' 등을 사용.
    예 虛헝ㆆ쭝, 世솅宗종, 斗둫ㅸ字쭝
    보충 1 순수 국어의 표기 : '초성+중성'만으로도 음절이 구성된다.
    보충 2 '동국정운식 한자음 표기'는 세종, 세조 때만 적용되고, 세조 이후는 소멸됨(1485년 경)
  ㉢ 이영보래(以影補來) : 'ㄹ' 종성의 한자음에 'ㆆ'을 나란히 적어 그 발음이 입성임을 표시('ㆆ'(影의 초성 발음)로 'ㄹ'(來의 초성 발음)을 보충함)
    예 七칧, 戌슗, 佛뿛 出츓, 八밣, 佛뿛

> **'ㄷ' 입성의 처리**
>
> 또 반설음(半舌音)의 ㄹ은 마땅히 언(諺)에 쓸 것이며, 문(文)에는 쓸 수 없는 것이다. 입성의 彆(별)자와 같은 것도 종성에는 마땅히 ㄷ을 써야 할 것이지마는 속간(俗間)의 습관(習慣)으로는 ㄹ로 읽고 있는 바, 대개 ㄷ이 변해서 경음(經音)이 된 것이다.['月웛, 戌슗' 등의 이영보래(以影補來)에 의한 동국정운식 한자음 표기가 나타난 이유]
> 만약에 ㄹ로 彆자의 종성을 삼는다면 곧 그 소리가 펴고 느리어 입성이 되지 못하는 것이다. (관념적으로 5음의 종성을 짝을 이루는 완급으로 설명)

완	ㅇ	ㄴ	ㅁ	ㅇ	ㅿ	ㄹ
급	ㄱ	ㄷ	ㅂ	ㆆ	ㅅ	(ㆆ)

③ **한자와 한자음의 표기**
  ㉠ 한자의 각 글자에 작은 크기의 동국정운식 한자음을 붙임이 원칙이다.
    예 世솅宗종이 날드려 니ᄅ샤디 <월인석보 서>
  ㉡ <월인천강지곡>은 한자음을 크게 먼저 적고, 작은 크기의 한자를 썼다.
    예 마魔왕王이 노怒ᄒᆞᆫ 둘 똘道리理 거츨씨   <월인천강지곡 기:71>
  ㉢ <용비어천가>와 <두시언해>에서는 한자어에 음을 달지 않았다.
    예 海東 六龍이 ᄂᆞᄅᆞ샤 <용비어천가 1>
      岐王ㅅ 집 안해 샹녜 보다니 <두시언해 16:52>

4. 표기법의 변화

(1) 종성 표기의 변화

① 15세기 표기
  ㉠ 8종성법 : 8종성법에 따라 'ㄱ, ㆁ, ㄷ, ㄴ, ㅂ, ㅁ, ㅅ, ㄹ'의 8자만 허용되었다.
    예 고지, 곳도 ; 기퍼, 깁고(중화 현상 반영)
      예외 • 분철 표기 사용 예 <용비어천가>, <월인천강지곡>(ㅋ, ㅎ은 용례가 없음).
         • 음절 말 위치의 'ㅿ' 예 앗이, 앗올
    참고 'ㄷ'과 'ㅅ'의 엄격한 구별 : 16세기 이후 종성의 'ㄷ'과 'ㅅ'은 뒤바뀌어 쓰이다가 점차 'ㅅ'으로 통일되었다.(발음상으로는 ㅅ이 아니라 ㄷ으로 실현됨)
      예 몯(不能), 못(池) 등

> **8종성의 예외**
> • ㅿ 예 옂의 갗(여우의 가죽), 앗이(아우가), 붓아(부수어), ᄀᆞᆮ 업스시니(끝이 없으시니)(8종성에 들어가지 않으나 종성으로 일관되게 쓰임)
> • ㄺ, ㄼ 예 믈 븗듯ᄒᆞ고, 흙, 넓듯
> • 'ㅎ'종성 : 'ㄴ, ㅅ' 앞에서 대표음 'ㄷ'으로 쓰였고, 기타의 경우는 '됴코, 됴티, 됴타' 등처럼 합음되어 쓰임.

② 16세기 표기
  ㉠ 8종성법(훈몽자회의 규정) : 초, 종성에 공통으로 'ㄱ, ㄴ, ㄷ, ㄹ, ㅁ, ㅂ, ㅅ, ㆁ'의 8자가 쓰인다는 '초종성통용8자'의 규정

> **초성종성통용팔자**(初聲終聲通用八字)
>
> ㄱ其役(기역) ㄴ尼隱(니은) ㄷ池末(디귿) ㄹ梨乙(리을) ㅁ眉音(미음) ㅂ非邑(비읍) ㅅ時衣(시옷) ㆁ異凝(이응)
>
> 其尼池梨眉非時異八音 用於初聲 役隱末乙音邑衣凝八音 用於終聲(其(기)·尼(니)·池(디)·梨(리)·眉(미)·非(비)·時(시)·異(이) 여덟 음은 초성에 쓰고, 役(역)·隱(은)·末(귿)·乙(을)·音(음)·邑(읍)·衣(옷)·凝(응) 여덟 음은 종성에 사용한다.)
> <훈몽자회>

  참고 'ㄷ'과 'ㅅ'의 혼기(주로 표음주의, 후반에 표의주의 표기법의 등장) : 8종성법을 유지하였으나 'ㅅ'과 'ㄷ'의 혼기는 본격화되었다.
    예 • 읃듬 삼ᄂᆞ이사(소학언해 5 : 77)   읏듬이오(소학언해 4 : 18)
       • ᄒᆞ낟재논(소학언해 1 : 12)   ᄒᆞ낫재라(소학언해 1 : 1)

> **훈몽자회(訓蒙字會)**
>
> 최세진이 1527년에 지은 이 책의 상권 첫머리에는 훈몽자회인(訓蒙字會引)과 범례가 실려 있는데, 범례의 끝에 '언문자모(諺文字母)'라 하여 그 당시의 한글 체계와 용법에 대하여 간단하게 설명하고 있다.
>
> - '언문자모'에는 〈훈민정음〉의 28자 중에서 'ㆆ'이 빠진 체계를 보여줌.
> - 27개의 글자를 '초성종성통용팔자(初聲終聲通用八字)', '초성독용팔자(初聲獨用八字)', '중성독용십일자(中聲獨用十一字)'로 나눔.
> - 우리 글자의 이름을 처음으로 짓고 자모의 순서를 정함.
>   예 각 글자 밑에 '기역 其役, 니은 尼隱, 디귿 池(末), 리을 梨乙, 미음 眉音, 비읍 非邑, 시옷 時(衣), 이응 異凝', '키 箕, 티 治, 피 皮, 지 之, 치 齒, 이 而, 이 伊, 히屎, 아 阿, 야 也, 어 於, 여 余, 오 吾, 요 要, 우 牛, 유 由, 으 應 不用終聲, 이 伊 只用中聲, ㅇ 思 不用初聲'과 같은 표기
>
> (교육인적자원부 2001ㄴ : 261)

③ 근대 국어 표기법 : 표음주의+표의주의 표기법
  ㉠ 8종성의 혼기
   예 • 둙긔볃(마경묘집언해 상19)   둙긔볏(마경묘집언해 하36)
      • 못누의눈(가례언해 2 : 18)   믈며느리(가례언해 4 : 23)
      • 옫과 밥의(경민편언해 서2)   옷과 밥이(경민편언해 서2)
  ㉡ 7종성법 : 17세기 말부터 음절말 ㄷ → ㅅ으로 표기(음절말 'ㄷ : ㅅ'의 중화 반영)
   예 • 못아줌마(노걸대언해 상23)   못누의(노걸대언해 하30)
      • 큰 갓도 믿ᄃᆞ니(박통사언해 중 26) 됴흔 벗들이(박통사언해 상23)
      • 밋기 어렵다(역어류해 하 48)   견ᄃᆡ디 못ᄒᆞ다(역어류해 하 38)
   예외 18세기 이후 : 7종성법은 19세기에서 20세기 초까지 이어진다. 1930년 언문철자법에서 'ㄷ'을 종성으로 확정하고 나서 다시 종성에 'ㄷ'이 쓰이게 되었다.

④ 현재 : 종성 부용 초성(1993년 한글 맞춤법 통일안 이후)

15세기(훈민정음 당시)		16세기	17세기 이후	1933년(맞춤법 통일안)
종성부용초성 'ㅋ, ㆆ'을 제외한 자음(원칙)	8종성 가족용 ㄱ, ㄴ, ㄷ, ㄹ, ㅁ, ㅂ, ㅅ, ㆁ(허용)	8종성법 ㄱ, ㄴ, ㄷ, ㄹ, ㅁ, ㅂ, ㅅ, ㆁ	7종성법 ㄱ, ㄴ, ㄹ, ㅁ, ㅂ, ㅅ, ㅇ	종성부용초성
곶(花)	곳	곳	곳	꽃
갗(皮)	갓	갓	갓	(갗) 가죽
곁(傍)	겻	겻	겻	곁

(2) 표기 방식의 변화

구 분	정 의	시 기	체언+조사	어간+어미
연철(連綴) 이어적기	앞말의 종성을 뒷말의 초성에 내려적 는 것[표음적 표기법]	15~16세기	심+이 → 시미	깊+은 → 기픈
중철(重綴) 거듭적기	앞말의 종성을 적고 뒷말의 초성에도 내려적는 것[과도기적 표기법]	17~19세기	심+이 → 심미	깊+은 → 깁픈
분철(分綴) 끊어적기	앞말의 종성을 적고 뒷말의 초성에는 ㅇ을 적는 것[표의적 표기법]	20세기	심+이 → 심이	깊+은 → 깊은

① 15세기 : 연철 표기 중심
  ㉠ 연철 예 시미[심+이] 기픈[깊+은] 므른[믈+은]
  ㉡ 분철
    예 • 모맷 필 뫼화 그르세 <u>담아</u> 男女를 내수ᄫ니<월인석보 상2>
      • 네 <u>몸으로</u><법화경언해 7 : 71>
      • 모든 <u>사름으로</u> 보게 ᄒ시니<남명집언해 하 69>
      • <u>사름을</u> 가ᄇᆡ야이 너기면<육조법보단경언해 상 25>

> **15-6C 연철의 예외(분철)**
>
> • **설측음 'ㄹ'** : 어간 말음이 'ᄅ/르'인 용언의 활용
>   예 달아(다ᄅ-+-아), 올아(오ᄅ-+-아) 등 설측음화
> • **'ᄅ/르'로 끝난 명사의 곡용** 예 ᄀᆞᄅ(분紛)+은 → 글은 등
> • **'ᅀᆞ/ᅀᅳ'로 끝난 명사의 곡용** 예 앙이(弟), 엿이(弧)
> • **'ㄹ' 뒤 'ㄱ' 약화** 예 플와(풀과), 밍글어늘(만들거늘)
> • **'ㄹ' 뒤 'ㅸ' 탈락** 예 글월(글발), 열운(열본 : 엷은)
> • **사동 접사 '우' 앞의 'ㄹ'** 예 어울워(어울리게 하여), 힐워(힐게 하여), 일워(이루어)
> • **사동/피동 접사 '이' 앞의 'ㄹ'** 예 놀이다(놀게 하다 使遊)
> • **한자음** 예 中듕國귁에

③ 16세기 : 주로 '명사+조사'에서 중철과 분철의 출현
  ㉠ 연철
    예 • <u>ᄂᆞ민</u> 싸호믈 잘 말이며<여씨향약언해 3>
      • 그 <u>지비</u> 가난ᄒ거든<여씨향약언해 29>
  ㉡ 중철 : 연철에서 분철로 넘어가는 과정에서 하나의 절충안 또는 종합안으로 고려된 방식으로 표기와 기본형을 동시에 보여주었다.
    예 • 사름미(이륜행실도 6)   • 사름믹(정속언해 1)
      • 두 분니 어딘 <u>사름미어늘</u>(이륜행실도 9)   • 일빅 낫 <u>돈내</u>(노걸대언해 53)
      • 앏픠(번역박통사 6)   • 블 <u>븓틔</u> 마오(여씨향약언해 29)

- 옷슬(소학언해 6 : 29)
ⓒ 분철
  예 · 큰 <u>형님이</u>(번역노걸대 상 41)
  · 오좀 바들 <u>박을</u>(번역박통사 상56)
  · <u>몸을</u> 잘 다스리며(여씨향약언해 3)
  · 아비와 <u>아들이</u> <u>親홈이</u> 이시며(소학언해 1 : 9)
  참고 과잉 분철
    예 · <u>날을</u>(← 나를) 민망히 여겨(소학언해 5 : 25)
    · <u>글으슨</u>(← 그릇은, 器)(소학언해 6 : 130)
    · <u>덥을어</u>(← 더블어, 與)(소학언해 3 : 4)

④ 근대(17세기) : 분철의 확대(어간+어미) 및 중철 나타남.
  ㉠ 연철
    예 · 아프믈(언해태산집요 21), 거므면(언해두창집요 2)
    · 소ᄂᆞ로(동국신속삼강행실도 1 : 51), 지브로(동국신속삼강행실도 1 : 55)
    · 손가라글(동국신속삼강행실도, 2 : 53), 겨지비(동국신속삼강행실도 1 : 55)
  ㉡ 중철
    예 · <u>집비</u> 가난ᄒᆞ야(동국신속삼강행실도 1 : 90)
    · <u>옷슬</u> 벗디 아니ᄒᆞ더니(동국신속삼강행실도 8 : 13)
  ㉢ 분철
    예 · 사룸이(언해두창집요 상7)
    · 왼손을(언해태산집요 9)
    · 사룸으로 ᄒᆞ여곰(가례언해 1 : 13),
    · 집으로(노걸대언해 상 : 40)
    · 도적놈의(박통사언해 중 : 7)
    비교 과잉 분철
      예 · 네 어딘 <u>날을</u>(나를) 이긜다(박통사언해 상 22)
      · <u>날을</u> 소기디 말라(박통사언해 중 37)
    참고 재음소화 : 음소로 분석될 수 있을 법한 음성을 두 음소의 연결로 분석하는 것으로, '거센소리'를 '예사소리+ㅎ'으로 재해석해서 음소를 나누는 것.
      예 거센소리 'ㅊ, ㅋ, ㅌ, ㅍ' → 'ㅈ+ㅎ, ㄱ+ㅎ, ㄷ+ㅎ/ㅅ+ㅎ, ㅂ+ㅎ'

재음소화	예	거센소리되기와 비교
ㅋ → ㄱ+ㅎ	노코 → 녹호	ㄱ+ㅎ → ㅋ
ㅌ → ㄷ+ㅎ	같+은 > 갇흔 > 갓흔[7종성법]	ㄷ+ㅎ → ㅌ
ㅍ → ㅂ+ㅎ	깊은 → 깁흔	ㅂ+ㅎ → ㅍ
ㅊ → ㅈ+ㅎ	고츨 → 곳흘	ㅈ+ㅎ → ㅊ

3 문자 운용법

1. 연서법[連書 : 니서쓰기]

> ㅇ를 입시울쏘리[순음(脣音)] 아래 니서쓰면[연서(連書)], 입시울가빈야본 소리[순경음(脣輕音)] 드외느니라.
> <훈민정음> 예의 본문

(1) 규정 : 주로 입술소리 'ㅂ' 아래 'ㅇ'을 이어 쓰면 순경음(脣輕音, 입술가벼운소리) 'ㅸ'이 된다는 규정
  예 'ㅸ, ㆄ, ㅱ, ㅹ' 따위의 표기(순음 'ㅁ, ㅂ, ㅍ, ㅃ' 아래에 'ㅇ' 표기)

(2) 성격 : 순수 국어에는 'ㅸ' 만이 사용되었고, 나머지는 동국정운식 한자음 표기에만 사용되었다.
  예 드븨, 대범, 쇠벼ㄹ, 말발, 웃븡-(순수 국어)

2. 병서법[竝書 : 골밧쓰기]

> 첫소리를 어울워 뚫디면 골밧쓰라[병서(竝書)]. 乃냉終즁ㄱ소리도 혼가지라.
> <훈민정음> 예의 본문

(1) 규정 : 초성이나 종성을 합쳐 쓸 때에는 'ㄲ, ㄸ, ㅺ, ㅼ, ㅽ, ㄹ'처럼 가로로 나란히 쓰라는 규정(각자 병서와 합용 병서).

(2) 각자 병서(各字竝書) : 같은 초성(자음)을 두 개 나란히 쓰는 방법.[전탁자]

> • ㄱㄷㅂㅈㅅㆆ爲全淸 ㅋㅌㅍㅊㅎ爲次淸 ㄲㄸㅃㅉㅆㆅ爲全濁(ㄱㄷㅂㅈㅅㆆ은 전청이 되고 ㅋㅌㅍㅊㅎ는 차청이 되며 ㄲㄸㅃㅉㅆㆅ은 전탁이 된다.)
> • 全淸竝書則爲全濁(전청을 병서하면 곧 전탁이 된다.)
> <훈민정음> 해례 제자해

  예 ㄲ, ㄸ, ㅃ, ㅉ, ㅆ(현대 국어의 맞춤법 제정 후 경음을 위해 사용되는 문자), ㆅ, ㅥ, ㆀ(현재 사용되지 않는 문자)

① ㆅ(쌍히읗)

> 언어의 혀는 舌이 되고, 혀는 引이 된다.(諺語혀爲舌而혀爲引)
> <훈민정음> 해례 합자해

- ㉠ 음가 : 'ㅎ'이 엉긴[凝] 소리(제자해)로 'ㅎ'을 강하게 발음하는 소리
- ㉡ 분포
    - ⓐ 순수 국어에서 반모음 'ㅣ' 앞에 몇 단어에만 분포한 각자 병서로 기능 부담량이 적다.
        - **예** 니르혀–(起), 쌔혀–(拔) 등
    - ⓑ 동국정운식 한자음에서 어두에 나타난다. **예** 洪뽕, 씁합
- ㉢ 변천 : ㆅ > ㅎ(원각경언해) > ㅋ, ㅆ(17세기후반)
    - **예** 혈믈(→ 썰물) 도르혀다(→ 돌이키다), 혀다(→ 켜다)
    - **참고** 차청 ㅎ → 전탁 ㆅ : 전청이 아니라 차청 ㅎ으로 전탁 ㆅ을 삼은 이유는 대개 ㆆ은 소리가 깊어서 엉기지 아니하고, ㅎ은 ㆆ에 비하여 얕은 까닭에 전탁이 될 수 있기 때문.(『훈민정음』 제자해)

② ㅇㅇ(쌍이응)

> 괴여는 我愛人이 되고, 괴ᅇᅧ는 人愛我가 된다.(괴여爲我愛人而괴ᅇᅧ爲人愛我)
> 〈훈민정음〉 해례 합자해

- ㉠ 음가 : 'ㅇ'을 힘있게 발음하는 소리, 사동 피동의 형태소와 어미가 축약된 형태
- ㉡ 분포
    - ⓐ 'ㅣ(y)'로 끝나는 이중 모음을 가진 일부 피동과 사동의 어간 뒤에서 나타났다.
        - **예** • 生死애 미ᅇᅪᆫ 根源<능엄경언해 5:5>
            - • 소내 쥐ᅇᅧ 이시며<월인천강지곡 2:11>
            - • 네 믈 메ᅇᅮᆫ 寶車<석보상절 13:19>
    - ⓑ 다른 문헌에서는 모두 '히여'로 실현된 점으로 보아 음소의 지위를 부여할 수 없다.
- ㉢ 변천 : ㅇㅇ > ㅇ

③ ㄴㄴ(쌍니은)
- ㉠ 음가 : 확실하지 않음.
- ㉡ 분포
    - ⓐ 'ㄴㄴ'은 용언의 활용형에서 발견되며, 어간은 'ㅎ'을 말음으로 가지고 있는 것들이다.
    - ⓑ '딯–, 닿–, 슳–' 등의 말자음 'ㅎ'이 뒤에 오는 'ㄴ'을 만나 우선 'ㄷ'으로 변하고, 이 'ㄷ'이 'ㄴ'에 의해 동화된 것이다.
        - **예** • 디ᄂᆞᆫ 소리<석보상절 19:28>('딘ᄂᆞᆫ'으로 발음 추정)
            - • 다ᄂᆞ니라<훈민정음언해 15>('단ᄂᆞ니라'로 발음 추정)
            - • 슬ᄂᆞ니<능엄경언해 2:9>
- ㉢ 성격 : 음성학적으로 'ㄴ'의 경음이 인정되기 어려우므로 'ㄴㄴ'을 'ㄴ'의 전탁음이라고 할 수 없을 것이다.

④ ㄲ, ㄸ, ㅃ 등의 용례
- ㉠ 관형사형 어미 '–ㄹ' 뒤 **예** 홀 껏과, 볼 띠니, 훌 쩌긔, 디닐 싸르미
- ㉡ 사이시옷 뒤 **예** 눈쪼ᅀᆞ, 엄쏘리
- ㉢ 그 외 **예** 일쯕, 마쯔비, 볼쎠, 말쏨, 저쓰바

(3) 합용 병서(合用竝書)

서로 다른 초성(자음)을 두 개나 세 개 나란히 쓰는 방법으로, 중성도 합용될 수 있다.

> 초성의 두자 석자를 합용(合用)해서 병서(竝書)한 것은 언어(諺語)에 싸가 地가 되고, ᄣᅡᆨ이 雙이 되고 뽐이 隙이 되는 따위와 같다.(初聲 二字三字 合用竝書 如諺語싸爲地 ᄣᅡᆨ爲隻 뽐爲隙 之類)
>
> 훈민정음 해례 합자해

유 형	특 징	보 기
'ㅅ'계	ㅺ, ㅼ, ㅽ	꿈, 쏘, 쓰리다
'ㅂ'계	ㅲ, ㅄ, ㅷ, ㅴ	쁘다, 쌀, 쪽, 뜨다
'ㅄ'계	ㅴ, ㅵ	삐(時),, 빼
특이한 예	ㅼ, ㄹㅣ, ㄱㅅ	흙(土), 낚(釣), 사희

된소리 표기

> 우리나라의 말에도 청탁의 나눔은 중국과 더불어 다름이 없다. 그러나 우리나라의 한자음에는 홀로 탁음이 없으니 어찌 이런 이치가 있는가 이는 청탁의 변화이다.
>
> 『동국정운』 서문
>
> 전청의 소리가 '凝(응)'하여 전탁음이 되는데, '동국정운'의 서문에서는 그 된소리가 한자음에 없다는 것이다.『훈민정음』의 전탁자들은 유성음으로 '동국정운식' 표기에 사용되었다. 우리는 된소리를 표기할 문자가 사실상 없기 때문에, 'ㅂ, ㅅ, ㅄ' 계 글자를 다시 제작해서 된소리 표기에 사용하였다. 실제로 훈민정음 용자례에는 'ㅆ, ㆅ'만이 각자 병서의 형태의 예로 제시되어 있다.

3. 부서법(附書 : 브텨쓰기)

모음과 자음이 합칠 때에 놓이는 자리를 규정한 것으로, 초성은 중성 모음의 왼쪽에, 종성 글자는 중성 글자의 아래에 붙여 쓴다는 규정

> ·와ㅡ·와 ㅗ·와 ㅜ·와 ㅛ·와 ㅠ·와 ·란 ·첫소·리 아·래 브·텨 ·쓰·고[부서(附書)], ㅣ·와 ㅏ ·와 ㅓ·와 ㅑ·와 ㅕ·와 ·란 ·올ᄒᆞᆫ녀·긔 브·텨 ·쓰·라.
>
> 〈훈민정음〉예의 본문

(1) 하서법(下書法)

모음을 자음 아래에 쓰는 방법. 예 ㆍ, ㅡ, ㅗ, ㅜ, ㅛ, ㅠ

(2) 우서법(右書法)

모음을 자음 오른쪽에 쓰는 방법. 예 ㅣ, ㅏ, ㅓ, ㅑ, ㅕ

03 음운

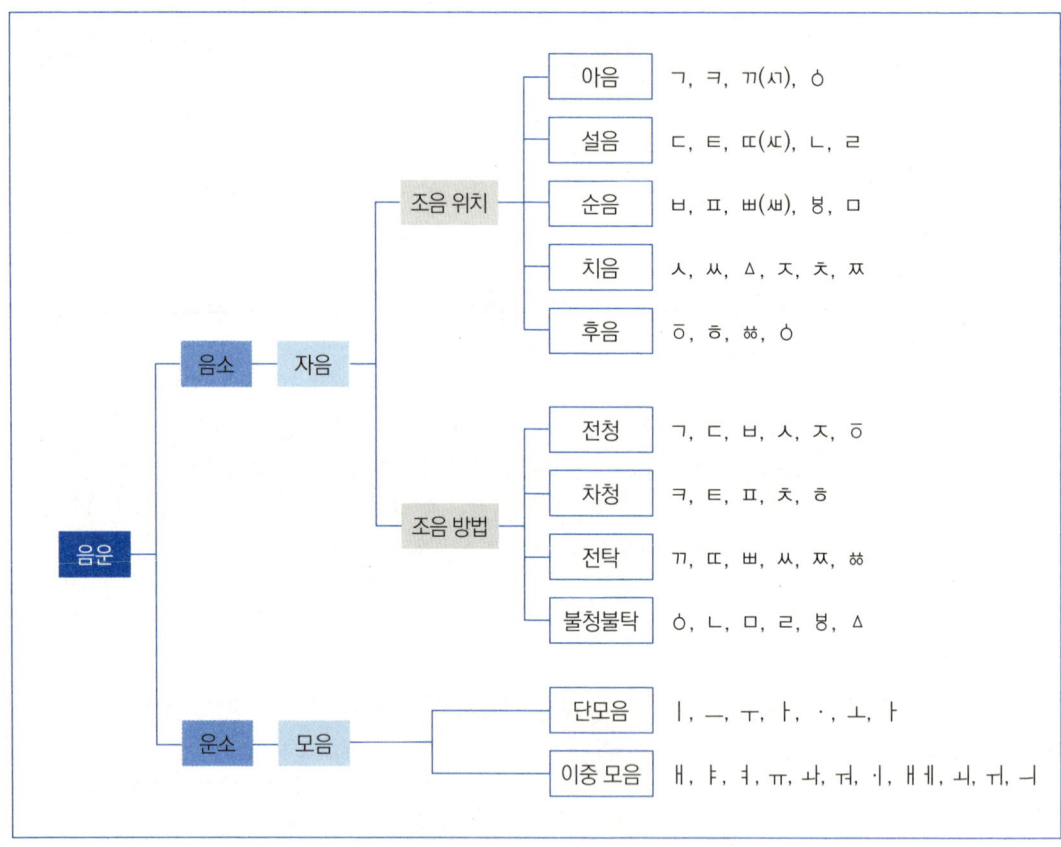

1 자음 체계

1. 자음

(1) 15세기 자음 체계

	어금닛소리 牙音	혓소리 舌音	입술소리 脣音	잇소리 齒音		목구멍소리 喉音
전청(全淸)	ㄱ	ㄷ	ㅂ	ㅅ	ㅈ	ㆆ
차청(次淸)	ㅋ	ㅌ	ㅍ		ㅊ	ㅎ
전탁(全濁)	ㄲ(ㄳ)	ㄸ(ㄽ)	ㅃ(ㅹ)	ㅆ	ㅉ	ㆅ
불청불탁 (不淸不濁)	ㆁ	ㄴ ㄹ	ㅁ	ㅸ	ㅿ	ㅇ

참고 자음 체계와 자음 대립

> 또한 성음(聲音)의 청탁(淸濁)으로 말할 것 같으면, ㄱㄷㅂㅈㅅㆆ은 전청(全淸)이 되고, ㅋㅌㅍㅊㅎ은 차청(次淸)이 되고, ㄲㄸㅃㅉㅆㆅ은 전탁(全濁)이 되고, ㆁㄴㅁㅇㄹㅿ은 불청불탁(不淸不濁)이 된다.[자음 간의 대립 관계와 자음 체계의 인식]
> ㄴㅁㅇ은 그 소리가 가장 거세지 아니한 까닭에 차례는 비록 뒤에 있으나, 상형(象形)해서 글자를 지음에는 시초가 된다 하겠고, ㅅ과 ㅈ은 비록 다 같이 전청(全淸)이기는 하나, ㅅ은 ㅈ에 비하여 소리가 거세지 아니한 까닭에, 역시 글자를 지음에 시초가 된다 하겠다.
>
> * 성음 : 초성의 소리값(일반적으로는 말소리라는 뜻)
> * 청탁 : 조음의 방법에 따른 분류(전청음, 차청음, 전탁음, 불청불탁음)

한글 창제자가 국어의 자음 간의 대립 관계와 자음 체계를 인식하고 있었다는 것을 보여 준다.(전청은 무성 자음(평음)이고, 차청은 유기 무성음이며, 전탁은 경음이다. 그리고 불청불탁은 주로 비음과 유음 및 기타 일부 유성 자음)

(2) 현대 국어 자음 체계를 고려한 분류

			양순음 입술소리	치조음 혓소리	잇소리	경구개음 잇소리	연구개음 어금닛소리	성문음 목구멍소리
파열음	평음	전청	ㅂ	ㄷ			ㄱ	
	경음	전탁	ㅃ(ㅹ)	ㄸ(ㄽ)			ㄲ(ㄳ)	
	격음	차청	ㅍ	ㅌ			ㅋ	
파찰음	평음	전청				ㅈ		
	경음	전탁				ㅉ		
	격음	차청				ㅊ		

마찰음	평음	전청			ㅅ		ㆆ
	경음	전탁			ㅆ		ㆅ
	유성음	불청불탁			ㅿ [z]		ㅇ[ɦ]
비음		불청불탁	ㅁ	ㄴ		ㆁ	
유음		불청불탁		ㄹ			

16세기 [훈몽자회]

초성독용팔자(初聲獨用八字)
ㅋ箕(키) ㅌ治(티) ㅍ皮(피) ㅈ之(지) ㅊ齒(치) ㅿ而(ᅀᅵ) ㅇ伊(이) ㅎ屎(히)
箕자는 역시 이 글자의 새김을 취하여 우리말 새김으로 소리를 삼는다.(箕字亦取本字之釋 俚語爲聲)

초성독용8자	ㅋ	ㅌ	ㅍ	ㅈ	ㅊ	ㅿ	ㅇ	ㅎ
자 명	箕(키)	治(티)	皮(피)	之(지)	齒(치)	而(ᅀᅵ)	伊(이)	屎(히)
초종성통용8자	ㄱ	ㄴ	ㄷ	ㄹ	ㅁ	ㅂ	ㅅ	ㆁ
자 명	其役(기역)	尼隱(니은)	池末(디귿)	梨乙(리을)	眉音(미음)	非邑(비읍)	時衣(시옷)	異凝(이응)

① 'ㆆ'자 제외 : 'ㆆ'은 훈민정음 창제 후 국어 표기에는 사잇소리 표기에 쓰이고, 주로 한자음 표기에 쓰였다.
② 'ㆆ'자가 '언문자모(諺文字母)'에서 제외한 것은 불필요한 글자를 기록하지 않은 것으로, 이로 인해 한글은 창제 당시 28자에서 27자로 줄었다.

참고 현재 : 1933년 한글 맞춤법 통일안 이후 14자 (ㄱ, ㄴ, ㄷ, ㄹ, ㅁ, ㅂ, ㅅ, ㅇ, ㅈ, ㅊ, ㅋ, ㅌ, ㅍ, ㅎ)

2. 자음의 변화

(1) 된소리 계열

> 우리 국어음에서 그 청음과 탁음의 구별이 중국과 다름이 없는데, 우리의 한자음에서만은 탁성이 없으니 어찌 이럴 수 있는가?(我國語音 其淸濁之辨與中國無異 而於字音無濁聲 豈有此理)
> 『동국정운(東國正韻) 서』

① 된소리의 문제점 : 'ㅆ, ㆅ'만 어두음에 표기
  '탁성'은 '된소리'에 해당하고, 탁성은 각자병서로 표기되었으므로 된소리 표기는 각자병서가 사용되어야 한다. 하지만 실제 각자병서 'ㄲ, ㄸ, ㅃ, ㅆ, ㅉ' 등은 주로 관형사형 어미 '-ㄹ' 밑에서만 사용되고, 'ㅆ, ㆅ'만 어두음 표기에 사용되었다.

② '된시옷'에 의한 합용 병서 표기
  ㉠ 합용 병서로 표기 : 'ㅅ'과 결합한 합용 병서 'ㅺ, ㅼ, ㅽ' 등이 중세 국어에서 어두에 나타남으로 보아, 중세 국어 후기의 된소리 계열은 'ㅺ, ㅼ, ㅽ' 등과 같이 합용 병서로 표기하였다고 할 수 있다.
  ㉡ 근거
    ⓐ 그스-(牽)>쓰스-('법화경언해'와 '두시언해'), 딯-(擣)>찧-('구급간이방') 등이 나타남. ('ㅺ, ㅼ' 등을 된소리가 아니라 글자대로 발음되었다고 한다면 갑자기 이 시기에 이들 단어의 첫소리에 'ㅅ'이 추가된 이유가 설명되지 않음)
    ⓑ 16세기의 된소리 표기의 확대 : 구짖-(叱)>꾸짖-, 빟-(撒)>쎟-, 긇-(沸)>싫-, 사홀->싸홀- 등

③ 된소리와 관련된 두 가지 문제
  ㉠ 각자 병서의 폐지 : 『원각경언해(圓覺經諺解)』(1465)부터 된소리로 볼 수 있는 각자 병서의 폐지는 된소리의 소멸이 아니라, 표기법의 규정에서 된소리 표기를 단일화한 것으로 볼 수 있다.
  ㉡ 'ㅈ'의 된소리 'ㅉ'의 부재 : 된소리 계열 중 'ㅈ'의 된소리 'ㅉ'은 중세 국어의 자음 체계에 존재하지 않았다. 그것은 초성 합용 병서에 'ㅉ'이 없었으며, 다만 각자 병서 'ㅉ'의 표기가 '마쯔비'(龍飛御天歌), '연쯥고'(월인석보 10 : 13), '조쯔와'(능엄경언해 1 : 23), '눈쯔슥'(불정심경 상 4) 등에 나타날 뿐이기 때문이다.
    [변화] 근대 국어에서 된소리화는 더욱 일반화
      • 된소리의 인상적 가치를 이용하기 위한 변화
        예 쏟-(<슷-, 拭)<동국신속삼강행실도 열녀, 5 : 13>, 뚧-(<듧-, 鑽)<박통사언해, 상 : 14>, 꽂-(<곶-, 揷)<역어상 : 43>
      • 역행동화에 의해 어두의 평음이 된소리로 변화
        예 꾀꼬리(<곳고리, 鶯)<두시언해 초간본 20 : 27>, 깨끗하-(<ᄌᆞᆺᄌᆞᆺᄒᆞ-淸明)<월인석보 8 : 8>, 떳떳하-(<덛덛ᄒᆞ-, 常)<두시언해초간본 15 : 46>, 따뜻하-(<ᄃᆞᆺᄃᆞᆺᄒᆞ-, 溫)<구급간이방 6 : 54>

(2) 유성 마찰음 'ㅸ, ㅿ, ㆁ'
① ㅸ(순경음 비읍)

> ㅇ을 순음(脣音) 아래에 연서(連書)하면 곧 순경음(脣輕音)이 되는 것은 가벼운 소리로써 입술이 겨우 붙을락 말락해서 후음의 소리가 많다.(脣乍合而喉聲多也)
> 〈훈민정음〉 제자해

  ㉠ 음가 : [β] (양순 유성 마찰음)으로, 순경음은 마찰소리로 '脣乍合'이라고 해서, 두 입술 사이에 약간 사이를 두어 그 사이로 공기를 마찰시켜 내는 소리

ⓒ 환경 (15세기)

> {모음, ㄹ, ㅿ}＿＿＿모음

- V—V : 사빙, 셔볼, 드뵈
- r—V : 글발, 말밤
- y—V : 대범, 대밭, 메밧-(袒)
- z—V : 웃븍-

변화 'ㅸ'의 변천 : 1450년대까지 존속하다가 'ㅸ>w'으로 변했는데 후행 모음에 따라 다르게 실현되었다.

	결합 규칙	변화 모습
ㅸ)오	w+ㆍ>오	스ᄀ볼>스ᄀ올(鄕), ᄒᆞᄫᅡ>ᄒᆞ오ᅀᅡ(獨), 사오나볼>사오나온(劣) 등
ㅸ)우	w+ㅡ>우	셔블>셔울(京), 더븐>더운(暑), 입시블>입시울(脣) 등
ㅸ)이	w+ㅣ>탈락	더러비다>더러이다(汚), 갓가비>갓가이(近), 거여비>거여이(雄) 등
ㅸ)와	w+ㅏ>와	글발>글왈(文), 고바>고와(麗), 도바>도와(助), 갓가바>갓가와(近) 등
ㅸ)워	w+ㅓ>워	더버>더워(暑), 어드버>어드워(暗), 어려버>어려워(難) 등

(3) ㅿ(반치음)

> ㅿ은 불청불탁이 된다.(ㅿ 爲不淸不濁)
> 〈훈민정음〉 해례 제자해

① 음가 : [z](치조 마찰음)
② 분포

> {모음, n, m}＿＿＿모음(ᄆᆞᅀᆞᆷ, 한숨, 몸소)

- V—V : 아ᅀᆞ, 너ᅀᅵ
- r—V : 오늘ᅀᅡ, 사니거늘ᅀᅡ, 두ᅀᅥ, 프ᅀᅥ리
- m—V : 몸소(몸ᅀᅩ)
- y—V : 새ᅀᅡᆷ
- n—V : 한숨, 한삼, 손소
- V—ɦ : 앗이, 엿이, 븟아아, 짓이

> 모음＿＿＿ㅸ

- V—β : 웃븍-

③ ㅿ[z]과 ㅅ[s]의 공존 : '새ᅀᅡᆷ'과 '새삼', '두ᅀᅥ'와 '두서', '프ᅀᅥ리'와 '프서리', '한ᅀᅮᆷ'과 '한숨' 등이 공존

㉠ ㅿ의 적용 규칙('ㅿ'은 규칙의 적용을 받고, 'ㅅ'형은 적용받지 않음.)

> s > z/y, r, n＿＿＿

예 새ᅀᅡᆷ(<새삼), 한숨, 한삼, 손소

> r > Ø/＿＿＿치경음(z, s, n, t, c)

예 두ᅀᅥ, 프ᅀᅥ리

ⓒ 성격 : 'ㅿ'은 기원적으로 본래 'ㅿ'이었던 것과, 적용 규칙에서 첫째 환경에서 'ㅅ'이 'ㅿ'으로 변화된 것으로 두 종류가 있었던 것으로 추정한다.

변화 'ㅿ'의 변화(16세기)
- ㅿ의 소멸 **예** ᄆᆞᅀᆞᆷ>ᄆᆞᄋᆞᆷ, 수ᅀᅵ>수이, 여ᅀᅳ>여우
- ㅿ>ㅈ으로의 변화 **예** 손ᅀᅩ>손조, 남ᅀᅵᆫ[南人]>남진, 삼ᅀᅵᆯ[三日]>삼질

(4) ㅇ[이웅]

① 음가 : zero(소극적 기능), 후두 유성 마찰음(적극적 기능)
② 성격 : <훈민정음> 해례 합자해 및 15세기 표기법의 규칙, 그리고 후음의 불청불탁의 적극적 규정으로 보아 'ㅇ'은 음가가 있는 것과 없는 것의 두 종류가 있음을 알 수 있다.
③ 기능
  ㉠ 소극적 기능
   - 어두음이 모음임을 나타내는 기능
     예 아ᅀᆞ, 욕(欲)
   - 어중의 두 모음 간에 쓰여 두 모음이 각각 다른 음절임을 나타내는 기능
     예 아옥(葵), 에우-(圍)
  ㉡ 적극적 기능

   {y, ㄹ, ㅿ}____모음

예
- 몰애[沙], 놀애[歌], 달애-[誘](어간 내부)
- 놀이-[使飛], 알외-[告](파생어)
- 굴아마괴[鷄], 갈외[斑猫](합성어)
- 놀이[獐], 누리[津]('노ᄅᆞ, 누ᄅᆞ' 등의 곡용)

> **ㅇ의 적극적 기능의 증거**
>
> 'ㅇ'은 후음의 음가를 지닌 음소
> ① 'ㅇ' 앞의 자음이 연철이 되지 않거나 'ㅇ' 앞의 'ㅣ(j)'가 그대로 쓰인다.
>   **예** 빈애(梨浦), 몰애오개(沙峴), 멀위, ᄀᆞ애, 겨ᅀᅱ
> ② 사동·피동 접미사 '-오-/-우-'는 선행 음절의 'i'나 'y' 뒤에서 '-요-/-유-'로 변화하지 않는다.
>   **예** 뮈우-[動], 메우-[駕]
>   **비교** 의도법 선어말 어미 '-오-/-우-'는 선행 음절의 'i'나 'y' 뒤에서 '-요-/-유-'로 변화한다.
>
> 안병희 외, 1997 : 58~59.

변화 'ㅇ'의 변화(16세기)
- ㅇ>∅ **예** ᄀᆞ애>ᄀᆞ새, 겨ᅀᅱ>거위, 놀애>노래
- ㅇ>ㄹ **예** 벌에>벌레, 달애다>달래다

소실 문자 후음 'ㆆ'과 'ㅇ'

1. 후음 ㆆ
① 음가 : 소멸
② 분포 : 관형사형 어미 '-ㄹ' 다음에 분포하는데, '-ㄹ'과 합용 병서를 이루어 'ᇙ'과 같은 모습으로 표기되었다.
   예 • 오싫 길헤 머므르싫 지비라<석보상절 6:23>
   • 지브로 도라오싫 제<용비어천가 18>
   • 孝道ᅙᆞᆯ 쓰리 그를<용비어천가 96>
   • 精舍 지ᅀᅳᇙ 터흘<석보상절 6:23>
   • 사ᄅᆞ미 슬믫 뉘 모ᄅᆞ며<월인석보 2:59>
   • 밥 머긇 쁘로(월인석보 7:65)
③ 기능
   ㉠ 된소리 기호 : 순수 국어에서는 독립된 음운으로 사용되지 못하고 용언의 관형사형 'ㄹ' 뒤에서 후속하는 평음을 경음(된소리)으로 바꾸는 역할을 담당한다.
      예 • 어린 百姓이 니르고져 ᅙᅳᇙ 배 이셔도<훈민정음 주 2>
      • 太平을 누리싫 제<용비어천가 110>
      • 구든 城을 모ᄅᆞ샤 갏 길히 입더시니<용비어천가 19>
   ㉡ 사이시옷의 역할 : 'ㆆ'은 관형사형 어미가 아닌 'ㄹ' 다음이나 음가 없는 'ㅇ' 다음에 쓰여 사이시옷의 역할을 담당하기도 하였다.
      예 • 하놄 ᄠᅳ들 뉘 모ᄅᆞᅀᆞᄫᆞ리<용비어천가 86>
      • 先考ㆆ 뜯 몯 일우시니<용비어천가 12>
      • 虛형ㆆ字ᄍᆞᆼ 처섬 펴아나는 소리<훈민정음 언해8>
   ㉢ 한자음의 초성 : 동국정운식 한자음에만 사용된다. 예 흡흠, 揖흡, 印힌, 安한
   ㉣ 이영보래(以影補來) : 'ㄹ' 종성을 가진 모든 한자의 중국음은 'ㄷ'이므로 'ㄹ' 뒤에 'ㆆ'을 더하여, 'ㄷ' 발음을 표시한다. 예 日싫, 月웛, 戌슗
④ 환경
   ㉠ 관형사형 어미 '-ㄹ' 다음에는 'ㆆ'자를 표기하는 것을 원칙으로 한다.
      예 • 오싫 길헤 머므르싫 지비라<석보상절 6:23>
      • 지브로 도라오싫 제<용비어천가 18>
      비교 후속되는 음이 경음화할 수 없는 음일 때에는 'ㆆ'자가 쓰이지 않은 예도 많았다.
         예 墓所는 문ᄌᆞᄫᆞᆯ 짜히라<월인석보 10:13> 罪를 지을 ᄆᆞ딕예<석보상절 9:9>
   ㉡ 'ᇙ'형의 표기가 쓰이면서 어미 '-ㄹ'에 후속하는 음이 평음일 때는 'ㆆ'자 대신 그 평음자를 각자 병서로 표기하는 방식이 혼용되었다.
      예 • 經 디닗 사ᄅᆞ미<석보상절 6:2> 經 디닐 싸ᄅᆞ미<석보상절 19:17>
      • 빈홇 사ᄅᆞ미<능엄경언해 1:10> 닷가 빈홀 싸ᄅᆞ미<능엄경언해1:91>
      변화 'ㆆ'의 소멸 : 15세기 중반
         예 • 부텻 道를 得홀 꼬디라<법화경언해1:202>
         • 몯 밋ᄌᆞ올 꼬디라<법화경언해 3:33>

> 보충 'ㆆ'과 'ㅇ'의 통용
>
> 초성의 ㆆ과 ㅇ는 서로 비슷하기 때문에 언(諺)에서는 가히 통용될 수 있다.['ㆆ'은 한자음 표기를 염두에 두고 만들어진 것임을 보여줌]

2. ㆁ(옛이응)

> 혀뿌리가 목구멍을 닫아서 소리의 기운이 코로 나온다.(舌根閉喉 聲氣出鼻)
>
> 훈민정음 해례 제자해

① 음가 : [ŋ], 현대어의 받침 소리 'ㅇ'
② 용례
  ㉠ 명사 말음이 아닌 'ㆁ' : 한 단어 안에서 'ㆁ'은 초성으로 쓰이는 것이 일반적이다.
    예 • 러울(獺), 서에(流澌), 이아(綜)
      • 그 묏보오리 쇠머리 ᄀ틀씩<월인석보 1 : 27>
      • 이에 오래 이시면<월인석보 13 : 12>
      • 엇뎨 딩굴이잇고<석보상절 9 : 32>
  ㉡ 명사의 말음 'ㆁ' : 명사의 말음 'ㆁ'은 모음으로 시작하는 조사로 이어서 표기한다.
    예 굿븐 꿩을[꿩+을] 모디 놀이시니<용비어천가 88>
  ㉢ 연철 표기와 분철 표기의 공존
    예 • 사ᄅᆞ미 스스이[스승-이]시다 ᄒᆞ논 마리라<석보상절 9 : 3>
      비교 네 스숭이[스숭-이] 누고<석보상절 23 : 41>
      • 조흔 힝뎍 ᄒᆞ는 쥬이라[즁-이-라]<월인석보 2 : 66>
      비교 比丘는 즁이라[즁-이-라]<월인석보 1 : 18>
    변화 'ㆁ'의 변화(임진왜란 이후, 16세기 말)
      • 초성 : ㆁ > ∅ 또는 앞 음절의 종성   예 그에>그에, 바올>방울
      • 종성 : ㆁ > ㅇ

2 모음 체계

1. 단모음

(1) 단모음 체계 : ㆍ ㅡ ㅣ / ㅗ ㅏ ㅜ ㅓ / ㅛ ㅑ ㅠ ㅕ

구 분	舌不縮	舌小縮	舌縮
[-口蹙, -口張]	ㅣ	ㅡ	ㆍ
[+口蹙]		ㅜ	ㅗ
[+口張]		ㅓ	ㅏ

① 단모음의 음가와 대립 관계

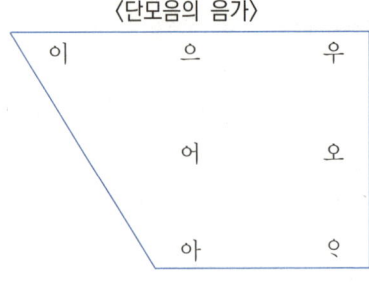
〈단모음의 음가〉

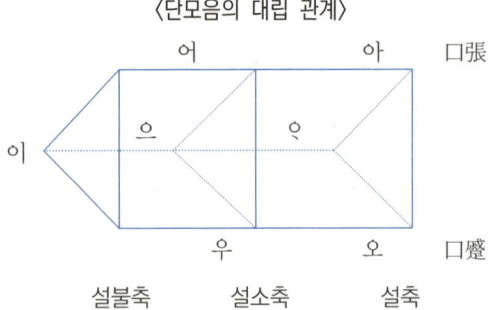
〈단모음의 대립 관계〉

② 구분
  ㉠ '구축(口蹙)'과 '구장(口張)' : 입의 모양에 대응하여 '구축'은 원순 모음, '구장'은 비원순 모음(평순 모음)을 나타낸다.
  ㉡ 혀의 위치인 '축'에 의한 분류 : '축(縮)'은 혀의 위치를 말하며, 모음 조화와 관련된다. 설축 계열의 모음 'ㆍ, ㅗ, ㅏ'와 설소축 계열의 모음 'ㅡ, ㅜ, ㅓ'에서 작용하고, 'ㅣ'는 중립 모음으로 볼 수 있다.
  ㉢ 입의 모양에 의한 분류 : 원순 모음과 평순 모음 'ㅜ'와 'ㅡ', 'ㅗ'와 'ㆍ'와 같은 대립을 보인다.

> **16세기 모음의 변화**
>
> • 16세기(훈몽자회)
>
> > 중성독용십일자(中聲獨用十一字)
> > ㅏ阿 ㅑ也 ㅓ於 ㅕ餘 ㅗ吾 ㅛ要 ㅜ牛 ㅠ由 ㅡ應[不用終聲] ㅣ應[不用終聲] ㆍ思[不用初聲]
> > ㅡ應[종성인 ㅇ을 안 쓴다.('응'에서 'ㅡ'음만 취함).], ㅣ應[중성만 쓴다.], ㆍ思[초성인 ㅅ을 안 쓴다.(즉 '亽'음에서 'ㆍ'만 취함.)]
> >
> > 〈훈몽자회〉
>
> 모음의 순서 및 명칭(개구도가 큰 모음에서 개구도가 작은 모음의 순서, 'ㆍ' 제외)
>
> | 모음 | ㅏ | ㅑ | ㅓ | ㅕ | ㅗ | ㅛ | ㅜ | ㅠ | ㅡ | ㅣ | ㆍ |
> |---|---|---|---|---|---|---|---|---|---|---|---|
> | 字名 | 阿 아 | 也 야 | 於 어 | 餘 여 | 吾 오 | 要 요 | 牛 우 | 由 유 | 終聲 으 | 中聲 이 | 初聲 ᄋ |
>
> • 현재 : 1933년 한글 맞춤법 통일안 제정 이후에 10자로 됨
>   예 ㅡ, ㅣ, ㅔ, ㅐ, ㅏ, ㅓ, ㅗ, ㅜ, ㅚ, ㅟ

2. 이중 모음

(1) 이중 모음 체계

구 분	방식	예
상향 이중 모음	y계 상향 이중 모음 (반모음이 앞서는 이중 모음)	ㅑ ya, ㅕ yə, ㅛ yo, ㅠ yu (yʌ, yi)
	w계 상향 이중 모음 (반모음이 앞서는 이중 모음)	ㅘ wa, ㅝ wə, wi
하향 이중 모음	y계 하향 이중 모음 (반모음이 뒤에 놓이는 이중 모음)	ㅓ ʌy, ㅐ ay, ㅔ əi, ㅚ oy, ㅟ uy, ㅢ iy

보충 이중 모음의 변화
'ㅔ, ㅐ'가 단모음으로 변화(근대 국어) → 'ㅚ, ㅟ'는 이중 모음으로 발음되는 변화(현대 국어)

① 상향 이중 모음 : yʌ, yi, wi

> ㆍㅡ가 ㅣ에서 일어나는 소리가 국어에는 소용이 없으나, 어린아이의 말이나 변방의 말에는 간혹 있다. 마땅히 두 자를 합하여 쓸 것으로 기기의 무리와 같은 것으로, 그 세로로 된 것을 먼저 소리내고 가로로 된 것을 뒤에 소리내는 것이 다른 것과 같지 않다.(ㆍㅡ起 ㅣ聲 於國語無用 兒童之言 邊野之語 或有之 當合二字而用 如기기之類 其先縱後橫 與他不同)
> 〈훈민정음〉 해례 합자해

ㅣ가 선행하는 이중 모음에 관한 자료를 보면 'yʌ, yi'은 아이의 말이나 변방의 말에 있으나, 국어에는 필요하지 않으므로 중앙어에 문자를 마련하지 않았다. 그리고 'wi'는 표기 방법이 없었다.

② 하향 이중 모음 : 'iy'는 문자는 없었으나 음은 존재했다. '：디-(사동)+-고→디오'에서처럼 사동의 '：디'는 어간 '디-(평성)'에 사동 접미사 'y'가 통합한 것으로 추정된다.

(2) 이중 모음 'ㅐ'와 'ㅔ'의 형태 교체

중세 국어의 조사 및 어미 관련 형태 교체에서 공통적으로 'ㅐ'와 'ㅔ'가 반모음 'ㅣ'를 가진 이중 모음들과 함께 행동한다. 당시 'ㅐ'와 'ㅔ'는 반모음 'ㅣ'를 가진 하향 이중 모음이라는 근거

① 모음 'I(j)'로 끝나는 체언+주격조사 '이'나 서술격조사 '이다' : 조사의 형태는 Ø로 나타난다.
   예 • 내해 드리[드리+Ø] 업도다, 梁은 드리라[드리+Ø+-다]
   • 불휘[불휘+Ø] 기픈 남ᄀᆞᆫ, 根은 불휘라[불휘+Ø+-다]

② 모음 'I(j)'로 끝나는 체언이나 용언 어간 + 부사격 조사 '에' 및 어미 '-어' : 조사와 어미의 형태는 반모음 'ㅣ'가 더해진 '예'와 '-여'로 나타난다.
   예 스싀예[스싀+에], 싸해 디여[디-+-어]/사ᄉᆞ미 빅예[빅+에], 여희여[여희-+-어]

③ 'ㄹ'(실-) 또는 반모음 'ㅣ'(븨-)로 끝나는 용언+어미 '-고' : 어미의 형태는 'ㄱ'이 약화된(또는 탈락된) '-오'로 나타난다.
   예 프를 질오[질-+-고] 안써니 / 죱을 무티면 죱이 븨오[븨-+-고]

3. 모음의 변화

(1) 'ㆍ(아래아)'의 변화

① 음가 : /ʌ/(후설 저모음) 'ㅏ'와 'ㅗ'의 중간음
② 소실 : 'ㆍ'의 소실은 'ㆍ'를 지니고 있던 어휘들과 문법 형태소들의 변화를 이끌어 국어 문법 요소에 큰 영향을 끼쳤다.(표기는 1933년 한글 맞춤법 통일안에서 폐지)

단계	변화	위치	예
제1단계[16세기 말]	ㆍ>ㅡ	비어두 음절	ᄆᆞᅀᆞᆷ>ᄆᆞᅀᅳᆷ
제2단계[18세기 중엽]	ㆍ>ㅏ	어두 음절	ᄆᆞᅀᅳᆷ>마음

㉠ 제1단계의 소실(비어두의 'ㆍ'가 'ㅡ'로 합류)
   ⓐ 이형태 수의 변화 : 'ㆍ>ㅡ'의 변화는 서로 대립을 하던 'ㆍ, ㅡ'가 음성 모음 'ㅡ' 계열로 합류하여 모음조화 규칙을 수행하기 위해 분화되었던 이형태의 수가 줄어들게 되었다.
      예 ᄒᆞ믈며>흐믈며, 모ᄅᆞ->모르-, 말ᄆᆡ>말믜
   ⓑ 모음 조화의 붕괴의 계기 : 모음조화 규칙을 수행하기 위해 분화되었던 이형태의 수가 줄어들었다. 그리하여 'ㅡ'는 부분적이지만 'ㅣ'와 같은 중립 모음이라고 할 수 있는데, 이는 필연적으로 중세 국어 모음조화의 유형을 붕괴시키는 결정적인 계기가 되었다.
㉡ 제2단계의 소실(어두의 'ㆍ'가 주로 'ㅏ'에 합류되는 변화) : 제2단계의 'ㆍ' 소실은 어간이나 체언에서 일어난 변화이므로 모음조화 붕괴의 직접적인 원인이 될 수 없다.
   예 ᄑᆞᆯ>팔, ᄂᆞᆷ>남, ᄇᆡ>배
   참고 'ㆍ'의 소실로 어두음절의 이중모음 'ㆎ'가 'ㅐ'로 변하였고, 얼마 뒤에 이중모음이었던 'ㅐ[ai]', 'ㅔ[əi]'가 각각 단모음으로 변하여 음가 [ɛ], [e]를 갖게 되었다.

③ 용례

환경	변천	변화 모습
제1음절	주로 ㆍ>ㅏ	ᄆᆞᆰ다>맑다
제2음절	주로 ㆍ>ㅡ	ᄀᆞᄅᆞ치다>가르치다
치음과 순음 사이	ㆍ>ㅗ	ᄉᆞ매[袖]>소매
순음과 치음 사이	ㆍ>ㅜ	ᄉᆞᄆᆞᆾ다>사무치다
기타	ㆍ>ㅜ, ㆍ>ㅣ	아ᅀᆞ>아우, ᄆᆞᄎᆞᆷ[終]>마침

3 운소 체계

1. 성조(聲調)

(1) 정의
거성, 상성, 평성 등의 의미를 분화시키는 소리의 높낮이.

> 왼녀긔 호 點뎜을 더으면 뭇 노푼 소리오, 點뎜이 둘히면 上썅聲셩이오, 點뎜이 업스면 平뼝聲셩이오, 入싑聲셩은 點뎜 더우믄 호가지로딕 샐 르니라.(左加一點則去聲 二則上聲 無則平聲 入聲加點同而促急)
> 〈훈민정음〉 예의

> 무릇 글자의 왼편에 한 점을 더하면 거성이 되고, 두 점을 더하면 상성이 되고, 점이 없으면 평성이 되며, 문(文)의 입성은 거성과 서로 비슷하나, 언(諺)의 입성은 일정함이 없다. 혹은 평성과 비슷하니, 긷이 柱가 되고, 녑이 脅이 됨과 같으며, 혹은 상성과 비슷하니, ：낟이 穀이 되고, ：김이 繒이 됨과 같으며, 혹은 거성과 비슷하니, ·몯이 釘이 되고, ·입이 口가 되는 따위와 같다. 그 점을 더함은 평·상·거성과 더불어 한가지이다.(凡字之左 加一點爲去聲 二點爲上聲 無點爲平聲 而文之入聲 與去聲相似 諺之入聲無定 或似平聲 如긷爲柱 녑爲脅 或似上聲 如：낟爲穀 ：김爲繒 或似去聲 如·몯爲釘 ·입爲口之類 其加點則與平上去同)
> 〈훈민정음〉 해례 합자해

(2) 유형과 성격

사성	해례	언해	성격	방점
평성(平聲)	安而和	뭇놋가본 소리	낮고 짧은 소리(低調)	없음
거성(去聲)	擧而壯	뭇노푼 소리	높고 짧은 소리(高調)	한 점
상성(上聲)	和而擧	처서미 놋갑고 乃終이 노푼 소리	낮은 음에서 높은 음으로 올라가는 긴소리	두 점
입성(入聲)	促而塞	섈리 긋둗는 소리	종성이 'ㄱ, ㄷ, ㅂ, ㅅ'인 음절의 소리	일정하지 않음

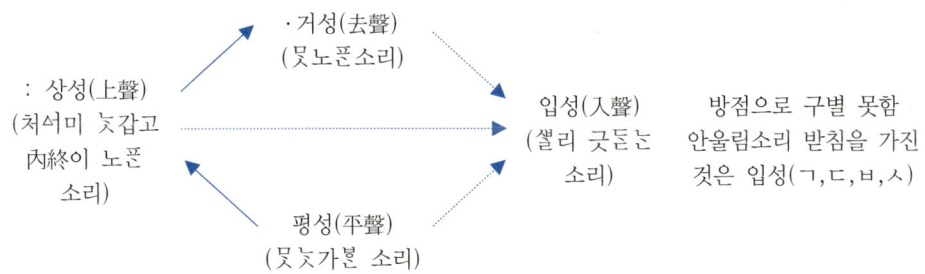

(3) 성격

① **입성의 역할** : 중세 국어에서 입성은 성조 구실을 못했으며, 실제로는 평성과 상성, 거성으로 발음했음을 보여 준다. 입성은 독립된 표시를 하지 않는데, 이는 입성이 성조 체계에서 불필요함을 의미한다.

② **성조의 성격** : 입성은 소리의 높낮이와 관련이 없고, 평성은 가장 낮은 소리[低調]를, 거성은 가장 높은 소리[高調]를 가리킨다. 상성은 '처음이 낮고 나중이 높다'는 것으로 보아, 평성과 거성의 복합임을 알 수 있다.

예 부 텨(佛)＋·ㅣ → 부： 톄, 다 리(橋)＋·ㅣ → 드： 리, 막 다·히(杖)→ 막： 대
      평 평   거   평 상   평 평   거   평 거   평 평 거   평 상

③ **방점의 표시** : 방점은 음절의 발음상의 높낮이를 나타내며, 발음상의 장단도 동시에 나타낸다. 현대 국어로 변천하면서 높낮이는 소멸되었으나 장단은 변화가 적다. 곧 중세 국어의 상성이 현대 국어의 장음이 된 것이 아니라 원래 상성은 장음이었다.

④ **중국 성조와의 비교를 통한 성격**

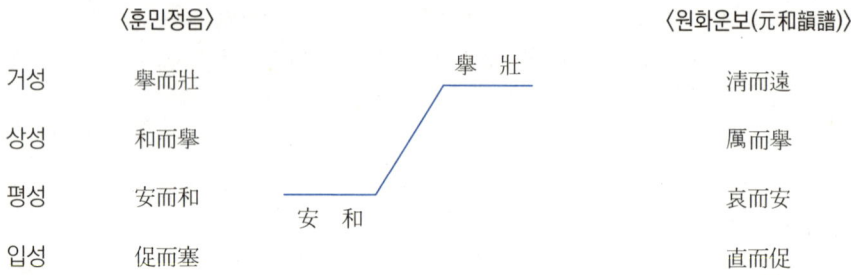

중국 성조는 글자가 하나도 중복되지 않으나, 해례 합자해의 국어 성조에 대한 설명은 평성의 '화'와 거성의 '거'가 상성에 나타난다. 이는 중국의 사성은 다른 성조이나, 국어의 성조에서 상성은 평성과 거성이 복합된 것임을 알 수 있다. 따라서 국어의 성조는 평성과 거성이 있다고 할 수 있다.

변화 성조의 변화

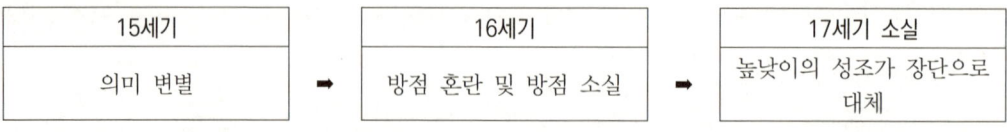

① **성조의 소멸** : 16세기에 방점 혼란 및 방점 소실이 이루어지고 17세기에 성조가 '평성'과 '거성'은 단음, '상성'은 장음으로 바뀌어 소리의 '장단'이 변별적 역할을 담당하게 되었다.

② **최소 대립쌍의 변화**
- '높낮이 → 장단' 예 ：눈[雪] ⇔ ·눈[目]＞눈：[雪] ⇔ 눈(目)
- 동음이의어 예 ·빈[舟, 腹] ⇔ 빈[梨]＞빈[舟, 腹]＝빈[梨]

음절과 어두자음군

1. 음절
(1) 초성
자음의 개수가 최대 2개[ㅅ-계 합용 병서('ㅺ, ㅼ, ㅽ, ㅾ' 등), ㅂ-계 합용 병서('ㅳ, ㅄ' 등)와 같은 자음군]가 올 수 있었고, 연구개 비음 'ㆁ'도 초성에 올 수 있었다.
① ㅅ-계 합용 병서 예 싸히(~ㅅ나히>사나이)
② ㅂ-계 합용병서 예 뜯(>뜻), 뽈(>쌀), 딱(>짝), ᄠᅳ다(>타다), ᄢᅮᆯ(>꿀), ᄣᅢ(>때)
③ 연구개 비음 ㆁ
  예 바올(>방울), 보오리(봉우리), 이아(>잉아), 스스이(>스승이), 스스을(>스승을)
  변화 • 초성에 올 수 있는 자음의 개수가 '2개 → 1개'로 줄어듦.
  • 초성에 올 수 있는 자음의 종류 변화
    예 16세기 후행 자음이 치음 계열인 'ㅺ, ㅼ, ㅽ' 등 겹받침 중 뒤의 자음 탈락, 유음이나 비음이 선행하는 겹받침은 근대에 겹받침 중 하나가 탈락.

(2) 종성
종성에 자음이 최대 2개까지 올 수 있었고, 'ㅅ'도 종성에서 발음되었다.
① 다양한 자음군의 종성에서의 실현[자음이 최대 2개]
  예 넋(넉), 앉거늘(앉~), 옮고(옮~), 숢고(숢-), 읇디(읇-), 값과(값)
② 종성에서 'ㅅ' 발음 예 옷도(옷), 벗디(벗-), 맛고(맛-), 빗과(빛), 짓거든(짖-)
  변화 • 종성에 올 수 있는 자음의 개수가 '2개 → 1개'로 줄어듦.
    예 유음 'ㄹ'이나 비음 'ㄴ, ㅁ'이 선행하는 겹받침
  • 종성에 올 수 있는 자음의 종류가 '8개 → 7개'로 변화
    예 • 옷, 옷과, 옷도(옷, 衣)[원래 말음인 'ㅅ'이 그대로 실현]
    • 맛고, 맛고져, 맛디(맞-, 迎), 좃디, 좃ᄂᆞ니, 좃고(좇-, 從)['ㅈ, ㅊ'과 같은 치음이 종성에서 'ㅅ'으로 실현]

2. 어두 자음군
① **어두자음군의 개념** : 현대 국어와 달리 음절 첫머리에 둘 이상의 자음이 올 수 있는 현상을 말한다.
② **어두자음군의 성격** : 어두 자음군은 대체로 하나의 음절이 생략될 때 모음이 탈락하면서 남은 자음이 다음 음절의 자음에 결합하여 생겨난 것이다. 국어에서 어두에 자음을 허락하지 않는 음운상의 특징이 있어서 이 불안정한 자음군은 얼마 안가서 된소리로 변화되었다.
  예 菩薩(ㅂ살)>ᄡᆞᆯ>쌀
③ **어두자음군의 변화**
  ㉠ 된소리화 : ㅂ-계와 ㅄ-계는 근대 국어에서 대부분 된소리로 변화
    ⓐ 어두자음군이 된소리로 변화하는 과정 : 문헌의 혼기를 통해 나타난다.(15~16세기)
      예 'ㅄ'과 'ㅼ'의 혼기('ᄢᅥ디-'와 '쩌디-')<월인석보 2:71>,
      '끔'(隙)과 '슴'<훈몽자회 하 8:18>, '뿔'(蜜)과 '술'(훈몽자회 중 11:12)
    ⓑ 초기(17세기 초)에 'ㅲ'이 새로 등장 : 'ㅂ' 계의 합용 병서로 표기된 어두자음군도 된소리가 되었음을 뜻한다.
      예 ᄭᅥ뎌<동국신속삼강행실도 효자 3:43>, 쩌디니라<효자 4:29>,
      ᄲᅥ디니라<효자 2:84>

ⓒ 'ㅳ'이 'ㅲ'으로 혼기된 예가 15·16세기에는 나타나지 않으나, 17세기 초엽에 나타남으로써 근대 국어 초기에 어두 자음군이 된소리화하였다는 것을 보여 준다.

ⓓ 근대 국어 초기(17세기 초)에 어두자음군 'ㅲ, ㅄ, ㅶ'과 'ㅴ, ㅳ' 등을 가진 단어들은 대부분 된소리로 변화하였다.

예 • **ㅲ의 혼기** : ᄠᅥ나셔(離) < 첩어신해 5 : 3 >, ᄯᅥ나셔 < 첩어신해 5 : 11 > ᄠᅳ되(灸) < 박통사언해 상 : 35 >, ᄯᅳ니 < 박통사언해 상 : 35 >

• **ㅄ의 혼기** : ᄡᅳ고(用) < 박통사언해 하 : 28 >, 씀이 < 박통사언해 중 : 2 >, ᄡᅮᆨ(艾) < 박통사언해 상 : 35 >, 쑥(박통사언해 상 : 35 >

• **ㅶ의 혼기** : 모뢰ᄶᅩ음(< 모뢰ᄧᅩ-) < 첩어신해 4 : 7 >, ᄶᅩ출 츅(< ᄧᅩ출-, 逐) < 왜어상 : 29 >, ᄶᅡᆨ 쳑(< ᄧᅡᆨ, 雙) < 왜어상 : 33 >),

ⓛ **유기음화** : 어두자음군 중 일부인 'ㅲ, ㅶ'은 유기음화하여 'ㅌ, ㅊ'으로 변화
중세 국어 후기의 'ㅲ, ㅼ'에 대해 규칙적으로 'ㅌ'과 'ㅊ'으로 나타난다(제주도 방언). 이는 'ㅲ > ㅌ, ㅶ > ㅊ'보다는 'ㅲ ~ ㅷ, ㅶ ~ ᄨ'에서 각기 후자의 어두자음군에서 'ㅂ'이 탈락한 결과로 볼 수 있다.

예 • ㅲ → ㅌ : 타(< ᄠᆞ, 拈), 털-(< ᄠᅥᆯ-, 拂), 터러지(< ᄠᅥ러디-, 墮), 트-(< ᄠᅳ-, 開) 등

• ㅶ → ㅊ : 초(< ᄧᅬ-, 熏), 착(ᄧᅡᆨ, 雙), ᄎᆞᆺ-(< ᄧᆞᆺ-, 解), 채-(< ᄧᆡ, 裂), ᄎᆞ-(< ᄧᆞ, 織) 등

04 음운 변동

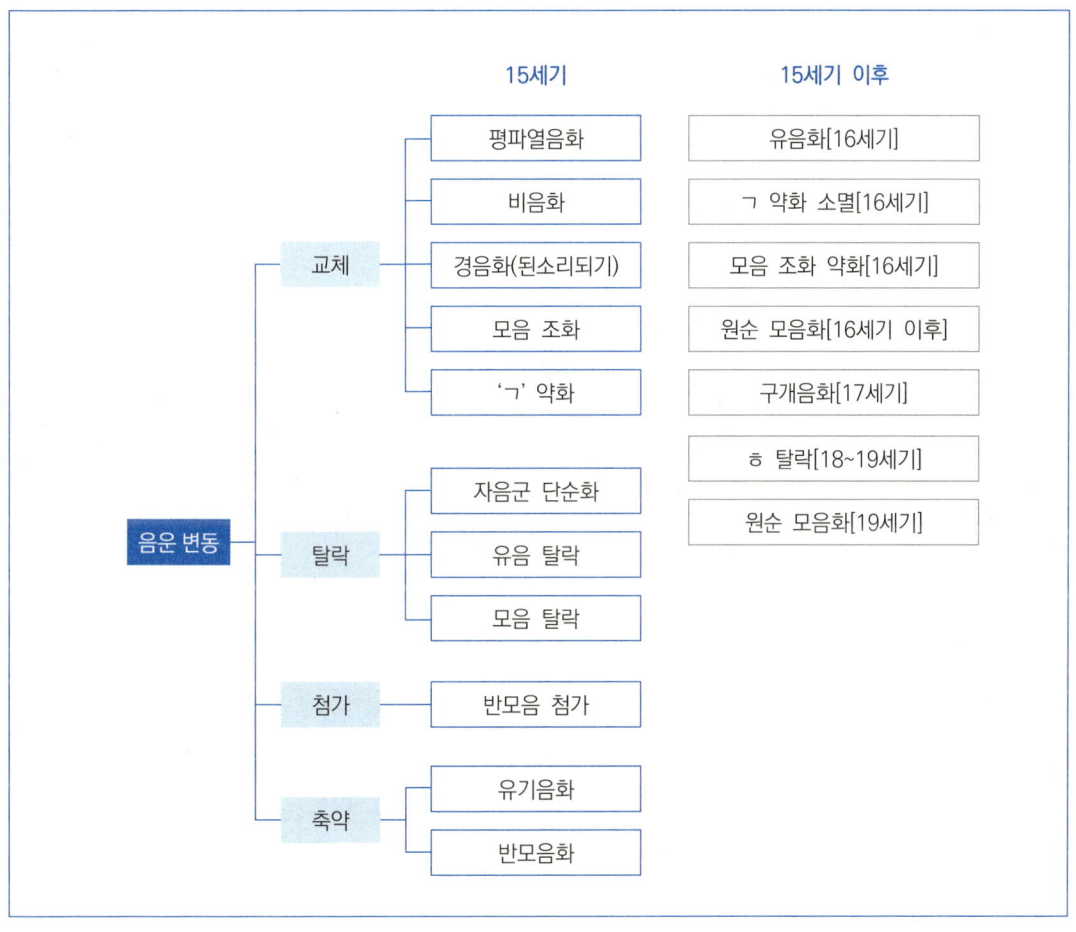

1 음운의 교체[대치]

1. 평파열음화

(1) 정의

음절의 끝에서 발음될 수 있는 자음이 'ㄱ, ㄴ, ㄷ, ㄹ, ㅁ, ㅂ, ㅅ, ㅇ'의 8종성으로 제한되어 있어서 적용되는 음운 현상.

(2) 변동 양상

① ㅍ, ㅸ → ㅂ/음절의 끝소리에서 : 받침 'ㅍ, ㅸ'은 받침 'ㅂ'과 같이 [ㅂ]으로 발음한다.
  예 높+과→ 놉과, 딮+고→ 딥고, 돏+디→ 돕디
② ㅌ, ㅎ → ㄷ/음절의 끝소리에서 : 받침 'ㅌ, ㅎ'은 받침 'ㄷ'과 같이 [ㄷ]으로 발음한다.
  예 밑+과→ 믿과, 흫+고→ 흗고, 놓+는→ 녿는
③ ㅈ, ㅊ, ㅿ → ㅅ/음절의 끝소리에서 : 받침 'ㅈ, ㅊ, ㅿ'은 받침 'ㅅ'과 같이 [ㅅ]으로 발음한다.
  예 곶+도→ 곳도, 맞+거늘→ 맛거늘, 빛+과→ 빗과, 좇+디→ 좃디, 짖+고→ 짓고
  예외 평파열음화의 예외
  • 'ㅿ'으로 실현 예 앗이, 엿의, 붓아, 궁우믈
  • 방향성이 다른 평파열음화
    예 좇+줍고→ 존줍고, 좇+누니→ 존누니, 엱+줍고→ 엳줍고('ㅈ, ㅊ'과 같은 치음은 치음인 'ㅅ'으로 바뀌어야 하지만, 설음인 'ㄷ'으로 바뀜)
  참고 평파열음화는 조음 방식의 변화이지만, 후음 'ㅎ'은 조음 위치[후음→ 치조음]를 바꾸어 'ㄷ'으로 실현(후음은 8종성에 속하는 전청의 자음이 없음)
  비교 현대 국어에서는 평파열음화가 'ㅂ, ㄷ, ㄱ'으로 실현되나, 중세 국어에서는 'ㅂ, ㄷ, ㅅ'으로 실현된다.

2. 비음화

(1) 정의

치조음인 'ㄷ, ㅌ, ㅂ'이 비음 'ㄴ'을 만나 비음 'ㅁ, ㄴ'으로 바뀌는 현상.

(2) 변동 양상

① ㄷ+ㄴ→ ㄴ+ㄴ
  예 • 묻+노라→ 문노라, 걷+누→ 건눈(용언의 활용형)
    • 걷+나-→ 건나-, 돋+니-→ 돈니-(합성어)
② ㅌ, ㅎ+ㄴ→ ㄴ+ㄴ
  예 붙+눈→ 붇눈→ 분눈, 낳+누니→ 낟누니→ 난누니(평파열음화→ 비음화)
③ ㅂ+ㄴ→ ㄴ+ㄴ 예 굽+누니라→ 굼누니라('ㅂ'의 비음화)
  참고 'ㄱ'의 비음화는 나타나지 않음.

3. 경음화

(1) 정의
평파열음이나 관형사형 어미 'ㅡㄹ' 뒤에서 'ㅈ, ㄱ, ㅅ'이 'ㅉ, ㄲ, ㅆ'으로 변하는 현상.

(2) 규칙
① 평파열음화 뒤의 경음화 ㅈ → ㅉ
   예 받+ᄌᆞᄫᆞ니→바ᄍᆞᄫᆞ니, 묻+ᄌᆞᄫᆞ되→무ᄍᆞᄫᆞ되, 믿+ᄌᆞ와→미ᄍᆞ와

② 관형사형 어미 'ㅡ을' 뒤의 경음화 ㄱ → ㄲ
   예 몯홀 거시라→몯홀 꺼시라, 갈 듸→갈 띄, 디날 제→디날 쩨
   비교 선행 어미의 말음과 관련성 : 관형사형 어미 'ㅡㅭ'
   예 몯ᄒᆞᇙ 거시어늘, 갏 듸, 디낧 제

③ 사잇소리 현상으로서의 경음화 ㅈ, ㅅ → ㅉ, ㅆ
   예 눈+ᄌᆞᇫ→눈ᄍᆞᇫ, 몸+ᄉᆡ→몸ᄊᆡ, 드틀+솝→드틀쏩
   참고 평파열음화 뒤의 경음화는 주로 'ㄷ'으로 끝나는 용언 어간 뒤에 객체 높임 선어말 어미 'ㅡ즙ㅡ'이 결합할 때 나타남.

4. 모음 조화

(1) 정의
한 단어 내에서 모음 체계상 '축(縮)'에 있어서 공통적인 속성을 가진 모음끼리 함께 어울리는 현상으로, 설축 계열인 'ㆍ, ㅗ, ㅏ'와 설소축 계열인 'ㅡ, ㅜ, ㅓ' 사이에서 작용.

양성 모음	ㆍ	ㅗ	ㅏ	설축
↕	↕	↕	↕	
음성 모음	ㅡ	ㅜ	ㅓ	설소축

예 • 나모(木), 다ᄅᆞ다(異), 구무(穴), 흐르다[체언이나 용언의 어간 내부]
   • 소ᄂᆞᆫ(손은), 자ᄇᆞᆫ(잡은), 브른(불은), 머근(먹은)[체언과 조사 결합, 용언의 활용]

(2) 성격
① 모음 조화 현상은 규칙적이지만 예외가 많다. 예 ᄒᆞ고져, 젼ᄎᆞ로

② 접미사[또는 어미] 형태소의 이형태 가운데 적어도 하나 이상이 모음으로 시작할 경우에만 모음 조화가 실현된다.
   • 모음 조화 규칙이 지켜진 예
   예 ᄋᆞᆫ/은, ᄂᆞᆫ/는(보조사), ᄋᆞᆯ/을, ᄅᆞᆯ/를(목적격 조사), 애/에, (ᄋᆡ/의)(처소 부사격 조사), ᄋᆞ로/으로 (도구 부사격 조사), ㅡ오/우ㅡ(의도법 선어말어미), ㅡ아/어(부사형 어미), ㅡᄋᆞ/으ㅡ(매개 모음)

- 모음 조화 규칙이 지켜지지 않은 예
    예 아(호격 조사), -둘(복수 접미사), 와, 과(공동 부사격 조사), 도(보조사), -ᄂ-(현재시제 선어말어미), -고, -오(부사형 어미), -다(설명형 종결어미), -고라(청원의 명령법 종결어미), -더-, -러-/-거-, -어-(과거시제 선어말어미), 아(강세 보조사)·등

③ 단어의 확장 : 모음 조화에 의한 모음 대립이 어휘 분화에도 적극적으로 이용되었다.
    예 붉다 ; 븕다, 곧다 ; 굳다, 밧다 ; 벗다, 가물다 ; 거물다, 남다 ; 넘다, 몱다 ; 믉다

[변화] 모음 조화의 약화
① 비어두에서의 변화(개별 단어 내)
    ㉠ ㆍ>ㅡ['ㆍ'의 1단계 변화] 예 다ᄉᆞᆺ>다슷, 사ᄉᆞᆷ>사슴
    ㉡ ㅗ>ㅜ 예 나모>나무, 노로>노루, 모도>모두
② 전설 모음 계열의 성립 : ㆍ의 소멸 이후 새롭게 등장한 전설 모음 계열은 모두 음성 모음 계열로 편입(모음 조화 규칙 자체)
    [변화] 현대 국어에서는 부사형 어미 '아/어'와 의성어, 의태어, 그리고 과거 시제 선어말 어미(았/었) 등에 잔영이 남아 있을 뿐이다.

모음 추이

① 정의 : 중세 국어 '전기→후기'의 모음 체계로 변화하는 과정에서 일어난 모음의 자리 이동

〈중세국어 전기〉   〈중세국어 후기〉

ㅣ   ㅜ   →   ㅗ   ㅣ   ㅡ   ㅜ
         ↑   ↓
ㅓ   →   ㅡ   ㆍ   ⇨   ㅓ   ㅗ

ㅏ   ↓   ㅏ   ㆍ

'ㅁ는 사슬'

② 'ㆍ'의 불안정성으로 인한 모음 추이 : 'ㆍ'는 16세기에 'ㅡ'에 합류되고, 18세기에 'ㅏ'에 합류되어 국어의 모음 체계에서 소실
③ 모음 추이로 인한 모음 체계의 변화(비어두음절에서 일어난 'ㆍ' 소실) : 'ㅡ'와 'ㆍ'의 대립 관계의 파괴로 인해 형태 교체에 강력하게 작용하던 모음조화가 무력하게 되는 직접적인 원인이 되었다.
④ 제2단계의 'ㆍ'의 소실 : 중세 후기의 'ㅏ'와 'ㆍ'의 대립이 파괴되는 제2단계 'ㆍ'의 소실은 모음 조화와 관계가 없으나 제1음절의 'ㆍ'가 'ㅏ'로 바뀌는 어휘의 변화를 초래하게 되었다.

5. ㄱ 약화

(1) 정의

'ㄹ'이나 'ㅣ(j)'로 끝나는 형태소 뒤에 'ㄱ'으로 시작하는 형태소가 결합할 때 'ㄱ'이 'ㅇ'으로 바뀌는 음운 현상.

(2) 변동 양상

① 'ㄹ' 다음 'ㄱ' 약화 예 믈+과→믈와, 알+고→알오, 울+거늘→울어늘
② 모음 'ㅣ(j)' 다음 'ㄱ' 약화 예 드외+거늘→다외어늘, 셰+고→셰오
③ 서술격조사 '이', 선어말어미 '-리-' 다음 'ㄱ' 약화
   예 눈+이+고→누니오, ᄒ+리+거늘→ᄒ리어늘
   비교 선행 형태소가 'ㄹ'이나 'ㅣ(j)'로 끝나지 않음.
      예 너+과→너와, 나+곳→나옷, ᄒᄅ+곰→ᄒᄅ옴
   변화 'ㄱ' 약화의 소멸(16세기 중엽)
      예 드외오>드외고, 알어늘>알거늘, 울오>울고(후음 'ㅇ'의 소멸을 원인으로 봄.)

2 음운의 탈락

1. 자음군 단순화

(1) 정의

종성에 나타나는 'ㅺ, ㅼ', 'ㅄ', 'ㅀ', 'ㄺ, ㄲ' 등의 겹받침에서 하나의 자음이 탈락하는 현상. (15세기 한국어는 음절 종성에 두 개 자음까지 발음될 수 있어서 이 중에서 하나의 자음이 탈락하는 자음군 단순화가 적용, 필수적인 적용×)

(2) 변동 양상

① 'ㅅ'으로 시작하는 겹받침을 가진 말들은 조건이 충족되면 자음군 단순화가 적용
   예 갓+고→갓고, 짗+ᄂ→깃ᄂ, 밝#→밧, 맢+ᄂ니→맛ᄂ니
② 'ㅄ'은 용언 어간 '없-'만 자음군 단순화를 겪고 체언 어간 '값-'은 자음군 단순화가 잘 적용되지 않는다.
   예 없+고→업고, 없+더라→업더라, 없+ᄂ→업ᄂ
③ 'ㅎ'으로 끝나는 겹받침의 경우 'ㄴ'으로 시작하는 어미와 결합하면 자음군 단순화가 적용되어 'ㅎ' 탈락
   예 긇+ᄂ→글ᄂ, 핧+놋다→할놋다, 앓+ᄂ→알ᄂ

④ 'ㄹ'로 끝나는 어간 뒤에서 어미의 '으/으'가 탈락한 후 자음군 단순화가 적용되는 현상
- 예 알+은 → 앑 → 안, 알을 → 앒 → 알
- 참고 15세기 'ㅀ'을 제외하면 'ㄹ'로 시작하는 겹받침에 자음군 단순화가 적용되지 않는 것이 일반적인 현상.
- 비교 'ㅄ'은 체언 어간의 경우 자음군 단순화가 잘 적용되지 않음.

2. 유음 탈락

(1) 정의
용언의 어간 뒤에 어미가 결합하거나 복합어를 형성할 때 유음이 탈락하는 현상.

(2) 변동 양상
① 'ㄹ'로 끝나는 용언 어간 뒤 적용
- 예 살+느니 → 사느니, 알+더니 → 아더니, 들+사 → 드사, 살+져 → 사져, 알+ᄉ고 → 아ᄉ고
- 예외 'ㅀ'으로 끝나는 어간과 'ㄴ'으로 시작하는 어미의 결합
  - 예 긇+는 → 글는, 핧+놋다 → 할놋다, 앓+는 → 알는

② 복합어에서의 유음 탈락[수의적]
- 예 아들+님 → 아ᄃ님~아들님, 달+님 → ᄃ님~들님, 활+살 → 화살~활살
- 참고 'ㅀ+ㄴ'의 결합은 자음군 단순화에 의해 'ㅎ'만 탈락할 뿐, 다른 변화가 일어나지 않아 'ㄴ' 앞에서도 'ㄹ'이 그대로 놓인다. 현대 국어에서는 'ㄹ'과 'ㄴ'이 그대로 결합할 수 없지만, 15세기에는 가능하다.

3. 모음 탈락

(1) 정의
단모음과 단모음이 결합할 때 둘 중 하나의 모음이 탈락하는 현상.

(2) 변동 양상
① 용언 어간의 마지막 모음을 탈락시키는 현상
- 예 ᄎ+아 → 차, ᄎ+옴 → 촘, 쓰+어 → 쩌, 크+어 → 커, 크+움 → 쿰

② 용언 어간의 마지막 모음과 어미의 첫 모음이 'ㅏ' 또는 'ㅓ'로 동일한 경우에 일어나는 모음 탈락
- 예 가+아 → 가~가아, 놀라+아 → 놀라~놀라아, 셔+어셔 → 셔셔~셔어셔, 건너+어 → 건너

③ 'ㅏ, ㅗ, ㅓ, ㅜ'로 끝나는 어간 뒤에서 어미의 첫 모음 'ㅗ'나 'ㅜ'가 탈락하는 모음 탈락
- 예 보(L)+옴(H) → 봄(R), 혀(L)+오ᄃᆡ(RH)

3 음운의 첨가

1. 반모음 첨가

(1) 정의

단모음이나 반모음 'ㅣ'로 끝나는 형태소 뒤에 모음으로 시작하는 문법 형태소가 올 때 'j'가 첨가되거나 용언 어간에서 'w'가 첨가되는 현상.

(2) 변동 양상

① j-첨가
  ㉠ 반모음 'j'로 끝나는 형태소 뒤에서 일어나는 현상 : 반모음 'j'로 끝나는 형태소 뒤에 모음으로 시작하는 문법 형태소가 올 때 'j'가 첨가되는 현상(규칙적 현상)
  예) 내+아→내야, 내+옴→내욤, 두외+아→두외야, 두외+옴→두외욤, 쉬+어→쉬여, 쉬+우려→쉬유려, 이긔+어→이긔여, 이긔+올→이긔욜, 그르메+에→그르메예
  ㉡ 단모음 'ㅣ'로 끝나는 형태소 뒤에서 일어나는 현상 : 단모음 'ㅣ' 뒤에서 일어나는 현상으로 용언 어간에서 j-반모음화 대신 'j'가 첨가되기도 하고 체언 뒤에 조사가 결합하는 경우에도 'j'가 첨가된다.
  예) 흐리+어→흐리여, 지+어→지여, 서리+에서→서리예서, 두리+에→두리예

② w-첨가 : 용언 어간에서 'w'가 첨가되는 현상.
  예) 보+아→보아~보와, 누+어→누어~누워, 모도+아→모도아~모도와

4 음운의 축약

1. 유기음화

(1) 정의

'ㅎ'이 후행하는 평음과 결합하거나 평음 뒤에 'ㅎ'이 오는 경우 유기음 'ㅍ, ㅌ, ㅊ, ㅋ'로 되는 현상.

(2) 변동 양상

① ㅎ+평음→ ㅋ, ㅍ
  예) 낳+고→나코, 둏+과→됴콰, 둏+굿-→됴콧-, 않+밖→안팎
② 평음+ㅎ → ㅌ, ㅍ, ㅊ
  예) 곧+ㅎ-→ 고트-, 잡+히-→자피, 앉+히-→안치-, 굳+히-→구티-
  [비교] 유기음화가 일어나지 않는 경우 : 용언 어간 'ㅎ-'가 결합된 복합어
    예) 고독+ㅎ-→ 고독ㅎ-, 몯+ㅎ-→몯ㅎ-, 답답+ㅎ-→답답ㅎ-, 득+ㅎ-→득ㅎ-

2. 반모음화

(1) 정의
　용언 어간 말의 'ㅣ'가 다른 모음 앞에서 반모음 'j'로, 'ㅣ'가 다른 모음 뒤에서 반모음으로 바뀌는 것(j-반모음화)이나 'ㅗ, ㅜ'가 'ㅏ, ㅓ' 앞에서 반모음화를 겪는 것('w-반모음화)

(2) 규칙
① j-반모음화
　㉠ 용언 어간 말의 'ㅣ'가 다른 모음 앞에서 반모음 'j'로 변화
　　예) 티+어도→텨도, 티+우미→튜미, 쑤미+어→쑤며, 쑤미+우믈→쑤뮤믈, 가즐비+어→가즐벼, 가즐비+오→가즐뵤미
　　예외 반모음 첨가 예) 지+어→지여, 디+옴올→디요믈, 흐리+어→흐리여, ᄀ리+옴→ᄀ리욤
　㉡ ㅣ → j/'ㅣ' 이외의 모음 뒤에서 반모음으로 변화 : 'ㅣ'가 다른 모음 뒤에서 반모음으로 바뀐다.
　　예) 바+이→배, 바+이라→배라, 부텨+이→부톄, 부텨+이니→부톄니, 셔+-이-→셰-, 자펴+잇고→자폣고, 뫼화+잇도다→뫼햇다, 외+이시며→왜시며

② w-반모음화 : ㅗ, ㅜ → ㅘ, ㅝ/ㅏ, ㅓ 앞 : 'ㅗ, ㅜ'가 'ㅏ, ㅓ' 앞에서 반모음화가 일어난다.
　예) 오+앗ᄂ→왓ᄂ, 소+아→소~소아, 드리우+어→드리워, 머믈우+어→머믈워, 싸호+아→싸호~싸호아
　　예외 'w-반모음화'는 아무런 현상이 일어나지 않거나 w-첨가가 일어나는 경우도 많았다.
　　　예) 보+아→보아~보와, 누+어→누어~누워, 모도+아→모도아~모도와, 거두+어→거두어~거두워

5 음운 현상의 변화

1. 자음 관련 현상의 변화

(1) 유음화
① 정의 : 유음인 'ㄹ'에 인접한 'ㄴ'이 유음으로 바뀌는 음운 현상.
② 순행적 유음화 'ㄹ+ㄴ'
　• 용언의 활용형에 나타난 유음화
　　예) 잃ᄂ>일른(잃+ᄂ), 알ᄂ니라>알ᄅ니라(앓+ᄂ니라), 슬노라>슬로라(슳+노라), 쓸ᄂ>쓸른(쓿+ᄂ)
　• 합성어에서 일어나는 유음화
　　예) 열닐굽>열릴굽(열+닐굽), 솔닙>솔립(솔+닙), 칼놀>칼롤(칼+놀), 실낫>실랏(실+낫)
　• 단어 경계를 두고 일어난 유음화　예) 벼슬 노픈>벼슬 로픈, 블 나>블 라, 블 노코>블 로코

③ 역행적 유음화 'ㄴ+ㄹ'
- 한자어 예 천량>철량(錢糧), 본릭>볼릭(本來), 간략>갈략(簡略)

(2) 구개음화

① 정의 : 'ㄷ, ㅌ'이 'ㅣ(j)' 모음 앞에서 구개음 'ㅈ, ㅊ'으로 변하는 현상으로, 18~19세기에 활발히 일어났다.

② 변동 유형

유형	변동	예
'ㄷ' 구개음화	ㄷ, ㅌ, ㄸ+i, y>ㅈ, ㅊ, ㅉ	혓그티>혓긋치(혓귿+이), 숟허디다>숟허지다(숟허디-+-다), 옮기디>옮기지(옮기-+-디), 디하>지하(地下)
'ㄱ' 구개음화	ㄱ, ㅋ, ㄲ+i, y>ㅈ, ㅊ, ㅉ	계신>제신[在], 기픈>집픈(깊+은), 계집>제집[女],
'ㅎ' 구개음화	ㅎ+i, y>ㅅ	힘>심[力], 혜고>셰고(혜-+-고), 혀와>셔와(혀+와)
'ㄴ' 구개음화	ㄴ+i>ㄴ[ɲ]>Ø	니를>이를(니르-+-ㄹ), 녀름>여름[夏], 니버>입어(닙-+-어), 님금>임금

보충 ㅅ+i >ㅅ[ʃ] : '샤'와 '사', '셔'와 '서', '쇼'와 '소', '슈'와 '수'의 대립 중화
  예 셤(島) : 섬(階), 쇼(牛) : 솧(潭) 등의 대립 소멸
  참고 1 구개음화의 유형에 따른 환경 : 'ㄷ' 구개음화는 형태소 경계 사이에서 일어나고, 'ㄱ'과 'ㅎ' 구개음화는 어두에서만 적용되는 것이 원칙이다.
  참고 2 'ㄴ' 구개음화 : 음운의 변화는 일어나지 않고 'ㄴ'의 조음 위치를 경구개 부근으로 이동시키는 음성적 변이만 일으킨다. 그리고 어두에서 'ㄴ' 구개음화가 일어난 경우에는 이후 'ㄴ'이 탈락하는 변화가 일어나 두음 법칙이 일어난다.

③ 구개음화의 형성

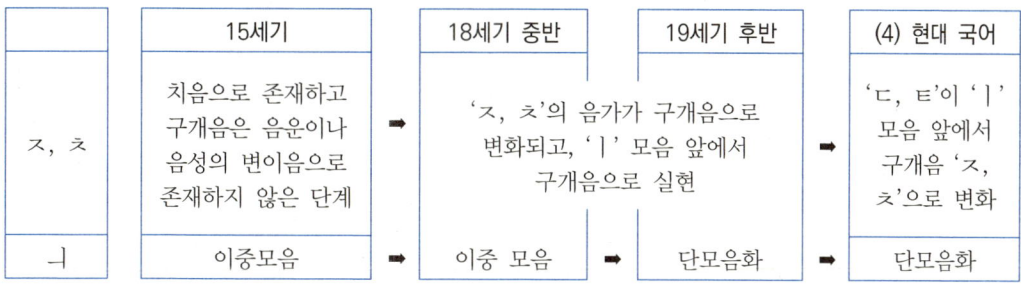

변화 'ㄷ' 구개음화의 예외 : 'ㄷ' 구개음화가 활발하게 적용될 때에 'ㅣ'가 아닌 다른 모음이어서 구개음화가 적용되지 않다가 이후 형태소 내부에서의 'ㄷ' 구개음화가 사라진 후에 'ㅣ'로 바뀌었다.
  예 마딕>마디, 듣글>티끌, 견듸->견디-'

- 15세기 : ㅈ는 니쏘리니 卽즉字쫑 처섬 펴아 나는 소리 ᄀᆞ트니 글방쓰면 慈쫑ㆆ字쫑 처섬 펴아 나는 소리 ᄀᆞᄐᆞ니라 ㅊ는 니쏘리니 侵침ㅂ字쫑 처섬 펴아 나는 소리 ᄀᆞᄐᆞ니라
  훈민정음 언해

- 19세기 : 우리나라에서는 '댜, 뎌'를 '쟈, 져'와 똑같이 발음하고, '탸, 텨'를 '챠, 쳐'와 똑같이 발음한다. 지금 오직 관서 지방의 사람들은 '天'과 '千'을 같이 발음하지 않고, '地'와 '至'를 같이 발음하지 않는다. 또 정 선생님께 듣기를, 그분의 고조부 형제 중 한 분의 이름은 '知和'이고, 또 한 분의 이름은 '至和'였는데, 당시에는 이 둘을 혼동되게 부른 일이 없었다고 한다. 그러므로 '디'와 '지'의 혼란은 그리 오래되지 않은 일임을 알 수 있다.
  (如東俗댜뎌呼同쟈져 탸텨呼同챠쳐……今唯關西之人 呼天不與千同 呼地不與至同 又聞鄭丈言 其高祖昆第 一名知和 一名至知 當時未嘗疑呼 可見디지之混 未是久遠也)
  유희, 언문지(諺文志)

- 15세기 : ㅈ는 니쏘리니 卽즉字쫑 처섬 펴아 나는 소리 ᄀᆞ트니 글방쓰면 慈쫑ㆆ字쫑 처섬 펴아 나는 소리 ᄀᆞᄐᆞ니라 ㅊ는 니쏘리니 侵침ㅂ字쫑 처섬 펴아 나는 소리 ᄀᆞᄐᆞ니라
  훈민정음 언해

- 19세기 : 우리나라에서는 '댜, 뎌'를 '쟈, 져'와 똑같이 발음하고, '탸, 텨'를 '챠, 쳐'와 똑같이 발음한다. 지금 오직 관서 지방의 사람들은 '天'과 '千'을 같이 발음하지 않고, '地'와 '至'를 같이 발음하지 않는다. 또 정 선생님께 듣기를, 그분의 고조부 형제 중 한 분의 이름은 '知和'이고, 또 한 분의 이름은 '至和'였는데, 당시에는 이 둘을 혼동되게 부른 일이 없었다고 한다. 그러므로 '디'와 '지'의 혼란은 그리 오래되지 않은 일임을 알 수 있다.
  (如東俗댜뎌呼同쟈져 탸텨呼同챠쳐……今唯關西之人 呼天不與千同 呼地不與至同 又聞鄭丈言 其高祖昆第 一名知和 一名至知 當時未嘗疑呼 可見디지之混 未是久遠也)
  유희, 언문지(諺文志)

'ㅈ, ㅊ'이 15세기에는 치음이었고, 근대 국어(18~19세기)에 구개음으로 바뀐 것을 알 수 있다. 19세기 이전에는 'ㄷ'과 'ㅈ'의 혼란이 일어나지 않아 '디다[落]/지다[負]'와 같이 의미 분화의 변별력이 있었지만 19세기에는 'ㄷ'과 'ㅈ'의 혼란이 일어난 것을 알 수 있다.

(4) ㅎ - 탈락의 발생

① 정의 : 음절의 종성을 제외하고 어두나 비어두에 나타나던 ㅎ이 비어두의 초성에 실현되는 데 나타나는 제약

- 'ㅎ' 탈락   예 노하>노아(놓+아), 나흐니>나으니(낳+으니), 만흘씨>만을시(많+을씨)
- 'ㅎ' 탈락 → 모음 축약   예 가히>가이>개, 버히→버이→베-

2. 모음 관련 현상의 변화

(1) 원순 모음화 : 'ㅡ'의 'ㅜ'로의 변화(17세기)

① 정의 : 순음(脣音) 'ㅁ, ㅂ, ㅍ, ㅽ' 앞에서 평순 모음 'ㅡ'가 양순음에 동화되어 원순 모음인 'ㅜ'로 변한 현상.(모음이 자음의 순음성에 닮아가는 일종의 동화 현상)

> 예 머믈→머물(留)[형태소 내부에서 일어나서 형태 자체 변화]

② 성격

　㉠ 원순 모음화로 인해 중세 국어에서 서로 대립을 이루던 음절 '므, 브, 프, 쓰'와 '무, 부, 푸, 쑤' 등의 대립이 없어진다.

　㉡ 대립에 의해 각각 다른 어휘로 나뉘어졌던 단어들이 외형상으로 동음 이의어를 이루게 된다.

> 예
> - 므 > 무 (물 < 믈, 水), 무즈미ᄒᆞ다(< 므즈미ᄒᆞ다(氽水), ᄂᆞ물(< ᄂᆞ믈 < ᄂᆞ믈, 菜) 등
> - 브 > 부 : 불(< 블, 火), 붓다(< 븟다, 痕), 부티다(< 브티다, 附), 붉다(< 븕다, 紅) 등
> - 프 > 푸 (풀 < 플, 草), 푸서리(< 프서리, 草間), 풋ᄂᆞ물(< 픗ᄂᆞ믈, 菜) 등
> - 쓰 > 쑤 (쑬(< 쓸, 角), 쑤리다(< 쓰리다) 등

(2) 전설 모음화 : 'ㅡ'의 'ㅣ'로의 변화(19세기)

① 정의 : 치음(齒音) 'ㅅ, ㅈ, ㅊ'과 결합된 중설 모음 'ㅡ'가 전설 모음 'ㅣ'로 변하는 현상을 이른다. 19세기에 이루어진 것으로 본다.[모음 'ㅡ'가 조음 위치에 영향을 받아서 그와 비슷한 위치로 닮아가는 동화 현상]

> 예 다ᄉᆞ리는 > 다시리는, 츠즈니 > 츠지니, 안즈되 > 안지되, 아츰 > 아츰 > 아침
>
> 보충 'ㅟ, ㅚ'의 변화
> > 예 불휘 > 블희(17세기)쑤리('ㅢ > ㅣ'로의 변화, 19세기)

(2) 'ㅣ' 모음 역행 동화 : Umlaut(19세기)

① 정의 : 후설 모음이 뒤에 오는 단모음 'ㅣ'나 반모음 'j'에 닮아서 전설 모음으로 바뀌는 변화로, 'ㅏ, ㅓ, ㅗ, ㅜ'가 'ㅐ, ㅔ, ㅚ, ㅟ'로 바뀐 현상(역행 동화이며 불완전 동화)

> 예 져비 > 제비, 올창이 > 올챙이, 갈며기 > 갈메기, 자미 > 재미

② 성격 : 후설 모음이 그에 대응하는 전설 모음으로 바뀌는 변화이므로 혀의 전후 위치에 의한 대립이 형성되어야 한다. 19세기에 많이 일어났는데, 이 시기 전설 모음 계열에 'ㅐ, ㅔ, ㅣ'가 확립되어 있었기 때문에 모음 체계와 음운 변화 사이에 상관성이 잘 부합하고 있다.

> 예 지팡이 > 지팽이, 머기- > 메기-, 앗기- > 익기-

음운의 변천

1. 자음 충돌 회피
(1) 개념 : 받침으로 끝나는 체언이나 용언 어간에 자음으로 시작되는 조사나 어미를 붙일 때, 자음끼리의 충돌을 피하기 위하여 하나의 자음을 탈락시키거나 그 사이에 모음을 끼워 넣는다. 이때 '으, 으'를 매개 모음 또는 조음소라고 한다.
(2) 방법
   ① 탈락 　예　 딩굴+노니→딩ᄀ노니, 일ᄂ니→이ᄂ니, 울니→우니
   ② 매개 모음 '으, 으' 삽입
      예　 손+(으)+ㄹ→소놀, 먹+(으)+니→머그니, 높+(으)+ㄴ→노푼
   ③ 이 매개 모음은 형태부(조사, 어미, 선어말 어미)의 일부가 되어 따로 분석하지 않음이 보통이다.

2. 모음 충돌 회피
(1) 개념 : 고어에서나 현대어에서나 말은 자음과 모음이 하나씩 엇갈리어야 자연스럽다. 그러므로, 모음이 거듭나는 것을 피하려는 경향이 있다. 모음이 거듭나게 되어 충돌함을 피하는 방법을 말한다.
(2) 방법
   ① 탈락 　예　 쓰+어→뻐, 트+아→타, 더으+어→더어
   ② 축약 또는 간음화
      예　 수싀>수이>싀, 가히>가아>개, 버히다>버이다>베다, 이시+어>이셔, 너기+어>너겨, 니기+어>니겨
   ③ 매개 자음 삽입
      ㉠ /ㅇ[h]/ 첨가 　예　 쇼아지>송아지>송아지, 됴희>됴이>죠이>종이>종이
      ㉡ '반자음[j]' 첨가 　예　 철수+[j]+아 → 철수야, 피+[j]+어 → 피여, ᄒ+[j]+아→ ᄒ야

3. 'ㅣ' 모음 동화
(1) 'ㅣ' 모음 순행 동화
   앞에 있는 ㅣ 모음을 닮아 'ㅏ, ㅓ, ㅗ, ㅜ'가 'ㅑ, ㅕ, ㅛ, ㅠ'로 바뀐 것으로, 순행 동화이며 불완전 동화이다.
      예　 드외+아 → 드외야, 퓌+어→ 픠여, 사괴+옴→사괴욤, 혜+움→혜윰
(2) 'ㅣ' 모음 역행 동화(Umlaut)
   뒤에 있는 ㅣ 모음을 닮아 'ㅏ, ㅓ, ㅗ, ㅜ'가 'ㅐ, ㅔ, ㅚ, ㅟ'로 바뀐 현상으로, 역행 동화이며 불완전 동화이다.
      예　 져비>제비, 올창이>올챙이, 갈며기>갈메기, 자미>재미

4. 이화(異化)
(1) 개념
   동화의 일종인 모음 조화 현상과는 대립되는 작용으로 동일하거나 성격이 비슷한 두 음이 이웃하여 있을 때, 그 중의 한 음이 변하거나 탈락하는 현상을 말한다.
(2) 갈래
   ① 모음의 이화 　예　 처섬>처엄>처음(ㅓ+ㅓ>ㅓ+ㅡ), 펴어>펴아(ㅕ+ㅓ>ㅕ+ㅏ)
   ② 자음의 이화 　예　 붚(붑(鼓))>북, 거붑(龜)>거북(ㅂ~ㅂ>ㅂ~ㄱ)

5. 강화(强化)
(1) 개념 : 청각 인상을 분명히 하고자 하는 현상
(2) 갈래
　① 된소리되기(경음화) : 고어에서 예사소리(ㄱ, ㄷ, ㅂ, ㅅ, ㅈ)이던 말이 후세에 된소리(ㄲ, ㄸ, ㅃ, ㅆ, ㅉ)로 변하는 현상, '불휘→뿌리, 곶→꽃' 등으로서, 이와 같은 변화의 원인은 대개 두 가지가 있다.
　　㉠ 합성어의 뒤에서 자주 쓰여 그것이 합성될 때에 된소리로 나게 된다.
　　㉡ 말의 뜻이 강한 느낌을 주어 된소리로 된다.
　　　예 닿다→짛다>찧다(예외 : 15C 싸호다, 두시언해 사호다)
　② 격음화(거센소리되기) : 예사 소리이던 말이 후세에 거센소리로 변하는 현상
　　　예 고>코(鼻), 갈>칼(刀), 시기다>시키다
　③ 모음 강화 : 청각 인상을 분명히 하고자 모음 조화를 파괴하는 현상
　　　예 펴어>펴아, 서르>서로

6. 유추 작용
기억을 편하게 하기 위하여 혼란된 어형을 한 기준형으로 통일시키는 현상이다.
예 불휘>뿌리(ㅟ>ㅣ : 명사 파생 접사 'ㅣ'로 통일)
　　사올(三日)>사흘>사흘 〔올>흘 : '열흘'의 '-흘'〕

7. 설측음화
(1) 개념
　설전음 ㄹ[r]이 설측음 ㄹ[l]로 바뀌는 현상으로, '르/르' 불규칙 용언에 보조적 연결 어미 '아/어'가 붙을 때 나타난다.
(2) 갈래
　설측음화는 '르/르' 불규칙 용언의 부사형 활용(아/어)에서 나타난다.

ㄹ+ㅇ형태(분철형태) : 15C 때의 일반적인 모습		ㄹ+ㄹ 형태(특수한 경우)	
기본형	활용형 설측 음화[r]→[l]	기본형	활용형→설측 음화 [r]→[l]
다르다(異)	다르+아→달아	쌘르다(速)	쌘르+아→쌜라
오르다(登)	오르+아→올아	모르다(不知)	모르+아→몰라

8. 활음조(滑音調)
(1) 개념 : 듣기에 쉽거나 발음하기 좋은 소리로 변화되는 현상
(2) 방법
　① 'ㄴ'가 'ㄹ'로 바뀜　예 희노>희로(喜怒)
　② 'ㄴ'나 'ㄹ'가 첨가됨　예 그양>그냥, 지이산>지리산(智異山)

9. 음운 도치
(1) 개념 : 앞 뒤의 음이 서로 뒤바뀌는 현상이다.
(2) 갈래
　① 음운 도치　예 빗복>빗곱(ㅂ↔ㄱ)>배꼽
　② 음절 도치　예 시혹>혹시, 하더시니>하시더니

10. 축약
(1) **개념** : 한 음운이 인접 음운과 합해져 하나로 발음되는 현상
(2) **갈래**
　① **자음 축약** : 선행하는 'ㅎ'과 후행하는 무성 자음 'ㄱ, ㄷ, ㅂ, ㅈ'가 결합하면 축약을 일으키는 현상
　　예 하늘ㅎ+과→ 하늘콰, 동-+-고→ 됴코, 곯-+-브/브-→ 골프-,
　　　낳[年]+들-→ 나틀-, 않+밨→ 안좠, 잡-+히-→ 자피-(이상 유기음화)
　　　ᄀ독ᄒ니, 고즉ᄒ니, 하딕ᄒ시고(무성 자음이 선행하고 'ㅎ'이 후행할 때에는 유기음화가 일어나지 않음)
　② **모음 축약** : 선행 모음과 후행 모음이 결합하여 이중 모음화가 일어나는 현상
　　예 입시울> 입슐(축약) > 입술(단모음화)

11. 탈락
(1) **'ㅎ' 탈락** : 자음 탈락의 한 가지로 어간이나 명사 내부에서 음절 간의 'ㅎ'은 모든 유성음 사이에서 탈락한다.
　① 모음간　예 버히다> 버이다> 베다
　② 'ㄹ'과 모음간　예 불휘> 불위, 일흠> 일음> 이름[名]
　③ 'ㄴ'과 모음간　예 눈호다> 눈오다
(2) **'ㄱ' 탈락** : 'ㅣ, ㄹ' 뒤에 있는 'ㄱ'이 탈락한다.
　① 'ㅣ' 모음 아래　예 비취거든> 비취어든, 뷔거ᅀᅡ> 뷔어ᅀᅡ, 빗곳> 빗옷, 디고> 디오
　② 'ㄹ' 아래　예 플과> 풀와, 몰개> 몰애, 멀귀> 멀위, 말고> 말오
(3) **'ㄹ'탈락** : 주로 용언의 활용에 있어서 어간 말음 'ㄹ'이 'ㄴ, ㅅ, ㄷ'으로 시작되는 어미를 만나면 탈락된다. 단 주체 높임 선어말 어미 'ㅅ'앞에서는 탈락하지 않고, 매개 모음이 쓰인다.
　① 'ㄴ' 앞에서　예 일ᄂᆞ니> 이ᄂᆞ니, 밍글ᄂᆞ니> 밍ᄀᆞ노니
　② 'ㄷ' 앞에서　예 길돗던고> 기돗던고, 굴돗던고> 구돗던고
　③ 'ㅅ' 앞에서　예 믌결> 믓결
(4) **'ㅿ' 탈락**　예 굿+어>그ᅀᅥ>그어, ᄀᆞᄉᆞᆯ> ᄀᆞᅀᆞᆯ> 가을, ᄆᆞᄉᆞᆷ> ᄆᆞᅀᆞᆷ> 마음, ᄉᆞᅀᅵ> 사이> ᄉᆞ
(5) **'ㅸ' 탈락**　예 곱+이>고ᄫᅵ> 고이, 더러ᄫᅵ> 더러이

12. 첨가
(1) **개념** : 청각 인상을 명료하게 하기 위해 음이 첨가되는 경우가 있다.
(2) **갈래**
　① **어두음 첨가** : 말 앞에 음이 첨가되는 경우　예 앗다> 쌔앗다, 보(梁)> 들보, 마> 장마
　② **어중음 첨가** : 낱말 가운데 음이 첨가되는 경우　예 더디다(投)> 던디다>, 호자> 혼자
　③ **어말음 첨가** : 말 끝에 음이 첨가되는 경우　예 긷> 기둥, 짜(地) → 땅

13. 두음 법칙
(1) **개념** : 우리말에서 단어의 첫음절에 'ㄹ'과 '뇨, 뇨, 뉴' 등을 피하려는 현상이 있으나, 고어에서는 그대로 쓰였다. 하지만, 'ㆁ, ㅸ, ㅿ'은 두음에 나타나지 않았다.

(2) 변천
  ① 중세 국어 : /ㄹ/의 회피
    15세기 고유어에서는 /ㄹ/이 보였다가 곧 사라졌는데, 한자음 첫소리에도 /랴, 려, 료, 류, 리, 례/ 등이 /냐, 녀, 뇨, 뉴, 니, 녜/로 나타나, 두음에서는 'ㄹ/을 조선 초부터 기피한 현상이 뚜렷하다.
    예 라귀>나귀, 닢(葉)>잎
  ② 근대 국어 : /ㄴ, 겹자음/의 회피
    ㉠ 18세기 이후 /ㅣ/나 /ㅣ/ 선행 모음 앞의 /ㄴ/이 구개음화의 강화로 두음에서 탈락하였다.
    ㉡ 겹자음은 된소리로 바뀌었다.

14. 오분석(誤分析)
(1) 개념
  말의 구조를 잘못 분석하여 어형의 변화를 가져옴
  예 곹ᄒ다>같다(어간 '곹ᄒ-'가 '곹-'로 바뀐 것을 '곹ᄒ+니 → ᄀᄐ니'에서 'ᄀᄐ니'를 '자ᄇ니'→'즙+ᄋ니'의 경우로 보아 '긑+ᄋ니'로 잘못 분석한 결과이다.)

15. 동음 생략
(1) 개념
  어절 안에 같은 음이 이웃하여 있거나 또는 같은 음이 다른 음이 사이에 있을 때 한 음을 생략해 버리는 일을 이른다.
  예 간난(艱難)>가난, 드르〔野〕>들

16. 부정 회귀(不正回歸)
(1) 개념
  말을 고상하게 또는 맞게 고치려다 오히려 잘못 돌이킨 구개음화의 역작용이다.(ㅅ, ㅈ, ㅊ → ㅎ, ㄱ, ㅋ)
  예 질쌈>길쌈〔紡績〕, 짗〔羽〕>깃, 셗(고삐)>혁
    딤ᄎᆞ〔沈菜〕 > 짐ᄎᆞ > 김ᄎᆞ > 김치
         구개음화   부정회귀 단모음화

더 읽을거리

음운사

(1) 음운 체계의 변화

① 자음 체계의 변화

		시기	예
유성 마찰음 계열 소멸	ㅸ →	w	글발>글왈, 더버>더워
		오/우	드ᄫᅳ니>드외니, 치ᄫᅳ니>치우니
		Ø	갓가비>갓가이
	ㅿ →	Ø	ᄆᆞᅀᆞᆷ>ᄆᆞᄋᆞᆷ, ᄉᆞᅀᅵ>ᄉᆞ이, 여ᅀᅳ>여우
		ㅈ	손ᅀᅩ>손조, 남ᅀᅵᆫ>남진, 삼ᅀᅵᆯ>삼질
	ㆁ →	Ø	것위>거쉬, 놀애>노래
		ㄹ	벌에>벌레, 달애다>달래다
후음 계열의 단순화	ㆅ>ㅋ, ㅆ, ㅎ		ᅘᅧ다>켜다, ᅘᅧᆯ믈>썰물, 도ᄅᆞᅘᅧ>도ᄅᆞ혀
치음 'ㅅ', 'ㅈ' 계열의 음가 변화	치음 → 경구개음 [조음 위치 변화]		혓그티>혓긋치, 디하>지하, 계신>제신, 기픈>집픈

② 모음 체계의 변화

		중세		현대
단모음 체계의 변화		모음의 개수(7개)	→	모음의 개수(10개)
		ㆍ, ㅡ, ㅣ, ㅗ, ㅏ, ㅜ, ㅓ	'ㆍ'의 소멸 및 신설 모음 계열 생성	ㅣ, ㅏ, ㅓ, ㅗ, ㅜ, ㅡ, ㅐ, ㅔ, ㅚ, ㅟ
중모음 체계의 변화	이중 모음	하향 이중 모음 ㅐ(aj), ㅔ(ʌj), ㅚ(oj), ㅟ(uj)	→ 'ㆍ' 소멸	단모음으로 변화 / 이중 모음 'ㅢ'만 남음
	삼중 모음	ㅒ(jaj), ㅖ(jʌj), ㅙ(waj), ㅞ(wʌj)	→ 하향 이중 모음 'ㅐ, ㅔ'의 단모음화	이중 모음으로 변화

(2) 음절의 변화

	시기	예
초성의 변화	자음의 개수 축소[2개 → 1개]	ᄠᅳᆮ, ᄡᆞᆯ, ᄧᅩᆨ, ᄠᆞ다/싸히 → 뜻, 쌀, 쪽, 타다, 사나이/사내
	자음의 종류 축소 [초성 ㅇ → 종성]	바올, 보오리, 쥬이, 쥬을 → 방울, 봉오리, 중이, 중을
종성의 변화	자음의 개수 축소[2개 → 1개] (겹받침 발음 → 겹받침 중 하나만 발음)	흙과, 밟고[유음인 'ㄹ'로 시작하는 자음군], 앉거늘, 얹고, 옰ᄂᆞᆫ가[비음 'ㄴ, ㅁ'으로 시작하는 자음군] → 흙과[흑꽈], 밟고[발꼬]
	자음의 종류 축소 [8종성 → 7종성] ('ㅅ' 발음 → 'ㄷ'으로 발음)	옷, 옷과, 맞고, 좇디['ㅅ' 발음] → 옷[온], 옷과[온꽈], 맞고[맏꼬], 좇디[존띠]['ㄷ'으로 발음]

(3) 음운 현상의 변화

		시기	음운 현상의 성격	예
자음	유음화 발생	16세기	유음 'ㄹ'과 비음 'ㄴ', 또는 비음 'ㄴ'과 유음 'ㄹ'이 만나 'ㄴ'이 'ㄹ'로 변하는 현상.	• 잃ᄂᆞᆫ>일른(잃+ᄂᆞᆫ), ᄭᅳᆯᄂᆞᆫ+ᄭᅳᆯ른(ᄭᅳᆶ+ᄂᆞᆫ)[용언의 활용형] • 열닙굽>열릴굽(열+닐굽), 솔닙>솔립(솔+닙)[합성어] • 벼슬 노픈>벼슬 로픈[단어 경계] • 쳔량>철량(錢糧), 본릭>볼릭(本來)[한자어]
	ㄱ 약화 소멸	16세기	'ㄹ'이나 'ㅣ(j)'로 끝나는 형태소 뒤에서 'ㄱ'이 약화되는 규칙.	ᄃᆞ외오>ᄃᆞ외고, 알어늘>알거늘, 울오>울고
	구개음화 발생	18~19세기	'ㄷ, ㅌ'이 'ㅣ(j)'앞에서 구개음 'ㅈ, ㅊ'으로 변하는 현상.	• 혓그티>혓긋치, ᄭᅳᆫ허디다>ᄭᅳᆫ허지다, 옮기디>옮기지, 디하>지하 • 겨ᄅᆞ레>져으레, 견줄>젼줄, 기픈>집픈, 계유년>졔유년 • 힘>심, 혀와>셔와, 혜고>셰고
	'ㅎ' 탈락 발생	19세기	'ㅎ'으로 끝나는 형태소가 모음으로 시작하는 문법 형태소와 결합하여 'ㅎ'이 탈락하는 현상.	• 노하>노아, 나흐니>나으니, 만흘씨>만을ᄉᆡ • 가히>가이>개, 버히->버이->베-

모음	원순 모음화	17세기	평순 모음 'ㅡ'가 선행하는 양순음의 영향으로 원순 모음인 'ㅜ'로 바뀌는 음운 현상.	믈>물, 머믈->머물-, 블>불, 플>풀, 쓸>쑬
	전설 모음화	19세기	'ㅡ'가 'ㅈ, ㅊ, ㅉ'이나 'ㅅ, ㅆ' 뒤에서 'ㅣ'로 바뀌는 변화.	즐->질, 아츰>아침, 승겁->싱겁-, 스ᄀ올>시골
	'ㅣ' 역행동화	19세기	후설 모음이 뒤에 오는 단모음 'ㅣ'나 반모음 'j'에 닮아서 전설 모음으로 바뀌는 변화.	앗기->읶기-, 머기->메기-, 지팡이>지 핑이
	모음 조화 약화	16 ~18세기	한 단어 내에서 '축'에 있어서 공통적인 성질을 지니는 모음들끼리 함께 어울리는 현상.	• ᄆᆞᅀᆞᆷ>마음, 사ᄉᆞᆷ>사슴, 다ᄉᆞᆺ>다섯 • 나모>나무, 노로>노루

exercise
연습 문제

01 다음은 훈민정음 초성 17자의 체계를 자료로 하여 초성의 제자 원리를 지도하려고 한다. 〈보기〉의 ⊙과 ⓒ에 들어갈 말을 각각 쓰시오. [2점] 1997년도

자료				
	전청	차청	불청불탁	전탁
아음	ㄱ	ㅋ	ㆁ	ㄲ
설음	ㄷ	ㅌ	ㄴ	ㄸ
순음	ㅂ	ㅍ	ㅁ	ㅃ
치음	ㅈ, ㅅ	ㅊ		ㅉ, ㅆ
후음	ㆆ	ㅎ	ㅇ	ㆅ
반설음			ㄹ	
한치음			ㅿ	

보기

초성은 무릇 열일곱 자이니, 아음 ㄱ은 혀뿌리가 목구멍을 막는 모양, 설음 ㄴ은 혀가 윗잇몸에 닿는 모양, 순음 ㅁ은 입의 모양, 치음 ㅅ은 이의 모양, 후음 ㅇ은 목구멍의 모양을 (⊙)한 것이다. ㅋ은 ㄱ에 비하여 (ⓒ) 까닭에 획을 더하였다.

『훈민정음』해례, 제자서에서

02 다음은 고대 국어의 고유 명사 표기법에 대한 지식을 갖춘 학생들에게 (가)~(다)의 제재를 활용하여 향찰(鄕札)의 표기 원칙을 지도하는 교수·학습 과정안의 일부이다. ⓐ와 ⓑ에 들어갈 말을 각각 쓰시오. [2점] 2005년도

(가) 善化公主主隱
　　㉠ 他密只嫁良置古
　　薯童房乙
　　㉡ 夜矣卯乙抱遺去如
　　　　　　　　　　　　　　　　　　　　　- '서동요' -

(나) 善化公主니믄
　　눔 그스지 얼어두고
　　맛둥바올
　　바미 몰 안고 가다(양주동 해독)

(다) 善化公主니리믄
　　눔 그슥 어러 두고
　　薯童 방올
　　바매 알홀 안고 가다(김완진 해독)

단계	지도 내용
단계 1	(가)와 (나)를 대조하며 ㉠에서 훈차(訓借) 자와 음차(音借) 자를 구별해 보게 한다. • 뜻만 빌려 쓴 글자의 예 : 他 密 嫁 置 • 음만 빌려 쓴 글자의 예 : 只 良 古
단계 2	(가)의 ㉠에 한정하여 표기 방법을 선택하는 원칙을 추론하게 한다. • 어휘적 의미를 가진 부분은 (ⓐ) 표기가 원칙이다. • 문법적 의미를 가진 부분은 (ⓑ) 표기가 원칙이다.
단계 3	추론한 원칙에 따라 ㉡을 분석하게 하되, 예외적인 부분에 대해서는 (나)와 (다)를 비교하며 설명하게 한다. • '卯乙'의 '卯'은 원전에서 판독이 명료하지 않다. (나)는 '卯乙＝卯乙'로 판독하여 음차 표기로 보고 '몰'로 음독한 것이며, (다)는 '卯乙＝卵乙'로 판독하여 훈차 표기로 보고 '알홀'로 훈독한 것이다. • 추론한 원칙을 따르지 않은 해독을 수용하는 것은 지금 전하는 향찰 표기 자료가 그 원칙을 일반화하기에 충분하지 않다고 보기 때문이다.

03 다음은 음절 말 표기법에 대하여 지도하려고 한다. 〈작성 방법〉에 주어진 조건을 고려하여 서술하시오. [4점] 2003년도

> (가) 聲有緩急之殊 故平上去其終聲不類入聲之促急. 不淸不濁之字 其聲不厲 故用於終則宜於平上去 全淸次淸全濁之字 其聲爲厲 故用於終則宜於入. 所以ㅇㄴㅁㅇㄹㅿ六字爲平上 去聲之終 而餘皆爲入聲之終也. <u>然ㄱㆁㄷㄴㅂㅁㅅㄹ八字可足用也. 如빗곶爲梨花 엿의갗爲狐皮 而ㅅ字可以通用故只用ㅅ字</u>.(訓民正音解例本,1446년)
>
> (나) 몬(莫) : 太子를 <u>몬</u> 어드실씨 (용비어천가,1447년)
> 못(池) : <u>못</u>爲池 (훈민정음 해례본, 1446년)
> 뜯(意) : 이 <u>뜯</u>들 닛디 마르쇼셔 (용비어천가,1447년)
>
> (다) 굳고(固) - <u>굿</u>거든(固) (언해두창집요, 1608년)
> 맛(味) - <u>맏</u>(味) (동국신속삼강행실도, 1617년)
>
> (라) 한문 <u>못</u>ᄒᆞ는 인민은 나모 말만 듯고 무슴 명녕인줄 알고 이 편이 친히 그 글을 못 보니 그 사롬은 무단이 병신이 됨이라. 한문 못흔다고 그 사롬이 무식흔 사롬이 아니라 (중략) 우리 신문은 빈부귀쳔을 다름업시 이 신문을 보고 외국 물졍과 닉지 사졍을 알게 하랴는 뜻시니 (독립신문 창간사, 1896년)
>
> (마) <u>굳</u>은 땅에 물이 괸다. <u>웃</u>는 낯에 침 못 뱉는다.

┤ 작성 방법 ├

- (가)의 밑줄 친 부분에서 언급한 음절말 'ㄷ, ㅅ' 표기가 역사적으로 어떻게 변해왔는지 설명할 것.
- (가)~(마)의 밑줄 친 예만을 사용하여 설명할 것.

04
다음은 『소학언해』를 제재로 한 교수·학습 자료 초안이다. 이를 수정한 내용과 그 이유가 제시된 ㉠과 ㉡을 각각 쓰시오. [2점] 2009년도

> 孔子ㅣ 曾子ᄃ려 닐러 ᄀᆞᆯᄋᆞ샤ᄃᆡ 몸이며 얼굴이며 머리털이며 ᄉᆞᆯ흔 父母ᄭᅴ 받ᄌᆞ온 <u>거시라</u> 敢히 헐워 샹히오디 아니홈이 효도이 비르소미오 몸을 셰워 道를 行ᄒᆞ야 일홈을 後世예 베퍼 ᄡᅥ 父母를 현뎌케 홈이 효도이 ᄆᆞᄎᆞ미니라 … (중략) … 유익ᄒᆞᆫ 이 세 가짓 벋이오 해로온 이 세 가짓 벋이니 直ᄒᆞᆫ 이를 벋ᄒᆞ며 신실ᄒᆞᆫ 이를 벋ᄒᆞ며 들온 것 한 이를 벋ᄒᆞ면 유익ᄒᆞ고 거동만 니근 이를 벋ᄒᆞ며 아당ᄒᆞ기 잘ᄒᆞᄂᆞᆫ 이를 벋ᄒᆞ며 말슴만 니근 이를 벋ᄒᆞ면 <u>해로온이라</u> (1587, 소학언해 권2)

≪주요 학습 항목≫
- 표기 : 몸이며, 얼굴이며, 아니홈이
- 단어 형태의 변화 : ᄉᆞᆯㅎ(ᄉᆞᆯ흔)＞살, 일홈＞이름, 벋＞벗, 말슴＞말씀
- 단어 의미의 변화 : 얼굴(형체, 모양 ＞ 얼굴), 말슴
- 객체 높임 표현 : -ᄭᅴ(父母ᄭᅴ), 받ᄌᆞ온
- 사동 표현 : 헐워, 샹히오디, 셰워, 현뎌케 홈이
- 평서형 어미 : '-라' ('-다'의 이형태 : ᄆᆞᄎᆞ미니라)
⋮
⋮

항목	수정 내용	수정 이유
분철 표기	'해로온이라' 추가	분철 표기가 일반화되었을 때 나타나는 (㉠) 표기의 예이다.
단어 형태의 변화	'벋＞벗' 추가	음절말 'ㄷ'이 'ㅅ'으로 표기되는 변화는 단어 형태의 변화에 해당한다.
평서형 어미	'(받ᄌᆞ온) 거시라' 삭제	'거시라'는 평서형 종결어미가 아니라, (㉡)(으)로 사용되고 있다.

05 〈보기〉는 "중세 국어의 음운 변천을 안다."라는 학습 목표를 성취하기 위한 자료이다. 'ㅸ'은 세종 이후에 [w]로 변했는데, 후행하는 모음에 따라 다르게 실현되었다. 밑줄 친 부분의 'ㅸ'이 모음을 만나 변하는 과정에서 어떤 결합 규칙이 적용되었고, 그 변화된 모습은 어떠했는지 〈예시〉를 참조하여 밝히시오. [2점] 2006년도

① 스ᄀᆞᄫᆞᆯ 軍馬를 이길ᄊᆡ ᄒᆞᄫᅡᅀᅡ 믈리조치샤 〈용비어천가 35장〉
② 이런 더러ᄫᆞᆫ 일 ᄒᆞ거뇨 ᄒᆞ대 〈월인석보 1, 44〉
③ ᄆᆞᅀᆞᆯ 더욱 셜ᄫᅵ 너기샤 눉므를 비오ᄃᆞᆺ 흘리시고 〈월인석보 8, 94〉

	결합 규칙	결합 후 변화된 모습	현대어
ᄆᆞᅀᆞᆷ	ㅿ+ᆞ>탈락(∅)	ᄆᆞᅀᆞᆷ>ᄆᆞᆷ	마음
ᄀᆞ르치어	이+어>여	ᄀᆞ르치어>ᄀᆞ르쳐	가르쳐
	결합 규칙	결합 후 변화된 모습	현대어
① 스ᄀᆞᄫᆞᆯ	[w]+		시골
② 더러ᄫᆞᆫ	[w]+		더러운
③ 셜ᄫᅵ	[w]+		쉽게

06 다음은 중세 국어의 'ㅇ'에 대한 설명이고 〈자료〉는 중세 국어의 예이다. 〈자료〉의 (1)에 대해 ㉠의 관점에서는 음운 탈락이 없다고 해석하는 반면 ㉡의 관점에서는 음운 탈락이 있다고 해석한다. 이러한 음운론적 해석의 차이를 〈작성 방법〉에 따라 설명하시오. [4점] 2017년도

> 중세 국어 후음의 불청불탁자 'ㅇ'의 음운론적 해석에는 크게 두 가지 관점이 있다. 하나는 '오얏<구급간이방 6:29>'의 'ㅇ'과 '몰애<월인석보 7:72>'의 'ㅇ'을 구분하는 관점이고, 다른 하나는 '오얏'의 'ㅇ'과 '몰애'의 'ㅇ'을 같은 것으로 보는 관점이다. 두 관점은 모두 '오얏'의 'ㅇ'에 대해서는 음가가 없는 '영(零)'으로 해석한다는 점에서 차이가 없다. 전자와 후자의 차이는 '몰애'의 'ㅇ'에 대한 음운론적 해석에서 비롯된다. 즉 ㉠ 전자는 '몰애'의 'ㅇ'을 g>ɣ>ɦ 변화의 마지막 단계인 유성 후두 마찰음 'ɦ'로 해석한다. 'ɦ'은 이후 음가가 없는 '영(零)'으로 변화한다. 반면 ㉡ 후자는 '몰애'의 'ㅇ' 역시 '오얏'의 'ㅇ'과 마찬가지로 음가가 없는 '영(零)'으로 해석하고, '몰애'를 중세 국어의 일반적인 표기법에 예외적인 표기 규칙을 통해 설명한다.

┤자료├
(1) 살어늘, 살오
(2) 사라(← 살-아), 사롬(← 살-옴)
(3) 보거늘, 보고
(4) 네 어미ᄂᆞᆫ 므를 머그면 미불 브리 ᄃᆞ외야

┤작성 방법├
- (4)에서 확인할 수 있는 중세 국어의 일반적인 표기법을 언급할 것.
- ㉠의 관점에서 (1)에서 탈락이 일어나지 않았다고 해석하는 이유를 (2)를 참고하여 밝힐 것.
- ㉡의 관점에서 (1)에서 탈락이 일어났다고 해석하는 이유를 (3)과 비교하여 밝힐 것.
- ㉡의 관점에서 (1)을 위한 표기 규칙을, (2)를 참고하여 기술할 것.

07 다음은 중세 국어의 'ㅿ'의 규칙과 실현 조건을 지도하기 위한 자료이다. 'ㅿ'에 대하여 〈작성 방법〉에 따라 서술하시오. [4점]

> 'ㅿ'은 중국 자모의 일모에 해당되는 것으로 훈민정음 해례에서는 불청불탁의 반치음으로 규정되었다.
>
> 〈'ㅿ'의 구체적인 분포〉
> (1) ㅣ모음 – 모음 사이 : 새삼[兎絲子]
> (2) ㄹ – 모음 사이 : 오늘사, 사니거늘사, 두어, 프서리
> (3) ㄴ – 모음 사이 : 한숨[大息], 한삼[襜], 손소[手親]
>
> (1)~(3)은 15세기에 ㅿ[z]형과 ㅅ[s]형이 공존한다. '새삼'과 '새삼', ㉠ <u>'두어'와 '두서'</u>, '프서리'와 '프서리', '한숨'과 '한숨', '한삼'과 '한삼'이 그것이다. ㉡ <u>이 두 공존형은 'ㅿ'형이 신형이고, 'ㅅ'은 고형이라는 주장</u>이 있다.
>
> 〈규칙〉
> (가) ☐☐☐☐/y, r, n ＿＿＿＿＿
> (나) ☐☐☐☐/＿＿＿＿ z, s, n, t, c

┤작성 방법├

- 〈규칙〉의 (가)와 (나)의 ☐☐☐☐에 들어갈 변화 과정을 제시할 것.
- 〈규칙〉을 고려하여 ㉡의 주장이 타당하지 않은 이유를 ㉠을 예로 들어 설명할 것.

08 〈자료 1〉에 나오는 중세 국어 단모음에 대한 내용을 보충 설명하기 위해 〈자료 2〉를 준비하였다. (가)와 (나)의 활용 방안에 해당하는 ㉠, ㉡에 들어갈 말을 각각 쓰시오. [2점] 2011년도

┌ 자료 1 ├─
ㆍ는 혀를 오그라지게 해서 조음하고[舌縮] 소리는 깊다[聲深].
ㅡ는 혀를 조금 오그라지게 해서 조음하고[舌小縮] 소리는 깊지도 얕지도 않다[聲不深不淺].
ㅣ는 혀를 오그라들지 않게 조음하고[舌不縮] 소리가 얕다[聲淺].
ㅗ는 ㆍ와 한 종류인데 입을 오므린다[口蹙].
ㅏ는 ㆍ와 한 종류인데 입을 벌린다[口張].
ㅜ는 ㅡ와 한 종류인데 입을 오므린다[口蹙].
ㅓ는 ㅡ와 한 종류인데 입을 벌린다[口張].

－『훈민정음』의 「제자해」－

┌ 자료 2 ├─

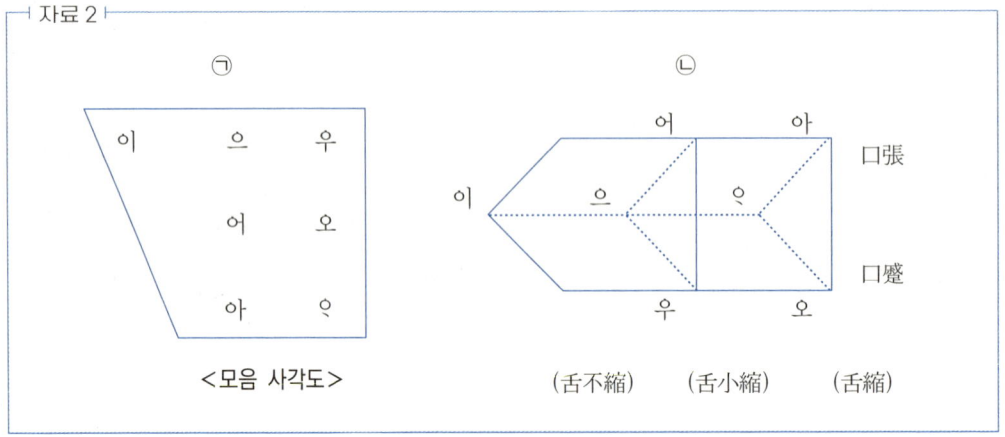

┌ 보기 ├─
(가)는 단모음의 (㉠)을/를 설명하기 위한 자료로 활용할 수 있고, (나)는 단모음의 (㉡)을/를 설명하는 데 활용할 수 있다.

09 (가)와 (나)는 중세 국어와 현대 국어의 단모음 체계를 분류 기준에 따라 도표화한 것이다. (가)에서 (나)로의 변화 결과에 대한 설명을 정리한 〈보기〉의 ㉠과 ㉡에 들어갈 말을 각각 쓰시오. [2점]

2013년도

(가)

	舌不縮	舌小縮	舌縮
[+口蹙]		ㅜ	ㅗ
[-口蹙, -口張]	ㅣ	ㅡ	ㆍ
[+口張]		ㅓ	ㅏ

(나)

	전설		후설	
	평순	원순	평순	원순
고	ㅣ	ㅟ	ㅡ	ㅜ
중	ㅔ	ㅚ	ㅓ	ㅗ
저	ㅐ		ㅏ	

┤보기├

- (㉠)에 의해 대립하는 모음의 수가 더 늘어났다.
- '전설 : 후설'의 이원적 대립이 모든 단모음에서 나타나게 되었다.
- (㉠)에 따라 'ㅗ'와 대립하는 모음이 'ㆍ'에서 'ㅓ'로 바뀌었다.
- '縮'에 의해 대립하던 'ㅡ'와 'ㅣ'가 (㉡)의 대립을 보이게 되었다.

10 다음은 중세 국어의 'ㅐ'와 'ㅔ'가 이중 모음이었던 사실에 대하여 탐구 학습한 내용이다. 탐구 과정에 따라 분석 내용 (2)와 (3)에 준하여 (1)에 들어갈 내용을 서술하시오. [4점] 2014년도

학생의 질문	중세 국어에서 'ㅐ'와 'ㅔ'는 왜 이중 모음인가요?
교사의 지도 방안	중세 국어에서 'ㅐ', 'ㅔ'로 끝나는 단어들에 조사나 어미가 결합할 때 어떠한 형태 교체를 보이는지 주목하게 한다.
교사의 수집 자료	(1) 내해 드리 업도다, 梁은 드리라 　　불휘 기픈 남근, 根은 불휘라 　　妖怪ᄅᆞ뷘 새 오거나, 影은 그르메라 (2) 스싀예, 짜해 디여 　　사ᄉᆞ미 빅예, 여희여 　　막대예 샹커나, 짜해 업데여 (3) 프를 질오 안ᄶᅥ니 　　좁을 무티면 좁이 빅오 　　몸 아래 블 내오, 히미 세오
분석 내용	(1) _____ 　　_____ (2) 부사격 조사 {에} 및 어미 {-어}와의 결합에서 체언 또는 용언 어간이 단모음 'ㅣ'(스싀, 디-) 또는 반모음 'ㅣ'(빅, 여희-)로 끝나는 경우, 조사와 어미의 형태는 반모음 'ㅣ'가 더해진 '예'와 '-여'로 나타난다. '막대'와 '업데-'도 이와 같은 양상을 보인다. (3) 어미 {-고}와의 결합에서 용언 어간이 'ㄹ'(질-) 또는 반모음 'ㅣ'(빅-)로 끝나는 경우, 어미의 형태는 'ㄱ'이 탈락된(또는 약화된) '-오'로 나타난다. '내-'와 '세-'도 이와 같은 양상을 보인다.
결론	중세 국어의 조사 및 어미 관련 형태 교체에서 공통적으로 'ㅐ'와 'ㅔ'가 반모음 'ㅣ'를 가진 이중 모음들과 함께 행동한다는 사실을 통해 당시 'ㅐ'와 'ㅔ'는 반모음 'ㅣ'를 가진 하향 이중 모음이었음을 알 수 있다.

11 다음은 중세 국어 문헌에 나타나는 초성 'ㅂ'계 합용 병서에 대하여 탐구하려고 수집한 자료이다. 주어진 '단서'로 (가)와 (나)를 탐구하고, 그 내용을 근거로 'ㅂ'계 합용 병서가 어떤 소리를 표기한 글자였는지 쓰시오. [4점] 2007년도

> **보기**
>
> (가) ① 곧 이제 ᄀ슬히 반되 ᄒ마 어즈러우니 됴히 그려기와 다뭇 ᄒᆞᄢᅴ 오리오다 卽今螢巳亂 好與腸同來 <두시언해 초간본 8 : 40>
>
> ② 손과 ᄒᆞᆷᄭᅴ 밥 먹거늘 女客同飯ᄒᆞ대 <번역소학 10 : 6>
>
> (나) 멥쌀, 좁쌀, 볍씨, 부릅뜨다, 휩쓸다

자료	단서	탐구 내용
(가)	'ᄒᆞᄢᅴ > ᄒᆞᆷᄭᅴ'에 나타난 'ㄴ > ㅁ'	
(나)	단어 형성상의 특이점	

⇩

탐구 결과

12 다음은 국어 받침의 발음 변화를 학습하기 위한 수업의 일부이다. 학생의 질문에 따른 교사의 지도 내용을 〈작성 방법〉에 따라 서술하시오. [4점] 2019년도

> 교사 : 15세기에는 받침 ㄷ과 ㅅ의 발음이 지금과 같이 구별되지 않았다는 견해와, 지금과 달리 받침 ㄷ과 ㅅ의 발음이 구별되었다는 견해가 있습니다. 그중에서 우리는 15세기에 받침 ㄷ과 ㅅ의 발음이 구별되었다는 견해를 지금까지 살펴보았습니다.
>
> 학생 : 그러면 15세기 이후에 받침 ㄷ과 ㅅ의 발음이 받침 ㄷ의 발음으로 같아지는 변화가 일어났나요?
>
> 교사 : 네, 맞아요. 다음 〈자료〉를 바탕으로 그러한 변화가 일어났다는 사실을 확인할 수 있습니다. 밑줄 친 부분에 주목하여 살펴볼까요?
>
> 〈자료〉
>
> | (가) | 15세기 | 잇ᄂᆞ니[有], 낫나치[箇箇], 믯믯ᄒᆞ다[滑] |
> |---|---|---|
> | (나) | 15세기 이후 | 인ᄂᆞ니[有], 난나치[箇箇], 믣믣ᄒᆞ다[滑] |

> **작성 방법**
>
> • (가), (나)의 구체적인 음운 현상의 발생 여부를 비교하여 서술할 것.
> • (가), (나)의 음운 현상 발생 여부의 이유를 포함하여 서술할 것.

13 다음은 "국어의 역사를 안다."라는 학습 목표를 성취하기 위해 모은 자료이다. 〈작성 방법〉을 서술하시오. [4점] 2004년도

> (가) ㅈ는 니쏘리니 卽즉字쫑 처섬 펴아 나는 소리 ᄀᆞᄐᆞ니 글바쓰면 慈쫑ㆆ字쫑 처섬 펴아 나는 소리 ᄀᆞᄐᆞ니라 ㅊ는 니쏘리니 侵침ㅂ字쫑 처섬 펴아 나는 소리 ᄀᆞᄐᆞ니라 〈훈민정음 언해〉(15세기)
>
> (나) 우리 나라에서는 '댜, 뎌'를 '쟈, 져'와 똑같이 발음하고, '탸, 텨'를 '챠, 쳐'와 똑같이 발음한다. 이는 단지 턱을 움직임에 있어서 이것은 어렵고 저것은 쉽기 때문일 뿐이다. (…중략…) 또 정 선생님께 듣기를, 그분의 고조부 형제 중 한 분의 이름은 '知和'이고 또 한 분의 이름은 '至和'였는데, 당시에는 이 둘을 혼동되게 부른 일이 없었다고 한다. 그러므로 '디'와 '지'의 혼란은 그리 오래되지 않은 일임을 알 수 있다. (如東俗댜뎌呼同쟈져 탸텨呼同챠쳐 不過以按頤之此難彼易也 (…중략…) 又聞鄭丈言 其高祖昆弟 一名知和 一名至和 當時未嘗疑呼 可見디지之混 未是久遠也) 〈유희, 언문지〉

┤ 작성 방법 ├

- (가)와 (나)의 두 자료를 함께 고려하여 알 수 있는 'ㅈ, ㅊ'의 국어사적 사실을 설명할 것.
- (가)와 (나)의 두 자료를 바탕으로 'ㄷ'과 'ㅅ'의 변천 과정을 설명할 것.

14 ⟨보기1⟩은 구개음화에 대한 설명이다. ⟨보기2⟩의 내용을 근거로 하여 ⟨보기1⟩의 ㉠, ㉡에 해당하는 내용을 ⟨작성 방법⟩에 따라 설명하시오. [4점] 2016년도

─┤ 보기 1 ├─

현대 국어 표준어에서 음운론적 층위의 구개음화는 받침 'ㄷ, ㅌ(ㄾ)'이 조사나 접미사의 모음 'ㅣ'(반모음 [j]로 실현되는 경우 포함)와 결합되는 경우, 즉 형태소 경계의 환경에서만 나타난다. 그러나 역사적으로 구개음화는 ㉠ <u>다른 환경에서도 적용되었었는데</u> 점차 ㉡ <u>그러한 다른 환경에서는 구개음화가 적용되지 않게 변화하였기</u>에 현대 국어에서 '어디'와 같은 어형이 남아 있게 되었다.

─┤ 보기 2 ├─

서울을 중심으로 한 중앙어에서 구개음화는 17세기 말에서 18세기 초에 출현하여 18세기 말에는 거의 완성이 되었다. 자음 아래에서 'ㅢ > ㅣ'의 단모음화는 19세기 중반 이후에 나타난다.

(가)

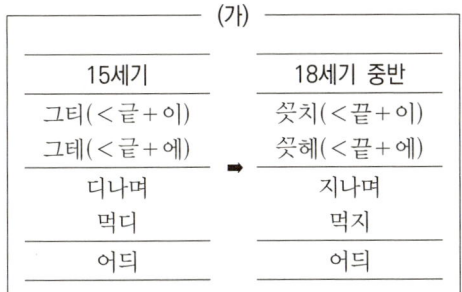

(나)

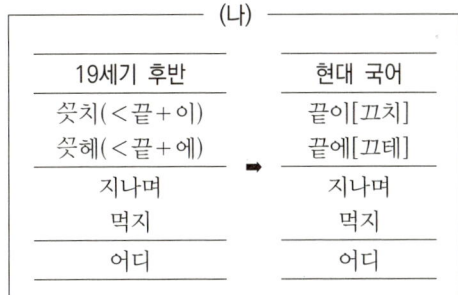

─┤ 작성 방법 ├─

- ⟨보기 2⟩의 (가)를 참고하여 ㉠에 대해 설명할 것.
- ⟨보기 2⟩를 참고하여 ㉡의 현상이 일어난 과정을 설명할 것.

15 다음은 중세 국어의 모음 조화에 대한 학습 자료이다. 이 자료를 통해 알 수 있는 모음 조화의 특성을 〈작성 방법〉에 따라 서술하시오. [4점]

(가) 〈자료1〉

| 양성 모음 | ㆍ | ㅗ | ㅏ | 설축 |
| 음성 모음 | ㅡ | ㅜ | ㅓ | 설소축 |

(나) 〈자료2〉

	-아/-어	-ᄋᆞ니/-으니	-옴/-움
븕-	불가	불ᄋᆞ니	불곰
븕-	블거	블그니	블굼
곧-	고다	고ᄃᆞ니	고돔
굳-	구더	구드니	구둠
밧-	바사	바ᄉᆞ니	바솜
벗-	버서	버스니	버숨

(다) 〈자료3〉
　　모음 조화는 한 형태소 내부에서는 비교적 엄격하게 지켜졌으나, 형태소의 경계, 곧 어간과 어미, 체언과 조사 사이에서는 특수한 제약이 있어 이 규칙이 잘 지켜지지 않았다. 후자에 국한하여 형태소 경계에서 모음 조화가 잘 지켜진 예와 그렇지 못한 예는 다음과 같다.

모음 조화 규칙이 지켜진 예	모음 조화 규칙이 지켜지지 않은 예
• 보조사 : ᄋᆞᆫ/은, ᄂᆞᆫ/는 • 목적격 조사 : ᄋᆞᆯ/을, ᄅᆞᆯ/를 • 부사격 조사 : 애/에 • 관형격 조사 : ᄋᆡ/의 • 의도법 선어말 어미 : 오/우 • 부사형 어미 : -아/어 • 매개 모음 : -ᄋᆞ/으-	• 호격 조사 : 아 • 복수 접미사 : 둘 • 보조사 : 도 • 현재 시제 선어말 어미 : ᄂᆞ • 평서형 종결 어미 : 다 • 명령형 종결 어미 : -고라 • 강세 보조사 : 사 등

┤작성 방법├
• (가)과 (나)를 자료로 하여 모음 조화에 참여하는 모음들이 공유하는 속성의 기준이 무엇인지 제시하고, 이를 고려하여 모음 조화를 설명할 것.
• (다)를 자료로 하여 모음 조화 규칙의 실현 여부에 따른 제약을 서술할 것.

PART **02**

단어

1. 단어 형성
2. 품사

01 단어 형성

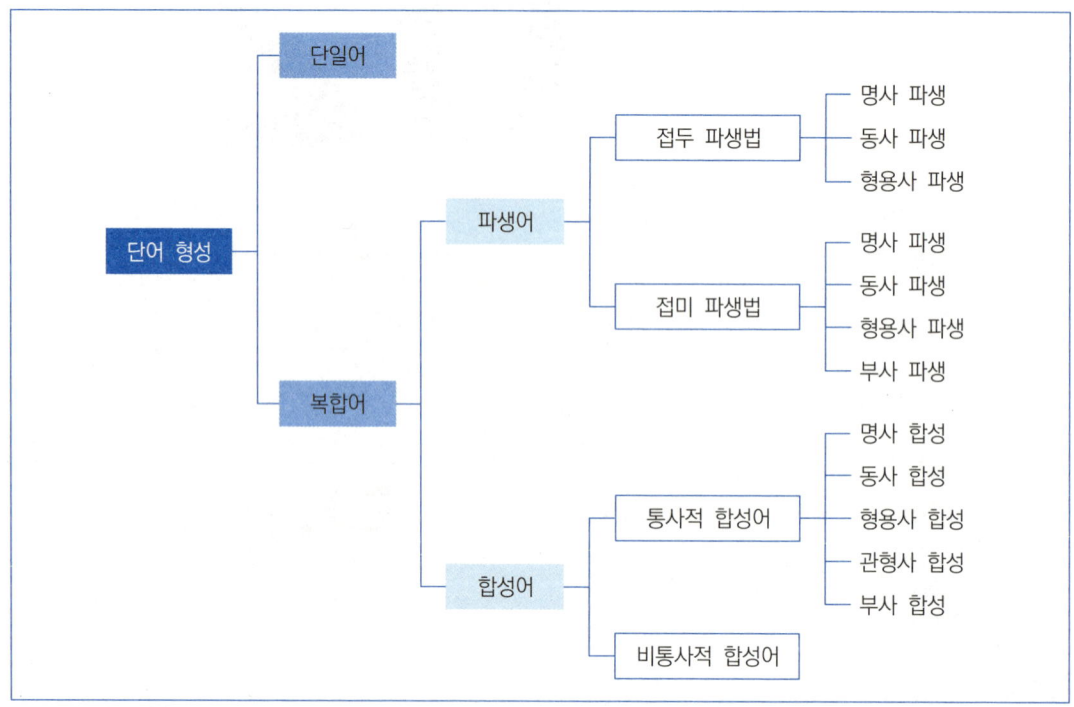

1 단어 형성

1. 형태소

(1) 형태소의 정의

어휘 또는 문법적으로 의미를 지닌 가장 작은 단위

예 불휘기픈남ᄀᆞᆫᄇᆞᄅᆞ매아니뮐씨곶됴코여름하ᄂᆞ니
- 형태소 : 불휘-, 깊-, -은, 낡, 은, ᄇᆞᄅᆞᆷ, 애, 아니, 뮈-, -ㄹ씨, 곶, 둏-, -고, 열-, -음, 하-, -ᄂᆞ-, -니
- 자립 형태소 : 불휘, ᄇᆞᄅᆞᆷ, 아니, 곶
- 실질 형태소 : 불휘, 깊-, 낡, ᄇᆞᄅᆞᆷ, 아니, 뮈-, 곶, 둏-, 열-, 하-

(2) 이형태와 교체

① 이형태와 교체의 정의

　㉠ **이형태** : 한 형태소가 놓이는 환경에 따라 음상이 달라지는 교체로 인해 나타나는 형태.
　　　예 '나모'와 '낢' : 나모도(나모+도), 남ᄀᆞᆫ(나모+ᄋᆞᆫ)

　㉡ **교체** : 한 형태소가 환경에 따라 여러 이형태로 나타나는 현상.
　　　예 나모 : 나모도(자음으로 시작하는 조사 앞), 남ᄀᆞᆫ(모음으로 시작하는 조사 앞)

② 교체의 유형

　㉠ **음운론적 조건에 의한 교체** : 형태소의 앞이나 뒤에 오는 음운론적 정보에 따라 나타나는 교체.
　　　예 • 머리 좃ᄉᆞᆸ고(어간 형태소의 말음이 'ㄱ, ㅂ, ㅅ, ㅎ')
　　　　　• 그 말 듣ᄌᆞᆸ고(어간 형태소의 말음이 'ㄷ, ㅌ, ㅈ, ㅊ')
　　　　　• 太子ᄅᆞᆯ 보ᅀᆞᆸ고(어간 형태소의 말음이 모음, 'ㄴ, ㅁ, ㅇ, ㄹ')

　㉡ **형태론적 조건에 의한 교체** : 특정 형태소나 단어가 조건이 되어 일어나는 교체
　　　예 • 王씌 오나ᄂᆞᆯ/佛法을 즐기게 ᄒᆞ야ᄂᆞᆯ(불규칙 활용에 의한 교체)
　　　　　• 쇠, 長者ㅣ, 獅子ㅣ (관형격 조사 '의/의'의 특정 명사 뒤 'ㅣ'로의 교체)

2. 단어 형성 유형

(1) 파생 방식

① 접두사에 의한 파생 : 파생 접두사+어근
　　예 니ᄡᆞᆯ(입쌀, 멥쌀) : 니-(접두사)+ᄡᆞᆯ(명사 어근)

② 접미사에 의한 파생 : 어근+파생 접미사
　　예 • 불무질(풀무질) : 불무(명사 어근)+-질(접미사)
　　　　• 검듸영(검댕) : 검-(형용사 어근)+-듸영(접미사)

(2) 합성 방식

'어근+어근'의 구성으로 된 복합어

　　예 • ᄡᆞᆯ낯(쌀알) : ᄡᆞᆯ(명사 어근)+낯(명사 어근)
　　　　• 불뭇골(골풀무, 발풀무) : 불무(명사 어근)+골(명사 어근)
　　　　• 검븕다(검붉다) : 검-(형용사 어근)+븕-(형용사 어근)

(3) 모음 교체에 의한 단어 형성

① 의미 차이　**예** 마리-머리, 늙다-늘다, 묽다-맑다

② 어감의 차이　**예** 발가ᄒᆞ다-벌거ᄒᆞ다, 프ᄅᆞ다-프르다, 파라ᄒᆞ다-퍼러ᄒᆞ다

③ 의미 차이 없음　**예** ᄀᆞᄂᆞᆶ-그늘, 갇다[收]-걷다, 쟉다-젹다, 곱다[曲]-굽다, 브ᅀᆞ다[碎]-브스다

(4) 영 변화에 의한 단어 형성

① 명사와 용언 어간의 형태가 같거나 부사와 용언 어간의 형태가 같은 경우

예
- ᄀᆞ몰(가뭄) : ᄀᆞ<u>ᄆᆞ래</u>(ᄀᆞ믈+애) 아니 그츨새(가뭄에 아니 그치므로)<용비어천가 2장>
  ᄀᆞ믈다(가물다) : 여러 히 닛위여 <u>ᄀᆞ무니</u>(ᄀᆞ믈−+−ᄋᆞ니) 모시 홀기 ᄃᆞ외어늘(여러 해 이어 가무니 못이 흙이 되거늘)<월인석보 2:50>
- 너출(넌출) : <u>너추렛</u>(너출+에+ㅅ) 여르미 나니(넌출에 열매가 나니)<월인석보 1:43>
  너출다(넌출지다, 뻗치다) : 災害옛 브리 <u>너추러</u>(너출+어)(재화의 불이 뻗치어)<법화경언해 2:134>
- 신(신) : ᄂᆞ미 <u>시놀</u>(신+을) 볼삐 말며(남의 신을 밟지 말며)<선사내훈 1:6>
  신다(신다) : 신 <u>신고</u> 거러 다봊 서리예 오ᄂᆞ다(신을 신고 걸어 다북쑥 사이에 온다)<초간본 두시언해 7:21>

② 동사와 형용사가 각각 다른 품사로 쓰인 경우

예 둏다(좋다) : <u>됴ᄒᆞᆫ</u>(둏−+−ᄋᆞᆫ) 마시 ᄃᆞ외야(좋은 맛이 되어)<석보상절 19:20>(형용사)
둏다(좋아지다) : 病이 <u>됴ᄒᆞ샤</u>(둏−+−ᄋᆞ샤−+−아)(병이 좋아지셔서)<석보상절 11:21>(동사)

③ 현대 국어에서 쇠퇴 **예** 그르>그릇, 바ᄅᆞ>바로, 빈브르>배불리

3. 형태음운론적 교체

(1) 파생어에서의 음운 교체

① 접두사+어근 → 상호간 교체
  ㉠ 접두사 교체 **예** 출+ᄡᆞᆯ→ᄎᆞᆸᄡᆞᆯ(찹쌀, 'ㄹ' 탈락) **비교** 출콩
  ㉡ 어근 교체
    예
    - 갈−+가마괴 → 갈아마괴(갈가마귀, 'ㄱ'이 후음 'ㅇ'으로 바뀜) **비교** 가마괴(단일어)
    - 대−+범 → 대벌(큰 범, 반모음으로 끝난 접두사 '대−' 뒤에서 '벌'으로 바뀜) **비교** 범(단일어)

② 어근+접미사 → 상호간 교체
  ㉠ 어근 교체
    예
    - 첫+−엄 → 처ᅀᅥᆷ(처음, 관형사 '첫'+접미사 '−엄' → 'ㅅ'이 'ㅿ'으로 바뀜)
    - 듣−+−이−+−다 → 들이다, 븟−+−이−+−다 → 븅이다(들리다, 부어지다, 'ㄷ, ㅅ'이 접사 '−이−' 앞에서 바뀌고 후음 'ㅇ'으로 실현됨)
  ㉡ 접미사 교체
    예
    - 쇼+−아지 → 숑아지(송아지, 체언 어근 '쇼'에 접미사 '−아지'가 결합하여 '−아지'로 교체)
    - 놀+−개 → 놀애(날개, 'ㄱ'이 'ㄹ' 아래에서 'ㅇ'으로 교체)
    - 구믈+−어리다 → 구믈어리다(구물거리다, 의태부사 '구믈구믈'이 접미사 '−어리−'와 결합하여 첩어성 상실)

ⓒ 어근과 접미사가 함께 교체
- 예
  - 물+-아지 → ᄆ야지(망아지, '물'에서 'ㄹ' 탈락, '-아지'는 반모음 'y'가 들어간 '-야지'로 교체)
  - 웃-+-브다 → 웃브다(우습다, 유성음 사이에서 어근과 어미 함께 교체)
  - 구지람(꾸지람, 동사 어근 '구짇-'+명사 형성 접미사 '-암', 어근 교체와 모음 '이' 아래에서 '-엄'이 '-암'으로 교체)
  - 더뷔(더위, 덥-+-의, 유성음 사이에서 어근 교체와 형용사를 명사화하는 접미사 '-의'도 '위'로 교체)

(2) 합성어에서의 음운 교체

① 명사합성법의 'ㅅ'
- 모음으로 끝난 명사 아래 예 묏골(산골), 빗시울(뱃전), 빗돗(돛), 갯버들
- 유성 자음 아래 예 눉ᄌᆞᇫ(눈자위), 솞바당(손바닥), 밣둥(발등)

② 'ㄹ'로 끝나는 명사+'ㅅ, ㄴ' 앞 → 'ㄹ' 탈락
- 예 믈쇼 → ᄆ쇼, 활살 → 화살, 믌결 → 뭇결, 솔나무 → 소나모, 들나들다 → 드나들다

③ 모음으로 끝난 명사+'ㅂ'으로 시작하는 명사와 동사→'ᄫ'으로 교체
- 예 ᄀᆞᄅᆞ비 → ᄀᆞᄅᆞᄫᅵ(가랑비), 대받 → 대ᄫᅡᇀ(대밭), 메밧다 → 메ᄫᅡᆺ다(한쪽 어깨를 벗다)

④ 반모음 'ㅣ, ㄴ, ㄹ'+'ㅅ'+모음 → 'ㅿ'으로 교체.
- 예 *비슬ㅎ → 비슬ㅎ, 한숨 → 한ᅀᅮᆷ, *널삼 → 너ᅀᅡᆷ

⑤ 'ㅎ' 받침 명사 '수ㅎ, 암ㅎ'+명사 '돌마기' → 'ㅎ' 탈락.
- 예 수ㅎ/암ㅎ+돌마기 → 수돌마기(수단추), 암돌마기(암단추)

2 파생법

1. 접두 파생법

(1) 명사 파생법

파생 방식	예
접두사+명사 어근	• 골-(배가 희다) : 골아마괴(갈가마귀), 골거믜(갈거미) • 댓-(크고 억센) : 댓무수(무), 댓가치(때까치) • 독-(작고 어린) : 독솔(다복솔) • 들-(야생의) : 들기름, 들깨(들깨) • 새-(희고 밝은) : 새별(샛별), 새매, 새삼(새삼) • 싀-(새로 된) : 싀아비(시아비), 싀어미(시어미) • 아ᄎᆞ-(작은) : 아ᄎᆞ아ᄃᆞᆯ(조카), 아ᄎᆞ설(작은 설) • 출-(끈기가 있는) : 출콩, 츠ᄡᆞᆯ(찹쌀) • 츰-('들-'의 반대) : 츰기름, 츰ᄢᅢ(참깨)

(2) 동사 파생법

파생 방식	예
접두사+용언 어근	• ᄀᄅ-(걸쳐) : ᄀᄅ디ᄂ다(가로지나다), 가ᄅ지다(가로놓이다) • 것ᄆᄅ-(까무러쳐) : 것ᄆᄅ죽다(까무러치다) • 본-(힘주어 꽉) : 본둥기다(매달리다) • 져-(남의 기대에 어긋나게) : 겨ᄇ리다(저버리다) • 티-(위로 올라가게) : 티츠다(올려차다), 티소다(치쏘다), 티받다(솟다) • 횟-(도는 모양의 상징) : 횟돌다(휘돌다), 횟도ᄅ다(휘돌리다)

(3) 형용사 파생법

파생 방식	예
접두사+용언 어근	에-(옳지 않으면서 세기만 한) : 에굳다(매우 굳다)

2. 접미 파생법

(1) 명사 파생법

파생 방식	예	
명사(대명사/수사)+접미사	• -가비 : ᄇᄅᆷ가비(바람개비)　• -맡 : 머리맡 • -발(발) : 글발(글월), 빗발, 햇발(햇발) • -솜 : 말솜 • -아기 : 스라기(술(빨)-+-아기, 부스러기) • -차히(-자히, -재, -차, -자) : 세차히(수사나 단위성 의존명사와 결합) • -질 : 불무질(풀무질)　　　• -희 : 너희, 저희 • -돌ㅎ : 아히들ㅎ　　　　　• -곰 : 여듧곰	어휘적 파생
동사+접미사	• -이 : 이바디(이받-+-이, 잔치), 하리(할-+-이, 참소), 마지(맞-+-이, 맞이) • -옴/-음 : 거름(걷-+-음, 걸음), 그림(그리-+-ㅁ, 그림), 어름(얼-+-음, 얼음), 싸홈(싸호-+-ㅁ, 싸움) • -옴/-움 : 우슘(웃-+-움, 웃음), 춤(츠-+-움, 춤), 우룸(울-+-움, 울음), ᄌ오롬(ᄌ올-+-옴, 졸음) • -암/-엄 : 무덤(묻-+-엄, 무덤), 주검(죽-+-엄, 주검), 구지람/구지럼(구짇-+-암/엄, 꾸지람) • -개/-애 : 놀개(놀-+-개, 날개), 놀애(놀-+-애, 날개), 놀애(놀-+-애, 노래), 벼개(벼-+-개, 베개) • -애/-에 : ᄀ새(ᄀᄌ-+-애, 가위), 둘에(두르-+-에, 둘레), 부체(붗-+-에, 부채) • -어리 : 버워리(버우-+-어리, 벙어리)	통사적 파생
형용사+접미사	• -이/-의 : 기릐(길-+-의, 길이), 기픠(깊-+-의, 깊이), 킈(크-+-의, 크기), 노픠(높-+-읰, 높이), 너븨(넙-+-의, 넓이)	

> 참고 형용사 어근+'익/의'가 결합한 척도 명사 : 'ㆍ' 소실과 단모음화의 영향으로 '키, 길이, 깊이, 너비(넓이), 두께' 등으로 변하여 현대 한국어에서는 '-이'가 결합한 파생어로 인식한다.
> 변화 -익/의 〉이
> > 예 높-+-익 → 노픽 〉 높이, 길-+-의 → 기릐 〉 길이, 깊-+-의 → 기픠 〉 깊이, 크-+-의 → 킈 〉 크기

1. 파생 명사와 명사형의 구별

파생 명사	동사 어간+명사 파생 접미사 '-음/-음'	곳 됴코 <u>여름</u>[열-+-음] 하느니~(꽃이 좋고 열매가 많으니)
명사형	동사 어간+명사형 어미 '-옴/-움'	됴흔 삐 심거든 됴흔 여름 <u>여루미</u>[열-+-움+이](좋은 씨를 심으면 좋은 열매가 열림이)

> 참고 형용사에 의한 명사 파생의 변화
> 근대에 '게으름'처럼 형용사와 결합하기 시작하여 현대 '기쁨, 즐거움, 괴로움'처럼 형용사와 생산적으로 결합한다.

2. 명사 형성의 접사 '-옴/-움'

명사형 어미 '-옴/-움'과 형태가 같아 구별이 쉽지 않지만 통사적 관계를 통해 기능상의 차이를 구별할 수 있다. 이는 용언의 활용형이 명사 형성의 접사로 굳어진 경우에 해당한다.
예 우움(←웃+움 : 'ㅅ' 불규칙 동사), 우룸(←울+움), 춤(←츠+움), ᄌᆞ오롬(←ᄌᆞ올+옴〉졸음)

이와 함께 '기릐, 기픠, 킈' 등의 형용사가 명사로 파생되는 경우에도 마찬가지이다. '기릐'는 '기리'로 나타나는 경우가 있는데, 형태상으로는 구별되지 않는다.

고영근, 2005 : 180~181 참조.

3. 명사형 어미 '-옴/-움'의 변화

명사형 어미	변화	예
-옴/-움	-음	<u>고툐물</u>[고티-+-옴+을] 쓰리디 아니ᄒᆞ면<번역소학 6:9> → <u>고팀을</u>[고티-+-ㅁ+을] 쓰리디 아니ᄒᆞ면<소학언해 5:9>
	-기	법다이 <u>밍ᄀ로물</u>[밍글-+-옴+을] 됴히 ᄒᆞ엿ᄂᆞ니라<번역노걸대 상 24> → 법다이 <u>밍글기</u>를 됴히 ᄒᆞ엿ᄂᆞ니라<노걸대언해 상 23>
	관형화 구성	네 닐옴도 올타커니와<번역노걸대 상 5> → 네 <u>니ᄅᆞᄂᆞᆫ</u> 말이 올커니와 <몽어노걸대 1:6>

권재일, 1998 : 222~238 참조.

(2) 동사 파생법

파생 방식	예	
동사+접미사	• -받-/-왇- : 니르받다(일으키다), 벗기왇다(벗기다) • -티- : 열티다(열치다) • -혀-/-혀- : 드위혀다(뒤집다), 니ᄅᆞ혀다(일으키다)	어휘적 파생법

명사+접미사	• -ᄒᆞ- : 공사(公事)ᄒᆞ다, 그슴ᄒᆞ다(한정하다), 깃ᄒᆞ다(깃들이다), 시름ᄒᆞ다(시름하다)	통사적 합성법
형용사+ 사동 접미사	• -이- : 기피다(깊-+-이-, 깊게 하다), 더러빙다(더럽-+-이-, 더럽히다), 어두이다(어듭-+-이-, 어둡게 하다), 믈기다(ᄆᆞᆰ-+-이-, 맑히다) • -히- : 너피다(넙-+-히-, 넓히다) • -오- : 녀토다(녈-+-오-, 옅게 하다)	
부사+접미사	• -ᄒᆞ- : 다못ᄒᆞ다(같이 하다), 잘ᄒᆞ다, 조초ᄒᆞ다(좇아가다), 고즈기ᄒᆞ다(움츠리다) • -거리- : 구믈어리다(구물+-거리-+-다, 구물거리다) • -이- : 급즈기다(급죽-+-이-, 깜짝이다)	
명사+∅	• -∅- : ᄀᆞ믈다(가물다), 깃다(무성하다), 너출다(뻗치다), 되다	
동사+ 사동 접미사	• -이- : 그치다(궂-+-이-, 끊다), 조치다(좇-+-이-, 늘이다(날리다), 올이다(올리다, 올라가게 하다), 믈리다(물리다) • -히- : 도티다(돋-+-히-, 돋게 하다), 무티다(묻-+-히-, 묻히다), 자피다(잡-+-히-, 잡게 하다) • -기- : 밧기다(벗기다), 빗기다(빗기다), 싯기다(씻기다) • -오/우- : 도도다(돋-+-오-, 돋우다), 거두다(걷-+-우-, 거두다), 기울우다(기울이게 하다), ᄭᅢ오다(깨우다) • -호/후- : 나토다(낱-+-호-, 나타내다), 머추다(멎-+-후-, 멈추다) • -고- : 솟고다(솟-+-고-, 솟구치다) • -ᄋᆞ/으- : 사ᄅᆞ다(살-+-ᄋᆞ-, 살리다), 도ᄅᆞ다(돌-+-ᄋᆞ-, 돌리다), 이르다(일-+-으-, 이루다)	
동사+ 피동 접미사	• -이- : 두피다(둪-+-이-, 덮이다), 걸이다(걸리다) • -히- : 다티다(닫-+-히-, 닫히다), 머키다(먹-+-히-, 먹히다) • -기- : ᄃᆞᆷ기다(잠기다), ᄉᆞᆷ기다(삶기다)	
사·피동사 공용	• -이- : 자피다(잡-+-히-), 들이다[入, 聞], 싯기다	

(3) 형용사 파생법

파생 방식	예
형용사+접미사 [어휘적 파생]	• -갑-/-업- : ᄂᆞᆽ갑다(ᄂᆞᆽ-+-갑-, 낮다) 녇갑다(녈-+-갑-, 옅다), 맛갑다(맞-+-갑-, 알맞다), 므겁다(믁-+-업-, 무겁다), 두텁다(둩-+-업-, 두텁다)
명사+접미사	• -둡-/-롭- : 시름둡다(근심스럽다), 겨르롭다(한가롭다), 새롭다(새롭다) • -젓- : 힘젓다(힘되다) • -ᄇᆞᄅᆞ- : 새옴ᄇᆞᄅᆞ다(샘바르다) • -ᄒᆞ다 : 간난ᄒᆞ다(가난하다), 맛당ᄒᆞ다(알맞다)

파생 방식	예
동사+접미사	• -ㅂ-/-브-/-ㅂ- : 골프다(곯-+-ㅂ-, 고프다), 깃브다(깄-+-브-, 기쁘다), 웃브다(웃-+-브-, 우습다), 그립다(그리+-ㅂ-), ᄉᆞ랑ᄒᆞ립다(ᄉᆞ랑ᄒᆞ-+-ㅂ-, 사랑스럽다) • -압-/-업- : 앗갑다(앗기-+-압-. 아깝다), 붓그럽다(붓그리-+-업-, 부끄럽다)
관형사+접미사	• -롭- : 외롭다(외롭다)
상징 부사+접미사	• -ᄒᆞ다 : 다복다복ᄒᆞ다, 믈ᄀᆞ믈ᄀᆞᄒᆞ다(환하다), 믯믯ᄒᆞ다(미끈미끈하다)
불규칙 어근+접미사	• -ᄒᆞ다 : 아득ᄒᆞ다(아득하다), ᄀᆞ만ᄒᆞ다(가만하다)

참고 중세 국어의 명사 '새-'

예 • 이 나래 <u>새</u>를 맛보고(此日嘗新)
  • 녜롤 올마 <u>새</u>예 갈씨 일후미 <u>새</u>와 늘ᄀᆞ니와 어즈러운 想이니
  비교 새롭다(관형사+접미사, 현대 국어)

참고 '-롭-'과 '-돕-'의 분포상의 제약
  • 어근의 끝소리가 모음 **예** 受苦롭다, 외롭다, 義롭다, 효도롭다
  • 어근의 끝소리가 자음 **예** 시름됩다, 疑心됩다, 利益됩다, 쥬변됩다

(4) 부사 파생법

파생 방식	예	
부사+접미사	• -내 : 몯내(몯+-내, 못내) • -로 : 본ᄃᆡ로(본디), 나날로 • -애 : 고대(곧+-애, 곧)	어휘적 파생
명사+접미사	• -로 : 진실로, 날로, 새로 • -내 : ᄆᆞᄎᆞᆷ내 • -으라 : 므스므라(므슴+-으라, 무슨 까닭으로) • -쇼(-소, -조) : 몸소, 몸소, 몸조	통사적 파생
동사+접미사	• -아/-어 : 비르서(비릇-+-어, 비로소), 다(다ᄋᆞ-+-아, 다), 모다(몯-+-아, 모두), 가시야(가시-+-아, 다시), 구틔여(구틔-+-어, 구태여) • -오/-우 : 비르수(비릇-+-우, 비로소), 갓ᄀᆞ로(갓글-+-오), 마조(맞-+-우, 마주), 골오(고ᄅᆞ-+-오, 골오) • -호/-후 : 마초아(맞-+-호-, 마침) • -이 : 그우리(그울-+-이, 구르게), 드리(들-+-이, 들어) • -ㅣ : 내(나-+-ㅣ, 나게)	
형용사+접미사	• -이 : 기리(길-+-이, 길게), 노피(높-+-이, 높게), 기피(깊-+-이, 깊게), 볼기(붉-+-이, 밝게), 슬피(슬프-+-이, 슬프게), 키(크-+-이, 크게)/달이(다ᄅᆞ-+-이, 다르게), 샐리(ᄲᆞᄅᆞ-+-이, 빠르게)/오래(오ᄅᆞ-+-ㅣ, 오래), 가득기(ᄀᆞ득(ᄒᆞ)-+-이, 가득하게), ᄂᆞ즈기(ᄂᆞ죽(ᄒᆞ)-+-이, 나직이), 이대(읻-+-애, 잘) • -히 : 퍼러히(퍼러ᄒᆞ-+-히, 퍼렇게), 이러히(이러ᄒᆞ-+-히, 이렇게) • -ㄹ씨, -면, -나 : 그럴씨(그러ᄒᆞ-+-ㄹ씨, 그러므로), 그러면, 그러나	

형용사·동사 +접미사	• 업시(없-+-이), 니르리(니를-+-이), 조초(좇-+-오)
형용사·동사+∅	• 바ᄅ(바로), 빅브르(배부르게), 하(많이)[형용사 어간], 마초(맞-+-호-, 맞개), 모도(몯-+-오, 모두), ᄀ초(ᄀᆽ-+-오, 갖추)[동사 어간]

> '니르리, 조초, 업시'(형태상으로는 파생 부사이지만 기능상으로는 굴절 접사)
> 예 • 처섬 듧 적브터 百千劫에 <u>니르리</u>[니를(至)-+-이]<월인석보 21 : 46>('百千劫'이라는 시간 부사어를 취함)
> • 그 가온ᄃᆡ 구룸 氣運이 ᄂᆞᆫ 龍을 <u>조초</u>[좇(隨)-+-오] 잇도다<두시언해 16 : 31>('ᄂᆞᆫ 龍을'이라는 목적어를 취함)
> • 돈 <u>업시</u>[없-+-이] 帝理예 살오<두시언해 20 : 37>('돈'이라는 주어를 취함)
> (고영근, 2005 : 189쪽 참조, 안병희 외, 2006 : 46쪽 참조)

비교 조사 파생(통사적 파생법) : 접사화한 '-어'와 '-고'를 결합하여 된 파생 조사
예 • 브터(븥-+-어), ᄃᆞ려(다리-+-어), 두고(두-+-고), ᄒᆞ고(ᄒᆞ-+-고)(완전히 조사화되지 않음)
 • (이)나, (이)어나, (이)ᄃᆞ록, (이)ᄂᆞᆯ (어미가 접사화하여 파생 조사가 된 것)

참고 영파생
• [명사+∅]→동사 예 ᄀᆞ물→ᄀᆞ물다, 깃→깃다, 되→되다, 너출→너출다
• [동사+∅]→부사 예 고초다→고초, ᄀ초다→ᄀ초, 모도다→모도
• [형용사+∅]→부사 예 바ᄅ다→바ᄅ, ᄀᆞᆯ다→ᄀᆞᆯ

3 합성법

1. 명사 합성법

구성		예	
명사+명사	대등적 합성어	밤낮, ᄆᆞ쇼(ᄆᆞᆯ+쇼, 마소), 바ᄂᆞ실(바ᄂᆞᆯ+실, 바늘실), 여닐굽(예닐곱)	
	종속적 합성어	곳믈(고+ㅅ+믈, 콧물), 돍기알(돍+이+알, 달걀)	
명사(무정물)+ㅅ+명사		묽새, 빗믈, 묏기슭	통사적 합성
명사(유정물)+이/의+명사		돍기알, 쇼의고기(쇠고기), 귀옛골회(귀고리)	
관형사+명사		외딱(외짝), 요ᄉᆞᅀᅵ(요사이), 요주슴(요즈음), 뎌즈슴(저즈음)	
용언의 관형사형+명사		하나비(한+아비, 할아버지), 쫀머리(ᄧᆞ-+-ㄴ#머리, 상투), 늘그니(늙은이), 져므니(젊은이), ᄌᆞ물쇠(ᄌᆞᆷ올+쇠, 자물쇠)	
명사+접사 기능이 강한 명사		공쟝바치(공장+바치, 공장(工匠)), 셩냥바치(장인) ᄆᆞᆮ아ᄃᆞᆯ, ᄆᆞᆮ누의, ᄆᆞᆮ아기 암ᄆᆞᆯ, 수쇼	

2. 동사 합성법

구성		예	
명사+동사		눈멀다, 물들다, 빛나다['주어+서술어'의 구성] 길잡다(길을 인도하다), 녀름짓다(농사짓다), 맛보다, 본받다['목적어+서술어'의 구성] 물줌다(물에 잠그다), 앞서다, 뒤돌다[부사어+서술어'의 구성]	통사적 합성어
본동사+연결어미+동사		나아가다, 도라오다, ᄃ라들다, 도라보다	
본동사+보조동사 '-디다'		ᄢ디다(터지다), ᄉ라디다(사라지다), 븟어디다(부서지다), ᄠ러디다(떨어지다), ᄭ라디다(까라지다)	
부사+서술어		닫담다(따로 담다), ᄀᄅ디르다(가로지르다), 츠기너기다(측은히 여기다), 업시너기다(업신여기다), 갓고로디다(거꾸러지다)	
동사 어근+동사 어근	대등적	나들다, 오ᄅᄂ리다(오르내리다), 들보다(듣고 보다), 여위시들다(여위고 시들다)	비통사적 합성어
	종속적	값돌다(감돌다), 거두들다(걷어들다), ᄂ뮈다(날아 움직이다), ᄠ놀다(뛰놀다), 빌먹다(빌어먹다), 잡쥐다(잡아 쥐다)	

3. 형용사 합성법

구성	예	
명사+형용사	슬지다(살찌다), 말굳다(말을 더듬다), 맛나다, 힘세다['주어+서술어'의 구조]	통사적 합성어
형용사+형용사	감ᄑᄅ다(감파랗다), 됴쿶다(좋고 궂다), 어위크다(넓고 크다)	비통사적 합성어
동사+형용사	븓질긔다(인색하다)	

4. 관형사 합성법

구성	예	
부정부사+형용사의 관형사형	아니한	
수사+명사	온갓	통사적 합성어
수관형사+수관형사	흔두, 두서, 서너, 너덧	
수사+관형사형	여라믄, 스므나믄, 마ᅀ나믄, 쉬나믄, 녀나믄	

5. 부사 합성법

구성	예	
부사+부사	몯다, 몯내, 잘몯	
명사+명사	나날	통사적 합성어
관형사+부사	외ᄠ로	

참고 반복 합성어(부사)
- 명사 반복　**예** 가지가지, 나날, 무덕무덕
- 부사 반복　**예** 다문다문, 아득아득
- 형용사 어근(어간)의 반복　**예** 물곳물곳, 반둑반둑, 서늘서늘, 적적
- 의태 부사·의성 부사　**예** 구믈구믈, 다폴다폴, 너운너운, 섬섬

02 품사

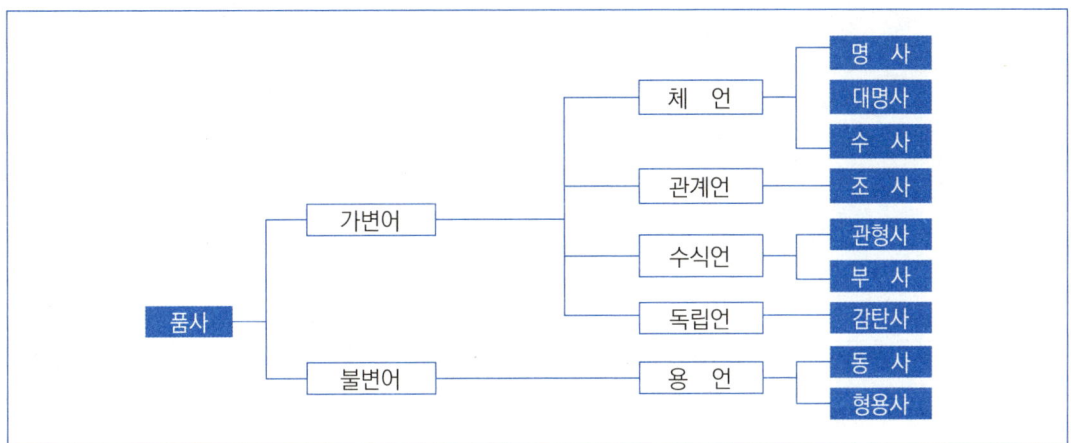

1 품사 분류

1. 정의와 분류 기준

(1) 정의

단어를 공통된 문법적 성질에 따라 묶어 놓은 단어의 갈래

(2) 분류 기준

① 의미 : 개별 단어가 어떤 의미를 가지는가에 따른 구분
② 기능 : 한 단어가 문장 내에서 다른 단어와 가지는 문법적 관계에 따른 구분
③ 형식 : 어미 변화상의 특징으로서 활용 여부에 따른 구분

  예 그 아이는 축구장에서 잘 뛴다.
  - 아이 : 명사라고 하는 것은 '의미'상으로 사물의 이름을 표시하고, '기능'상으로 주어의 자리에 나타나는 일이 많기 때문이다.
  - 뛴다 : 동사라고 하는 것은 '의미'상으로 동작을 표시하고 '기능'상으로 서술어로 쓰이며, '형식' 상으로 활용을 하기 때문이다.

2. 품사 통용

(1) 개념
단어 가운데 하나 이상의 품사적 기능을 가지고 있는 것을 품사의 통용이라고 하는데, 문장 내에서의 구실로 그 품사가 결정된다.

(2) 통용의 유형
① 두 품사 통용

유형	성격	예
명부류	같은 단어가 명사와 부사로 공용되는 것.	• 명사 예 숟가락과 숟가락 아니와애 나게 ᄒᆞ리라(손가락과 손가락 아닌 것에 나게 할 것이다.) <능엄경언해 2 : 61> • 부사 예 ᄇᆞᄅᆞ매 아니 뮐ᄊᆡ(바람에 아니 흔들리므로) <용비어천가 2장>
명대류	같은 단어가 명사와 대명사에 공용되는 것.	• 명사 예 더우니로 ᄎᆞᆫ 게 섯거(더운 것으로 찬 것에 섞어) <남명집언해 상 : 14> • 대명사 예 此鑱樹國은…셩시기 麤率ᄒᆞ니 게 가 몯 나시리라(차발수국은…본성이 거칠고 차분하지 못하니 거기에 가서 못 나시리라) <월인석보 2 : 11>
대관류	같은 단어가 대명사와 관형사에 통용되는 것.	• 대명사 예 釋迦氏 일로 나시니(석가씨가 이로부터 나시니) <월인천강지곡 기 10> • 관형사 예 이 道士ㅣ 精誠이 至極ᄒᆞ단디면(이 도사가 정성이 지극한 것이면) <월인석보 1 : 7> • 대명사 예 뎌마다 본ᄃᆡ 平等이니라(저마다 본디 평등이니라) <금강경삼가해 4 : 46> • 관형사 예 뎌 두 相ᄋᆞᆯ 보ᅀᆞᆸ고(저 두 '상'을 보고) <월인석보 2 : 15> • 대명사 예 世間ㅅ 드틀을 므슴만 너기시리(세간의 티끌을 무엇만큼이나 여기시겠는가?) <월인천강지곡 기 125> • 관형사 예 므슴 病으로 命終ᄒᆞ다(무슨 병으로 죽었느냐?) <월인석보 9 : 36>
부대류/ 대부류	대명사와 부사에 통용되는 것.	• 대명사 예 엇뎨어뇨 ᄒᆞ란ᄃᆡ(어찌 될 것이뇨 할 것 같으면) <석보상절 9 : 26> • 부사 예 누비옷 니브샤 붓그료미 엇뎨 업스신가(누빈 옷을 입으시어 어찌 부끄러움이 없으신가?) <월인천강지곡 기 120>
수관류	수사와 관형사에 통용되는 것.	• 수사 예 솘바올 닐굽과(솔방울 일곱과) <용비어천가 89> • 관형사 예 닐굽 고즐 因ᄒᆞ야(일곱 꽃으로 말미암아) <월인천강지곡 기 8>

유형	성격	예
형동류	형용사와 동사에 통용되는 것	• 형용사 예 人生 즐거본 뜨디 업고(인생이 즐거운 뜻이 없고)<석보상절 6:5> • 동사 예 便安을 즐겁거든(편안을 즐겁거든)<원각경언해 권하 3-1:102> • 형용사 예 곶 됴코 여름 하느니(꽃이 좋고 열매가 많으니)<용비어천가 2장> • 동사 예 王이 좌시고 病이 됴호샤(왕이 자시고 병이 좋아지셔서)<석보상절 11:21>
관부류	관형사와 부사에 통용되는 것	• 관형사 예 眞金은 진딧 金이라('진금'은 진짜의 금이다)<월인석보 7:29> • 부사 예 內終내 진딧 업수미 아니니(끝내 진짜로 없는 것이 아니니)<월인석보 1:36> • 관형사 예 어느 나라해 가샤 나시리잇고(어느 나라에 가시어 나시겠습니까?)<월인석보 2:11> • 부사 예 엇뎨 ᄒ마 다은 목수미 어느 더으리잇고(어찌 이미 다한 목숨이 어찌 더하겠습니까?)<석보상절 9:35>

② 세 품사 통용

유형	성격	예
명관부류	명사와 관형사, 부사로 공용되는 것.	• 명사 예 이 나래 새를 맛보고(이 날에 새것을 맛보고)<두시언해 15:23> • 관형사 예 새 구스리 나며(새 구슬이 나며)<월인석보 1:271> • 부사 예 새 出家ᄒᆞᆫ 사ᄅᆞ미니(새로 출가한 사람이니)<석보상절 6:2>
대관부류	대명사와 관형사, 부사로 공용되는 것.	• 대명사 예 東山 泰山이 어느야 놉돗던고(<송강, 관동별곡> • 관형사 예 어느 나래 비 개야(어느 날에 비가 개어)<중간두시언해 12:34> • 부사 예 聖人神力을 어느 다 슬ᄫᅥ리(성인의 신통한 힘을 어찌 다 사뢸까?)<용비어천가 87> • 대명사 예 이 두 말을 어늘 從ᄒᆞ시려뇨(이 두 말을 어느 것을 따르시려냐?)<월인석보 7:26> • 관형사 예 어느 뉘 請ᄒᆞ니(어느 누가 청하니)<용비어천가 18> • 부사 예 현 날인들 迷惑 어느 플리(어느 날인들 미혹을 풀겠는가?)<월인천강지곡 기 74>

2 명사, 대명사, 수사

1. 명사
사물의 이름을 가리키는 품사

(1) 명사의 유형
① 보통 명사 예 남진, 공양(供養), 도즉, 새, 소, 음식(飮食), 집, 활
② 고유 명사 예 세존(世尊), 세종(世宗), 아난(阿難)/경흥(慶興), 중국(中國), 한수(漢水)
③ 자립 명사 예 보통 명사+고유 명사
④ 의존 명사 예 것, 녁, ᄃᆞ, 분, 바, 디위

(2) 의존 명사(依存名詞)
① 보편성 의존 명사 : 것, 녁, ᄃᆞ, 덛, 분, 뿐, ᄉᆞ, 앛, 이, 적, 줄, 히
  ㉠ 주어로 쓰임
    예 • 니르고져 홒 배[바+ㅣ] 이셔도(말하고자 하는 바가 있어도)<훈민정음언해, 2>
       • 二軍 鞠手쑨 깃그니이다(양편의 공치기 선수만이 기뻐한 것입니다.)<용비어천가 44장>
  ㉡ 목적어로 쓰임
    예 • 밍ᄀᆞ론 바를 브터(만든 바를 붙어)<석보상절 서, 5>
       • 小乘엣 사ᄅᆞ미 제 몸 닷골 ᄲᅮᆫ ᄒᆞ고 ᄂᆞᆷ 濟度 몯ᄒᆞᆯᄊᆡ(소승의 사람들이 제 몸만을 닦고 남을 구제하지 못하므로)<석보상절 13:36>
  ㉢ 서술어로 쓰임
    예 • 重히 너기논 배오[바+ㅣ+-고] (중하게 여기는 바이고)<금강경삼가해 2:47>
       • 몸 우흰 오슬 求ᄒᆞ고 ᄇᆡ를 브르게 홀 ᄲᅮ니로다[ᄲᅮᆫ+이+-도-+-다] (몸 위에는 옷을 구하고 배를 부르게 할 뿐이구나)<두시언해 8:27>

> **의존 명사 'ᄃᆞ, ᄉᆞ'**
>
> 의미는 '것'과 상통하여 이유, 장소, 시간 등을 나타내고, 16세기 이후에 명사의 기능을 상실하고 어미의 일부로 포함되었다.
>
> | | 'ᄃᆞ'와의 조사 연결 | | 'ᄉᆞ'와 조사 연결 | |
> |---|---|---|---|---|
> | 주 격 | ᄃᆞ+ㅣ→디 | 것이 | ᄉᆞ+ㅣ→시, 씨 | 것이 |
> | 목적격 | ᄃᆞ+ᄋᆞᆯ→ᄃᆞᆯ | 것을, 줄을 | ᄉᆞ+ᄋᆞᆯ→ᄉᆞᆯ, 쓸 | 것을 |
> | 서술격 | ᄃᆞ+ㅣ라→디라 | 것이다. | ᄉᆞ+ㅣ라→시라, 씨라 | 것이다 |
>
> • 첫소리를 어울워 뿛 디면[ᄃᆞ+ㅣ면] 굴바쓰라<훈민정음 언해 12>
> • ᄀᆞ장 다ᄋᆞᆯ 씨[ᄉᆞ+ㅣ] 究竟이라<석보상절 13:41>

② **주어성 의존 명사** : 디(＞지), 슷(사이)
  예 • 디 : 그제로 오신 디[ᄃᆞ+ㅣ] 순지 오라디 몯거시든(그때 오신 지가 오히려 오래지 못하거든)
       ＜법화경언해 5 : 119＞
     • 슷 : 하눐 風流ㅣ 그츨 슷 업스니(하늘의 풍류가 그칠 사이가 없으니) ＜월인석보 7 : 58＞

③ **서술성 의존 명사** : ᄯᆞᄅᆞᆷ(＞따름)
  예 ᄯᆞᄅᆞᆷ : 날로 ᄡᅮ메 便安킈 ᄒᆞ고져 홇 ᄯᆞᄅᆞ미[ᄯᆞᄅᆞᆷ+이]니라(날로 씀에 편안하게 하고자 할 따름이다) ＜훈민정음언해 3＞
     비교 목적어로 쓰임 **예** 알ᄑᆡ 草木 ᄯᆞᄅᆞᆷ 니르시고 ＜법화경언해 3 : 36＞

④ **목적어성 의존 명사** : ᄃᆞ, 의ᄉᆞᆷ, 디
  예 ᄃᆞ : 입시울 ᄒᆞ야디ᄂᆞᆫ 둘[ᄃᆞ+ㄹ] 모ᄅᆞ고(입술 상하는 줄을 모르고) ＜월인석보 7 : 18＞

⑤ **부사성 의존 명사** : ᄀᆞ장(＞까지), 거긔(께), 그에(거기에), 긔, 다ᄫᅵ, 듯, 동, 만, 손ᄃᆡ, 양, 자히
  예 • 게 : 더우니로 촌 게 섯거(더운 것으로 찬 것에 섞어) ＜능엄경언해 3 : 12＞
     • 만 : 一切 즐거톤 것 布施홀 만 ᄒᆞ야도(일체 즐거운 것을 보시하기만 해도) ＜석보상절 19 : 4＞
     • 자히 : 그ᄢᅴ 世尊이 龍王堀애 안존 자히 겨사ᄃᆡ(그때 세존이 용왕의 굴에 앉은 채로 계셨는데) ＜월인석보 7 : 52＞

⑤ **단위성 의존 명사** : 디위(번), 설(歲), 치, 리(里), 번, 낱/낯, 량(兩), 볼, 셤, 말, 되, 홉, 자ㅎ, 히, 들, 날, 돈, 사람…
  예 • 디위 : 백천 디위 ᄇᆞ려도(백천 번을 버려도) ＜월인석보 21 : 216＞
     • 말 : ᄲᆞᆯ리 짓ᄂᆞᆫ 그른 즈믄 마리오[말+이+-고](빨리 짓는 글은 천 말이고) ＜두시언해 21 : 42＞
  참고 'ㄷ' 말음 명사

중세	근대	현대
말음이 'ㄷ'인 명사	어간 말음이 'ㅅ'으로 변화	복합어에 흔적이 남음.
곧[處], 긷[柱], 낟[穀], 몯[兄], 몯[釘], 벋[友], 붇[筆], 빋[債], 뜯[志]	곳, 낫, 뭇 등	맏형, 맏아들 등

2. 대명사(代名詞)

사람이나 사물, 장소, 사태 따위를 나타내는 명사를 대신하는 말

(1) 인칭 대명사

구 분	제1인칭	제2인칭	제3인칭	3인칭 재귀대명사	미지칭	부정칭
단 수	나	그듸/그디(높임)	없음	조갸(높임)	누	아모
		너(낮춤)		저(낮춤)		
복 수	우리(둘)	그듸내, 그디내, 그딕내	없음	저희(둘)		
		너희(둘)				

① 제1인칭-'나'·'우리' : '나'의 낮춤인 '저'와 '저희'가 없음.
  예 • 내[나+ㅣ] …… 스물여듧 자를 밍ᄀ노니(내가……28자를 만드니)<훈민정음 언해>(지위가 높은 사람→지위가 낮은 사람)
  • 大王하 엇뎨 나를 모ᄅ시ᄂ니잇고(대왕이시여, 어찌 나를 모르십니까?)<월인석보 8 : 92>(지위가 낮은 '비구'→ 대왕)
  • 우리는 다 부텻 아들 ᄀᆞᄒ오니(우리는 모두 부처의 아들과 같으니)<월인석보 13 : 32>(세존의 제자들→세존)
    비교 제1인칭 대명사가 아니지만 활용형에 의하여 주어가 화자임을 나타냄.
    예 • 能이 닐오디 能은 字를 아디 몯ᄒ노니('능'은 화자 자신을 가르킴)<육조법보단경언해 상, 23-24장>
    • 누른 새는 져기 ᄂᆞ로믈 任意로 ᄒᆞ노라<두시언해 20 : 10>('누른 새'는 작자인 두보 자신을 가리킴)
    • 지비[집+이] 다 ᄀᆞ식 와 잇노라<두시언해 20 : 37>('집'은 두보의 가족이나 화자가 포함된 구성원 전체를 가리킴)

② 제2인칭-'너'·'그듸/그디'
  예 • 長者ㅣ 네[너+ㅣ] 아비라('장자'가 너의 아비다)<월인석보 8 : 98>
  • 그듸ᄂ……가난ᄒᆞᆫ 젯 사괴요ᄆᆞᆯ 보디 아니ᄒᆞᄂ다.(자네는……가난한 때의 사귐을 보지 아니하느냐?)<두시언해 25 : 56>(현대 국어의 '자네, 당신'의 용법으로 쓰임.)

③ 제3인칭 재귀대명사 '저'·'ᄌᆞ갸' : 앞에 나온 주어가 되풀이됨을 피할 때 쓰임.
  예 • 廣熾 깃거 제[저+ㅣ] 가져 가아 ᄇᆞᄅᆞᅀᆞᄫᆞ니('광치'가 기뻐하여 자기가 가져가 바르니)('저'는 주어 명사인 '廣熾'를 가리킴)<월인석보 2 : 9>
  • 淨飯王이 깃그샤 부텻 소ᄂᆞᆯ 손소 자ᄇᆞ샤 ᄌᆞ걋[ᄌᆞ갸+ㅅ] 가ᄉᆞ매 다히시고('정반왕'이 기뻐셔서 손을 손수 잡으셔서 자기의 가슴에 대시고)<월인석보 10 : 9>('ᄌᆞ갸'는 앞에 나온 주어 '정반왕'을 높여서 표현함.)
    참고 '내, 네, 제'의 형태 변화
    • 나/너/저+ㅣ(주격) → 내가/네가/제가
      예 내 太子를 셤기ᅀᆞᄫᅩ디<석보상절 6 : 4> → 내가 태자를 섬기다.
    • 나/너/저+ㅣ(관형격) → 내/네/제
      예 내 님금 그리샤<용비어천가 50장> → 내(나의) 임금을 그리시다.

(4) 미지칭 '누'와 부정칭 '아모'

- 미지칭 '누' : 모르는 사물이나 사람을 가리키는 대명사.
  - 예 뉘[누+ㅣ] 혼 거시잇고(누가 한 것입니까?) <석보상절 11 : 27>
  - 변 의문 대명사+의문 보조사
    - 예 네 스숭이 누고(누+고)/느믄 누구(누+구)[중세] → 이 벗은 누고고(누고+고)/벗은 누구고(누구+고)[근대] → 누구를 시킬까?/누구에게 말하지?(누구+를/에게)[현대]
- 부정칭 '아모' : 정해지지 아니한 사람, 물건, 방향, 장소 따위를 가리키는 대명사.
  - 예 아뫼어나 와 내 머릿바기며……도라 ᄒᆞ야도(아무이거나 와서 내 머리빡이며……달라고 하여도) <월인석보1 : 13>

(2) 지시 대명사(비인칭 대명사)

구 분	근칭	중칭	원칭	미지칭	부정칭
사 물	이	그	뎌(>저)	어느/어ᄂᆞ, 므슥, 므슴, 므스것, 언마, 현마, 엇뎨	아모것
처 소	이어긔, 이에	그어긔, 그에	뎌어긔, 뎌에	어듸, 어듸메	아모듸
시 간	이적, 이때, 이ᄢᅵ	그제, 그째, 그ᄢᅵ	뎌ᄢᅵ, 뎌즈슴ᄢᅵ	언제, 어느ᄢᅵ	아모적, 아모

① 사물 표시 지시대명사
  ㉠ 근칭·중칭·원칭 '이, 그, 뎌'
    - 이 예 내 이를 爲하야 어엿비 너겨(내가 이를 위하여 불쌍히 여겨) <훈민정음 언해 2장>
    - 그 예 그는 ᄀᆞ장 쉬우니라(그것은 가장 쉬우니라) <번역박통사 상 : 48>
    - 뎌 예 與는 이와 뎌와 ᄒᆞᄂᆞᆫ 겨체 ᄡᅳ는 字ㅣ라('여'는 '이것과 저것과'라고 하는 '곁(문법 형태)'에 쓰는 글자이다.) <훈민정음언해 1장>
  ㉡ 지시대명사의 미지칭 : 어느/어ᄂᆞ, 므슥, 므슴, 므스것, 언마, 현마, 엇뎨
    - 어느 예 어늬[어느+ㅣ] 구더 兵不碎ᄒᆞ리잇고(어느 것이 굳어 (적의) 군대가 부수어지지 않겠습니까?) <용비어천가 47장>
    - 므슥, 므섯, 므스, 므슴(무엇, 무슨) 예 모믈 百千 디위 ᄇᆞ료민들 므스기[므슥+이] 어려보료(몸을 백천 번 버린들 무엇이 어렵겠느냐) <석보상절 11 : 20>
    - 현마(얼마) 예 죵과 ᄆᆞᆯ와를 현맨들[현마+ㅣ+-ㄴ들] 알리오(종과 말을 얼마인 줄을 알리오) <월인천강지곡 기 52>
    - 언매(얼마) 예 언맛[언마+ㅅ] 福을 得ᄒᆞ리잇고(얼마의 복을 얻겠습니까?) <월인석보 17 : 44>
    - 엇뎨(어찌) 예 그 마리 엇뎨오(그 말이 어째서인가) <법화경언해 2 : 27>

    비교 미지칭 '어ᄂᆞ/어느'
    '어느'는 현대 국어에서는 관형사로만 쓰이지만, 중세 국어에서는 '어느'는 관형사(어느 누가), 대명사(어느야 놉돗던고?), 부사(聖人 神力을 어느 다 ᄉᆞᆯᄫᆞ리?)의 세 기능으로 쓰인다.

ⓒ 부정칭 '아모것' 예 ᄒᆞ다가 빋낸 사ᄅᆞ미 <u>아모것</u>도 마가 줄 것 업거든(만일에 빚을 낸 사람이 아무것도 막아줄 것이 없거든)<번역박통사 상 : 61>(의존명사 '것'과 통합)

② 처소 표시 지시 대명사
  ㉠ 원칭·중칭·원칭 '이어긔(여긔/예, 이에)·그어긔(그에), 뎌어긔(뎌긔/뎌에/뎨)'
    • 이어긔(여기) 예 이 經 디닐 싸ᄅᆞ미 <u>이어긔</u> 이셔도 다 能히 글희며(이 경전을 지닌 사람이 여기에 있어도 다 능히 가리며)<석보상절 19 : 17>
    • 그어긔(거기) 예 <u>그어긔</u> 쇠 하아(거기에 소가 많아)<월인석보 1 : 24>
    • 뎌어긔(저기) 예 가며 머므럿ᄂᆞᆫ <u>뎡어긔</u>와 이어긔 消息이 업도다(가며 머물러 있는 저곳과 이곳의 소식이 없도다)<두시언해 11 : 16>
  ㉡ 미지칭 '어듸(어드메)'와 부정칭 '아모ᄃᆡ(아모ᄃᆞ)'
    • 어듸(어디) 예 <u>어듸</u> 머러 威 不及ᄒᆞ리잇고(어디가 멀어 그 위세가 미치지 못하겠습니까?)<용비어천가 47장>
    • 아모ᄃᆡ(아무데) 예 <u>아모ᄃᆡ</u>도 마ᄀᆞᆫ ᄃᆡ 업서(아무데도 막은 데가 없어)<월인석보 서 : 8>

3. 수사(數詞)

사람이나 사물, 장소, 사태 따위의 수량이나 순서를 나타내는 말

(1) 양수사(量數詞)와 서수사(序數詞)

① 양수사(量數詞) : 사물의 수량을 나타내는 말
  예 弟子 <u>ᄒᆞ나ᄒᆞᆯ</u> 주어시든 말 드러 이ᄅᆞᆺ바지이다(제자 한 사람을 주실 것 같으면, 그 말을 들어 만들고 싶습니다)<석보상절 6 : 22>

② 서수사(序數詞) : 순서를 나타내는 말(양수사+차히)
  예 <u>둘차힌</u> 뎡바기 디고리 구드시며(둘째는 정수리의 머리통이 굳으시며)<월인석보 2 : 55>

  비교 고유어와 한자어 수사
    • 고유어
      예 ᄒᆞ나ᄒᆞ, 둘ㅎ, 세ㅎ, 네ㅎ, 다ᄉᆞᆺ, 여슷, 닐굽, ……, 온, 즈믄……(양수사) ᄒᆞ나차히, 둘차히, 세차히, 네차히, ……, 열차히, 열ᄒᆞ나차히(서수사)
    • 한자어
      예 일(一), 이(二), 삼(三), 사(四), 오(五),……십(十)(양수사)/제일(第一), 제이(第二), 제삼(第三),……제십(第十)(서수사)

  참고 복수 표시
    • 낮춤말의 복수 : -ᄃᆞᆯㅎ
      예 이 사람<u>ᄃᆞᆯ히</u> 다 神足이 自在ᄒᆞ야(이 사람들이 다 '신족'이 자유자재하여)<석보상절 6 : 18>(낮춤말 '사ᄅᆞᆷ'에 붙어 복수성 표시)
    • 높임말의 복수 : -내
      예 어마님<u>내</u> 뫼ᅀᆞᆸ고 누이님<u>내</u> 더브러(어머님들을 모시고 누님들을 더불어)<월인석보 2 : 6>(높임말 '어마님'과 '누이님'에 붙어 복수 표시)

변 • 돌ㅎ>들 **예** 학생들이 많이 있다.
  • 내>네 **예** 여인네(같은 처지의 사람), 아저씨네(그 사람이 속한 무리)

> **현대 국어와의 차이**
>
> ① **명사·부정 부사** : 현대 국어의 관형사 '새[新]'나 부정 부사 '아니'는 중세 국어에서 명사로 쓰이는 일이 있다.
>   **예** • 다시 새룰(격조사 결합) 비허(다시 새것을 뿌리어)<법화경언해 3 : 94>
>   **비교** 새 학기를 맞이하다.
>   • 生이며 生 아니룰(격조사 결합) 굴히ᄂ니('생'이며 '생' 아닌 것을 가리니)<법화경언해 5 : 30>
>   **비교** 안 벌고 안 쓴다.
> ② **대명사** : '이'와 같은 품사는 현대 국어에서는 관형사로 보나, 중세 국어에서는 격조사를 취하여 체언의 기능도 띠고 있었다.
>   **예** 내 이룰 爲하야 어엿비 너겨<훈민정음언해 2장>
> ③ **형용사** : 형용사가 동사로 전성되어 쓰이는 경우가 많았으나, 형용사가 그대로 동사의 기능을 발휘하는 경우가 많았다.
>   **예** 病ᄒᆞᆫ 사ᄅᆞ미 잇거든 夫人이 머리를 ᄆᆞ지시면 病이 다 됴터라(병난 사람이 있거든 부인이 머리를 만지시면 병이 다 좋아지더라.)<월인석보 2 : 30>

3 조사(助詞)

1. 조사의 정의

주로 자립 형태소[체언]에 붙어 그 말과 다른 말과의 문법적 관계를 나타내거나 특별한 뜻을 더해주거나 두 단어를 같은 자격으로 이어주는 단어들의 집합을 말한다.(격조사, 접속조사, 보조사)

2. 형식상의 특수성

(1) 체언의 끝소리와 체언의 모음의 종류에 따른 형태 교체

조사의 유형	환경		체언의 끝 모음	
			양성 모음	음성 모음
대조의 보조사	체언의 끝소리	자음	사ᄅᆞᄆᆞᆫ[사ᄅᆞᆷ+ᄋᆞᆫ]	수른[술+은]
		모음	ᄌᆞᅀᆞᄂᆞᆫ[ᄌᆞᅀᆞ+ᄂᆞᆫ]	거우루는[거우루+는]
목적격 조사		자음	사ᄅᆞᄆᆞᆯ[사ᄅᆞᆷ+ᄋᆞᆯ]	수를[술+을]
		모음	ᄌᆞᅀᆞᄅᆞᆯ[ᄌᆞᅀᆞ+ᄅᆞᆯ]	거우루를[거우루+를]
도구 부사격 조사		자음	소ᄂᆞ로[손+ᄋᆞ로]	꾸므로[꿈+으로]
		모음	左手로[左手+로]	눖믈로[눖믈+로]

(2) 모음 조화 규칙 적용에 의한 교체[관형격과 처소 부사격 조사]
'익, 애'는 양성 모음 아래에서, '의, 에'는 음성 모음 아래에서, '예'는 중성 모음 'i, y' 아래에서 쓰인다.

조사의 유형	양성 모음 아래	음성 모음 아래	중성 모음 아래
관형격 조사	도즈긔[도죽+의] 알풀	大衆의[大衆+의] 거긔	
처소 부사격 조사	짜해[짜ㅎ+애]	굴허에[굴허+에]	빅예[빅+예]

(3) 체언의 끝소리 종류에 따른 형태 교체
'이'는 자음 아래에서, 'ㅣ'는 'ㅣ' 밖의 모음 아래에 쓰이고, 'Ø'이란 'ㅣ' 모음 아래에서 주격 조사가 실현되지 않음을 뜻한다.

조사의 유형	자음 아래	'ㅣ' 밖의 모음 아래	'ㅣ' 모음 아래
주격 조사	쉬미[쉼+이] 기픈	우리 始祖ㅣ[始祖+ㅣ] 慶興에 사ᄅᆞ샤	도리[두리+Ø] 업건마른 ('i, y' 모음 아래)
서술격 조사	樓는 다라기라 [다락+이+-다]	여슷찻 ᄒᆡ 乙酉ㅣ라 [乙酉+ㅣ+-다]	齒ᄂᆞᆫ 니라[니+Ø+-다]

(4) 조사 중에서 초성이 'ㄱ'인 것은 모음이나 'ㄹ'로 끝나는 명사 아래에서 'ㅇ'으로 교체

조사의 유형	자음 아래	모음 아래	ㄹ 받침 아래
동반·비교·접속 조사	입과 눈과	나모와 투구와	
단독 보조사	威神곳	아니옷	일옷
의문 보조사	賞가	罰아	

3. 격조사의 갈래와 성격

(1) 주격 조사 이, ㅣ, Ø
① 정의 : 체언으로 하여금 주어가 되게 하는 격조사.
② 형태

형태	환경	예
이	자음으로 끝나는 체언+이	• 世尊이 象頭山애 가샤(세존이 '상두산'에 가셔서)<석보상절 6:1> • 내히[내ㅎ+이] 이러 바ᄅᆞ래 가ᄂᆞ니(내가 되어서 바다에 이르니)<용비어천가 2>
ㅣ	모음으로 끝나는 체언+ㅣ	• 부톄[부텨+ㅣ] 니러 나샤(부처가 일어나시어)<월인석보 13:47> • 우리 始祖ㅣ 慶興에 사ᄅᆞ샤(우리 시조가 경흥에 사시어서)<용비어천가 3>
Ø	'ㅣ' 모음으로 끝난 체언+Ø	• 불휘[불휘+Ø] 기픈 남ᄀᆞᆫ 바ᄅᆞ매 아니 뮐씨(뿌리가 깊은 나무는 바람에 아니 흔들리므로)<용비어천가2>

비교 관형격 조사 'ㅣ'
예 波羅門이 먼 딕셔 와 내 머리를 빌씩(바라문이 먼 데서 와서 나의 머리를 빌므로)<월인석보 20 : 35>

보충 주격 조사 '가'의 출현
- 16세기 후반~17세기 : '의/의'와 같이 'ㅣ[j]'로 끝나는 체언 뒤
  예
  - 춘 구드리 자니 빙가[빙+가] 셰 니르셔<1527년, 자당 안씨의 내간>
  - 내가[내+가] 병 고운을 헤티느니<벽온신방 15>
  - 東來가[東來+가] 요수이 편티 아냐 ㅎ시더니<첩해신어 1 : 26>
- 18세기 : 모든 모음으로 끝나는 체언
  예
  - 나의 싱소가[싱소+가] 나타나지 아닐 양으로 미덥숩닉<개수첩해신어 1 : 7>
  - 임오 구월 십이일 불너 쓰이니 경고가[경고+가] 거의 이경이 넘엇더라<어제경민음 10>

참고 표기
- 'ㅣ'는 한글로 표기할 때는 체언에 합쳐 쓰고, 한자에는 따로 쓴다.
  예 대장뷔 세상에 나매, 믈읫 字ㅣ 모로매
- 영 주격 조사는 표기상으로만 쓰이지 않고, 발음은 되었다.
  예 ᄃᆞ 리(橋) + ㅣ → ᄃᆞ : 리(평성+평성+거성 → 평성+상성 → [다리이])로 발음
     평성 평성   거성   평성 상성

① 보격 조사·서술격 조사 : 주격 조사의 형태나 출현 환경이 동일하다.
  ㉠ 보격 조사
    예
    - 바르미 므를 브러 地輪이 드외니(바람이 물을 불어 '지륜'이 되니)<월인석보 1 : 41>
    - 이는……世尊ㅅ 다시[닷+이] 아니시다ᄉ이다(이는……세존의 탓이 아니십니다)<법화경 언해 권2 : 5>
  ㉡ 서술격 조사
    - 國은 나라히라[나라ㅎ+이+-다]('국'은 나라이다.)<훈민정음 언해,1>
    - 녜는 大王ㅅ 孫子ㅣ러니[孫子+ㅣ+-더-+-오-+-니](옛적에는 대왕의 손자이더니)<월인석보 20 : 88>

② 서술격 조사의 활용상의 특징
  ㉠ 서술격 조사+어미의 두음 'ㄷ' → 'ㄹ'
    예 아드리러니(아들+이+-더-+-니), 弟子ㅣ라(弟子+ㅣ+-다), ᄒᆞᆫ가지라(ᄒᆞᆫ가지+∅+-다)
  ㉡ 서술격 조사+어미의 두음 'ㄱ' → 'ㅇ'[ㄱ약화]
    예 아드리어늘(아들+이+-거늘), 弟子ㅣ어든(弟子+ㅣ+-거든), ᄒᆞᆫ가지오(ᄒᆞᆫ가지+∅+-고),
  ㉢ 서술격 조사+어미 '오/우' → '-로-', '아/어' → '-라'
    - -오/우-
      예 아드리롬(아들+이+-옴), 弟子ㅣ로라(弟子+ㅣ+-오-+-다), ᄒᆞᆫ가지로ᄃᆡ(ᄒᆞᆫ가지+∅+-오ᄃᆡ)
    - -아/-어 예 아드리라(아들+이+-아) ᄒᆞᆫ가지라ᅀᅡ(ᄒᆞᆫ가지+∅+-아ᅀᅡ)

안병희 외, 2006 : 86, 87쪽.

③ 특이한 형태의 조사

형태	환경	보기
씌셔, 겨오셔	높임 명사 뒤 + 씌셔, 겨오셔	和平翁主씌셔(화옹옹주께서), 先人겨오셔(선인께서)
이이셔/애이셔	단체 명사 뒤 + 이이셔/애이셔	나라해이셔(나라에서)
셔	일반 명사 뒤 + 셔	사공셔 오늘 日出이 유명ᄒ리란다
ㅣ라셔	'누구' + + ㅣ라셔	뉘라셔(누구이라서)

참고 부사격 조사 '씌'와 주격 조사 '씌셔'

형태	품사	시기	예
씌	부사격 조사	15세기	• 도족ᄒ다가 王씌 자피니(도둑질을 하다가 왕께 잡히니)<월인석보 10:25> • 즉재 디나가 太子ㅅ긔 니른대(즉시 지나가서 태자께 이르니까)<월인석보 20:89>
씌셔	주격 조사	17세기	信使씌셔도 최촉ᄒ셔 이제 비를 내옵닉('신사'께서도 재촉하셔서 이제 배를 내옵나이다)<첩해신어 5:16>

(2) 목적격 조사

① 형태 : ㄹ(본체), 룰/올(양성 음절 뒤), 를/을(음성 음절 뒤)

형태	환경	예
올/을	자음 뒤	양성 모음+올	쬐 한 도즈골(도죽+올) 모르샤(쬐가 많은 도둑을 모르시어)<용비어천가 19장>
		음성 모음+을	님그믈(님금+을) 求ᄒ시고(임금을 구하시고)<석보상절 6:23>
룰/를	모음 뒤	양성 모음+룰	太子룰 하늘히 굴희샤(태자를 하늘이 가려내시어)<용비어천가 8장>
		음성 모음+를	부텨를 보논 디니(부처를 보는 것이니)<석보상절 23:6>

② 성격

㉠ 'ᆞ'와 'ㅡ'는 모음 조화에 의해 교체되고, '올/을'은 체언 말음이 자음일 때 쓰이며 '룰/를'과 'ㄹ'은 체언 말음이 모음일 때 쓰인다.

예 • 몬져 뎌 부텻 像올 밍ᄀ라(먼저 저 부처의 상을 만들어)<석보상절 6:4>
• 닐곱 거르믈[거름+을] 거르샤(일곱 걸음을 걸으시어)<석보상절 6:17>
• 나롤 겨집 사ᄆ시니(나를 아내 삼으시니)<석보상절 6:4>
• 몸앳 필 뫼화 그르세 담아 男女를 내ᅀᆞᄫᆞ니(몸에 있는 피를 모아 그릇에 담아 남녀를 내었으니)<월인석보 1:2>
• 개야밀[개야미+ㄹ] 어엿비 너기고(개미를 불쌍히 여기고)<두시언해 7:18>

㉡ 'ᆞ/ㅡ' 탈락 : 약모음 'ᆞ/으'가 강모음('ᆞ/으'를 제외한 모든 모음)을 만나면 'ᆞ/ㅡ'는 탈락한다.

예 • 제 지순 罪며 福을 다 써[쓰-+-어] 琰魔法王을 맛뎌든(제가 지은 죄며 복을 다 써서 '염마법왕'을 맡기매) <석보상절 9:30>
  • 산올 파[프-+-아] 허러(산을 파서 헐어) <금강경언해 서 7>

③ 자동사나 형용사에 쓰이는 용법
  ㉠ 자동사에 목적어가 쓰이는 경우로 동족 목적어에 나타난다.
    예 호오사 우수믈[웃-+-움+을] 우사['웃-[笑]+-아](혼자 웃음을 웃어) <월인석보 168>
  ㉡ '시간, 장소, 거리'를 나타내는 체언이 목적어로 사용된다.('듣니-, 뼈디-, 앉-' 등의 자동사와 '當ㅎ-, 對ㅎ-' 등의 1음절 한자어의 파생어)
    예 열 희롤 ᄀᆞᄅᆞ매 ᄃᆞ니는 나그내(열 해를 강에 다니는 나그네) <두시언해 7:19>
  ㉢ 능격 동사(자타동사의 용법을 동시에 지니는 동사) '블-[吹]'이 타동사로 쓰여 목적어를 지배한다.
    예 後에 ᄇᆞᄅᆞ미 믈 우흘 부러(후에 바람이 물 위를 불어) <월인석보 1:39>

(3) 관형격 조사 : 익/의, ㅅ, ㅣ

① 형태

형태	환경		예
ㅅ	무정 명사	ㅅ	• 蓮花ㅅ 고지 나거늘(연꽃의 꽃이 나거늘) <월인천강지곡 상8>
	높임 유정 명사		• 岐王ㅅ 집 안해 샤녜 보다니(기왕의 집 안에서 늘 보았더니) <두시언해 16:52>
익/의	유정 명사[-높임]	양성 모음	익	• 아기아돌익 각시를 求ᄒᆞ더니(아기아들의 각시를 구하더니) <월인석보 상 54>
		음성 모음	의	• 官妓로 怒ᄒᆞ샤미 宜吏의 다시언마른(관기로 노하심이 관리의 탓이건마는) <용비어천가 17장>
ㅣ	특정 명사	ㅣ	• 내 모미 長者ㅣ 怒를 맛나리라(내 몸이 장자의 노여움을 만나리라) <월인석보 8:98>
	대명사		• 올타 올타 네 말 ᄀᆞᄐᆞ니라(옳다 옳다 너의 말과 같으니라) <석보상절 9:22>

② 성격
  ㉠ 'ㅅ'은 높임의 자질이 부여되는 명사나 무정 명사에 결합하고, '익/의'는 높임의 자질이 부여되지 않는 유정 명사에 결합한다.
    예 • 나랏[무정 명사 '나라'+ㅅ] 말ᄊᆞ미 中國에 달아(나라의 말이 중국과 달라) <훈민정음 1장>
      • 化人은 世尊ㅅ[높임 유정 명사 '세존'+ㅅ] 神力으로 ᄃᆞ외야 ᄒᆞ샨 사ᄅᆞ미라('화인'은 세존의 신력으로 되게 하신 사람이다.) <석보상절 6:7>
      • 사ᄅᆞ믹[일반 유정 명사 '사람'+익] 쁘들 거스디 아니ᄒᆞ노니(사람의 뜻을 거스리지 아니하니) <월인석보 1:12>

ⓒ 'ㅣ' 모음으로 끝난 유정(有情) 명사가 관형격 '이/의'를 만나면 끝모음 'ㅣ'가 탈락한다.
  예 • 어믜[어미+의] 스랑홀 時節フ티 ᄒ면(어미의 사랑할 시절같이 하면)<능엄경언해 5:85>
     • 올희[올히+이] 알만 ᄒ니(오리의 알만 하니)<구급방언해 상 17>
  변화 관형격 조사의 변화
     • 이/의 > 의('ㆍ'의 음가 소실) 예 사ᄉᆞ미 등 > 사슴의 등
     • 'ㅅ'의 관형격 조사 기능 소멸 → 합성 명사 내부의 사이시옷(현대 국어) 예 콧물, 바닷가

(4) 부사격 조사

① 낙착점 처소 부사격 조사

  ㉠ '에/애/예'

형태	환경	예
애	체언 끝음절 모음이 양성 모음+애	逃亡애 命을 미드며(도망에 천명을 믿으며)<용비어천가 14장>
에	체언 끝음절 모음이 음성 모음+에	우리 始祖ㅣ 慶興에 사ᄅᆞ샤(우리 시조가 경흥에 사시어)<용비어천가 3장>
예	'ㅣ' 모음 뒤(반모음 'ㅣ' 첨가)+예	狄人ㅅ 서리예 가샤(적인의 가운데에 가시어)<용비어천가 4장>

  ㉡ 특이 처소 부사격 조사 '이/의'('애/에'와는 형태론적으로 제약된 이형태로, 일반적으로 시간·처소를 뜻하는 체언과만 통합)
  예 • 새벼리 나지[낮+이] 도ᄃᆞ니(샛별이 낮에 돋으니)<용비어천가 101>
     • 믈 우희[우ㅎ+의] 차 두퍼 잇ᄂᆞ니라(물 위에 차서 덮어 있느니라)<월인석보 1:23>
     비교 관형격 조사와 구별 : 선행 체언의 의미 자질 또는 수식하는 품사에 따라 구분
     • 부사격 조사[무정 명사+이/의]
       예 目連이 耶輸ㅅ 宮의 가 보니(목련이 야수의 궁전에 가 보니)<석보상절 6:2>
     • 관형격 조사[유정 명사+이/의]
       예 ᄆᆞᄋᆞ리 盛ᄒᆞ야 ᄃᆞᆯᄀᆡ 소리 서르 들여(마을이 성하여 닭의 소리가 서로 들리어)<월인석보 1:46>

  ㉢ 이그에/의그에, 이게/의게, 그에, ᄭᅴ, ㅅ 거긔, 이손ᄃᆡ, ᄃᆞ려 : 관형격 조사 'ㅅ, 이/의'+의존 명사 '긔, 그에'
  예 • 이/의[-에] : 므틔[뭍+의]……青蓮花ㅣ 나며(뭍에……'청연화'가 나며)<월인석보 2:31>
     • 의게[-에게] : 十方慈悲僧의게 施ᄒᆞ야('시방자자승'에게 베풀어)<월인석보 23:97>
     • ㅅ 그에[-께] : 부텨와 즁괏그에[즁+과+ㅅ+그에] 布施ᄒᆞ며(부처와 중께 보시하며)<석보상절 13:23>('부처'와 '중'이 존대의 대상이므로 'ㅅ'이 선행하고 '그에'가 통합됨)
     • 이/의 손ᄃᆡ[-에게] : 그 사ᄅᆞᄆᆡ손ᄃᆡ[사ᄅᆞᆷ+이+손ᄃᆡ] 오샤(그 사람에게 오셔)<월인석보 8:55>[관형격 조사 '이'+'손ᄃᆡ'가 통합]
     • ᄃᆞ려[-더러] : 그 ᄯᆞᆯᄃᆞ려 무로ᄃᆡ(그 딸에게 묻되)<석보상절 6:14>['ᄃᆞ리-'의 부사형이 문법화된 조사]

> 참고 'ㅅ그에, ㅅ긔'와 '의 그에, 의게, 의게'의 변화
> - 높임 유정 명사+ㅅ그에, ㅅ긔)께
>   - 예 諸王이 부텻긔 나사가 無上道 묻줍고 → '제왕'이 부처께 나아가 '무상도'를 묻다.
> - 일반 유정 명사+의 그에, 의게, 의게)에게
>   - 예 太子ㅣ 臣下의그에 가 닐오디 → 태자가 신하에게 가 이르다.

② 출발점 처소 부사격 조사 : 에셔/셔/애 이셔, 라셔[-에서], 브터, 로셔[-로부터, -로서]
  예
  - 이베셔[입+에셔]……香내 나며(입에서……향내가 나며) <월인석보 1 : 26>
  - 서울셔 당당이 보면(서울에서 마땅히 보면) <두시언해 15 : 21>
  - 묏고래[묏골+애] 이셔 道理 ᄉᆞ랑ᄒᆞ더니(산골에 있어 '도리'를 생각하더니) <석보상절 6 : 12>
  - 하늘해셔[하늘ㅎ+애셔] 飮食이 自然히 오나든 夫人이 좌시고 아모ᄃᆞ라셔 온 동 모르더시니
    (하늘로부터 음식이 자연히 오거든, 부인이 자시고 아무데에서 온 둥 모르시더니) <월인석보 2 : 25>
  - 나실 나래 하늘로셔 셜흔 두 가짓 祥瑞 ᄂᆞ리며(나실 날에 하늘로부터 서른 두 가지 상서가 내리며) <석보상절 6 : 17>

③ 지향점 부사격 조사 : 으로(ᄋᆞ로/로)
  예
  - 東녀그로[녁+으로] 萬里예 녀가(동쪽으로 만리에 다녀가) <두시언해 7 : 2>
  - 精舍ㅅ 겨트로[곁+ᄋᆞ로] 디나가니(정사의 곁으로 지나가니) <월인석보 1 : 6>

④ 도구 부사격 조사 : ᄋᆞ로/으로/로
  예
  - 갈ᄒᆞ로[갈ㅎ+ᄋᆞ로] 多羅木 버히듯 ᄒᆞ니(칼로 '다라목' 베듯 하니) <능엄경언해 2 : 27>
  - 摩耶의 ᄭᅮᆷ 안해 右脇으로 드르시니('마야의 꿈 안에 '우협'으로 드시니) <월인석보 2 : 17>
  - 香水로 ᄯᅡ해 ᄲᅳ료문(향수로 땅에 뿌리는 것은) <월인석보 13 : 14>

⑤ 비교 부사격 조사
  ㉠ 동등 비교 : 과, 이[-와/과]
    예
    - 길 녈 사ᄅᆞᆷ과 ᄀᆞ티 너기시니(길 가는 사람과 같이 여기시니) <석보상절 6 : 4~5>
    - 부톄……敎化ᄒᆞ샤미 드리 즈믄 ᄀᆞᄅᆞ매 비취요미[비취-+-옴+이] ᄀᆞᆮᄒᆞ니라(부처가……교
      화하심이 달이 천 개의 강에 비침과 같다.) <월인석보 1 : 1>
  ㉡ 차등 비교 : 두고/도곤[-보다], 라와[-보다], ᄋᆞ론[-으로는]
    예
    - 光明이 ᄒᆡᄃᆞᆯ두고 더으니(광명이 해와 달보다 더하니) <월인석보 1 : 26>
    - 븘비츠로 莊嚴호미 日月라와 느러(불빛으로 장엄함이 일월보다 나아(늘어)) <석보상절 9 : 4>
    - 各別히 勞心ᄒᆞ모론 더으니라(각별히 '노심'하는 것보다는 더하니라) <금강경삼가해 10 : 14>

⑤ 동반 부사격 조사 : 과/와
  예 天과 ᄒᆞᆫᄃᆡ 잇ᄂᆞ니라(하늘과 한데에 있다) <월인석보 1 : 34>

⑥ 변성 부사격 조사 : 로
  예 ᄒᆡ로 變ᄒᆞ며……ᄃᆞᆯ로 化ᄒᆞ며(해로 변하며……달로 변하며) <능엄경언해 2 : 7>
  비교 중세 인용의 부사격 조사
    예 부톄 門이 와 겨시다 듣고(부처가 문에 와 계시다는 (말을) 듣고) <월인석보 7 : 7> (중세
      국어에는 인용의 부사격 조사가 없음) → 부처가 문에 와 계시다고 듣고(현대)

(5) 호격 조사

① 형태

형태	사용 조건	보 기
하	높임 호격	님금하, 달하
아/야	예사 호격	長子야 阿難아
여/이여/ㅣ여	감탄 호격	觀世音이여

예
- 大王하 내 이제 부텻긔 도로 가 供養ᄒᆞᅀᆞᆸ지이다<월인석보 18:34>
- 得大勢여 네 ᄠᅳ데 엇더뇨<월인석보 17:90>
- 阿逸多야……네 이대 드로라<월인석보 17:44~46>

비교 딩아 돌하[딩+아+#돌ㅎ+아] 當今에 계샹이다<악장가사, 정석가>

② 성격

㉠ '하'는 조선 초 이전에는 자연물에도 씌었으나, 조선 초 이후에는 임금이나 석가세존에만 씌었다.

예
- 들하 노피곰 도ᄃᆞ샤 어긔야 머리곰 비취오시라(달아 높이높이 돋으시어 어기여차 멀리멀리 비치오시라)<악학궤범, 정읍사>
- 如來하 우리 나라해 오샤 衆生이 邪曲을 덜에 ᄒᆞ쇼셔(여래이시여, 우리나라에 오셔서 중생의 요사스러움을 덜게 하소서)<석보상절 6:21>

㉡ '야'는 모음으로 끝난 체언 뒤에서 모음 충돌 회피를 위해 반자음을 개입시킨 어형이다.

예 阿逸多야[阿逸多+(j)+아]<월인석보 17:24>

4. 접속 조사

(1) 정의

둘 이상의 단어나 문장을 대등한 자격으로 이어주는 기능을 하는 조사

(2) 종류 : 와/과, ᄒᆞ고, (이)며, (이)여,

① 체언 접속

㉠ '와/과' : '~와 함께, ~와 서로'의 의미로, 현대 국어와 달리 체언 끝에 접속조사가 붙고 격조사가 결합하는 특징이 있다.

예
- 입시울와 혀와 엄과 니왜[와+ㅣ] 다 됴ᄒᆞ며(입술과 혀와 어금니와 이가 다 좋으며)<석보상절 서:6>(체언 '니'에 접속 조사 '와'와 격조사의 결합)
- 나모와 곳과 과실와ᄂᆞᆫ(나무와 꽃과 과일은)<석보상절 6:40>
- 深山애 드러 果實와 믈와 좌시고(심산에 들어 과실과 물을 자시고)<월인석보 1:5>
- 龍과 鬼神과 위ᄒᆞ야 說法ᄒᆞ더시다(용과 귀신을 위하여 설법하셨다.)<석보상절 6:1>

비교 현대 국어에서는 체언의 마지막에 '와/과'가 결합하지 않음.

예 하늘과 땅이 크고(현대 국어)

② 체언 접속의 기능+보조사적 의미
  ㉠ 하고 : 뒤의 명사를 앞의 명사에 추가하는 방식으로 연결
     예 夫人도 목수미 열둘하고 닐웨 기터 겨샷다(부인도 목숨이 열 달하고 이레가 남아 계시구나) <월인석보 2 : 13>
  ㉡ (이)며 : 나열의 방식으로 접속의 기능 표시
     예 모든 사ᄅᆞ미 막다히며 디새며 돌ᄒᆞ로 텨든(모든 사람이 막대기며 기와며 돌로 치면) <석보상절 19 : 31>
  ㉢ (이)여 : '이며'와 비슷한 기능을 지니지만, 끝의 체언에도 '(이)여'가 결합
     예 • 沙門이 ᄃᆞ외야 나지여[낮+이여] 바미여[밤+이여] 修行ᄒᆞ야('사문'이 되어 낮이나 밤이나 수행하여) <석보상절 23 : 30>
        • 내 이제 나져[낮+여] 바며[밤+여] 시름ᄒᆞ노니(내가 이제 낮이며 밤이며 시름하니) <두시언해 8 : 29>
  ㉣ (이)랑 예 멀위랑 다래랑 먹고 청산에 살어리랏다. <청산별곡>
     보충 접속 조사의 의미
        • 나열 예 입시울와 혀와 엄과 니왜 다 됴ᄒᆞ며 <석보상절 19 : 7>
        • 공동 예 굴근 比丘 衆一萬二千사ᄅᆞᆷ과 ᄒᆞᆫ ᄃᆡ 잇더시니 <석보상절 13 : 1>
        • 비교 예 바틔셔 남과 ᄀᆞ틀씨 <석보상절 6 : 19>

5. 보조사

(1) 정의
선행하는 체언에 어떤 특정한 뜻을 더해주는 조사

(2) 종류
① ᄂᆞᆫ/는/ᄂᆞᆫ/은[주제와 대조] : 기능은 주제를 표시하는 것이 주된 기능이며, '대조'를 나타내거나 '배타', '한정'의 의미를 나타내기도 한다.
   예 • 나는 어버ᅀᅵ 여희오(나는 어버이를 이별하고) <석보상절 6 : 5>
      • 싸흔[싸ᄒᆞ+ᄂᆞᆫ] 그ᄃᆡ 모기 두고(땅은 그대 몫에 두고) <석보상절 6 : 26>
      • 뒤헤는[뒤ᄒᆞ+는] 모딘 도죽(뒤에는 모진 도둑) <용비어천가 30>

② (으)란/ᄋᆞ란[주제 표지] : 기능은 'ᄂᆞᆫ'과 비슷하지만, 통사적으로는 목적어나 부사어를 지적하는 기능을 담당한다.
   예 • 제 ᄡᆞᆯ란 ᄀᆞ초고 ᄂᆞ미 것 서르 일버우믈 훔씩(자기의 쌀은 감추고 남의 것을 서로 훔치는 것을 하므로) <월인석보 1 : 45> (목적어를 지적)
      • 여슷 아ᄃᆞᆯ란 ᄒᆞ마 갓 얼이고(여섯 아들은 이미 아내를 얻어주고) <석보상절 6 : 13>
      • 臣下란 忠貞을 勸ᄒᆞ시고 子息으란 孝道를 勸ᄒᆞ시고(신하에게는 충정을 권하시고 자식에게는 효도를 권하시고) <월인석보 8 : 29>

③ 도[역시] : '역시'라는 의미를 나타내는 것으로 현대 국어의 '도'와 같은 용법과 기능으로 사용된다.

   예 • 內終ㄱ 소리도 ᄒᆞᆫ가지라<훈민정음 언해 12>
   • 十方佛도 아ᄅᆞ시ᄂᆞ니라(시방의 여러 부처도 아시는 것이다)<석보상절 13 : 43>

④ 사[특수] : 현대 국어의 '(이)야(말로)'의 직접적 소급 형태.

   예 이 각시사 내 얻니논 ᄆᆞᅀᆞ매 맛도다(이 여자야말로 내가 구하러 다니는 마음에 맞도다)<석보상절 6 : 14>

⑤ 곳/옷[단독]

   예 • 生곳 이시면 老死苦惱ㅣ 좃ᄂᆞ니(생이 있으면 '노사고뇌'가 쫓으니)<월인석보 2 : 22>
   • 너옷 信티 아니ᄒᆞ거든(네가 믿지 아니하거든)<월인석보 9 : 35>

⑥ (이)나, (이)어나[나열]

   예 鬼神이어나 畜生이어나(귀신이거나 축생이거나)<석보상절 9 : 12>

⑦ 마다[균일]

   예 사ᄅᆞᆷ마다 수비 아라(사람마다 쉽게 알아)<석보상절 서 : 6>

⑧ 나마[확대]

   예 머리 조ᅀᅡ 一千 디위나마 절ᄒᆞ고(머리를 조아려 일천 번을 넘게 절하고)<월인석보 23 : 82>

⑨ ᄇᆞᆺ/봇[단독]

   예 ᄭᅮᆷᄇᆞᆺ 아니면 어느 길헤 다시 보ᅀᆞᄫᆞ리(꿈이 아니면 어느 길에서 다시 보리?)<월인석보 8 : 82>

⑩ 인들[비특수]

   예 塞外北狄인들 아니 오리잇가(변방 밖의 북쪽 오랑캐인들 (어찌) 아니 오겠습니까?)<용비어천가 53장>

⑪ 곰/옴[여운]

   예 • 눌 보리라 우러곰 온다(누구를 보려고 울면서 왔느냐?)<월인석보 86~87>
   • 이리곰 火災ᄒᆞ몰 여듧 번 ᄒᆞ면(이리 화재하는 것을 여덟 번 하면)<월인석보 1 : 49>

⑫ 가/고[의문]

   예 • 얻논 약이 므스것고(얻으려는 약이 무엇인가?)<월인석보 11 : 19>
   • 그디 子息 업더니 므슷 罪오[罪+고](그대가 자식이 없더니 무슨 죄인가?)<월인석보 1 : 7>
   • 이는 價가 罰아[罰+가](이는 상인가, 벌인가?)<몽산법어언해 53>
   • 得大勢여 네 ᄠᅳ덴 엇데 너기ᄂᆞ다[너기-+-ᄂᆞ-+-ㄴ+-다](득대세여, 네 뜻에는 어찌 여기느냐?)<석보상절 19 : 35> (관형사형+다)
   • 비론 바볼 엇데 좌시ᄂᆞ가[좌시-+-ᄂᆞ-+-ㄴ+-가](빌어온 밥을 어찌 잡수시는가?)<월인천강지곡 122> (관형사형+다)

⑬ 마ᄅᆞᆫ[종결] : 문장의 끝에만 쓰여 두 문장 연결.

   예 그듸내 ᄀᆞᆺ비ᅀᅡ 오도다마ᄅᆞᆫ 숨튀ᅀᅡ 몯 어드리라(당신들이 힘들게 왔지마는 사리는 몯 얻을 것이다)<석보상절 23 : 53>

4 체언의 형태 교체

어떤 체언에 모음으로 시작되는 조사가 결합될 때 특이하게 'ㄱ, ㄹ, ㅎ' 등이 덧생겨 체언의 형태가 바뀌는 경우가 있는데, 이를 특수 곡용어, 또는 특수 덧생김 체언이라고 한다.

1. 표음적 표기에 의한 바꿈

(1) 개념

체언의 특정한 말음이 자음으로 시작하는 조사나 휴지 앞에서 8종성으로 교체되는 현상.

- 예
  - 가지와 닙과 곳과[곶+과](자음으로 시작하는 조사 앞) 여름괘(가지와 잎과 꽃과 열매와) <석보상절 23 : 18>
  - 곳[곶] 잇는 짜흘 곧가 가시다가(꽃이 있는 땅을 힘써서 가시다가) <월인석보 1 : 9>
    - 비교 다숫 고줄[곶+올] 받ᄌᆞᄫᆞ시니(다섯 꽃을 받으시니) <월인천강지곡 상 3>

(2) 겹받침을 가진 체언도 발음대로 적었다.

- 예
  - 城 밧긔[밖+의] 브리 비취여(성 밖에 불이 비치어) <용비어천가 69>
  - 밧[밖] 物에 제 迷커뇨 <법화경언해 6 : 144>

2. ㅎ 종성 체언

(1) 개념

단독으로 쓰이거나 관형격 조사 'ㅅ' 앞에 쓰이면 'ㅎ'이 탈락되고, 모음과 'ㄱ, ㄷ'으로 시작되는 조사와 결합할 때에는 'ㅎ'이 나타난다.

① 'ㅎ' 종성 체언+모음으로 시작하는 조사 예 내히(내ㅎ+이)
② 'ㅎ' 종성 체언+'ㄱ, ㄷ'으로 시작하는 조사 예 갈쾌(갈ㅎ+과), 내토(내ㅎ+도)

(2) 'ㅎ' 종성 체언의 환경 : 모음과 'ㄴ, ㄹ, ㅁ'으로 끝나는 고유어 가운데에서만 나타난다. 하지만, '모음'과 'ㄴ, ㄹ, ㅁ'로 끝난 고유어가 모두 'ㅎ' 받침 체언은 아니다.

① 모음으로 끝난 말 : 바다(海), 내(川), 따(地), 뫼(山), 우(上), 나조(夕), ᄒᆞ나(一), 여러(多)
- 예
  - 내히[내ㅎ+이] 이러 바ᄅᆞ래 가ᄂᆞ니(내가 이루어져 바다에 간다.) <용비어천가 2>
  - 부텻 우콰[우ㅎ+과] 大衆들히그에 비흐며(부처의 위와 대중들에게 뿌리며) <석보상절 13 : 12>

② 'ㄴ'으로 끝난 말 : 안(內), 뒤안(園)
- 예
  - 셤 안해[안ㅎ+애] 자싫 제(섬 안에 주무실 때) <용비어천가 67장>
  - 날회야 거러 져근 뒤안홀[뒤안ㅎ+올] 보노라(천천히 걸어 작은 뒤꼍을 본다.) <두시언해 중 6 : 49>

③ 'ㄹ'로 끝난 말 : 하늘(天), 길(道), 갈(刀), 들(野), ᄆᆞᄉᆞᆯ(郡), ᄀᆞᅀᆞᆯ(秋), 겨슬(冬), 둘(二), 열(十), 스물(二十)

- 예 • 點뎜이 둘히면[둟ㅎ+이면] 上쌍聲셩이오(점이 둘이면 상성이고)<훈민정음 언해>
  • ᄆᆞᄉᆞᆯᄒᆞᆯ[ᄆᆞᄉᆞᆯㅎ+ᄋᆞᆯ] 아나 흐르ᄂᆞ니(마을을 안아 흐르니)<두시언해 초 7 : 3>

④ 'ㅁ'으로 끝난 말 : 암(雌), 움(穴)

- 예 • 제 겨지비 죽거늘 다른 암ᄒᆞᆯ[암ㅎ+ᄋᆞᆯ] 어른대(자기 아내가 죽으니까, 다른 암놈과 교합하니)
  <월인석보 7 : 16>
  • 赤島안햇 움흘[움ㅎ+을](붉은 섬 안의 움을)<용비어천가 5장>
    비교 ㅎ종성의 탈락
    모음으로 시작되는 조사나 'ㄱ, ㄷ'으로 시작하는 조사 앞에서 나타나던 'ㅎ'가 단독으로 쓰이거나 관형격 조사 'ㅅ' 앞에 쓰이면 'ㅎ'이 탈락한다.

(3) 용례

결합 조사 단독형	주격 이	목적격 ᄋᆞᆯ/를, 을/를	관형격 이/의	부사격		서술격 이라	보조사 ᄋᆞᆫ/ᄂᆞᆫ, 은/는
				처소격 애/에	공동격 와/과		
하늘[天]	하늘히	하늘흘	하늘히	하늘해	하늘콰	하늘히라	하늘흔
우[上]	우히	우흘	우희	우희	우콰	우히라	우흔
나라[國]	나라히	나라흘	나라해	나라해	나라콰	나라히라	나라흔
길[道]	길히	길흘	길희	길헤	길콰	길히라	길흔

변화 'ㅎ'의 변화
① 임진왜란 이후부터 혼란되기 시작하여 근대 국어까지 확인되고 있다.
  • ㅎ > ∅ 예 하놇>하늘, 바닿>바다, 나랗>나라, 하낳>하나, 둟>둘, ……
  • ㅎ > ㅇ 예 집웋<두시언해 7 : 3> >지붕, 쌓>땅<동국신속삼강행실도 효 1 : 1>
  • ㅎ > ㅅ 예 셓, 넿>셋, 넷
② 현대 국어에서는 'ㅎ' 첨가 현상의 형태로 잔존. 예 '암탉, 수컷, 안팎, 머리카락'

3. 모음 탈락에 의한 형태 바꿈 : 조사가 결합할 때 끝음절의 모음 'ᄋᆞ/으, 오/우'가 탈락하는 현상.

(1) 'ᅀᆞ/ᅀᅳ' → 'ㅿ ㅇ'의 바꿈 : 'ᄋᆞ/으'가 탈락하고 'ㅿ'가 앞 음절의 받침이 됨

단독형	주격	목적격	서술격	관형격	부사격
아ᅀᆞ(아우)	앙이	앙ᄋᆞᆯ	앙이라	앙이	아ᅀᆞ와
여ᅀᅳ(여우)	영이	(영을)	(영이라)	영의	(여ᅀᅳ와)

예 부처의 親친흔 앙이라(부처의 친한 아우이다)<능엄경언해 5 : 57>
  영이 獅子 우루믈 엇뎨 能히 ᄒᆞ료(여우가 사자 울음을 어찌 능히 하리오?)<목우자수심결언해 45>

(2) '른/르' → 'ㄹ ㅇ'의 바뀜(설측음화) : 모음 'ㆍ/ㅡ'가 탈락하고 'ㄹ'이 앞음절의 종성이 됨

단독형	주격	목적격	서술격	부사격(처소)	접속	보조사	
						대조	동일
노른(노루)	놀이	놀을	놀이라	(놀의)	노른와	(놀은)	노른도
フ른(가루)	굴이	굴을	굴이라	(굴의)	(フ른와)	(굴은)	フ른도
시르(시루)	(실이)	실을	(실이라)	실의	시르와	(실은)	시르도

예
- 峻阪앳 놀을[노른+을](고갯길에서 노루를)<용비어천가 65>
- 노른 쟝(獐)<훈몽자회 상:18>

(3) '른/르' → 'ㄹ ㄹ'의 바뀜(설측음화) : 모음 'ㆍ/ㅡ'가 탈락하고 'ㄹ'이 앞음절의 종성(끝소리, 받침)이 되고 'ㄹ'이 덧생김

단독형	주격	목적격	서술격	부사격[처소]	접속 조사	보조사	
						대조	역시
호른(하루)	홀리	(홀를)	홀리라	(홀릭)	호른와	홀른	호른도
무른[宗](으뜸)	물리	물를	(물리라)	(물릭)	무른와	물른	무른도

예
- 흔번 그 물를[무른+을] 得호면<금강경삼가해 2:17>
- 極果이 무른 사모물 가줄비시니<법화경언해 1:6>

체언의 형태 바뀜의 특징

① 명사들 뒤에 자음으로 시작되는 조사가 올 때는 단독형이 그대로 실현된다.
예 나모도, 호른도, 아ᅀᆞ도, 아ᅀᆞ와, 노른와
② 'ㄱ' 덧생김 체언이나 'ᅀᆞ/ᅀᅳ, 른/르'로 끝나는 명사들 뒤에 공동 부사격 조사가 오면 단독형이 그대로 실현된다.
예 나모와, 호른와, 아ᅀᆞ와, 노른와

4. 'ㄱ' 덧생김 체언(ㄱ曲用語)

(1) 개념

'모/무'와 'ᄂᆞ'로 끝난 체언이 모음으로 시작하는 조사와 결합할 때 '오/우'와 'ᄋᆞ'가 탈락하고 'ㄱ'이 덧생기는 체언.
예 나모[나무], 녀느[他], 구무[穴], 불무[冶] 등

(2) 용례

단독형	주격	목적격	서술격	부사격		접속 조사	보조사	
				처소	도구·방향		대조	역시
나모(나무)	남기	남글	남기라	남긔	남フ로	나모와	남근	나모도
구무(구멍)	굼기	굼글	굼기라	굼긔	(굼그로)	구무와	(굼근)	구무도
불무(풀무)	붊기	붊글	붊기라	붊긔	(붊그로)	불무와	(붊근)	(불무도)
녀느(남)	년기	년글	(년기라)	(년긔)	(년그로)	녀느와	(년근)	(녀느도)

예
- 누본 남기[나모+ㅣ] 니러셔니이다(누운 나무가 일어섰습니다)<용비어천가 84>
- 그 나못[나모+ㅅ] 불휘룰 쎼혀(그 나무의 뿌리를 빼어)<석보상절 6 : 30>

5. '이'의 탈락

(1) 개념
'이'로 끝나는 명사가 관형격 조사 '익/의' 및 호격 조사와 결합할 때, 관형절이 되어 안길 때 '이'가 탈락되는 현상이다.

(2) 성격
① 관형절의 안긴 문장 : '이' 탈락
예
- 아ᄃ리 아빅[아비+익] 쳔량 믈러 가쥬미 ᄀᆞᆮ홀씨(아들이 아버지의 재물을 물려 가짐과 같으므로)<석보상절 13 : 18>
- 늘그늬[늘그니+의] 허튁 안고 이리도록 우ᄂ다(늙은이의 다리를 안고 이토록 우느냐?)<월인석보 8 : 101>

② 명사절의 안긴 문장 : '이'가 탈락하지 않고 그대로 유지
예 가히 性은……한 가히의 주검 다톼 자보매 다ᄅᆞ디 아니ᄒᆞ니라(개의 성품은…많은 개가 주검을 다투어 잡는 것과 다르지 아니한 것이다.)<법화경언해 2 : 113>

6. 대명사 곡용

(1) 개념
대명사의 곡용은 명사의 곡용과 거의 같지만 주격형과 관형사형이 성조로 구별되는 등 특이한 교체가 있었다.

(2) 주격과 관형격
예
- ·내(주격) 太子ᄅᆞᆯ 셤기ᅀᆞᄫᅩᄃᆡ(내가 태자를 섬기되)<석보상절 6 : 4>
- 내(관형격) 마ᄅᆞᆯ 다 드를따(내 말을 다 듣겠느냐)<석보상절 6 : 8>
- ·뉘(주격) 마ᄀᆞ리잇가(누가 막겠습니까)<용비어천가 15>
- :뉘(관형격) ᄯᆞᆯ을 ᄀᆞᆯ히야ᅀᅡ(누구의 딸을 가려야)<월인천강지곡 36>
- :제(주격) 올호라 ᄒᆞ고 ᄂᆞ물 외다 ᄒᆞ야(자기가 옳다고 하고 남을 그르다 하여)<석보상절 9 : 14>
- 제(관형격) 님금 背叛ᄒᆞ야(자기의 임금을 배반하여)<용비어천가 105>

참고 의문 대명사의 곡용
예
- 네 므스글[므슥+을] 보ᄂᆞ다(네가 무엇을 보느냐?)<능엄경언해 1 : 83>
- 定慧ᄂᆞᆫ 므슴과 ᄀᆞᄐᆞ뇨('정혜'는 무엇과 같으냐?)<육조법보단경언해 중 6>

5 동사와 형용사

1. 자동사·타동사

(1) 성격

① 자동사와 타동사는 목적어의 유무뿐만 아니라, 활용형에 나타나는 형태론적 표지인 선어말 어미에 의해 구별된다.

형태	구분	예
-거-/-가-	자동사	석 둘 사르시고 나아 가거시놀(석 달을 사시고 나가시거늘)<월인석보 10:17장>
	형용사	시르미 더욱 깁거다(시름이 더욱 깊었다)<월인석보 8:101>
	서술격 조사	바미 ᄒᆞ마 半이어다(밤이 벌써 반이다)<석보상절 23:13>
-어-/-아-	타동사	艱難ᄒᆞᆫ 사ᄅᆞᆷ 보아든(가난한 사람을 보면)<석보상절 6:15>

② 같은 동사가 타동사와 자동사로 공용
  • 타동사 예 고ᄫᆞᆫ 곳 것고(고운 꽃을 꺾고)<석보상절 11:41>
  • 자동사 예 두 갈히 것그니(두 칼이 꺾어지다.)<용비어천가 36>

2. 형용사

① 성상 형용사 예 븕다, 희다, 길다, 높다, 모딜다, 아름답다, 좋ᄒᆞ다, 굳ᄒᆞ다 등
② 지시 형용사 예 이러ᄒᆞ다/이렇다, 그러ᄒᆞ다/그렇다, 엇더ᄒᆞ다/엇덯다 등

3. 보조 용언

(1) 보조 동사

의미	보조 동사	예
진행	(어) 가다	殘花ᄂᆞᆫ ᄒᆞ마 업서 가ᄂᆞ 고지라('잔화'는 이미 없어져 가는 꽃이다)<남명집언해 상:5>
	(어) 오다	네 가 妻子를 마자 오거늘(네가 가서 처자를 맞아 오거늘)<두시언해 8:40>
	(고) 잇다	됴ᄒᆞᆫ 香 퓌우고 잇거니(좋은 향을 피우고 있으니)<석보상절 24:26>
종결	(어) 나다	뎌 如來를 念ᄒᆞ야 恭敬ᄒᆞᅀᆞᄫᆞ면 다 버서 나리라(저 여래를 생각하여 공경하오면 다 벗어날 것이다.)<석보상절 9:24~25>
	(어) 내다	勞度差ㅣ ᄯᅩ ᄒᆞᆫ 쇼ᄅᆞᆯ 지어 내니('노도차'가 또 한 소를 만들어 내니)<석보상절 6:32>
	(어) ᄇᆞ리다	地獄을 븟아 ᄇᆞ려(지옥을 부수어 버려)<월인석보 21:101>
시행	(아/어) 보다	目蓮이 耶輸ㅅ 宮의 가 보니(목련이 야수의 궁전에 가 보니)<석보상절 6:2>

보유	(어) 두다	瓶의 므를 기러 <u>두고삭</u> 가리라(병에 물을 길어 두고서 가리라)<월인석보 7:9>
	(어) 놓다	大同江 너븐 디 몰라셔 빈 내여 <u>노흔다</u>(대동강 넓은 줄을 몰라서 배를 내어 놓았느냐)<악장가사, 서경별곡>
피동	(게) 두외다	우리 어싀아드리 외롭고 입게 <u>두외야</u>(우리 어버이와 아들이 외롭고 혼미하게 되어)<석보상절6:5>
사동	(어) 디다	뫼히여 돌히여 다 노가 <u>디여</u>(산이며 돌이며 다 녹아져서)<월인석보 1:48>
	(게/긔) ᄒᆞ다	사름마다 수비 알에 <u>ᄒᆞ야</u>(사람마다 쉽게 알게 하여)<월인석보 서:12>
부정	(디/둘) 아니ᄒᆞ다/몯ᄒᆞ다 (디, 게, 어) 말다	• 道애 여희디 <u>아니ᄒᆞ니</u>('도'에 이별하지 아니하니)<법화경언해 2:40> • 시러 펴디 <u>몯홇</u> 노미 하니라(능히 펴지 못할 사람이 많으니라<훈민정음 언해 2> • 다시 니르디 <u>마라삭</u> ᄒᆞ리니(다시 말하지 말아야 하리니)<석보상절 13:44> • 사ᄅᆞ미 오술 저지게 <u>마롤디니라</u>(사람의 옷을 젖게 말 것이니라)<두시언해 15:44>
당위	(어ᅀᅡ) ᄒᆞ다	부텻 世界예 나고져 發願ᄒᆞ야ᅀᅡ <u>ᄒᆞ리라</u>(부처의 세계에 나고자 발원하여야 할 것이다)<석보상절 9:11>

(2) 보조 형용사

의미	보조 형용사	예
희망	(고져) 식브다	나고져 <u>식브녀</u>(나가고 싶으냐?)<월인천강지곡 기 132>
부정	(디)아니ᄒᆞ다/몯ᄒᆞ다	• 一切 有情이 나와 다ᄅᆞ디 <u>아니케</u> 호리라(일체 중생이 나와 다르지 아니하게 할 것이다)<석보상절 9:4> • 비록 得ᄒᆞ야도 足디 <u>몯거니와</u>(비록 얻어도 족하지 못하거니와)<월인석보 9:11>
추측	(-ㄴ/-ㄹ가) 식브다	다ᄃᆞ른가 <u>식브거늘</u>(다다른가 싶거늘)<구급간이방 6:16>
상태	-어 잇다	• 赤眞珠ㅣ 두외야 <u>잇ᄂᆞ니라</u>(적진주가 되어 있느니라)<월인석보 1:22~23> • 北녀그로 劍閣ㅅ 모ᄒᆞᆯ <u>버혓거늘</u>(북쪽으로 '검각'의 몸을 베었거늘)<두시언해 6:38>
	-어 겨시다	곳 닐굽 줄기를 가져 <u>겨샤ᄃᆡ</u>(꽃 일곱 줄기를 가져 계시되)<월인석보 1:9>

> **'-지라'**
>
> '-지라'는 '원망(怨望)'의 보조 형용사가 아니고 단순한 어미이다.
> 예 머거지라(먹-+-어-+-지라)
>   타동사   표지   어미
>
> (남기심·고영근 2002ㄱ:268)

6 용언의 활용

1. 규칙 활용 : 표음적 표기에 의한 형태 바꿈

(1) 어간의 교체

① 8종성(끝소리 규칙, 대표음화)에 의한 형태 바꿈 : 8종성 이외의 자음으로 끝나는 어간이 교체되는 것.
  - 예 • 法을 븓고[븥- + -고] 사ᄅᆞ물 븓디 아니ᄒᆞ며(법을 의지하고 사람을 의지하지 아니하며)<원각경언해 서 11>
    - 비교 어버싀 여희오 ᄂᆞ미그에 브터[븥- + -어] ᄉᆞ로되(어버이를 이별하고 남에게 붙어 살지만)<석보상절 6 : 5>
  - • ᄀᆞᄅᆞ매 업거늘[없- + -거늘](강에 없거늘)<용비어천가 20>
    - 비교 一三이 本來 업서[없- + -어] 업숨도 또 업스며('일삼'이 본래 없어 없음도 또 없으며)<영가집언해 하 58>

② 'ᄋᆞ/으'로 끝나는 용언의 교체 : 어간의 모음 'ᄋᆞ/으'가 모음 어미 앞에서 탈락하는 것.
  - 예 • 피 무든 홀ᄀᆞᆯ 파[ᄑᆞ- + -아] 가져(피가 묻은 흙을 파 가지고)<월인석보 1 : 7>
    - • 方便門 여르샤ᄆᆞᆫ 우믈 폼[ᄑᆞ- + -옴] ᄀᆞᆮ고('방편문'을 여심은 우물 파는 것과 같고)<법화경언해 4 : 95>

③ 'ᄅᆞ/르'로 끝나는 용언의 어간 교체 : 'ᄅᆞ/르'로 끝나는 어간이 모음 어미 앞에서 교체되는 것.
  - 예 • 나랏말ᄊᆞ미 中國에 달아[다ᄅᆞ- + -아](나라의 말씀이 중국과 달라)<훈민정음 주1>
    - • 往生 快樂이 달옴[다ᄅᆞ- + -옴] 이시리잇가(왕생 쾌락이 다름이 있겠습니까)<월인석보 9 : 5>
    - • 그 집 門이 몰라[모ᄅᆞ- + -아] 드리ᄃᆞ라 보니(그 집 문에 몰라서 달려들어 보니)<석보상절 24 : 14>('ㄹ' 덧생김)
    - • 聖은 通達ᄒᆞ야 몰롤[모ᄅᆞ- + -올]('ㄹ' 덧생김) 이리 업슬 씨라('성'은 통달하여 모르는 것이 없는 것이다)<월인석보 1 : 19>
  - 참고 설측음화 : 설전음 ㄹ[r]이 설측음 ㄹ[l]로 바뀌는 현상으로, 'ᄅᆞ/르' 불규칙 용언에 보조적 연결어미 '아/어'가 붙을 때 나타난다. 설측음화는 'ᄅᆞ/르' 불규칙 용언의 부사형 활용(아/어)에서 나타난다.

ㄹ + ㅇ형태(분철형태) : 15세기 일반적 모습		ㄹ + ㄹ 형태(특수한 경우)	
기본형	활용형 설측 음화[r]→[l]	기본형	활용형→ 설측 음화 [r]→[l]
다ᄅᆞ다(異)	다ᄅᆞ + 아 → 달아	ᄲᆞᄅᆞ다(速)	ᄲᆞᄅᆞ + 아 → ᄲᆞᆯ라
오ᄅᆞ다(登)	오ᄅᆞ + 아 → 올아	모ᄅᆞ다(不知)	모ᄅᆞ + 아 → 몰라

④ 'ㅸ/ㅿ'로 끝나는 용언의 어간 교체 : 'ㅸ/ㅿ'로 끝나는 어간이 모음 어미 앞에서 '으'가 떨어지고 'ㅿ'이 끊어적기가 이루어지는 것.
  예 싸 긋어[그ㅿ-+-어] 字 지수메(땅에 그리어 '자'를 지음에)<영가집언해 하77>

⑤ 'ㄹ' 받침을 가진 용언의 탈락 : 'ㄹ' 받침을 가진 용언이 'ㄷ, ㄴ, ㄹ, ㅿ'로 시작하는 어미와 선어말어미 '-ᄂ-' 앞에서 'ㄹ'이 탈락되는 것.
  예 • 아래브터 ᄆᆞᅀᆞ매 아ᅀᆞᄫᅩ되[알-+-ᅀᆞ-+-오되](전부터 마음에 알았으되)<월인천강지곡 기109>
    • 아디[알-+-디] 어려본 法을 브즈러니 讚嘆ᄒᆞ시ᄂᆞ니잇고(알기 어려운 법을 부지런히 찬탄하십니까?)<석보상절 13 : 44>
    • 부톄ᅀᅡ 諸法의 實相ᄋᆞᆯ ᄉᆞᄆᆞᆺ 아ᄂᆞ니라[알-+-ᄂ-+-니-+-라](부처이어야만 '제법'의 실상을 투철히 아느니라)<석보상절13 : 40>
    • 能히 너비 아다니[알-+-더-+-오-+-니](능히 넓게 알더니)<능엄경언해 5 : 37>
    비교 현대 국어와의 차이 : 'ㄷ, ㅈ'로 시작하는 어미 앞에서 'ㄹ'이 탈락되며 '-시-' 앞에서 'ㄹ'이 유지됨.

⑥ 자음동화에 의한 어간 교체
  예 • 듣논, 단놋다, 든노라   • 논논, 젼노라, 다ᄂᆞ니라 디논

(2) 어미의 교체 -모음 조화에 따른 교체
① 모음 조화에 따른 활용 어미의 교체 : 연결 어미 '-아/-어', '오/우'로 시작하는 어미나 선어말어미 '-오-/-우-'가 어간의 모음에 따라 선택되는 것.
  예 • 빗근 남ᄀᆞᆯ 느라[날-+-아] 나마시니(비스듬한 나무를 날아 넘으시다.)<용비어천가 86장>
    (어간 모음이 '오, 아, ᄋᆞ' 등의 양성 모음이면 '아, 오' 등의 어미가 선택됨.)
    • 無量劫 부톄시니 주거[죽-+-어] 가는 거싀 일을 몯 보신들 매 모ᄅᆞ시리(셀 수 없이 오랜 겁 이전부터 부처시니 죽어가는 것의 일을 보지 않으셔도 어찌 모르시리?)<월인천강지곡 기 43>
    (어간의 모음이 '우, 어, 으' 등의 음성 모음이면 '어, 우'가 선택됨.)

② 매개 모음 'ᄋᆞ/으'의 삽입 : 어미 '-ㄴ, -ㄹ, -며, -시, -이-(-잇-)'가 'ㄹ' 이외의 받침으로 된 어간과 결합할 때 매개 모음 'ᄋᆞ/으'가 삽입되는 것.
  예 • 즉자히 夫人ㅅ 벼슬 아ᅀᆞ시고[앗-+-ᄋᆞ시-+-고](즉시 부인의 벼슬을 빼앗으시고)<월인석보 20>(양성모음으로 된 어간 아래에서 'ᄋᆞ'가 삽입됨.)
    • 聖神이 니ᅀᆞ샤도 敬天勤民ᄒᆞ샤ᅀᅡ 더욱 구드시리이다[굳-+-으시-+-리-+-이-+-다](성신이 이으셔도, '경천근민'하셔야 (나라가) 더욱 굳어지실 것입니다.)<용비어천가 125장>
    (음성모음으로 된 어간 아래에서 '으'가 삽입됨.)
    비교 鹿母夫人이 나ᄒᆞ신들 아ᄅᆞ시고[알-+-ᄋᆞ시-+-고]<석보상절>('ㄹ' 받침을 가진 말이 높임 선어말 어미 '-시-/-샤-'나 어말어미 '-쇼셔'와 결합할 때 매개 모음이 나타남. 현대 국어와의 차이)

③ 두음 'ㄱ'의 약화 : 두음이 'ㄱ'인 어미는 선행 음절의 말음이 'ㄹ'이거나 'ㅣ'이면 'ㄱ'이 약화되어 'ㅇ'으로 표기

예 • 알어늘[알-+-거늘], • 두외오[두외-+-고]
  • 사ᄅ미어니[사ᄅᆞᆷ-+이+-거-+-니], 뻐러디리어늘[뻐러디-+-리-+-거늘]
    비교 가지고[가지-+-고]

④ 두음 'ㄷ'의 교체 : 두음이 'ㄷ'인 어미는 서술격조사, 선어말어미 '-더-', '-오-', '-니-', '-라-' 뒤에서 'ㄹ'로 교체

예 • 아ᄃᆞ리러니[아ᄃᆞᆯ+이+-더-+-니], • 弟子ㅣ라[弟子+이+-다]

> **'ᄒᆞ-'의 활용**
>
> 1. 본동사 'ᄒᆞ-', '잘ᄒᆞ다, 다ᄒᆞ다, 조초ᄒᆞ다'와 같은 '부사+ᄒᆞ-' : 자음 어미 앞에서는 'ᄒᆞ-', 모음 어미 앞에서는 'ᄒᆞㅣ-'로 교체된다.
>   예 ᄒᆞ고(자음 어미 앞), ᄒᆞ야(모음 어미 앞) 비교 관형사형 'ᄒᆞ욤'과 '홈'이 공존
> 2. 인용의 'ᄒᆞ-', '-고져 ᄒᆞ-', '-게 ᄒᆞ-'와 같은 보조 동사적인 'ᄒᆞ-' : 자음 어미 앞에서 'ᄒᆞ'이나 'ᄒ'가 된다.
>   예 ᄒ, ᄒᆞ(자음 어미 앞), ᄒᆞ야(모음 어미 앞)
> 3. 'ᄒᆞ-'가 포함된 합성어 : 어근과 'ᄒᆞ-'의 관계의 긴밀성에 따라 달라진다.
>   예 • 어근과 'ᄒᆞ-' 분리 : '직조ᄒᆞ-, 말ᄒᆞ-'는 '직조를 ᄒᆞ-'나 '마를 ᄒᆞ-'와 같이 목적격 조사를 넣어 분리 가능(보조 동사적인 활용)
>   • 어근과 분리가 어려움 : '근ᄒᆞ-, 만ᄒᆞ-, 올ᄒᆞ-'는 어근이 무성 자음으로 끝나고 'ㄱ, ㄷ, ㅂ'으로 시작하는 어미가 오면 'Ø'로 교체
> 4. '엇더ᄒᆞ-, ᄒᆞ야ᄒᆞ-'('-어ᄒᆞ-'가 통합된 구성) : 매개 모음을 갖는 어미 앞에서 'Ø'로 교체
>   예 -으면, -으니 : 엇더ᄒᆞ면~엇더면, 엇더ᄒᆞ니~엇더니
> 5. '아니ᄒᆞ-, 그리ᄒᆞ-, 이리ᄒᆞ-' : 어미 '-아/-어' 앞에서 'Ø'로 교체
>   예 아니ᄒᆞ야~아니야, 아니ᄒᆞ고~아니코, 아니ᄒᆞ면~아니면
>
> 안병희 외, 2006, 87~88.

2. 불규칙 활용

(1) 어간이 불규칙하게 교체되는 활용

① 단일 어간

종 류	성 격	예
ㅅ 불규칙	어간 말 'ㅅ' + 모음 어미 → ㅿ	• 짓-+-어→지어(지어) • 닛-+-으니→니ᅀᅳ니(이으니)
ㅂ 불규칙	어간 말 'ㅂ' + 모음 어미 → ㅸ	• 덥-+-어→더버(더워) • 돕-+-아→도바(도와)
ㄷ 불규칙	어간 말 'ㄷ' + 모음 어미 → ㄹ	• 묻-+-어→무러(물어) • 긷-+-어→기러(길어)…

㉠ ㅅ 불규칙 : 'ㅅ' 받침을 가진 용언 가운데에서 모음 어미 '-어'와 매개 모음을 취하는 어미 앞에서 'ㅅ'이 'ㅿ'으로 변한다.

예
- 흔 남굴 지스니[짓-+-으니] 즉자히 가지 펴디여(한 나무를 만드니 즉시 가지가 퍼지어) <석보상절 6 : 30>
- 집 기슬게 비긴 묏 비츤 구루믈 니서[닛-+-어] 퍼러커늘(집 기슭에 기댄 산의 빛은 구름을 이어 파랗거늘) <남명집언해 상 20>
  비교 罪를 버서[벗-+-어] 地獄을 골아나니(죄를 벗어 지옥을 바꾸어 태어나니) <월인천강지곡 상 28>

㉡ ㅂ 불규칙 : 'ㅂ' 받침을 가진 용언 가운데에서 모음 어미와 매개 모음을 취하는 어미 앞에서 'ㅂ'이 'ㅸ'으로 바뀐다.

예
- 고븐[곱-+-은] 똘 얼니노라(고운 딸을 얻으러 다니느라고) <석보상절 6 : 13>
- 뭇 처서믜 더븐[덥-+-은] 블로 모물 스라(맨 처음에 더운 불로 몸을 살라) <월인석보 6 : 46>
  비교 曲은 고볼[곱-+올] 씨라('곡'은 굽은 것이다) <석보상절 11 : 6>

㉢ ㄷ 불규칙 : 'ㄷ' 받침을 가진 용언 가운데 모음 어미와 매개 모음을 취하는 어미 앞에서 'ㄷ'이 'ㄹ'로 바뀐다.

예
- 步兵은 거른[걷-+-은] 兵이라('보병'은 걸은 '병'이다) <월인석보 1 : 27>
- 稱은 일코롤[일콛-+-올] 씨라('칭'은 일컫는 것이다.) <월인석보 서 6>
  비교 구든[굳-+-은] 城을 모루샤(굳은 성을 모르시어) <용비어천가 19>

② 특수 어간

종류	환경			예
시므-	시므-	+	자음 어미나 매개 모음 → 시므-	• 시므-+-고→시므고
심-	시므-		모음 어미 심-	• 시므-+-어→심거
이시-	이시-	+	모음 어미나 매개 모음 → 이시-	• 이시-+-어→이셔
잇-	이시-	+	자음 어미 잇-	• 이시-+-고→잇고
녀-	녀-	+	모음 어미나 매개 모음 → 녀-	• 녀-+-시-+-을→녀실
니-	녀-		선어말 어미 '-거-' 니-	• 녀-+-거늘→니거늘

㉠ '시므-/심-' 불규칙 : 자음 어미 위에서는 '시므-'이던 것이 모음 어미 앞에서는 '심-'이 되어 어간 단축과 'ㄱ'이 덧생겼다.

예
- 福이 조슨루븨니 아니 심거[시므-+-어] 몯 홀 꺼시라(복이 종요로운 것이니 심지 아니하지 못할 것이라) <석보상절 6 : 37>
- 고올이 다두라 뎌의 심근[시므-+-은] 벼 슈슈 기장 <박통사언해 하 37>
  비교 시므-+자음 어미
    • 여러 가짓 됴훈 根源을 시므고 後에 쏘 千萬億佛을 맛나슨바(여러 가지 좋은 근원을 심고 후에 천만억 부처님을 만나서) <석보상절 19 : 33>
    • 德 열본 사루미 善根을 시므디 아니흐야(덕이 엷은 사람이 '선근'을 심지 아니하여) <월인석보 17 : 13>

ⓛ '잇-/이시-' : '잇-'이 모음 어미와 매개 모음 앞에서는 '이시-'로 나타나고 자음 어미 앞에서는 '잇-'으로 바뀐다.

예 • ᄒᆞᆫ 말도 몯ᄒᆞ야 잇더시니[이시-+-더-+-시-+-니](한 말도 못하고 있으시더니) <석보상절 6:7>
• 뜯 머그샤미 法에 겨시고 物에 잇디[이시-+-디] 아니ᄒᆞ실ᄊᆡ <법화경언해 5:40>

비교 이시-+모음 어미

• 和尙ᄋᆞᆫ 갓가빙 이셔[이시-+-어] 외오다 ᄒᆞ논 마리니('화상'은 가까이 있어서 외운다 하는 말이니) <석보상절 6:10>
• 가리라 ᄒᆞ리 이시나[이시-+-(으)나](가겠다고 할 사람이 있으나) <용비어천가 45>

ⓒ '녀-/니-' 불규칙 : 모음 어미와 매개 모음을 취하는 어미 앞에서 '녀-'가 '거'로 시작된 어미와 결합되면 '니-'로 교체된다.

예 東익 니거시든[녀-+-거-+-시-+-든] 西夷 ᄇᆞ라ᅀᆞᆸᄂᆞ니(동에 가시면 서쪽 오랑캐가 바라니) <용비어천가 38>

비교 녀-+모음 어미

• 흥정바지들히 길흘 몯 녀아[녀-+-아] 天神ᄭᅴ 비더니이다(상인들이 길을 가지 못하여 천신께 빌었습니다.) <월인천강지곡 기86>
• 녈[녀-+-(으)ㄹ] 고디 업스며(갈 곳이 없으며) <남명집언해 상 14>

참고 '도-'와 '달-'의 수의적 교체(간접 인용 구문) : '자기에게 건네다'를 의미하는 '주다'의 보충법적 형태

예 • 가시며 子息이며 도라 ᄒᆞ야도(아내며 자식이며 달라 하여도) <월인석보 1:13>
• 수를 달라 ᄒᆞ야 먹ᄂᆞ다(술을 달라고 하여 먹는다) <두시언해 25:18>

비교 牛車를 願호ᄃᆡ 이제 주쇼셔('우차'를 원하되, 이제 주소서) <법화경언해 2:70>(직접 인용의 하쇼셔체)

(2) 어미가 불규칙하게 교체되는 활용

종류	환경			보기
'ㄷ→ㄹ'	모음 'ㅣ'	+ 어미 첫소리 'ㄷ' →	ㄹ	• 이+더+다 → 이러라 • ᄒᆞ+리+다 → ᄒᆞ리라
'ㄱ→ㅇ'	모음 'ㅣ', 반모음 'y', 유음 'ㄹ'	+ 어미 첫소리 'ㄱ' →	ㅇ	• 알+거늘 → 알어늘 • 두외+고 → 두외오 • 하ᄂᆞᆯㅎ+이+거늘 → 하ᄂᆞᆯ히어늘
'ㅇ→ㄹ'	서술격 조사 '이'	+ 선어말 어미 '-오-' →	'-로-'	• 이+옴 → 이롬 • 이+오ᄃᆡ → 이로ᄃᆡ • 이+오+다 → 이로라
'야'불규칙	'ᄒᆞ다'	+ -아, -아셔, -아도 →	-야, -야셔, -야도	• ᄒᆞ+아 → ᄒᆞ야 • ᄒᆞ+아셔 → ᄒᆞ야셔
'나'불규칙	'오다'	+ '거/어' 계열 어미 →	-나-	• 오나ᄂᆞᆯ(오+거늘) • 오나다(오+거다)

① 'ㄷ → ㄹ' 불규칙 : 'ㄷ' 계통의 어미 '-다, -더-, -도-, -다가' 등이 서술격 조사 아래나 선어
말 어미 '-리-' 뒤에서 에서 'ㄹ' 계열의 어미 '-라, -러, -로-, -라가' 등으로 교체된다.
- 예 • 오직 흔 아드리러니[아들+이+-더-+-니](오직 한 아들이더니) <불정심타라니경언해 하 9>
  - 님 계셔 넏다 ᄒᆞ셔든 내 괴로라 ᄒᆞ리라[ᄒᆞ-+-리-+-다] <청구영언>
    - 비교 • 滿國히 즐기거늘 聖性에 외다 터시니(나라 가득히 즐기거늘, 성성이 옳지 않다 하시더니) <용비어천가 107>
  - 五百 도ᄌᆞ기 이셔 길헤 나 ᄉᆞᄅᆞᆷ 도죽ᄒᆞ더니(오백의 도적이 있어 길에 나가 사람을 도둑질하더니) <월인석보 10 : 27>

② 'ㄱ → ㅇ' 불규칙 : 'ㄱ'으로 시작하는 '-거늘, -고' 등의 어미가 'ㄹ' 받침 및 'ㅣ'(y)로 끝
나는 용언, 서술격 조사, 선어말 어미 '-리-' 뒤에서 후두 유성음 'ㅇ'으로 교체된다.
- 예 • 나는 그듸를 알어늘[알-+-거늘] (나는 그대를 알거늘) <번역소학 10 : 5>
  - 女子ㅣ ᄃᆞ외어늘[ᄃᆞ외-+-거늘](여자가 되거늘) <월인석보 1 : 8>
  - 다ᄉᆞᆺ 곶 두 고지 空中에 머믈어늘[머믈-+-거늘](다섯 꽃 두 꽃이 공중에 머물거늘) <월인석보 상 3>
    - 비교 • ᄀᆞᄅᆞ매 빅 업거늘(강에 배가 없거늘) <용비어천가 20>
      - 밥 가져다가 먹이고[먹-+-이-+-고](밥을 가져다가 먹이고) <월인석보 1 : 44>

③ '오 → 로' 불규칙 : '오/우'로 시작하는 어미나 선어말 어미 '-오-/-우-'가 서술격 조사
뒤에서 '로'로 바뀐다.
- 예 • 入聲은 點 더우믄 ᄒᆞᆫ가지로ᄃᆡ[ᄒᆞᆫ가지+∅+-오ᄃᆡ] ᄲᆞᄅᆞ니라(입성은 점을 더함은 한가지로되) <훈민정음 주14>
  - 밀므리 사ᄋᆞ리로ᄃᆡ[사ᄋᆞᆯ+∅+-오ᄃᆡ] 나거ᅀᅡ ᄌᆞᄆᆞ니이다(밀물이 사흘이로되 떠나야 잠기었습니다) <용비어천가 67>
    - 비교 • 理 닷곰과[닦-+-옴+과] 證홈 그츠나 <원각경언해 서 56>
      - 四禪天으롯 우흔 세 災 업수ᄃᆡ[없-+-우ᄃᆡ]('사선천'으로의 위는 세 '재'가 없되) <월인석보 1 : 50>

④ '야' 불규칙 : 양성 모음으로 끝난 어간에 붙는 연결 어미 '-아, -아셔, -아도'가 동사 'ᄒᆞ
-'의 뒤에서 '-야, -야셔, -야도'로 바뀐다.
- 예 • 그딋 혼조초 ᄒᆞ야[ᄒᆞ-+-아] 뉘읏븐 ᄆᆞᅀᆞᆷ 아니 호리라 ᄒᆞ더니(그대 한 대로 하여 후회스런 마음을 먹지 아니하겠다고 하더니) <석보상절 6 : 8>
  - 慈悲ㅅ 힝뎌글 ᄒᆞ야ᅀᅢ[ᄒᆞ-+-아ᅀᅢ] ᄒᆞ릴ᄊᆡ(자비의 행적을 해야 할 것이므로) <석보상절 6 : 2>
    - 비교 • 山ᄋᆞᆯ 파[ᄑᆞ-+-아] 허러(산을 파서 헐어) <금강경언해 서 7>

⑤ '나' 불규칙 : '아/어'로 시작되는 어미나 선어말 어미 '-아-/-어-'가 자동사나 동사 '오
-' 뒤에서 '거', '나'로 바뀐다.
- 예 • 세 볼 값도ᅀᆞᆸ고 ᄒᆞ녀긔 앉거늘[앉-+-어늘](세 번 감돌고 한쪽에 앉으매) <석보상절 6 : 21>
  - 그 짓 ᄯᆞ리 ᄡᆞᆯ 가져 오나ᄂᆞᆯ[오-+-아ᄂᆞᆯ](그 집의 딸이 쌀을 가져 오거늘) <석보상절 6 : 14>
    - 비교 須達이 禮를 몰라 ᄒᆞᆫ 번도 아니 도라ᄂᆞᆯ[돌-+-아ᄂᆞᆯ] (수달이 예를 몰라 한번도 감돌지 않거늘) <월인천강지곡 기151>

7 어미 : 선어말 어미, 어말 어미

1. 선어말 어미

(1) 높임 선어말 어미

① 주체 높임 선어말 어미 : '-시-/-샤-'(음운론적 제약)

㉠ 조건

선어말 어미	환경	용례
-시-	자음 어미 뒤	가시고(가-+-시-+-고), 가시니(가-+-시-+-니)
-샤-	모음 어미 뒤	가샤(가-+-샤-+-아), 가샴(가-+-샤-+-옴)

예
- 如來 太子ㅅ 時節에 나를 겨집 사모시니[삼-+-ᄋ시-+-니](여래가 태자로 계시던 때에 나를 계집(아내) 삼으시니)<석보상절 6:4>
- 님금 位ㄹ 브리샤[브리-+-샤-+-아] 精舍애 안잿더시니(임금 자리를 버리시어 정사에 앉아 있으시더니)<월인천강지곡 기3>
- 目蓮이드려 니르샤ᄃᆡ[니르-+-샤-+-오ᄃᆡ](목련이에게 말씀하시기를)<석보상절 6:1>

  비교 '-샤-'의 소멸 : 15세기에 '-시-'와 '-샤-'는 16세기, 17세기에 '-어/-아' 앞에서 '-샤-'가 소멸했다.

  예
  - 父母ㅣ…깃거ᄒ셔든[깃거ᄒ-+-시-+-어든] 다시 諫홀디니라<소학언해 21, 16세기>
  - 太守 드르셔도[듣-+-으시-+-어도] 過分타 ᄒ셔[ᄒ-+-시-+-에]<첩해신해 8:10, 17세기>

② 객체 높임 선어말 어미 : 공손법, 겸양법

선어말 어미	환경			예
-ᄉᆞᆸ-	ㄱ, ㅂ, ㅅ, ㅎ +	-ᄉᆞᆸ-	자음	막ᄉᆞᆸ거늘(막다)
-ᄉᆞᇦ-		-ᄉᆞᇦ-	모음	돕ᄉᆞᇦ니(돕다)
-ᄌᆞᆸ-	ㄷ, ㅌ, ㅈ, ㅊ +	-ᄌᆞᆸ-	자음	듣ᄌᆞᆸ게(듣다)
-ᄌᆞᇦ-		-ᄌᆞᇦ-	모음	얻ᄌᆞᇦ아(얻다)
-ᅀᆞᆸ-	유성음 (모음, ㄴ, ㅁ, ㅇ, ㄹ) +	-ᅀᆞᆸ-	자음	보ᅀᆞᆸ게(보다)
-ᅀᆞᇦ-		-ᅀᆞᇦ-	모음	ᄀᆞ초ᅀᆞᇦ아(갖추다)

예
- 大慈悲 世尊ㅅ긔 버릇 업ᄉᆞᆸ던 일을 魔王이 뉘으ᄎᆞ니이다(대자비 세존께 버릇 없던 일을 마왕이 뉘우칩니다.)<월인천강지곡 기75>
- 世尊이 須達이 위ᄒᆞ야 四諦法을 니르시니 듣ᄌᆞᆸ고 깃ᄉᆞᇦ아(세존이 수달이를 위하여 사체법을 말씀하시니 듣고 기뻐하여)<석보상절 6:21>
- (須達이)世尊 뵈ᅀᆞᆸ고져 너겨(세존을 뵈옵고자 생각하여)(석보상절 6:45)
- 님그믈 돕ᄉᆞᇦ아[돕-+-ᄉᆞᇦ-+-아] 百官ᄋᆞᆯ 다ᄉᆞ릴씨(임금을 도와 백관을 다스리므로)<석보상절 9:34>
- 우리…世世예 ᄒᆞ마 부텨를 졷ᄌᆞᇦ아[졷-+-ᄌᆞᇦ-+-아](우리……세세에 이미 부처를 따라)<석보상절 13:45>

- 無量壽佛 보스본[보-+-슣-+-ㄴ] 사루믄 十方無量諸佛을 보스본다니('무량수불'을 본 사람은 시방의 '무량제불'을 본 것이니)<월인석보 8:33>
  - 비교 객체 높임 선어말어미의 형태 교체
    - ㄱ, ㅂ, ㅅ, ㅎ일 때 : -숩- 예 돕+숩+아 → 돕스바
    - ㄷ, ㅈ, ㅊ, ㅌ일 때 : -줍- 예 받+줍+으+시+니 → 받즈바시니
    - 울림소리일 때 : -숩- 예 그리+숩+아 → 그리스바>그리사와
  - 변화1 형태의 변화
    - 근대 국어 : 'ㅸ, ㅿ, ㆍ'의 음가 변화 → '-숩/줍/읍/스오/즈오/으오-' 등으로의 변화
    - 현대 국어 : -삽/잡- 사오/자오/옵/오-
  - 변화2 기능의 변화
    - '-습니다/ㅂ니다' : 객체 높임 → 상대 높임의 기능
    - -오-/-옵- : 객체 높임 → 화자 겸양의 의미

③ 상대 높임 선어말 어미 : 중세 국어의 상대 높임법은 매우 단순한 체계이다. 하오체, 하게체는 17세기에, 해체나 해요체는 1930년대에 형성된 것이다.

구 분	등 분		예	
ᄒᆞ쇼셔체	아주 높임	-이/잇-	ᄒᆞᄂᆞ이다, ᄒᆞ니이다, ᄒᆞ리이다	ᄒᆞᄂᆞ니잇가
ᄒᆞ야쎠체	중간	-ㅇ-, -ㅅ-	ᄒᆞᄂᆡᆼ다, ᄒᆞ댕다, ᄒᆞᄂᆞ닝다	ᄒᆞᄂᆞ닛가
ᄒᆞ라체	아주 낮춤	없음	ᄒᆞᄂᆞ다	ᄒᆞᆫ다, ᄒᆞᄂᆞᆫ다

㉠ ᄒᆞ쇼셔체
  - 예 • 이 못 ᄀᆞ쉿 큰 珊瑚 나모 아래 묻ᄌᆞ보이다(묻-+-우-+-이-+-다)(이 연못가에 있는 큰 산호 나무 아래 묻었습니다)<석보상절 11:32>
    • 엇던 因緣으로…아디 어려본 法을 브즈러니 讚嘆ᄒᆞ시ᄂᆞ니잇고(어떤 인연으로…알기 어려운 법을 부지런히 찬탄하십니까?)<석보상절 13:44>

㉡ ᄒᆞ야쎠체
  - 예 • 내 그런 ᄠᅳ들 몰라 ᄒᆞ댕다(내가 그런 뜻을 몰라서 했소)<석보상절 24:32>
    • 그딋 아바니미 잇ᄂᆞ닛가(그대의 아버님이 있으시오?)<석보상절 6:14>

㉢ ᄒᆞ라체
  - 예 • 소리ᄲᅮᆫ 듣노라(소리만 듣고 있습니다)<석보상절 6:15>
    • 네 겨집 그려 가던다(네가 아내를 그리워하여 가던 것이냐?)<월인석보 7:10>
    • 너희 大衆이 ᄀᆞ장 보아 後에 뉘읏붐 업게 ᄒᆞ라(너희 대중이 가장 보아 후에 뉘우침이 없게 하라)<석보상절 23:11>

> **'-니, -리'의 종결**
>
> 중세 국어에서는 '-니, -리'로 문장이 종결되는데, 이를 '반말체'라고도 한다. 용례가 제한적이어서 'ᄒᆞ야쎠체' 또는 'ᄒᆞ야쎠체'와 'ᄒᆞ라체'의 중간 등급이라고 설명하기도 한다.
> 예 • 내히 이러 바ᄅᆞ래 가ᄂᆞ니<용비어천가 2>
>   • 부텻긔 받ᄌᆞ바 므슴 호려 ᄒᆞ시ᄂᆞ니<월인석보 1:10>

(2) 시간 표현(시제)의 선어말 어미

① **현재 시제 '-ᄂᆞ-'[직설법]** : 선어말 '오'가 결합되면 '-노-'가 된다. '-ᄂᆞ-'는 동사에만 결합된다. 형용사나 서술격 조사는 기본형 그대로 쓰여서 현재 시제이다. 객체 높임이나 높임법 어미에 후행하고 공손법이나 의도법 어미에는 선행한다.

예
- 이 모미 주근 後에 오ᄋᆞ로 滅ᄒᆞᄂᆞ다(이 몸이 죽은 후에 온전히 멸한다)<능엄경언해 2 : 10>
- 즐거본 ᄠᅳ디 업고 주거믈 기드리노니(기드-+-리-+-ᄂᆞ-+-오-+-니)(즐거운 뜻이 없고 죽음을 기다리니)<석보상절 6 : 5>

  참고 형태 교체('-ᄂᆞ-/-ㄴ-/-는-')
  예
  - 부텻긔 받ᄌᆞᄫᅡ 므슴 ᄒᆞ려 ᄒᆞ시ᄂᆞ니<월인석보 1 : 10>
  - 청렴ᄒᆞ며 조심혼다 호ᄆᆞ로<번역소학 9 : 53>
  - 애 다아는 고나<번역박통사 상38>

② **과거 시제 '-더-'[회상법]** : 선어말 '-오-'가 결합되면 '-다-'가 된다. 동사가 기본형 그대로 쓰이면 과거 시제이다.

예
- 몯 보아 슬옷 우니다니[울-+-니-+-더-+-오-+-니](못 보아 죽도록 울며 지내더니) <월인석보 8 : 102>
- 내……舍衛國 사ᄅᆞ미라니[사ᄅᆞᆷ+이+-더-+-오-+-니](내가……'사위국' 사람이더니)<월인석보 10 : 23>
- 子息들히……가ᄉᆞᆷ 닶겨 짜해 그우더니[그울-+-더-+-니] 이 ᄢᅴ 그 아비 지븨 도라오니(자식들이……가슴이 답답해 땅에 구르더니 이때 그 아비가 집에 돌아오니)<월인석보 17 : 16>

  참고 부정법(不定法) : 일정한 형태가 없이 과거 시제를 표시하는 것
  예 (世尊)……世間애 샹녜 이셔 내 正法을 護持ᄒᆞ라 하시이다(세존이……세상에 늘 있어 내 '정법'을 보호하고 지니라고 하셨습니다)<석보상절 23 : 45>
  비교 ᄒᆞ시ᄂᆞ이다(직설법), ᄒᆞ시더이다(회상법)

시제 선어말 어미

'-ᄂᆞ'는 동사에만 결합하고 형용사나 서술격 조사는 기본형 그대로 쓰여서 현재 시제이다. 'ᄒᆞ다, 가다' 등의 동사가 기본형 그대로 쓰이면 과거 시제이다. '-더-'나 '-리-'는 동사, 형용사, 서술격 조사 모두에 쓰인다.

	동사	형용사, 서술격 조사
과거	-더-/-다-	-더-
현재	-ᄂᆞ-/-ㄴ-	원형
미래	-리-	-리-

(남기심 외 1999 : 202)

③ **미래 시제 '-리-', 관형사형 어미 '-ㄹ'[추측법]**

예
- 아ᄃᆞᆯᄯᆞᄅᆞᆯ 求ᄒᆞ면 아ᄃᆞᆯᄯᆞᄅᆞᆯ 得ᄒᆞ리라(아들딸을 구하면 아들딸을 얻을 것이다)<석보상절 9 : 23>
- ᄒᆞ물며 세히 이시리여(하물며 셋이 있겠느냐?)<석보상절 13 : 56>
- 므스 거스로 道ᄅᆞᆯ 사ᄆᆞ료[삼-+-ᄋᆞ료](무엇으로 도를 삼겠는가?)<월인석보 9 : 22>
- ᄒᆞ마 命終홇[命終ᄒᆞ-+-ᇙ] 사ᄅᆞ믈 善惡 묻디 말오(이미 목숨을 마칠 사람을 선악을 묻지 말고)<월인석보 21 : 125>

(3) 선어말 어미 '-오-'
① 성격
  ㉠ 형태 교체

환경	형태	예
양성 모음 아래	-오-	닐오리라(니ᄅ-+-오-+-리-+-다)
음성 모음 아래	-우-	머구니(먹-+-우-+-니)
서술격 조사 아래	-로-	第一이로라(第一이-+-오-+-다)
단모음이나 이중 모음 'ㅣ'	-요/유-	마쇼미(마시-+-옴+이) 되요미(되-+-옴+이)
선어말 어미 -ᄂ-, -더-, -거-	-노-, -다-, -가/과-	ᄒ노라(ᄒ-+-ᄂ-+-오-+-다) 몯ᄒ다니(몯#ᄒ-+-더-+-오-+-니) 언과라(언-+-거-+-오-+-다)

비교 '-오-'의 형태소 자격 : 명사형 어미 '-옴', 연결 어미 '-오ᄃᆡ', 감동법 선어말 어미 '-옷-'에서 '*-ㅁ, *-ᄃᆡ'이 단독으로 나타나는 일이 없으므로 '-옴, -오ᄃᆡ'가 하나의 행태소이다.

(4) 부차 서법 선어말어미
① 확인법 선어말어미 '-거-/-어-'(-아/어-) : 화자의 주관적 믿음을 나타내며, 자동사와 타동사 표지로 사용된다.

예
- 世間애 나시ᄂ다 ᄒ거뇨[ᄒ-+-거-(자동사 표지)+-뇨] ᄒ란ᄃᆡ(세상에 나신다고 했겠느냐 할 것 같으면)<석보상절 13 : 48>
- 셜볼쎠 衆生이 正ᄒ 길흘 일허다[잃-+-어-(타동사 표지)+-다] ᄒ며(서럽구나, 중생이 '정'한 길을 잃었다 하며)<석보상절 23 : 19>(타동사 뒤에서 -아/어-'로 교체됨)
- 比丘ᄃᆞ려 닐오ᄃᆡ 뎌 즁아 닐웨 ᄒ마 다ᄃᆞ거다(비구더러 이르되, 저 중아, 이레가 벌써 다다랐다)<석보상절 24 : 15>
- 셜볼쎠 世界 뷔어다 ᄒ며(서럽구나, 세계가 비었다고 하며)<석보상절 13 : 18>(어간 말음이 'ㅣ, ㄹ'이거나 서술격조사 뒤)
- 수울 어드라 가다니 다 도라 오나다[오-+-아-+-다](술을 얻으러 가더니 다 돌아 왔다)<번역박통사 상3>(자동사 '오-' 뒤에서 '나-'로 교체됨)
- 내 이제 훤히 즐겁과라[즐겁-+-거-+-오-+-다](내 이제 훤히 즐겁다)<법화경언해 2 : 137>

② 원칙법 선어말어미 '-니-' : 화자의 객관적 믿음(원칙, 감탄)을 나타내는 선어말 어미로, 평서형에서 '-ᄂ-, -더-' 뒤에서 나타난다. 어떤 동작이나 상태의 객관적 확인의 기능이지만, 동작이나 상태의 시간과 무관하므로 부정칭의 시상어미이다.

예 眷屬이라 ᄒᄂ니라('권속'이라 하느니라)<용비어천가 69장>

참고 의문형에 나타나는 '니' : 원칙법 선어말 어미가 아니라 의문형 어미의 일부로 본다.
  예 ᄒᄂ니여, ᄒᄂ니잇가(*ᄒᄂ어, *ᄒᄂ잇가)

③ 감동법 선어말어미 '-돗-, -도-, -옷-, -ㅅ-' : 느낌 표현(감탄)의 선어말 어미
   예 • 그듸 가 들 찌비 불쎠 이도다[일-+-도-+-다](그대가 가서 들 집이 벌써 이루어지도다)
      <석보상절 6 : 35>
   • 恭敬ᄒᆞᆸ논 法이 이러훈 거시로다[것-+-이-+-도-+-다](공경하는 법이 이러한 것이
      로다)<석보상절 6 : 21>
   • 太子ㅣ 그런 사ᄅᆞ미시면 이 이리 어렵도소이다[어렵-+-돗-+-오-+-이-+-다](태자
      가 그런 사람이시면 이 일이 어렵습니다)<석보상절 11 : 19>
   • 出家ᄒᆞ시면 正覺을 일우시리로소이다[일우-+-시-+-리-+-돗-+-오-+-이-+
      -다](출가하시면 '정각'을 이루시겠습니다.)<월인석보 2 : 23>
   • 世尊이 世間애 나샤 甚히 奇特ᄒᆞ샷다[奇特ᄒᆞ-+-샤-+-옷-+-다](세존이 세간에 나
      셔서 심히 기특하셨도다)<월인석보 7 : 14>
   • 네 오히려 아디 몯ᄒᆞ놋다[몯ᄒᆞ-+-ᄂᆞ-+-옷-+-다](네가 오히려 알지 못하는구나)<능
      엄경언해 3 : 77>
   • 므슴 方便을 브터 三摩地예 드ᄉᆞᆫ다[들-+-ㅅ-+-은다](무슨 '방편'을 붙어 '삼각지'에 들
      었느냐)<능엄경언해 5 : 31>

2. 어말 어미 : 종결 어미, 연결 어미, 전성 어미

(1) 종결 어미

	평서형	의문형	감탄형	명령형	청유형
ᄒᆞ쇼셔체	-이다	-니잇가		-쇼셔	-사이다
ᄒᆞ야쎠체	-ᅌᅵ다	-닛가		-아쎠/-어쎠	
반말체	-니	-리		-라	
ᄒᆞ라체	-다/-니라	-녀 -ㄴ다/-ㄴ가	-ㄴ뎌, -ㄹ쎠, -게라/-애라	-라	-져/-져라

① 평서형 어미
   ㉠ -다
      예 • 이 蓮花ㅣ 五百 니피오 닙 아래마다 하ᄂᆞᆳ 童男이 잇ᄂᆞ이다(이 연꽃은 5백 잎이고 그 꽃잎
         아래마다 하늘의 사내아이가 있습니다.)<석보상절 11 : 32>[ᄒᆞ쇼셔체]
      • 三世옛 이를 아ᄅᆞ실씩 부톄시다 ᄒᆞᄂᆞᇰ다('삼세'의 일을 아시므로 부텨시라고 하오)<석보
         상절 6 : 18>[ᄒᆞ야쎠체]
      • 法華經을 듣고져 ᄒᆞᄂᆞ다(법화경을 듣고자 한다)<월인석보 18 : 75>[ᄒᆞ라체]
         비교 '-니라'의 분석 : '-니라'에서 '-니-'를 원칙법 선어말 어미로 보고 '-니-+-라'로 분석
            하는 경우가 있고, '-니라'를 하나의 형태소로 보고 원칙의 양태적 의미를 전달하는 데 쓰
            인다고 보는 경우도 있다.
            예 • 慈悲ㅅ 힝뎌글 ᄒᆞ야사 ᄒᆞ릴씨 沙彌라 ᄒᆞ니라('자비'의 행적을 하여야 하므로 '사미'라고
               하니라)<석보상절 6 : 1>

[보충] 특정한 의미의 어미
1. '청원(請願)'의 의미 '-지라'('ᄒᆞ라'체)/-지이다('ᄒᆞ쇼셔'체)
   [예] • 五百 銀도ᄂᆞ로 다ᄉᆞᆺ 줄기를 사아지라(오백 은돈으로 다섯 줄기를 사고 싶다.)<월인석보 1 : 10>
   • 내 고로니 이에 살아지라(내가 그 사람이니 이곳에 살고 싶다)<월인석보 7 : 12>
   • 말 드러 이ᄅᆞᅀᆞᆸ아지이다(그 말을 들어 만들고 싶습니다)<석보상절 6 : 22>
2. '약속'의 의미 '-오마'
   [예] 그리호마[그리ᄒᆞ-＋-오마] 혼 이리 分明히 아니ᄒᆞ면('그리하마' 한 일이 분명히 아니면)<내훈 3 : 21>
   [변] -오마＞-마 [예] ᄀᆞᄅᆞ쵸마(ᄀᆞᄅᆞ치-＋-오마)＞가르치마(가르치-＋-마)
3. '당위(當爲)'의 의미 '-디'(-을 것이다. -어야 한다)
   [예] 보미 이 봄 아닌들 반ᄃᆞ기 아롤디라 ᄒᆞ시니(봄이 이 봄이 아닌 것을 반드시 알 것이다 하시니)<능엄경언해 2 : 74>

② 의문형 어미
   ㉠ -잇가/-잇고(ᄒᆞ쇼셔체)
      [예] • 瞿曇 安否ㅣ 便安ᄒᆞ시니잇가(구담의 안부가 편안하십니까?)<석보상절 6 : 20>
      • 어느 나라해 가샤 나시리잇고(어느 나라에 가셔서 나시겠습니까?)<월인석보 2 : 11>
   ㉡ -닛가(ᄒᆞ야쎠체)
      [예] 아ᅀᆞ미 오나ᄃᆞᆫ 이바도려 ᄒᆞ노닛가(친척이 오면 이바지하려 하오?)<석보상절 6 : 16>
   ㉢ -녀/-뇨(ᄒᆞ라체)
      [예] • 이 大施主의 得혼 功德이 하녀 져그녀[젹-＋-으녀](이 대시주의 얻은 공덕이 많으냐, 적으냐?)<월인석보 17 : 48>
      • 究羅帝여 이제 어듸 잇ᄂᆞ뇨('구라제'여, 이제 어디 있는가?)<월인석보 9 : 36>
   ㉣ -ㄴ다/-ㄹ다(ᄒᆞ라체) : 2인칭 주어에 나타남.
      [예] • 네 엇뎨 안다[알-＋-ㄴ다](네가 어찌 아느냐?)<월인석보 23 : 74>
      • 네 엇던 혜므로 나를 免케 홇다[ᄒᆞ-＋-ㅭ다](네가 어떤 헤아림으로 나를 면하게 하느냐?) <월인석보 21 : 56>
      [비교] 의문 보조사 : 체언＋보조사
         [예] • 이 ᄯᆞ리 너희 종가[종＋가(의문 보조사)](이 딸이 너희 종인가?)<월인석보 8 : 94>
         • 이 두 사ᄅᆞ미 眞實로 네 항것가[항것＋가(의문 보조사)](이 두 사람이 진실로 네 상전인가?)<월인석보 8 : 94>

③ 감탄형 어미
   ㉠ -ㄹ쎠(ᄒᆞ라체)
      [예] 됴홀쎠[됴ᄒᆞ-＋-ㄹ쎠] 오ᄂᆞᆯ날 果報ㅣ여(좋구나, 오늘날의 과보여)<월인석보 23 : 82>
   ㉡ -ㄴ뎌(ᄒᆞ라체)
      [예] 般若 기픈 ᄠᅳ디 이를 니ᄅᆞ신뎌[니ᄅᆞ-＋-시-＋-ㄴ뎌](반야의 기쁜 뜻이 이를 이르시는구나)<반야심경언해 8>
   ㉢ -애라(ᄒᆞ라체)
      [예] • 봆 興에 아디 몯게라[몯-＋-게라] (봄의 흥에 알지 못하겠도다)<두시언해 22 : 16>
      • 부톄 둥 알ᄑᆞ애라[앒-＋-애라] ᄒᆞ샤(부처가 '등 아프구나' 하시어)<석보상절 24 : 2>
      • 目蓮이 닐오ᄃᆡ 몰라 보애라[보-＋-애라](목련이가 이르되, 몰라보겠구나)<월인석보 23 : 86>

④ 명령형 어미
  ㉠ -쇼셔(ᄒᆞ쇼셔체)
    예 이 ᄠᅳ들 닛디 마ᄅᆞ쇼셔[말-+-ᄋᆞ쇼셔](이 뜻을 잊지 마소서) <용비어천가 110>
  ㉡ -아쎠/-어쎠(ᄒᆞ야쎠체)
    예 엇뎨 부톄라 ᄒᆞᄂᆞ닛가 그 ᄠᅳ들 닐어쎠(어찌 부처라고 하오? 그 뜻을 말하오.) <석보상절 6 : 16>
  ㉢ -라(ᄒᆞ라체)
    예 舍利弗아 아라라[알-+-아라('-어라'의 이형태)](사리불아, 알아라) <석보상절 13 : 60>
    비교 '원망(願望)'의 의미가 부여된 명령형 어미 '-고라/-고려'(반말체)
      예 • 내 아기 위ᄒᆞ야 어더 보고려 <석보상절 6 : 13>
        • 文殊아 모ᄃᆞᆫ 疑心ᄋᆞᆯ 決ᄒᆞ고라 <석보상절 13 : 25>

⑤ 청유형 어미
  ㉠ -사이다(ᄒᆞ쇼셔체)
    예 淨土애 ᄒᆞᆫᄃᆡ 가 나사이다('정토'에 함께 가서 나시지요) <월인석보 8 : 100>
  ㉡ -져/-져라(ᄒᆞ라체)
    예 • 머리 셰ᄃᆞ록 서르 ᄇᆞ리디 마져(머리가 세도록 서로 버리지 말자) <두시언해 초간본 16 : 18>
      • 父王이 病ᄒᆞ야 겨시니 우리 미처 가 보ᅀᆞᄫᅡ ᄆᆞᅀᆞᄆᆞᆯ 훤히 너기시게 ᄒᆞ져라(부왕이 병이 들어 계시니 우리 미처 가서 보아 마음을 훤히 여기시게 하자꾸나.) <월인석보 10 : 6>

(2) 연결 어미

종 류	어 미
대등적 연결 어미	-고, -며, -며셔, -나, -건마른, -거니와, -거나~-거나……
종속적 연결 어미	-니, -오ᄃᆡ, -ㄹ씨, -관ᄃᆡ, -거든, -거늘, -고져, -디비……
보조적 연결 어미	-아/어, -긔/-게, -디, -고

① 대등적 연결 어미 : -고, -며, -며셔[면서], -나, -건마른, -거나 등
  ㉠ '-고'(-오, -구, -곡) : 나열, 병렬
    예 • 子ᄂᆞᆫ 아ᄃᆞ리오[아ᄃᆞᆯ+이+-고] 孫은 孫子ㅣ니('자'는 아들이고 '손'은 손자이니) <월인석보 1 : 7>
      • 너희 出家ᄒᆞ거든 날 ᄇᆞ리곡 머리 가디 말라(너희 출가하거든 나를 버리고 멀리 가지 말아라) <석보상절 11 : 37>
      • ᄭᅮ러 封ᄒᆞ고셔 端午애 進賀ᄒᆞᄂᆞ다(꿇어 봉하고서 단오에 진상하도다) <두시언해 25 : 48>
      • 畜生애 나 쏘 千劫 디내오ᅀᅡ 사ᄅᆞ미 모ᄆᆞᆯ 得ᄒᆞ리니(축생에 나서 또 천겁을 지내야 사람의 몸을 얻을 것이니) <월인석보 21 : 90>
  ㉡ '-으며' : 나열, 병렬
    예 動ᄋᆞ로 몸 사ᄆᆞ며[삼-+-ᄋᆞ며] 動ᄋᆞ로 境 삼ᄂᆞ니라('동'으로 몸을 삼으며 '동'으로 경을 삼는다.) <능엄경언해 2 : 2>

ⓒ '-며셔' : 나열, 병렬
  예 말ᄒ며 우ᅀᅮᆷ 우ᄉ며셔[웃-+-ᄋᆞ며셔] 주규믈 行ᄒ니(말하며 웃음을 웃으면서 죽임을 행하니) <두시언해 6:39>

ⓔ -ᄋᆞ나 : 대조나 역접 또는 양보 관계
  예 • 구루멧 ᄒᆡ 블 ᄀᆞᆮᄒᆞ나 더운 하ᄂᆞ리 서늘ᄒ도다(구름에서의 해와 불 같으나) <두시언해 초간 6:35>
  • 祥瑞도 하시며 光明도 하시나 ᄀᆞᆺ 업스실ᄊᆡ 오ᄂᆞᆯ 몯 ᄉᆞᆯᄫᅩ이(상서도 많으시며 광명도 많으시나, 끝이 없으시므로 오늘 못 사뢰오) <월인석보 2:45>

ⓔ -건마ᄅᆞᆫ(-건마ᄂᆞᆫ), -거니와 등 : 대조나 양보
  예 • 不나라히 오라건마ᄅᆞᆫ 天命이 다아갈ᄊᆡ(나라가 오래건마는 하늘의 명이 다해 가므로) <용비어천가84장>
  • 하ᄂᆞᆳ ᄠᅳ든 노파 묻디 어렵거니와 사ᄅᆞ미 ᄠᅳ든 늘그니 쉬이 슬프도다(하늘의 뜻은 높아 묻기 어렵거니와 사람의 뜻은 늙으니 쉽게 슬프구나) <두시언해 16:30>

② 종속적 연결 어미 : -니, -오ᄃᆡ, -ㄹ씨, -관ᄃᆡ, -거든, -거늘, -고져, -디비 등
  ㉠ '-ᄋᆞ니' : '원인' 또는 '전제와 설명', '강조' 관계
    예 • 네 아ᄃᆞ리 孝道ᄒ고 허믈 업스니[없-+-으니] 어드리 내티료(네 아들이 효도하고 허물이 없으니 어찌 내치리오?) <월인석보 2:6>
    • 子息ᄃᆞᆯ히 後에 다ᄅᆞᆫ 藥 먹고 ᄣᅢ해 그ᅀᅮ더니[그울-+-더-+-니] 이 ᄢᅴ 아비 도라오니(자식들이 후에 다른 약을 먹고 땅에 구르더니, 이 때 아버지가 돌아오니) <월인석보 7:17>
    • ᄂᆞᄆᆡ것 서르 일버수믈 ᄒᆞᆯᄊᆡ 외니[외-+-니] 올ᄒ니[옳-+-니] 決ᄒᆞᆯ 사ᄅᆞ미 업서(남의 것을 서로 훔치는 것을 하므로 그르니 옳으니 결정할 사람이 없어) <월인석보 1:45>

  ㉡ '-ㄹ씨'(-ㄹ새, -므로) : '원인과 이유' 또는 '전제와 설명'
    예 • 沙彌 사모려 ᄒᆞᄂᆞ다 홀ᄊᆡ[ᄒᆞ-+-ㄹ씨] 耶輸ㅣ 그 긔별 드르시고('사미'를 삼으려고 한다고 하므로 야수가 그 소식을 들으시고) <석보상절 6:2>
    • 子息 업스실ᄊᆡ[없-+-으시-+-ㄹ씨] 몸앳 필 뫼화 그르세 담아 男女를 내ᅀᆞᄫᆞ니(자식이 없으시므로 몸의 피를 모아 그릇에 담아 남녀를 내었으니) <월인석보 1:2>

  ㉢ '-관ᄃᆡ'(-기에) : 조건 또는 원인과 이유 관계
    예 엇던 行德을 지ᅀᅳ시관ᄃᆡ[짓-+-으시-+-관ᄃᆡ] 이 相ᄋᆞᆯ 得ᄒᆞ시니잇고(어떤 '행덕'을 지으시기에 이 '상'을 얻으셨습니까?) <월인석보 21:18>

  ㉣ '-거늘/거ᄂᆞᆯ' : 원인과 이유 관계
    예 • 그 남지니 뉘으처 ᄣᅢ해 업더옛거늘[업더이-+-어#잇-+-거늘] 그 겨지비 밥 가져다가 머기고(그 남자가 뉘우쳐 땅에 엎드려 있거늘, 그 여자가 밥을 가져다가 먹이고) <월인석보 1:44>
    • 王 좃ᄌᆞᄫᅡ 도라오거늘[돌-+-아#오-+-거늘] 나랏 百姓ᄃᆞᆯ히 다 깃거 곳 비코 좀 퓌우며(왕을 좇아 돌아오거늘 나라의 백성들이 다 기뻐 꽃을 뿌리고 향을 피우며) <월인석보 20:89>

- ⓜ -고져(-고자)/-과뎌/-과뎌여(-고자, -고 싶어) : 의도와 목적 관계
  - 예 • 善男子 善女人 뎌 부텻 세계예 <u>나고져</u> 發願ᄒᆞ야ᅀᅡ ᄒᆞ리라(어진 남자 어진 여자가 저 부처님의 세계에 나고자 발원하여야 할 것이다.) <석보상절 9 : 11>
    - • 諸佛 讚嘆ᄒᆞ시논 乘을 <u>得고져</u> 願ᄒᆞ리도 이시며(여러 부처님께서 찬탄하시는 대승을 얻고자 원하는 이도 있으며) <석보상절 13 : 19>
- ⓑ -디비(-지) : 긍정 대상
  - 예 이에 든 사ᄅᆞᄆᆡ <u>죽디비</u>[죽- + -디비] 나디 몯ᄒᆞᄂᆞ니라(여기에 든 사람은 죽지, 나가지 못하느니라) <석보상절 24 : 14>

③ 보조적 연결 어미 : '-아/-어, -긔/-게, -디, -고'
- ㉠ -아/-어
  - 예 • 네 가 妻子를 <u>마자</u>[맞- + -아] 오거늘(네가 가서 처자를 맞아 오거늘) <두시언해 8 : 40>
    - • 뫼히여 돌히여 다 <u>노가</u>[녹- + -아] 디여 <월인석보 1 : 48>
- ㉡ -게/-긔
  - 예 • 우리 어미 아ᄃᆞ리 외롭고 <u>입게</u> 드외야 <석보상절 6 : 5>
    - • 사ᄅᆞᆷ마다 수ᄫᅵ <u>알에</u>[알- + -게] ᄒᆞ야 <월인석보 서 : 12>
    - • 부텨 <u>ᄀᆞᄐᆞ시긔</u> ᄒᆞ리이다 <석보상절 6 : 4>
- ㉢ -디 예 道애 <u>여희디</u> 아니ᄒᆞ니 <법화경언해 2 : 40>
- ㉣ -고 예 됴ᄒᆞᆫ 좀 <u>퓌우고</u> 잇거니 <석보상절 24 : 26>

(3) 전성 어미
① 명사형 어미 : '-옴/-움/-롬', '-기', '-디'
- ㉠ -옴/움
  - 예 • 閻浮에 ᄂᆞ려 나샤 正覺 <u>일우샤ᄆᆞᆯ</u>[일우- + -샤- + -옴+ ᄋᆞᆯ] 뵈샤(염부에 내려 나시어 '정각'을 이루심을 보이시어) <월인석보 서 : 6>
    - • <u>안ᄌᆞᆷ</u> 걷뇨매[걷니- + 옴- +애] 어마님 모ᄅᆞ시니(앉아 있을 때나 걸어 다닐 때 어머님이 모르시니) <월인천강지곡 기16>
- ㉡ -기
  - 예 • 겨집 <u>出家ᄒᆞ기</u>를 즐기디 말라(여자가 출가하기를 즐기지 마라) <월인석보 10 : 18>
    - • 太子 | 글 <u>ᄇᆡ호기</u> 始作ᄒᆞ샤(태자가 글 배우기를 시작하시어) <석보상절 3 : 8>
    - • 집 <u>지ᅀᆞᆯ</u>[짓- + -이('기'의 이형태) + 를] 처ᅀᅥᆷ ᄒᆞ니(집 짓기를 처음 하니) <월인석보 1 : 44>
    - 비교 -이(현대 국어에서는 파생접미사, 중세 국어에서는 '-기'와 상보적 분포를 보이는 명사형 어미로 쓰임)
- ㉢ '-디' : '-기'와 비슷한 기능을 담당하지만, 형용사 '어렵다, 슳ᄒᆞ다, 둏다' 앞에서만 쓰임.
  - 예 • 내 겨지비라 가져 <u>가디</u> 어려볼ᄊᆡ(내가 계집이라서 가져가기 어려우므로) <월인석보 1 : 13>
    - • <u>나가디</u> 슳ᄒᆞ야(나가기 싫어) <삼강행실도 열녀도 16>
    - • ᄀᆞ장 <u>보디</u> 됴ᄒᆞ니라(매우 보기 좋으니라) <번역박통사 상 : 5>

② 관형사형 어미 : -ㄴ, -는, -던, -ㄹ
- **예**
  - 아기 나흔[낳-+-은] 겨집들홀 보고(아기를 낳은 여자들을 보고)<월인석보 21 : 143>
  - 니르고져 홇[ᄒ-+-오-+-ㄹ] 배 이셔도(말하고자 할 바가 있어도)<훈민정음 1>
  - 神通 잇논 사ᄅᆞ미ᅀᅡ 가ᄂᆞ니라(신통력이 있는 사람이라야 가느니라)<석보상절 6 : 43>
  - 업던 번개를 하늘히 ᄇᆞᆰ기시니(없던 번개를 하늘이 밝히시니라)<용비어천가 30장>
  - 그 지븨셔 차반 밍글[밍글-+-을] 쏘리 워즈런ᄒᆞ거늘(그 집에서 차반을 만드는 소리가 요란하거늘)<석보상절 6 : 16>

③ 관형사형 어미의 명사적 용법 : 15세기에는 관형절이 명사화의 기능을 담당하는 경우가 있었다. 16세기 국어에서도 흔적이 보이나 바로 소멸한 문법 현상이다.
- **예**
  - 너펴 돕ᄉᆞ오미 다ᇙ[다ᄋᆞ-+-ㅭ]('주어'로 쓰임) 업서<법화경언해 서 : 18>
  - ᄆᆞᄉᆞ매 서늘히 너기디 아니홇[아니ᄒ-+-ㅭ]('목적어'로 쓰임) 아니ᄒᆞ노라<내훈 서 : 6>
  - 그딋 혼[ᄒ-+-오-+-ㄴ]('혼'이 '조초'의 '목적어'로 쓰임) 조초 ᄒᆞ야<석보상절 6 : 8>
  - 自杠詩ᄒᆞ노뢰[ᄒ-+-ㄴ+-ᄋᆞ로]('혼'에 격조사 'ᄋᆞ로'가 통합) 已十餘年이오<두시언해 11 : 5>

④ 부사형 전성 어미 : -이
- **예**
  - 玉盞애 수를 물가 맛 업시 너기ᄂᆞ니(옥반에 술을 맑아 맛 없이 여기니)<두시초 7 : 25>
  - 눉므를 手巾에 ᄀᆞᄃᆞ기 흘리노라(눈물을 수건에 가득히 흘린다)<두시초 7 : 22>

8 관형사, 부사, 감탄사

1. 관형사

(1) 정의

체언 앞에서 그 체언의 내용을 구체적으로 '어떠하다'고 꾸며주는 말.

(2) 관형사의 유형

① 성상 관형사 : 체언(구)의 성질이나 상태를 나타내는 품사.
- **예**
  - 녯 ᄠᅳ들 고티라 ᄒᆞ시니(옛 뜻을 고치라 하시니)<월인천강지곡 상11>
  - 眞金은 진딧 金이라('진금'은 순수한 금이다)<월인석보 7 : 29>
  - 새 구스리 나며(새 구슬이 나며)<월인석보 1 : 27>

② 지시 관형사 : 뒤에 오는 체언(구)을 지시해서 한정해 주는 품사.
- **예**
  - 므슷 이를 겻고오려 ᄒᆞᄂᆞ고(무슨 일을 겨루려 하는가?)<석보상절 6 : 27>
  - 어느 나라해 가샤 나시리잇고(어느 나라에 가서 나시겠습니까?)<월인석보 2 : 11>
  - 의 곧 뎌 고대 後ㅿ 날 다ᄅᆞ리잇가(이 곳 저 곳에 뒷날에 다르겠습니까?)<용비어천가 26장>

③ 수 관형사
- **예**
  - ᄒᆞᆫ 번도 디만ᄒᆞᆫ 일 업수니(한번도 잘못을 범한 일이 없으니)<석보상절 6 : 4>
  - 몃 間ㄷ 지븨 사ᄅᆞ시리잇고(몇 칸 집에 사셨겠습니까?)<용비어천가 110장>
  - 현 고들 올마시뇨(몇 곳을 옮기셨느냐?)<용비어천가 110장>

2. 부사

(1) 정의
용언이나 다른 말 앞에 놓여서 그 말의 뜻을 분명하게 제한해 주는 말

(2) 부사의 유형
① 성분 부사
  ㉠ 성상 부사
   예 • 그르 알면 外道ㅣ오(잘못 알면 '외도'이고) <월인석보 1:51>
   • 去聲은 못 노푼 소리라('거성'은 가장 높은 소리이다) <훈민정음 언해 13장>
   • 使者ㅣ 더욱 急히 자바('사자'가 더욱 급히 잡아) <월인석보 13:16>
  ㉡ 지시 부사
   예 • 諸佛도 出家ᄒ샤사 道理를 닷ᄀ시ᄂ니 나도 그리 호리라(여러 부처도 출가하셔야 도리를 닦으시니, 나도 그렇게 하겠다) <석보상절 6:12>
   • 네 브즈러니 세 버늘 請ᄒ거니 어드리 아니 니르료(네가 부지런히 세 번을 청하였으니 어떻게 이르지 아니하리오?) <석보상절 13:46>
   • 國ㅅ 뜨들 어느 다 ᄉᆞᆯᄫᆞ리(우리나라 사람의 뜻을 어찌 다 사뢰리?) <용비어천가 118장>
  ㉢ 부정 부사
   예 • 불휘 기픈 남ᄀᆞᆫ ᄇᆞᄅᆞ매 아니 뮐ᄊᆡ(뿌리가 깊은 나무는 바람에 아니 흔들리므로) <용비어천가 2장>
   • 삼 년이 몯 차 이셔(삼년이 못 차 있어) <석보상절 6:4>

② 문장 부사
  ㉠ 양태 부사
   예 • 모로매 모딘 ᄠᅳ들 그치고(마땅히 악한 뜻을 끊고) <석보상절 6:2>
   • 모딘 서르 업디 몯ᄒᆞ야(반드시 서로 없지 못하여) <석보상절 9:18>
  ㉡ 접속 부사
   예 • 이 四天이 ᄒᆞᆫ갓 뷔리여 이럴ᄊᆡ 聲聞綠覺이 몰롤 고디라(이 사천이 모두 다 비겠느냐? 이러므로 성문과 연각이 모르는 것이다.) <월인석보 1:37>
   • 道國王과 밋 舒國王은 實로 親ᄒᆞᆫ 兄弟니라(도국왕 및 서국왕은 실로 친한 형제이니라) <처간 두시언해8:5>

3. 감탄사

(1) 정의
화자의 느낌이나 의지 따위를 개념적인 단어를 사용하지 않고 직접 나타내는 말

(2) 유형
① 감정 감탄사
- 예 • 이 슬프다(아, 슬프다) <영가집언해 서 : 15>
  • 德이여 福이라 호늘 나ᅀᆞ라 오소이다 아으 動動다리(덕이나 복이나 하는 것을 진상하러 오십시오) <악학궤범, 동동>

② 의지 감탄사
- 예 • 엥 올ᄒᆞ시이다(예, 옳으십니다) <석보상절 13 : 47>
  • 아소 님하 도람 드르샤 괴오쇼셔(아아, 님이시여. 돌려 들으셔서 사랑해 주소서) <악학궤범, 정과정>

유형	음운 교체		단어 형성	적용 규칙
파생어	접두사+어근	접두사 교체	츨+뿔 → 츳뿔	ㄹ탈락
		어근 교체	글-+가마괴 → 골아마괴	ㄱ약화
			대-+범 → 대범	ㅂ>ㅸ
	어근+접미사	어근 교체	첫+-엄 → 처엄	ㅅ>ㅿ
			들-+-이- → 들이-	ㄷ>ㄹ
		접미사 교체	쇼+-아지 → 송아지	-아지>-아지
			놀+-개 → 날애	ㄱ>ㅇ
		어근+접미사 교체	물+-아지 → ᄆᆞ야지	ㄹ탈락, 반모음 첨가
			웃-+-브- → 웃ᄇᆞ-	ㅅ>ㅿ, ㅂ>ㅸ
			덥-+-의 → 더뷔	ㅂ>ㅸ, ㅢ>ㅟ
합성어	명사 합성법		뫼+골 → 묏골 손+바당 → 솑바당	ㅅ
	ㄹ로 끝나는 명사+'ㅅ, ㄴ'		믈쇼 → 므쇼, 솔나모 → 소나모	ㄹ탈락
	모음으로 끝난 명사+'ㅂ'으로 시작되는 명사와 동사		가ᄅᆞ비 → 가ᄅᆞᄫᅵ, 대받 → 대ᄫᅡᆮ	ㅂ>ㅸ
	반모음 ㅣ, ㄴ, ㄹ+모음		한숨 → 한숨	ㅅ>ㅿ
	'ㅎ' 받침을 가진 명사+명사 '돌마기'		숳/않+돌마기 → 수돌마기/암돌마기	ㅎ>탈락

> 더 읽을거리

형태사

1. 단어 형성법의 변화

(1) 개별 단어 형성법의 변화

① '익/의'나 '-(으/으)ㅁ'에 의한 명사 파생

	중세		현대
'익/의'에 의한 명사 파생	형용사 + -익/의	→	형용사 + -이
	킈(크-+-의), 기릐(길-+-의), 기픠(깊-+-의), 너븨(넙-+-의)		키(크-+-이), 길이(길-+-이), 깊이(깊-+-이), 너비(넙-+-이)
'-(ᄋ/으)ㅁ'에 의한 명사 파생	동사+-(ᄋ/으)ㅁ	→	형용사+-(으)ㅁ
	ᄆᆞ춤(및-+-움)		기쁨(기쁘-+-ㅁ), 즐거움(즐겁-+-ㅁ)

② {-답-}과 {-스럽-}에 의한 형용사 파생

중세	근대(18세기)	현대
-둡-, -룹-, -딥-, -롭-, -ᄃᄫᅵ-, -ᄅᄫᅵ-, -ᄃ외-, -ᄅ외-, -롭-, -로외- →	-스럽- →	-답- 예 정답다 -되- 예 참되다 -롭- 예 새롭다 -스럽- 예 자랑스럽다

2. 단어의 형태 변화

(1) 조사의 형태 변화

① 주격 조사 : 이/ㅣ/Ø → 이/가

환경	15세기	16세기 후반~17세기	18세기	현대
자음 아래	이 →	이 →	이 →	이
모음 아래 +	ㅣ →	ㅣ →	가 →	가
ㅣ모음 아래	Ø →	가 →		

더 읽을거리_형태사 | 133

② '관형격 조사 + 의존 명사'의 변화

중세			근대	현대
관형격 조사 + 의존 명사			부사격 조사	부사격 조사
높임 명사 + ㅅ	+	긔, 그에, 거긔, 손딘	→ ᄭᅴ, ㅅ긔, ㅅ그에, ㅅ거긔	→ 께
일반 명사 ᄋᆡ/의			이 손딘, 의 손딘	에게

※ '관형격 조사 + 의존 명사'가 붙은 'ᄭᅴ, ᄋᆡ/의 그에, ᄋᆡ/의 거긔, ᄋᆡ/의 손딘' 등은 부사어의 기능을 담당한다.

③ 관형격 조사의 변화

중세	근대	현대
양성 모음 뒤 + ᄋᆡ		
사ᄅᆞᄆᆡ	'、'의 음가 소실로 인해 'ᄋᆡ/의' 구분 소멸	의
음성 모음 뒤 + 의		
뎌의 목숨		
무정 명사/높임 명사 뒤 + ㅅ	관형격 조사 기능 소멸	합성 명사 내부의 사이시옷
나랏 말ᄊᆞ미/부텻 道理		
특정 명사나 대명사 뒤 + ㅣ	대명사 + 'ㅣ' 결합	'내', '네', '제'의 형태
쇠 머리		

④ 처소 부사격 조사의 변화

체언	체언 끝 음절 모음	중세		근대	현대
무정물	양성 모음	애	짜해		
	음성 모음	에	누네		
	'ㅣ' 모음	예	허리예	혼용	에
시간·처소 명사	양성 모음	ᄋᆡ	ᄀᆞ술ᄒᆡ		
	음성 모음	의	지븨		

중세			근대	현대
무정물	양성 모음	애		
	음성 모음	에		
	'ㅣ' 모음	예	혼용	에
시간 처소 명사	양성 모음	ᄋᆡ		
	음성 모음	의		

(2) 어미의 형태 변화

① {-거-}의 변화

중세		현대
타동사 어간	-아/어/야/여-	• 과거 또는 확인의 문법 범주 소멸
비타동사	-거/어-	• 확인의 기능과 형태 잔존 예 내일 비가 오렷다
동사 어간 '오-'	-나-	→
-거/어- + -오/우-	-가/아-	명령형 어미 '-아라/어라', '-거라', '-너라' 등에 '-거/어-'의 흔적이 남음
	-과/와-	

② 주체 높임 선어말 어미의 변화

중세			근대	현대
용언 어간 +	-시- -샤-	+ 자음 어미 모음 어미	→ -샤- 소멸 →	-시-

※ 17세기 객체 높임 선어말 어미 '-숩-'의 기능이 약화되고 '-으시-'에 결합하여 '-숩-시[-스오-시-, -옵-시-]', '-시-숩-[-시-옵-]' 등 주체를 더욱 높이는 표현으로 사용된다.
예 그 후의 영정대왕 업-스오-시-니 삼년을 죽만 머그니라(동국신속삼강행실도-효자 3:82)

③ 객체 높임 선어말 어미

중세			근대	현대
어간의 끝소리	형태	어미의 첫소리		
ㄱ, ㅂ, ㅅ, ㅎ +	-숩-	+ 자음	-습/줍/읍/스오 /즈오/으오-	-삽/잡/사오/자 오/옵/오-
	-ᄉᆞᆸ-	모음		
ㄷ, ㅌ, ㅈ, ㅊ +	-줍-	+ 자음		
	-ᄌᆞᇦ-	모음		
유성음(모음, ㄴ, ㅁ, ㄹ) +	-ᅀᆞᆸ-	+ 자음		
	-ᅀᆞᇦ-	모음		

④ 시제 선어말 어미의 변화

중세		근대	현대
과거 시제	동사+Ø -더-	→ -아/어/야 잇->-앳/엣/얫->-앗/엇/엿-	→ -았/었/였-
미래 시제	-리-	→ -게 ᄒᆞ엿->-게-	→ -겠-

⑤ {-오/우-}의 변화

화자 주어 표시 및 대상 표시	중세		근대	현대
	양성 모음	-오-		
	음성 모음 +	-우-	'-오-' 기능 및 형태 소멸 →	'-오-' 소멸
	서술격 조사	-로-		
명사형 전성 어미	-옴/-움			-음

(3) 조사와 어미를 제외한 단어들의 형태 변화
① 체언 말 'ㅎ'의 변화

중세		현대
모음, ㄴ, ㄹ, ㅁ으로 끝나는 체언 +	모음이나 ㄱ, ㄷ으로 시작하는 조사	→ • 복합어에 화석으로 남고 소멸 예 하눓>하늘 • 받침 'ㅇ'으로 변화 예 집웋>지붕 • 'ㅅ'으로 변화 예 셓, 넿>셋, 넷
내히, 안해, 둘히면, 암ㅎ		

② 'ㄷ' 말음 명사의 변화

중세	근대	현대
곧[處], 긷[柱], 낟[穀], 묻[兄], 몯[釘], 벋[友], 붇[筆], 빋[債], 뜯[志]	어간 말음의 'ㅅ'으로의 변화 예 곳, 낫, 뭇 →	복합어에 화석으로 존재. 예 맏형, 맏아들

exercise
연습 문제

01 "중세국어 지식을 활용하여 현대국어를 이해한다."라는 학습 목표를 위해 자료를 수집하였다. 자료를 바탕으로 하여 ㉠과 ㉡의 학습 내용을 쓰시오. [2점] 2009년도 모의평가

학습 내용	자료
'좁쌀'과 같은 유형의 합성어에 대한 이해	그 짓 ᄯᆞ리 ᄡᆞᆯ 가져 나오나ᄂᆞᆯ (석보상절 6, 14) ᄢᅴ는 幸혀 房州ㅅ 거시 니그니 (두시언해 7, 38)
맞춤법 규정의 (㉠)에 대한 이해	수히 왼 ᄂᆞᆯ개 드리옛ᄂᆞ니 (두시언해 16, 7) 이 알ᄒᆡ 모다 뒷논 거시어늘 (월인석보 7, 16)
(㉡) 발생의 원인에 대한 이해	지블 지ᅀᅥ 龍ᄋᆞᆯ 치더니 (월인천강지곡 기98) 聖祖仁政을 도ᄫᆞ시니이다 (용비어천가 9, 50)
높임법의 체계에 대한 이해	ᄒᆞᆫ 菩薩이……나라ᄒᆞᆯ 아ᅀᆞ 맛디시고 (월인석보 1, 5) 婇女ㅣ 하ᄂᆞᆯ 기ᄇᆞ로 太子를 ᄢᅳ려 안ᄉᆞᄫᅡ (월인석보 2, 43)

02 다음은 '-롭-' 파생 형용사에 대한 학습 자료이다. 이 자료를 통해 알 수 있는 '-롭-' 파생어의 특징을 〈작성 방법〉의 지시에 따라 서술하시오. [4점] 2015년도

(1) ㄱ. 보배롭다, 슬기롭다, 해롭다, 자유롭다, 명예롭다
    ㄴ. 새롭다
(2) ㄱ. 受苦룹다, 외룹다, 義룹다, 효도룹다
    ㄴ. 시름둡다, 疑心둡다, 利益둡다, 쥬변둡다
(3) ㄱ. 이 나래 새룰 맛보고(此日嘗新)
    ㄴ. 녜룰 올마 새예 갈씨 일후미 새와 늘그니와 어즈러운 想이니

┤ 작성 방법 ├
- (1)에서 '-롭-'과 결합할 수 있는 어근의 특징을 (2)의 '-룹-'과 '-둡-'의 분포상의 차이를 고려하여 설명할 것.
- 현대 국어의 관점에서 (1ㄴ) '새롭다'의 어근이 갖는 특이점을 (1ㄱ)과 비교하여 지적하고, 중세 국어의 관점에서 '새롭다'의 단어 형성을 (3ㄱ)과 (3ㄴ)을 참고하여 설명할 것.

03 〈보기 1〉과 〈보기 2〉는 중세 국어의 파생 명사와 명사형을 탐구하기 위해 수집한 자료이다. 탐구 결과를 〈작성 방법〉에 따라 서술하시오. [4점] 2019년도

┤ 보기 1 ├

파생 명사는	• 체언이다. • 어근과 접미사의 결합에 의해 형성된다. • 서술격 조사와의 결합으로 서술어를 이룬다. ⋮
명사형은	• 용언이다. • 어간과 어미의 결합에 의해 형성된다. • 서술격 조사와의 결합 없이 서술어를 이룬다. ⋮

┤ 보기 2 ├

- 엇뎨 空華ㅣ <u>여름</u> 여로매 다르리오
- ᄆᆞᄉᆞᆷ <u>ᄡᅮ믈</u> 굼ᄅᆞ이 ᄒᆞ놋다
- 닐굽 <u>거르믈</u> 거르시고
- 法 <u>드로미</u> 어려ᄫᅳ니
- 終은 <u>ᄆᆞᄎᆞ미라</u>

┤ 작성 방법 ├

- 〈보기 1〉을 바탕으로 〈보기 2〉에서 중세 국어의 파생 명사와 명사형을 각각 찾아 모두 쓰고, 중세 국어의 명사 파생 접미사와 명사형 어미의 형식도 각각 밝힐 것.
- 〈보기 2〉의 중세 국어 명사 파생 접미사와 명사형 어미로부터 이어진 현대 국어 형식을 포함하여 서술할 것.

04 〈자료〉에서 ㉠~㉢은 2개의 형태소가 결합한 것이다. 다음을 참고하여 〈자료〉의 ㉠~㉢을 분석한 결과를 〈작성 방법〉에 따라 서술하시오. [4점] 2020년도

> 동일한 형태가 서로 다른 의미 또는 기능을 가진 별개의 형태소인 경우도 있고, 둘 이상의 다른 형태가 동일한 의미 또는 기능을 가진 경우도 있다. 전자의 예로 '엇던 사룸고 <杜詩 8 : 28b>'에서 '사룸고'의 보조사 '고'와, '고둘 보고 므스미 便安ㅎ야<月釋 12 : 28b>'에서 '보고'의 어말 어미 '-고'를 들 수 있다.
> 후자의 예로는 'ㅎㄴ다 <杜詩 6 : 5a>'의 어말 어미 '-다'와, '보ᄂᆞ 사ᄅᆞ미라 <月釋 2 : 46a>'의 어말 어미 '-라'를 들 수 있다.

┤ 자료 ├

- 俱夷 묻ᄌᆞᄫᅡ샤ᄃᆡ ㉠ <u>므스게</u> ᄡᅳ시리 <月釋 1 : 10b>
- 한 거슬 ᄒᆞ나히 ㉡ <u>드외에</u> 밍ᄀᆞᄅᆞ시며 <月釋 4 : 40b>
- ᄂᆞ개 두위혀 明月ㅅ ㉢ <u>둘에예</u> ᄂᆞ려 <杜詩 24 : 24a>

┤ 작성 방법 ├

- ㉠~㉢을 각각 형태소 분석할 것(단, 교체가 일어난 것은 교체가 일어나기 전의 형태로 분석할 것).
- ㉠~㉢ 중 품사가 바뀐 것을 찾아 바뀐 후의 품사 이름을 쓰고, 바뀐 후의 품사를 그렇게 판단한 근거를 〈자료〉에서 찾아 설명할 것.

05 다음은 "중세 국어 어휘의 쓰임을 안다."라는 학습 목표를 성취하기 위한 자료이다. '어느'를 셋으로 분류하고 그 근거를 쓰시오. [2점] (2005년도)

① 어느 뉘 請ᄒᆞ니(용비어천가 18)
② 어느를 닐온 正法眼고(금강경삼가해 2 : 68)
③ 어늬사 못 됴ᄒᆞ니잇가(석보상절 6 : 35)
④ 國人 ᄠᅳ들 어느 다 ᄉᆞᆯᄫᅡ리(용비어천가 118)
⑤ 國王ᄋᆞᆫ 오쇼셔 龍王ᄋᆞᆫ 겨쇼셔 이 두 말ᄋᆞᆯ 어늘 從ᄒᆞ시려뇨(월인석보 7 : 26)
⑥ 菩薩이 어느 나라해 ᄂᆞ리시게 ᄒᆞ려뇨(월인석보 2 : 10)
⑦ 현 날인ᄃᆞᆯ 迷惑 어느 플리(월인천강지곡 74)

자료 번호	분류의 근거

06 다음 밑줄 친 단어를 중심으로 품사를 구별하려고 한다. 〈보기〉의 ㉠과 ㉡에 들어갈 기호를 각각 쓰시오. 단, ㉠과 ㉡에 해당하는 번호를 모두 쓸 것. [2점] 2013년도

① 廣熾ᄂᆞᆫ <u>너비</u> 光明이 비취닷 ᄠᅳ디오 〈월인석보〉
② 옷 밧고 北戶를 열오 <u>노피</u> 벼개 베여 〈두시언해〉
③ 羅睺阿脩羅王ᄋᆞᆫ 本來ㅅ 모ᄆᆡ <u>기리</u> 七百 由旬이오 〈석보상절〉
④ 벼슬 노폼과 <u>키</u> 가ᅀᆞ며롬과 ᄉᆞ기 勇猛홈과 〈능엄경언해〉
⑤ 그 머근 後에 <u>우ᅀᅮ우ᅀᅵ</u> 나니라〈월인석보〉

┤보기├
(㉠)의 품사는 부사이고 (㉡)의 품사는 명사이다.

07 중세 국어 자료 ㉠~㉣에 쓰인 '아니'의 품사 명칭을 쓰시오. [2점] 2018년도

㉠ 불휘 기픈 남군 브르매 <u>아니</u> 뮐씨
㉡ 生이며 生 <u>아니</u>를 골히느니
㉢ 뉘 <u>아니</u> 오슥ᄫ리
㉣ 숫가락과 숫가락 <u>아니</u>와애 나게 ᄒ리라

자료	품사 명칭
㉠	
㉡	
㉢	
㉣	

08 다음은 이형태의 교체 조건에 대한 설명이다. 〈자료〉에 대하여 〈작성 방법〉에 따라 설명하시오. [4점] 2016년도

하나의 형태소가 환경에 따라 다른 이형태로 실현되는 현상을 교체라 한다. 교체는 대개 그 교체의 조건이 음운에 따른 것인가, 형태나 어휘에 따른 것인가에 의해 음운론적 조건에 의한 교체와 형태론적 조건에 의한 교체로 나뉜다.

현대 국어의 주격 조사 '이/가'는 이형태의 교체 조건이 선행 체언의 끝소리가 자음인가 모음인가와 같은 음운적 특성이므로 ㉠ 음운론적 조건에 의한 교체를 보이는 예이다. 모음조화에 따른 교체 역시 마찬가지이므로 과거 시제 선어말 어미 '-았-'과 '-었-'의 교체 역시 음운론적 조건에 의한 교체이다.

이와 달리 특정 형태소나 단어가 조건이 되어 교체가 일어나는 경우를 ㉡ 형태론적 조건에 의한 교체라 한다. 중세 국어에서 관형격 조사 '익/의'는 '쇼, 長者, 獅子'와 같은 특정 명사 뒤에서 'ㅣ'로 실현되었는데 이 경우 'ㅣ'는 '익/의'와 관련하여 형태론적 조건에 의해 교체되었다고 볼 수 있다. 문법 기술에서 형태론적 조건에 의한 교체를 보이는 형태나 어휘들은 목록화하여 제시하게 된다.

그러나 ㉢ 이 두 가지 조건만으로 설명할 수 없는 교체를 설정하는 견해도 있다. 의미적 속성이나 통사적 특성에 따라 교체가 되는 경우도 있다고 보는 것이다. 가령 현대 국어에서 주격 조사 '이/가'와 '께서', 여격을 나타내는 '에'와 '에게'를 이형태로 파악하기도 하는 것이 그 예이다. 그러나 최근에는 이들을 이형태로 파악할 수 없다고 보아 교체로 설명하지 않는 경우가 많다.

─┤ 자료 ├─

(1) 王ㄱ 오나눌 〈석보상절 24 : 40〉
    佛法을 즐기게 ᄒᆞ야눌 〈석보상절 21 : 41〉
(2) 머리 좃ᅀᆞᆸ고 〈월인석보 10 : 13〉
    그 말 듣ᄌᆞᆸ고 〈석보상절 6 : 2〉
    太子를 보ᅀᆞᆸ고 〈석보상절 3 : 32〉
(3) 사ᄅᆞ미ᄯᅳ디 〈석보상절 9 : 19〉
    보텻 나히 〈석보상절 13 : 1〉
    나랏 말ᄊᆞ미 〈훈민정음언해 1〉
(4) 普光佛이 니ᄅᆞ시니이다 〈월인천강지곡 상 : 3〉
    부톄 니ᄅᆞ샤ᄃᆡ 〈석보상절 6 : 11〉
    불휘 기픈 남ᄀᆞᆫ〈용비어천가 2장〉

─┤ 작성 방법 ├─

- 〈자료〉의 (2)에서 밑줄 친 부분에 나타나는 '-ᅀᆞᆸ/ᄌᆞᆸ/ᄉᆞᆸ-'이 교체되는 환경을 (2)의 예만을 가지고 설명할 것.
- 〈자료〉의 밑줄 친 부분에서 문법 형태들의 교체 조건이 ㉠, ㉡, ㉢ 중 어느 유형에 해당하는지를 모두 분류할 것. 단, '㉠에 해당하는 것은~'의 형식으로 답하되 (1)~(4)의 번호로 답하고 분류 근거는 쓸 필요 없음.

09 다음은 중세 국어의 대명사를 지도하기 위한 자료이다. 중세 국어의 대명사에 대한 지도 내용을 〈작성 방법〉에 따라 서술하시오. [4점]

> (1) ㄱ. <u>내</u> 이룰 爲ᄒ야 어엿비 너겨 새로 스믈여듧 字ᄅᆞᆯ ᄆᆡᇰᄀᆞ노니
>   ㄴ. 大王하 엇뎌 <u>나</u>ᄅᆞᆯ 모ᄅᆞ시ᄂᆞ니잇고
> (2) ㄱ. 廣熾 깃거 <u>제</u> 가져 가아 ᄇᆞᄅᆞᅀᆞᆸᄂᆞ니
>   ㄴ. 淨般王이 깃그샤 부텻 소ᄂᆞᆯ 손소 자ᄇᆞ샤 <u>ᄌᆞ걋</u> 가ᄉᆞ매 다히시고
> (3) ㄱ. <u>能</u>이 닐오ᄃᆡ 能은 字ᄅᆞᆯ 아디 몯ᄒᆞ노니
>   ㄴ. <u>지비</u> 다 ᄀᆞᅀᅵ 와 잇노라.

┤ 작성 방법 ├
- (1)과 (2)를 자료로 하여 대명사를 분류하여 제시하고, 현대 국어의 인칭 대명사와의 차이를 설명할 것.
- (1ㄱ)과 (3)의 인칭 대명사가 공통적으로 나타내는 의미를 제시하고, 그 이유를 (3)의 활용형을 고려하여 설명할 것.

10. 〈보기 1〉은 중세 국어 인칭 대명사의 쓰임을 이해하기 위해 수집한 자료이고 〈보기 2〉는 이에 대한 학생들의 탐구 학습 결과의 일부이다. 〈보기 1〉과 〈보기 2〉를 바탕으로 높임의 여부에 따른 중세 국어 '나', '저', '즈갸'의 쓰임을 〈작성 방법〉에 따라 서술하시오. [4점] 2018년도

─┤ 보기 1 ├─
(1) ㉠ 大王하 엇뎌 나를 모르시ᄂ니잇고
    ㉡ 一切 報施를 나미 뜬 거스디 아니ᄒ거늘 내 마를 다 드를따
(2) ㉠ 衆生이 기운 보ᄆ로 제 ᄡ디옛거든 聖人도 뉘마다 아니 나시ᄂ닷 ᄠ디라
    ㉡ 六師ㅣ 겻구오려 ᄒ거든 제 홀 양으로 ᄒ라 ᄒ더이다
(3) ㉠ 부톄 드르시고 즈개 阿難이 ᄃ리시고
    ㉡ 地藏이 如來ㅅ긔 즈걋 功德 솔ᄫᆞ샤

─┤ 보기 2 ├─

인칭대명사	학생들의 탐구 결과 중 잘못된 내용
나	상대방을 높이지 않는 문장에서 1인칭 대명사로 사용함.
저	상대방을 높이는 문장에서 자기 자신을 가리킬 때 사용함.
즈갸	3인칭 주어 명사를 다시 가리킬 때에는 항상 사용함.

─┤ 작성 방법 ├─
• 〈보기 2〉의 잘못된 탐구 결과를 바로잡아 중세 국어 '나', '저', '즈갸' 쓰임을 서술할 것.
• 중세 국어의 '저'와 '즈갸'가 사용될 환경에 나타나는 현대 국어 대명사 형식 각각을 포함시켜 서술할 것.

11 다음은 대명사 '자네'의 기원과 기능을 중심으로 지도하기 위한 학습 자료이다. 자료를 통해 알 수 있는 사실을 〈작성 방법〉에 따라 서술하시오. [4점]

> 2인칭 대명사의 경우 예사말인 '너'에 대해 '자네, 당신, 그대' 등이 쓰이지만 각각은 제약이 매우 심하다. '자네'는 '하게체'를 써야 할 대상에게 사용하는데, '하게체' 자체가 현재로서는 많이 쓰이지 않아 대명사 '자네'도 그 쓰임이 점차 줄어들고 있다.
>
> (1) 勞度差ㅣ ᄒᆞ다가 몯ᄒᆞ야 제 모미 夜叉ㅣ ᄃᆞ외야……ᄃᆞ라오거늘 舍利佛도 <u>자내</u> 毗沙門王이 ᄃᆞ외니(석보상절 6 : 33)
>
> (2) [長老 須菩提ㅣ] 善男善女로ᄡᅥ 닐오ᄆᆡ <u>자내</u> 아로ᄆᆞᆯ 궁이도다〈금강경삼가해 2 : 4ㄱㄴ〉
>
> (3) ㄱ. 요ᄉᆞ이 엇디 계신고 안부 몰라 분별ᄒᆞ뇌……나도 완ᄂᆞ니 타자기나 무ᄉᆞ히 ᄒᆞ여 가새 나ᄂᆞᆫ 됴히 완뇌마ᄂᆞᆫ <u>자내</u>ᄅᆞᆯ 그리 셩티 몯ᄒᆞᆫ 거슬 두고 와 이시니(남편이 아내에게)
> ㄴ. <u>자내</u> 샹해 날ᄃᆞ려 닐오ᄃᆡ 둘히 머리 셰도록 사다가 흠ᄭᅴ 죽쟈 ᄒᆞ시더니 엇디ᄒᆞ야 나를 두고 <u>자내</u> 몬져 가시ᄂᆞᆫ고 날ᄒᆞ고 ᄌᆞ식ᄒᆞ며 뉘 괴걸ᄒᆞ야 엇디ᄒᆞ야 살라 ᄒᆞ야 다 더디고 <u>자내</u> 몬져 가시ᄂᆞᆫ고(아내가 남편에게)

┤ 작성 방법 ├

- (1)과 (2)를 자료로 하여 '자네'의 품사를 중심으로 그 변화를 서술할 것.
- (3ㄱ)와 (3ㄴ)의 대비를 통해 남편과 아내의 높임법 사용으로 알 수 있는 사실을 서술할 것.

12 〈보기〉는 중세 국어의 격조사를 이해하기 위해 수집한 자료이다. ①~⑥에 사용된 격조사를 세 종류로 분류하여 〈표〉를 완성하시오. [4점] 2006년도

― 보기 ―
① 부톄 날 爲ᄒᆞ야 法을 니ᄅᆞ시리라ᄉᆞ이다 <법화경언해 2, 231>
② 아ᄎᆞᆷ 뷔여든 쏘 나조ᄒᆡ 닉고 <월인석보 1, 45>
③ 世尊ㅅ 神力으로 두외의 ᄒᆞᆫ샨 사ᄅᆞ미라 <석보상절 6, 7>
④ 사ᄅᆞ민 ᄠᅳ들 거스디 아니ᄒᆞ노니 <월인석보 1, 12>
⑤ 이 지븨 자려 ᄒᆞ시니 <용비어천가 102장>
⑥ 불휘 기픈 남ᄀᆞᆫ ᄇᆞᄅᆞ매 아니 뮐ᄊᆡ <용비어천가 2장>

격조사의 종류	자료 번호	분류 근거
주 격		
관형격		
처소의 부사격		

13 다음은 중세 국어의 관형격 조사와 관련된 자료이다. 이 자료와 관련된 통시적 변화 내용을 〈작성 방법〉의 지시에 따라 서술하시오. [4점] 2015년도

(1) ㄱ. 太子ㅣ 臣下ᄋᆡ그에 가 닐오ᄃᆡ
　　　모ᄃᆞᆫ 즁ᄉᆡᆼᄋᆡ게 갓가비 가게 ᄒᆞ며
　　　모든 大衆의게 너비 告ᄒᆞ노니
　ㄴ. 王ㅅ그ᅌᅦᆫ 가리라
　　　安樂國이 어마닚긔 ᄉᆞᆲ보ᄃᆡ
　　　善宿ㅣ 부텻긔 ᄉᆞᆲ보ᄃᆡ
(2) ㄱ. 사ᄅᆞ민 목숨, 아ᄃᆞ릭 神力, 大衆의 疑心, 凡夫의 心力
　ㄴ. 부텻 道理, 부텻 눈, 世尊ㅅ 德, 如來ㅅ 法

― 작성 방법 ―
• (1ㄱ)의 'ᄋᆡ그에, ᄋᆡ게, 의게'와 (1ㄴ)의 'ㅅ그ᅌᅦ, ㅅ긔'가 현대 국어에 와서 어떤 문법 형태로 바뀌었는지 쓰고, 그것들의 쓰임이 서로 어떻게 다른지 서술할 것.
• 그러한 쓰임의 차이가 나타난 원인을 (2)를 참고하여 서술할 것

14 다음은 조사의 형태적 특징과 관련된 자료이다. 관형격 조사의 지도 내용을 〈작성 방법〉에 따라 서술하시오. [4점]

(1) a. 사ᄅᆞ미 ᄠᅳ들 거스디 아니ᄒᆞ노니
   b. 化人ᄋᆞᆫ 世尊ㅅ 神力으로 ᄃᆞ외의 ᄒᆞ샨 사라미라
(2) a. 믈읫 衆生이 種種 분벼릐 보채요미 ᄃᆞ외야
   b. ᄒᆞᄅᆞ 二十里를 녀시ᄂᆞ니 轉輪王의 녀샤미 ᄀᆞᄐᆞ시니라
   c. 내익 어미 爲ᄒᆞ야 發혼 廣大誓願을 드르쇼셔

┤ 작성 방법 ├
- (1a)와 (1b)의 선행 체언의 의미 특성에 따른 교체를 설명할 것.
- (2a)와 (2b)의 관형격 조사의 용법을 설명하고, (2c)의 관형격 조사의 형태가 나타나게 된 이유가 무엇인지 서술할 것.

15 다음 각 예문에서 밑줄 친 부분의 현대 국어 대응형을 쓰고 이 부분에 포함되어 있는 조사와 그것이 표시하는 의미를 예와 같이 쓰시오. [4점] 2008년도

(가) 諸子ㅣ <u>아비의</u> 便安히 안존 ᄃᆞᆯ 알오 <법화경언해 2 : 138>
(나) 爕은 <u>常例예셔</u> 다ᄅᆞᆯ 씨오 <월인석보 1 : 15>
(다) 나실 나래 <u>하ᄂᆞᆯ로셔</u> 셜흔두 가짓 祥瑞 ᄂᆞ리며 <석보상절 6 : 17>
(라) 므ᄉᆞ 거스로 <u>道를</u> 사마료 <월인석보 9 : 22>
(마) 믌 <u>盜賊에</u> 도라갈 길히 업스니 <두시언해 8 : 13>

예 (가)	아비의	아버지가
	의 : 관형절 서술어의 주체	
(나)	常例예셔	
(다)	하ᄂᆞᆯ로셔	
(라)	道를	
(마)	盜賊에	

16 다음은 현재 일어나고 있는 어간 교체의 변화를 보인 것이다. 어간 교체의 규칙성 측면에서 동일한 변화의 양상을 쓰시오. [2점] 2010년도

	'싣-[載]'의 활용형 변화	
	변화 전	변화 후
어간+고	싣고[싣꼬]	[실코]
어간+는	싣는[신는]	[실른]
어간+어	실어[시러]	[시러]

┤보기├

	시므다	
	변화 전	변화 후
어간+고	(㉠)	심고
어간+는	시므는	심는
어간+어	(㉡)	심어

17 다음은 자료를 통하여 현대 국어 불규칙의 통시적 변화 과정을 설명하고자 한다. 중세 국어의 용례를 자료로 하여 불규칙 현상에 대해 〈작성 방법〉을 서술하시오. [2점] 2011년도

┤보기├

중세 국어 해당 용례	현대 국어 불규칙의 통시적 변화 과정
┌ 熱惱ᄂᆞᆫ 더버 셜볼 씨니<월인석보> └ 近은 갓가ᄫᆞᆯ 씨라<석보상절>	'ㅂ' 불규칙 : 모음 어미와 결합할 때 'ㅸ'을 가지던 단어가 'ㅸ'의 변화로 'ㅂ' 불규칙이 됨.
┌ 닐굽 고줄 因ᄒᆞ야<월인석보> └ 그딋 혼 조초ᄒᆞ야<석보상절>	(㉠) 불규칙 : 어미 '-아/어' 대신 '-야'가 결합하던 단어가 차츰 '-야' 대신 (㉠)가 결합하여 '여' 불규칙이 됨.
┌ 中國에 달아<훈민정음언해> └ 여러 비예 올아셔<번역박통사>	(㉡) 불규칙 : '르/르'로 끝나는 단어가 모음 어미와 결합할 때 'ㄹㅇ'으로 나타나다가 'ㄹㄹ'로 합류하여 (㉡) 불규칙이 됨.

18 다음 (1), (2)는 15세기 국어 자료이고, (3)은 현대 국어 자료이다. 15세기 국어에서 용언 어간의 활용과 이후의 변화를 탐구하여 그 결과를 〈작성 방법〉에 따라 서술하시오. [4점] 2020년도

> (1) 즐겁고 <月釋 21 : 6b>, 즐겁더니 <月釋 21 : 207a>,
>   즐거버 <月釋 4 : 58b>, 즐거ᄫ며 <月釋 1 : 35b>
> (2) 잡고 <月釋 20 : 37a>, 잡더니 <月釋 25 : 92b>,
>   자바 <杜詩 6 : 25a>, 자ᄇ며 <杜詩 14 : 19b>
> (3) 즐겁고, 즐겁더니, 즐거워, 즐거우며

┤ 작성 방법 ├
- (1)에서 어간의 교체를 설명하기 위해 상정할 수 있는 2가지 교체 양상을 쓰고, 2가지 중 어느 것이 더 설명적 타당성이 높은지 (2)를 고려하여 그 이유를 설명할 것(단, 교체는 '무엇이, 어떤 환경에서, 무엇으로'의 형식으로 쓸 것).
- (1) > (3)에 일어난 음운 변화를 쓰고, 현대 국어 자음 체계를 고려할 때 (3)의 어간을 /즐겁-/으로 상정할 수 없는 이유를 15세기 국어 자음 체계와 비교하여 설명할 것.

19 다음은 중세 국어 선어말 어미 '-더-'의 특징을 이해하기 위한 수업 자료이다. 자료를 바탕으로 하여 선어말 어미 '-더-'의 용법에 대하여 〈작성 방법〉을 서술하시오. [4점] 2013년도

┤ 수업 자료 ├
(가) 그ᄢᅴ 흔 菩薩 比丘ㅣ 일후미 常不輕이러라 <월인석보>
(나) 네 이 念을 <u>뒷던다</u> 아니 <u>뒷던다</u> 對答ᄒᆞᅀᆞᄫᅩᄃᆡ 實로 <u>뒷다이다</u> <월인석보>
(다) 須達이 보니 여슷 하ᄂᆞ래 宮殿이 <u>싁싁ᄒᆞ더라</u> <석보상절>
(라) 내 아ᄃᆞ리 지븨 잇던딘 輪王이 <u>ᄃᆞ외리러니</u> 出家ᄒᆞ야 흔 일도 몯 일우도다 <월인석보>

┤ 작성 방법 ├
- (가)~(라)의 자료를 바탕으로 도출할 수 있는 선어말 어미 '-더-'의 기능에 대하여 설명할 것.
- 현대 국어와 차이가 나는 점도 포함하여 설명할 것.

20 다음 중세 국어 자료를 바탕으로 괄호 안의 ㉠, ㉡에 해당하는 단어를 순서대로 쓰시오. [2점]
2019년도

┤자료├
- 길헤 더윗 病 ᄒ야 누른 梅花ㅅ 時節ㅅ 비로 저지고져 ᄉ랑ᄒ노니
- 願ᄒᆞ둔부텨 滅ᄒ신 後에 이 世界예 이 經典을 펴고져 ᄒ노이다
- 厄이 (1) 스러디과뎌 (2) ᄒ노니
- 文殊는 願ᄒ샤ᄃᆡ 世尊이 神通力으로 妙音을 (1) 나토시과뎌 (2) ᄒ야시ᄂᆞᆯ

┤보기├
 '-고져'와 '-과뎌'는 모두 15세기 국어에서 (㉠)의 의미를 가지는 어미로 사용되었지만 용법상 차이를 보였다. '-과뎌'가 사용된 각 문장에서는 (1)과 (2)의 (㉡)이/가 일치하지 않았는데, 이러한 특징은 '-고져'가 사용된 문장들과 용법상의 차이를 드러낸다.

Qize 재미있는 16세기의 동의어

01 다음 '조훈'과 동의 관계를 가진 어휘는?

> 다 두 층 조훈 창애(都是兩層淨底)〈번역노걸대 하 53〉

① 곧 고기알 フ티 고르고 굿굿다 커니와(便是魚子兒也似匀淨的)〈번역노걸대 하:62〉
② 남지니 죽거늘 싀어버이 조차 사더니(夫死 隨舅姑而居)〈속삼강행실도 열:25〉
③ 됴훈 말솜을 올이며(述嘉言ᄒ며)〈번역소학 6:2〉
④ 리려기 굿굿디 아니ᄒ면(來歷不明時)〈번역노걸대 상:51〉

02 다음 '스랑ᄒ더니'와 동의 관계에 있지 않은 어휘는?

> 鄕吏며 百姓이 저코 스랑ᄒ더니(吏民畏愛)〈속삼강행실도 26b〉

① 인정이 다 ᄌ식글 사랑컨마ᄅᆫ(人情自當皆愛其子)〈이륜행실도 12〉
② 兄은 ᄉ랑커든 아ᅀᆞᄂᆞᆫ 공경ᄒ며(兄愛弟敬ᄒ며)〈번역소학 3:43〉
③ 큰 효도ᄂᆞᆫ 모미 ᄆᆞᆺ도록 어버싈 ᄃᆞᄉᆞ ᄒᄂᆞ니(大孝隱 終身慕父母爲飛尼)〈정속언해 17〉
④ 어딘 이를 ᄉ랑ᄒ고(思其所善ᄒ야)〈번역소학 6:33〉

03 다음 '다와다'와 동의 관계에 있는 어휘는?

> 구틔여 다와다 어류려 홀 사ᄅᆞ미 잇거늘(人有强逼婚者)〈속삼열 5〉

① 그 노미 다조차 무늬 오나놀(里人逼之門)〈속삼감행실도 열:25〉
② 내 나믄 나를 다ᄋᆞ게 호미 올티 아니ᄒ냐(以盡吾餘日이 不亦可乎아)〈번역소학 9:90〉
③ 모로매 그 모해 이를 다ᄒ고(必盡其方ᄒ고)〈번역소학 10:21〉
④ 父母 사ᄅᆞ시던 나라히ᄂᆞᆫ 례도를 ᄀ장호미 맛당ᄒ니(父母之國에ᄂᆞᆫ 所宜盡禮니)〈번역소학 10:4〉

남성우, 『16세기 국어의 동의어 연구』, 박이정, 2006.

ANSWER 1. ① 2. ④ 3. ①

PART 03

문장

1. 문장 성분
2. 문장 구조
3. 문법 요소

01 문장 성분

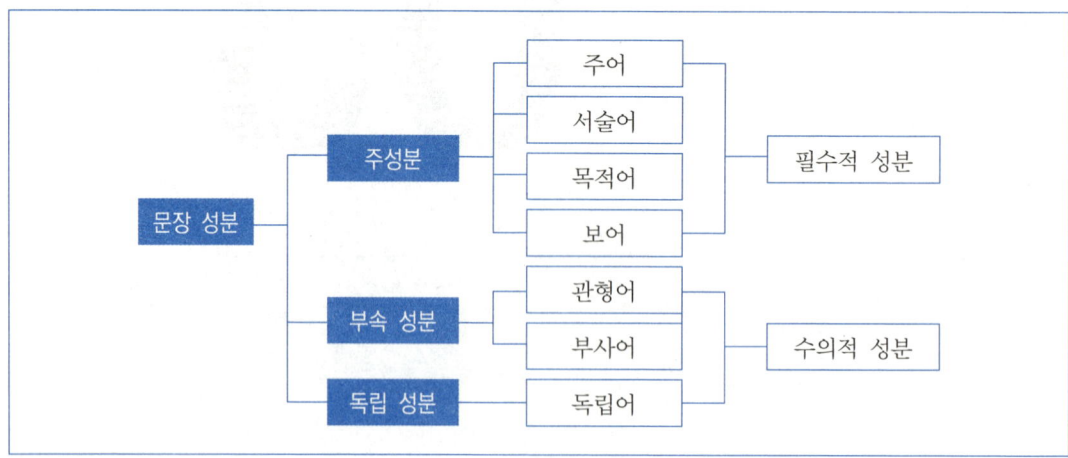

1 주성분

1. 주어

(1) 정의

서술의 주체를 나타내는 문장 성분.

(2) 주어의 성립

① 주어 명사 : 명사+주격 조사 '이/ㅣ/Ø'

  ㉠ 자음+이

  예 쉬미[쉼+이] 기픈 므른 ᄀᆞ므래 아니 그츨ᄊᆡ(샘이 깊은 물은 가뭄에 아니 그치므로)<용비어천가 2>

  ㉡ 모음+ㅣ

  예 • 니르고져 훓 배[바+ㅣ] 이셔도(이르고자 할 바가 있어도)<훈민정음 언해 2>
  • 우리 始祖ㅣ 慶興에 사ᄅᆞ샤(우리 시조가 경흥에 사셔서)<용비어천가 3장>

ⓒ ㅣ모음+∅
- **예**
  - 흔 龍을 지스니 머리[머리+∅] 열히러니(한 용을 지으니 머리가 열이더니)〈석보상절 6 : 32〉
  - 불휘[불휘+∅] 기픈 남곤 바르매 아니 뮐씨(뿌리가 깊은 나무는 바람에 움직이지 아니하고)〈용비어천가 2〉
  - **참고 1** 주격 조사 생략
    - 곶 됴코 여름 하느니(꽃이 좋고 열매가 많으니)〈용비어천가 2장〉
    - 부텨 오시거늘 보숩고(부처가 오시거늘 뵙고)〈석보상절24 : 7〉
    - 그디 자식 업더니 므슷 罪오(그대의 자식이 없더니 무슨 죄인가?)〈월인석보 1 : 7〉
  - **참고 2** 보조사 결합
    - 長生인 不肯홀씨('장생'이는 '불초'하므로)〈월인석보 9 : 33〉

② 주어 명사구 : 명사구+주격 조사
- **예**
  - 나랏 말쓰미 中國에 달아(나라의 말씀이 중국과 달라서)〈훈민정음언해 1장〉(명사+관형격 조사 ㅅ+명사)
  - 受苦ㄹ빈 소리 업고(수고로운 소리가 없고)〈석보상절 9 : 10〉(형용사의 관형사형+명사)
  - 妻眷 드외얀 디 三年이 몯 차 이셔(아내 권속이 된 지 삼 년이 못 되어)〈석보상절 6 : 4〉(관형사형+주어성 의존 명사)

③ 용언의 명사형+주격 조사 : 명사형이 주어인 경우 용언의 명사형에 주격 조사가 결합하여 성립한다.
- **예** 올흐며 외요미[외-+-옴+이] 다 업스며(옳음과 그름이 없으며)〈월인석보 8 : 29〉

④ 특수한 형식의 주격 조사
- ㉠ 단체 명사+애 이셔/애셔(에서) : 단체의 의미를 띤 명사에 붙는 주격 조사(애 이셔/애셔>에서)
  - **예** 이틄 나래 나라해 이셔/나라해셔 도즈기 자최 바다 가아(이튿날에 나라에서 도적의 자취를 따라가서)〈월인석보 1 : 6〉
    - **비교** 나라에서 훈장을 주었다.
    - **참고** 나라해 이셔[나라ㅎ(체언)+애(부사격 조사)+이셔(용언의 활용형)], 나라해셔[나라ㅎ(체언)+애셔(부사격 조사)]
- ㉡ 라셔(가)
  - **예** 跋提라셔 阿那律이드려 닐오디('발제'가 '아난'이더러 이르기를)〈월인석보 7 : 1〉(주격으로 쓰임)
    - **비교** 출발점 처소의 부사격 조사 '라셔(에서)'
      - **예** 하늘해셔 飮食이 自然히 오나든 夫人이 좌시고 아모두라셔 온 동 모르더시니(하늘에서 음식이 자연히 오거든 부인이 드시고 아무데에서 온 줄 모르시더니)〈월인석보 2 : 25〉

(3) 통사적 특징

① 주어 명사가 높임의 자질을 지니면 서술어의 활용형에 선어말어미 '-시-'가 일치한다.
   예 <u>昭憲王后ㅣ</u> 榮養을 낼리 <u>브려시늘</u>('소헌왕후'가 '노양'을 빨리 버리시거늘) <월인석보 서 : 10>

② 주어가 1인칭 화자일 때 활용형에 선어말어미 '-오-'가 일치한다.
   예 <u>내</u> 오늘 實로 無情<u>호라</u>(내가 오늘 진실로 무정하다) <월인석보 21 : 219>

③ 주어 명사에 높임의 자질이 부여될 때 재귀 대명사가 나타난다.
   예 <u>淨飯王</u>이 깃그샤 부텻 소늘 손소 자브샤 <u>즈걋</u> 가수매 다히시고(정반왕이 기뻐셔 부처의 손을 잡 으셔 자기의 가슴에 대시고) <월인석보 10 : 9>

2. 서술어

(1) 정의
주어인 '무엇이', '누가'에 대해 '어찌하다', '어떠하다', '무엇이다'로 서술하는 문장 성분.

(2) 서술어의 성립

① 활용어의 종결형 서술어는 동사, 형용사, 서술격 조사 등 활용어의 종결형에 의해 실현된다.
   ㉠ 동사
      예 이제 世尊이…큰 法義를 <u>펴려 ᄒ시ᄂ다</u>(이제 세존이……큰 '법의'를 펴려 하신다.) <석보상절 13 : 26>
   ㉡ 형용사 예 닐굽 히 너무 <u>오라다</u>(일곱 해는 너무 오래다) <월인석보 7 : 2>
   ㉢ 서술격 조사
      예 御製는 님금 지스샨 <u>그리라</u>[글- + 이 + -다]('어제'는 임금이 지으신 글이다.) <훈민정음 언해 1>

② 활용어의 연결형·전성형
   ㉠ 연결형
      예 六師ㅣ 이리 <u>니르ᄂ니</u> 그듸 ……무러 보라('육사'가 이리 말하니, 그대가……물어보라) <석보 상절 6 : 26>
   ㉡ 전성형
      예 • 됴ᄒᆞᆫ 法 <u>닷고ᄆᆞᆯ</u>[닦- + -옴 + 올] 몯ᄒᆞ야(좋은 법을 닦음을 못하여) <석보상절 9 : 14>
          • 지븨 <u>사ᄂᆞᆫ</u>[살- + -ᄂᆞᆫ] 얼우니며(이 집에 사는 어른이며) <월인석보 21 : 99>

(3) 서술어의 자릿수
주어만을 요구하는 서술어도 있고 목적어나 보어 등을 요구하는 서술어도 있다.

① 한 자리 서술어　예　文은 글와리라[글왈+이+-다]('문'은 글월이다)<훈민정음 언해 1>
② 두 자리 서술어　예　므스글 얻ᄂᆞ다[얻-+-ᄂᆞ-+-ㄴ다](무엇을 얻는가?)<월인석보 1 : 36>
③ 세 자리 서술어
　　예　• 四海ᄅᆞᆯ[四海+ᄅᆞᆯ] 년글[녀느(ㄱ덧생김 체언)+을] 주리여(천하를 다른 사람에게 주겠는가?)
　　　　<용비어천가 20>[주어와 목적어 요구]
　　　• 므스 거스로[므스것+으로] 道ᄅᆞᆯ 사마료(무엇으로 도를 삼으리오?)<월인석보 9 : 22>[주어와
　　　　목적어와 부사어 요구]
　　참고　경험주가 아닌 대상이 주어로 나타나는 경우
　　　예　• 숤 소리 슬프니<두시초23 : 1>
　　　　• 男兒이 性命이 可히 슬프도다<두시초25 : 41>
　　　비교　• 音樂ᄋᆞᆯ 펴면 遊子ㅣ 슬프리라<두시초25 : 41>(경험주가 주어)
　　　　• ᄆᆞᅀᆞ미 슬프며<원각 상1-2 : 98>(경험주의 마음)

3. 목적어

(1) 정의
타동사가 문장의 서술어가 되었을 때 그 동작의 대상을 나타내는 문장 성분.

(2) 목적어의 성립
① 명사+목적격 조사
　• 帝業을 여르시니('제업'을 여시니)<용비어천가 3장>
　• 내 태자ᄅᆞᆯ 셤기ᅀᆞᄫᅩᄃᆡ(내가 태자를 섬기되)<석보상절 6 : 4>
　• 내 부텨를 조ᄍᆞ와 듣ᄌᆞ오라(내가 부처를 좇아와서 듣는다)<능엄경언해 1 : 23>
　• 개야밀 어엿비 너기고(개미를 불쌍히 여기고)<두시언해간본 7 : 18>
② 명사구+목적격 조사
　• 녜 업던 이ᄅᆞᆯ 얻ᄌᆞ보니(일찍이 없었던 일을 얻사오니)<석보상절 13 : 25>(명사구+목
　　적격 조사)
　• 댱가 들며 셔방 마조ᄆᆞᆯ[맞-+-옴+ᄋᆞᆯ] 다 婚姻ᄒᆞ다 ᄒᆞᄂᆞ니라(장가 들며 서방 맞음을
　　다 '혼인하다'고 하느니라)<석보상절 6 : 16>
③ 명사절+목적격 조사
　• 새 개요ᄆᆞᆯ[개-+-옴+ᄋᆞᆯ] 알외디 아니ᄒᆞ리로다(새로 개는 것을 알리지 아니할 것이로
　　다)<두시언해 6 : 16>('개욤'은 '개다'의 명사형)
　• 나랏 有情이 正覺 일우오ᄆᆞᆯ[일우-+-옴+ᄋᆞᆯ] 一定티 몯ᄒᆞ면(나라의 중생이 정각 이
　　룸을 일정치 못하면)<월인석보 8 : 61>('일우옴'은 '일우다'의 명사형으로 '나랏 有情이'
　　의 서술어가 되어 명사절을 이룸)

비교1 목적격 조사의 생략과 보조사의 사용

> **예** • 님금 말 아니 듣ᄌᆞᄫᅡ(임금의 말을 듣지 않아) <용비어천가 98장>
> • 아비를 보라 가니 어미도[어미+도(보조사)] 몯 보아(아비를 보러 가니 어미도 못 보아) <월인석보 8 : 101>

비교2 자동사나 형용사의 목적격 조사 지배

- 닐굽 거르믈 거르샤(일곱 걸음을 걸으시어) <석보상절 6 : 17> (자동사 '걷다'가 동족 목적어를 취함)
- 後에 ᄇᆞᄅᆞ미 믈 우흘 부러(나중에 바람이 물 위를 불어) <월인석보 1 : 39> (자동사와 타동사로 공용되던 능격 동사)
- 世尊이 ᄒᆞᄅᆞ 몃 里를 녀시ᄂᆞ니잇고(세존이 하루에 몇 리를 가십니까?) <석보상절 6 : 23> (자동사 '녀다')
- 또 날 ᄀᆞᆮᄒᆞ리라 ᄒᆞ시니(또 나를 같을 것이다고 하시니) <남명집언해 상 : 54> (형용사 'ᄀᆞᆮᄒᆞ다')

(3) 통사적 특징

① **이중 목적어** : 홑문장에 이중 목적어가 나타난다.

> **예** • 四海ᄅᆞᆯ 년글 주리여(천하를 다른 사람을 주겠는가?) <용비어천가 20장> ('주다'가 세 자리 서술어)
> • 如來ㅅ像 닐구블[닐굽+을] ᄆᆡᇰᄀᆞᅀᆞᆸ고(여래의 상을 일곱을 만드옵고) <석보상절 9 : 32> ('닐구블'은 선행 명사의 수량 표시)

② **선행 목적어의 주어 기능** : 목적어가 겹쳐 있을 때 앞선 목적어가 주어의 기능을 갖는다.

> **예** 사오나온 風俗을 사ᄅᆞ미 ᄂᆞ출[낯+을] 막ᄌᆞᄅᆞ고 몸 올에 호ᄆᆞ란 믈바ᄅᆞᆯ 빗호노라 <두시언해 15 : 17> ('風俗을'은 서술어 '막ᄌᆞᄅᆞ고'의 주어)

③ **목적격 조사의 주어적 기능** : '-옴' 명사절이 목적격 조사를 취하고 명사절의 주어도 목적격 조사를 취하여 이중 목적어가 된다.

> **예** • 사ᄅᆞ미 이를 다봇 옮듯 호믈 슬노니(사람의 일이 다북쑥 옮듯 함을 슬퍼하니) <두시언해 7 : 16> ('이를'은 '홈'의 주어)
> • 오직 ᄃᆞᆯ올 ᄃᆞᆯ며 ᄡᅳ믈 맛볼 거시라(오직 동이 달며 씀을 맛볼 것이다) <번역소학 9 : 31> ('ᄃᆞᆯ올'은 'ᄃᆞᆯ며 ᄡᅳ믈'의 주어)

> **변화** 중세 목적격 → 근대 주격이나 부사격으로 실현
> • ᄃᆞᆯ의 ᄃᆞᆯ며 ᄡᅳ믈 맛보아 <동신 효8 : 71>
> • ᄃᆞᆯ이 ᄃᆞᆯ며 ᄡᅳ믈 맛보더니 <동신 효4 : 86>

4. 보어

(1) 정의
불완전 용언을 보완하는 성분으로 '아니다, 드빙다(>드외다)' 앞에 오는 문장 성분.

(2) 보어의 성립
① 아니라
  예
  - 이는…世尊ㅅ 다시[닷+이] 아니시다ㅅ이다(이것은……'세존'의 탓이 아니십니다)<법화경언해 2 : 5>
  - 다 威王이 나몬 功[남-+은#功('이' 생략)] 아니가(모두 '위왕'의 남은 공이 아닌가)<법화경언해 서 : 17>
  - 眞實('이' 생략) 아니론 젼ᄎ라(진실이 아닌 까닭이다)<금강경삼가해 27>
  - 오ᄂᆞᆯ날ᄲᅟᅮᆫ(보조사 결합) 아니라 迦尸國 救ᄒᆞ신들 比丘ᄃ려 니ᄅᆞ시니(오늘날 뿐 아니라 가시국을 구하신들 비구에게 이르시니)<월인석보 상 66>

② '드외다/드빙다'
  예
  - 山이 草木이 軍馬ㅣ 드뵈니이다(산의 초목이 군마가 된 것입니다)<용비어천가 98>
  - ᄂᆞ믜 격집('이' 생략) 드외노니 출히 뎌 고마 드외아지라(남의 계집이 되느니 차라리 저 처가 되고 싶다)<법화경언해 2 : 28>
  - 九十九億이 人間애 ᄂᆞ리며……ᄯᅩ 色界諸天도 ᄂᆞ려 仙人이 드외더라(구십구억이 인간에 내리며……또 색계제천도 내려서 선인이 되더라)<월인석보 2 : 24>
  - 부톄 命ᄒᆞ샤 舍利弗을 和尙이 드외오(부처가 분부하시어 사리불을 화상이 되고)(주어의 기능을 가진 '사리불'이 목적격 조사를 취하고 '화상'이 보격 조사 취함)<석보상절 6 : 10>

2 부속 성분

1. 관형어

(1) 정의
체언으로 실현되는 주어, 목적어와 같은 문장 성분을 수식하는 수의적 문장 성분.

(2) 관형어의 성립
① 관형사
  예
  - 새 구스리 나며(새 구슬이 나며)<월인석보 1 : 27>
  - 그디 子息 업더니 므슷 罪오(당신이 자식이 없더니 무슨 죄인가?)<월인석보 1 : 7>

② 명사+관형격 조사
  ㉠ 관형격 조사 '이/의'
  예
  - 사ᄅᆞᄆᆡ[사ᄅᆞᆷ+ᄋᆡ] 몸 드외요미 어렵고(사람의 몸이 되는 것이 어렵고)<석보상절 9 : 28>
  - 그 사ᄅᆞᄆᆡ손ᄃᆡ[그#사ᄅᆞᆷ+ᄋᆡ+손ᄃᆡ] 오샤(명사구에 결합)(그 사람에게 오셔서)<월인석보 8 : 55>

ⓒ 관형격 조사 'ㅅ' : 'ㅅ'은 무정 명사와 유정 높임 명사에 결합한다.
- 높임 유정 명사+ㅅ
  - 예 一切 如來ㅅ 몸과 말씀과 뜨뎃 業이(일체 여래의 몸과 말씀과 뜻의 업이)<석보상절 9:26>(유정 명사와 결합)
- 무정 명사+ㅅ
  - 예 蓮花ㅅ 고지 나거늘('연화'의 꽃이 나거늘)<월인천강지곡, 기19>(무정 명사와 결합)
    - 비교 밧긧 사르민[사룸+익] 嫌猜를 투디 말라 <두시언해 초간 8:33>('익/의'는 높임의 대상이 되지 않는 유정 체언에 결합)
ⓒ 관형격 조사 'ㅣ' : 특정한 명사나 대명사에서 'ㅣ'로 실현된다.
  - 예 • 臣下ㅣ 말(신하의 말)<용비어천가 98>
    • 내 마를 다 드를따(내 말을 다 들었느냐)<석보상절 6:8>(인칭 대명사+관형격 조사)
    - 비교 내이 산 누늘 열에 호논 거시로다 <금강경삼가해 4:43>(인칭 대명사+관형격 조사의 중복)

③ 조사나 종결형+관형격 조사 'ㅅ'
  ㉠ 조사+ㅅ
  - 예 鴨江앳[鴨江+애+ㅅ] 將軍氣를 아모 爲ᄒ다 ᄒ시니(압록강에서의 장군의 기운을 아무를 위해서라고 하시니)<용비어천가 39장>(낙착점 처소부사격 조사 '애'+관형격 조사 'ㅅ')
  ㉡ 종결형+ㅅ
  - 예 世尊은 世界예 뭇 尊ᄒ시닷 ᄠ디라('세존'은 세계에 가장 존귀하시다고 하는 뜻이다)<석보상절 서:5>(형용사의 평서형+관형격 조사 'ㅅ')
    - 참고 처소 부사격 '애, 에, 예'와 관형격 'ㅅ'의 결합 : 선행 체언이 처소를 의미하는 경우에는 '에 있는'으로 해석되고, 아래와 같이 시간을 의미하거나 기타 다른 뜻의 명사가 '의, 에의'로 해석된다.
      - 예 前生앳 이릐 젼ᄎ를 因緣이라 ᄒ고(전생의 일의 까닭을 인연이라고 하고)<월인석보 13:23>

④ 활용어의 관형사형 : 활용어의 관형사형이 체언 앞에 높여 관형어가 된다.
  ㉠ 관계 관형사형
  - 예 나혼[낳-+-오-+-ㄴ] 子息이 양직 端正ᄒ야(낳은 자식이 모양이 단정하여)<석보상절 9:26>
  ㉡ 동격 관형사형
  - 예 차반 밍ᄀᆯ 쏘리 워즈런ᄒ거늘(차반을 만드는 소리가 요란하거늘)<석보상절 6:16>

⑤ 관형사형 어미의 명사적 기능 : '-ㄹ, -ㄴ'의 관형사형 어미가 명사적 용법으로 쓰인다.
  ㉠ 주어의 기능
  - 예 • 너펴 돕ᄉᆞ오미 다올 업서(넓혀 도움이 다함이 없어)<법화경언해 서 18장>
    • 다옰[다ᄋᆞ-+-ㄹㅅ] 업스니(다함이 없으니)<법화경언해 75>('ㄽ'의 'ㅅ'은 'ㅭ'의 'ㆆ'이 달리 표기된 것)
  ㉡ 목적어의 기능
  - 예 德이여 福이라 호ᄂᆞᆯ 나ᄋᆞ라 오소이다((덕이나 복이나 하는 것을 진상하러 오십시오)<악학궤범, 동동>

ⓒ 부사어의 기능
- 예 威化振旅ᄒ시ᄂ로[ᄒ-+시-+-ㄴ#ᄋ로] 興望이 다 몯ᄌᄫᄫ나(위화도에서 군대를 돌이킨 것으로 여망이 다 (태조에게) 모이나)<용비어천가 11장>

참고 **관형격조사의 생략** : 체언이 결합되어 명사구를 만들 때는 생략될 수 있으나, 명사절의 관형절에서는 생략되는 일이 없다.
- 예 • 童女는 아희[아히+Ø] 겨지비라('동녀'는 아이 계집이다.)<월인석보 2 : 28>
  • 赤都[赤都+Ø] 안행 움흘 지금에 보ᅀᆞᇦᄂ니(붉은 섬 안의 움을 이제까지 뵈니)<용비어천가 5>

(3) 관형어의 성격

① 명사절이나 관형절의 주어가 관형격으로 실현
- 예 迦葉의 能히 信受호ᄆᆯ 讚歎ᄒ시니라.('가섭'이 능히 신수함을 찬탄하시다)<월인석보 13 : 57>
  비교 迦葉이 能히 信受호미 이 希有호미라.<월인석보 13 : 57>

② **관형격 조사의 탈락** : 관형격 조사 앞에서 유정 명사의 'ㅣ' 모음은 탈락되는 것이 원칙이나, 절의 의미상 주어가 관형격 조사가 결합된 관형어일 때 그 체언의 끝모음 'ㅣ'는 탈락하지 않는다.
- 예 아ᄃᆞ리 아빈[아비+익] 쳔량 믈러 가쥬미 ᄀᆞᆮᄒᆞᆯᄊᆡ(아들이 아버지의 재물을 물려 가짐과 같으므로)<석보상절 13 : 18>
  비교 절의 의미상 주어이므로 'ㅣ'가 탈락하지 않음.
  - 예 그 ᄢᅴ 諸子ㅣ 아비의(의미상 주어) 便安히 안존ᄃᆞᆯ 알오(그때 '제자'가 아비가 편안히 앉은 것을 알고)<법화경 언해 2 : 138>

③ **관형사형의 나열** : 현대 국어에서는 대등적 연결어미 '-고'에 의해 나타나는데, 중세에는 관형사형이 나열되어 나타난다.
- 예 늘근[늙-+-은] 놀곤[낡-+-은] 브룔[브리-+-우-+-ㄹ] 사ᄅᆞ미 잇ᄂ니(늙고 낡은 부릴 사람이 있으니)<월인석보 13 : 23>

2. 부사어

(1) 정의
문장 안에서 용언이나 다른 부사어를 꾸며주는 역할을 하는 문장 성분.

(2) 부사어의 성립

① 부사
- 성상 부사 예 그르 알면 外道ㅣ 오(잘못 알면 '외도'이고)<월인석보 1 : 51>
- 지시 부사 예 六師ㅣ 이리 니르ᄂ니('육사'가 이리 말하니)<석보상절 6 : 26>

② 부사어명사(구) : 체언 + 부사격 조사
- 世尊이 象頭山애 가샤<석보상절 6 : 1>(세존이 상두산에 가시어)(낙착점 처소의 부사격 조사)
- 셔울셔 당당이 보면(서울에서 마땅히 보면)<두시언해 15 : 21>(출발점 처소의 부사격 조사)
- 제 나라ㅎ로 갈 쩌긔<석보상절 6 : 22>(제 나라로 갈 때에)(지향점 처소 부사격 조사)
- 栴壇香ㄱ 글으로[ᄀᆞᄅ + ᄋᆞ로] 브ᄅᆞ고<석보상절 6 : 38>(전단향(의 나무) 가루로 바르고)(도구 부사격 조사)
- 웃 사ᄅᆞᆷ두고 더운 양 ᄒᆞ야<석보상절 9 : 14>(윗사람보다 더한 양하여)(비교 부사격 조사, '보다'의 의미)<석보상절 9 : 14>
- 太子와 ᄒᆞ야 그위예 決ᄒᆞ라 가려 ᄒᆞ더니(태자와 더불어 관아에 판결을 하러 가려고 하더니)<석보상절 6 : 24>(동반의 부사격 조사)
- 실로 희로 變ᄒᆞ며 엇뎨 희로 變홀 ᄯᅮ니리잇고 <능엄경언해 2 : 7>(변성의 부사격 조사)

③ 보조사 결합
- 져믄 저그란[적 + ᄋᆞ란] 안죽 ᄆᆞᅀᆞᆷ ᄭᆞ장 노다가(이제 어린 때에는 아직 마음껏 놀다가)<석보상절 6 : 11>

④ 용언 어간 + 보조적 연결 어미
- 三乘을 크게 여ᄅᆞ시며('삼승'을 크게 여시며)<월인석보 서 : 7>(형용사에 보조적 연결 어미가 결합하여 뒤에 오는 동사를 꾸미는 부사어의 기능을 표시함.)

⑤ 부사절
- 돈 업시 帝里예 살오(돈이 없이 '제리'에 살고)<두시언해 20 : 37>

⑥ 부사성 의존 명사
- 굳디 아니흔 게 구든 ᄠᅳ들 머그샤(굳지 아니한 게 굳은 뜻을 먹으시어)<월인석보 10 : 9>(관형사형 뒤)
- 如來ㅅ 거긔 머리 갓가('여래의 것에 머리 깎아)<월인석보 9 : 35>(관형격 조사 뒤)

(3) 부사어의 통사적 특징

① '에서'의 의미를 포함하는 조사 '애/에/예' : 낙착점 처소 부사격 조사가 동작이 이루어지는 처소를 표시한다.
- 셤 안해[안ㅎ + 애] 자싫 제(섬 안에 주무실 때에)<용비어천가 67장>
  비교 섬 안에서 잠을 자다.(현대 국어에서는 '에서'로 나타남)

② 의미상(비교) 부사격 조사로 쓰인 주격 조사 '이' : 현대 국어에서는 '-와/-과'로 나타나는 것으로 비교 부사격 조사이다. 이것은 현대 국어에서 보격 조사 '-이/-가'가 '되다, 아니다' 앞에서 실현되는 것과 비교된다.
- (海東 六龍이……) 古聖이[古聖 + 이('과')] 同符ᄒᆞ시니(해동의 여섯 용이……중국의 옛 성왕과 딱 들어맞으시니)<용비어천가 1장>
  비교
  - 개는 늑대와 비슷하게 생겼다.(현대 국어의 비교 부사격조사)
  - 그 집 아들이 반장이 되다.(현대 국어의 보격 조사)

3 독립 성분

1. 독립어

(1) 독립어의 실현
주로 감탄사에 의해 실현되며, 체언에 호격 조사 '아/야, 여, 하'가 결합하거나 접속 부사에 의해 실현된다.

① 감탄사
   예 • 의 슬프다(아, 슬프다)<영가집언해 서 : 15장>
   • 아소 님하 도람 드르샤 괴오쇼셔<악학궤범, 정과정>(감탄사)

② 체언+호격 조사 '아/야, 여, 하'
   예 • 文殊아 아라라(문수여, 알아라)<석보상절 13 : 26>(낮춤의 호격 조사)
   • 究羅帝여 네 命終흐다(구라제여, 네가 목숨을 다했느냐)<월인석보 9 : 36>(낮춤의 호격 조사)
   • 世尊하 날 爲ᄒ야 니ᄅ쇼셔(세존이시여, 나를 위하여 말씀하소서)<월인석보1 : 17>(높임 호격 조사)

③ 접속 부사
   예 聲聞이 히미 비록 몯 미츠나 그러나 信으로 드로ᄆᆯ 許ᄒ실씨('성문'이 힘이 비록 몯 미치나 그러나 '신'으로 들음을 허락하시므로)<법화경언해 2 : 160>(접속 부사)

02 문장 구조

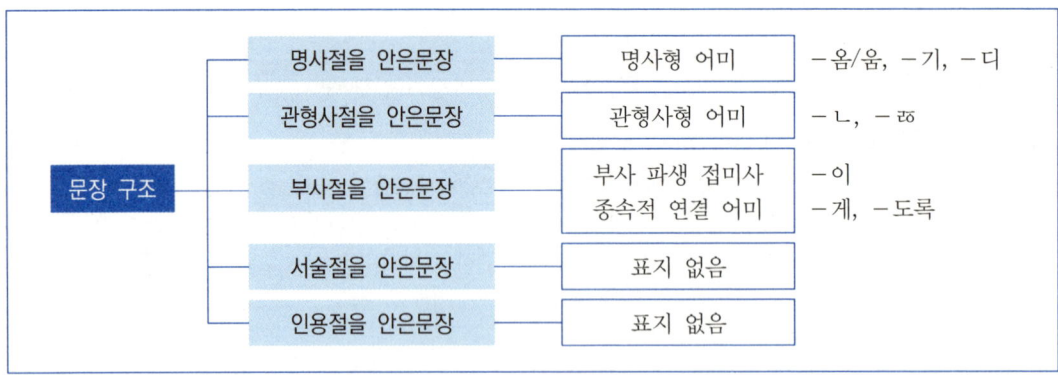

1 문장 속의 문장(안긴 문장)

1. 명사절로 안긴 문장 : '-옴/-움', '-기, -디'에 의한 절

(1) '-옴 명사형'에 의한 명사절

- 예
  - 부톄 授記ᄒ샤미[授記ᄒ-+-샤-+-옴+이] 글 쑤미[쓰-+-움+이] ᄀᆞᆮ고(부처가 수기하심이 글 씀과 같고) <월인석보 8 : 96>
  - 내 成佛ᄒ야 나랏 有情이 正覺 일우오ᄆᆞᆯ[일우-+-옴+ᄋᆞᆯ] 一定티 몯ᄒ면(내가 성불해도 나라의 중생이 정각 이룸을 일정치 못하면) <월인석보 8 : 61>
  - 돐 그림제 眞實ㅅ 둘 아니로미[아니-+-옴+-이] ᄀᆞᆮᄒ니라(달의 그림자가 진실의 달이 아닌 것과 같으니라) <월인석보 2 : 55>
  - 부텨 맛나미[맛나-+-ㅁ+이] 어려ᄫ며(부처를 만나기가 어려우며) <석보상절 6 : 10~11>

(2) '-기' 명사형에 의한 명사절 : 제한적이며 파생 접미사로서의 기능이 더 컸다.

- 예
  - 겨집 出家ᄒ기를 즐기디 말라(계집이 출가하기를 즐기지 말라) <월인석보 10 : 18>
  - 太子ㅣ 글 ᄇᆡ호기 始作ᄒ샤(태자가 글을 배우기 시작하여) <석보상절 3 : 8>
  - 須達이 가ᅀᆞ며러 쳔랴이 그지업고 布施ᄒ기를 즐겨(수달이 가멸어 재물이 한없이 많고 보시하기를) <석보상절 6 : 13>
    - 변화 근대 국어 이후 '오/우'가 소멸되고 '-(으)ㅁ'으로 형태 변화가 이루어지고, '-기' 명사절이 확대되고 '-은/는/ㄴ 것'으로 대체되었다.

(3) '-디' 명사절 : '어렵다, 슬ᄒ다, 둏다'와 결합하는 통사상의 제약을 지니며, 역사적으로 '-기'에 대치되었다.

- 예
  - 내 겨지비라 가져 가디 어려울씨(내가 계집이라서 가져가기 어려우므로) <월인석보 1 : 13>
  - 天下애 얻디 어려온 거슨 兄弟오 求키 쉬운 거슨 田地니(천하에 얻기 어려운 것은 형제이고 구하기 쉬운 것은 '전지'이니) <소학언해6 : 63>
  - 져믈씨 나가디 슬ᄒ야(저물므로 나가기 싫어서) <삼강행실도 열녀도 : 16>

  - 비교 파생 명사+명사화 파생 접미사 '-음'
    - 예
      - 온가짓 그리미[그리-+-ㅁ+이] 이쇼딕(온갖 그림이 있으되) <월인석보 8 : 12>
      - 果논 여르미오[열-+-음-+이+-고]('과'는 열매이고) <월인석보 1 : 12>
  - 참고 관형사형 어미가 명사형 어미로 쓰여 명사절을 이끄는 경우 : 중세 국어에서는 '-ㄴ, -ㄹ'이 조사 앞에서 사용되어 명사형 어미처럼 사용되었다.
    - 예
      - 관형사형 어미 '-ㄴ' 아래 : 그딋 혼 조초 ᄒ야 뉘웃븐 ᄆᅀᆞᄆᆞᆯ 아니 ᄒ오리다(그대가 한 것을 따라 해서 뉘우치는 마음을 먹지 않겠다) <석보상절 6 : 8>
      - 관형사형 어미 '-ㄹ' 아래 : 다ᄋᆞᆷ 업슨 긴 ᄀᆞᄅᆞ믄 니섬니서 오놋다(다함이 없는 긴 강은 이어이어 오는구나) <두시초 10 : 35>

2 서술절로 안긴 문장

이중 주어문에 안긴 절로 따로 떼어 놓으면 그대로 독립된 문장이 된다.
- 예
  - 이 東山ᄋᆞᆫ 남기[나모+ㅣ] 됴ᄒᆞᆯ씨[됴ᄒ-+-ᄋᆞᆯ씨](이 동산은 나무가 좋기에) <석보상절 6 : 24>
  - 大愛道ㅣ 善ᄒᆞᆫ ᄠᅳ디 하시며('대애도'가 선한 뜻이 많으며) <월인석보 10 : 19>
  - 내 지븨 이싫 저긔 受苦ㅣ 만타라[受苦+ㅣ #많-+-더-+-오-+-다](내가 집에 있을 때에 수고가 많았다) <월인석보 10 : 23>

3. 관형사절로 안긴 문장 : '-(ᄋᆞ/으)ㄴ', '-(ᄋᆞ/으)ㄹ' 및 관형격 조사 'ㅅ' 등에 의한 절

(1) 관계 관형절과 동격 관형절

① 관계 관형절
- 예 優塡王이 ᄆᆡᇰᄀᆞ론 金像ᄋᆞᆯ 象애 싣ᄌᆞᄫᅡ 가더니('우전왕'이 만든 금상을 상에 실어 가더니) <석보상절 11 : 13> (관형사형 '-ㄴ'에 의해 실현)

② 동격 관형절
- 예 그 지븨셔 차반 ᄆᆡᇰ글 쏘리 워즈런ᄒᆞ거늘(그 집에서 차반 만드는 소리가 요란하거늘) <석보상절 6 : 16> (관형사형 '-ㄹ'에 의해 실현)

③ 종결형 아래 'ㅅ'
- 예 廣熾는 너비 光明이 비취닷 ᄠᅳ디오('광치'는 널리 '광명'이 비치었다고 하는 뜻이고) <월인석보 2 : 9> (관형격 조사 'ㅅ'에 의해 실현)

(2) 선어말 어미 '-오/우-'의 사용 : 용언의 관형사절의 수식을 받는 체언[피수식 명사]이 관형사절 속 서술어의 목적어로 해석되는 경우 선어말 어미 '-오/우-'가 필수적으로 나타난다.

> 예 • 須達이 지순[짓-+-우-+-ㄴ] 精舍마다 드르시며(수달이 지은 정사마다 드시고) <석보상절 6:38>
> > 비교 피수식 명사가 주어로 해석되는 경우 '-오/우-'를 쓰지 않는다.
> > • 이 觀 지슨[짓-+은] 사르믄(이 '관'을 지은 사람은) <월인석보 8:32>
> > 비교 관형사절의 수식을 받는 명사가 의존 명사나 동격 명사인 경우 수의적으로 사용한다.
> > • 受苦 여희논 주를 <월인석보 8:55>
> > • 므리 물군 주를 보아 <월인석보 8:6>
> > • 本來 求ᄒᆞ논 므슴 업다이다 <월인석보 13:65>
> > • 큰 法 즐기논 므수미 잇던댄 <월인석보 13:36>

(3) 주어적 관형격과 목적어적 관형격

① **주어적 관형격** : 명사절이나 관형절의 주어는 관형격 조사를 취할 수 있다.

> 예 • 그ᄢᅴ 諸子ㅣ 아비의 便安히 안존 둘 알오(그때 '제자'가 아비가 편안히 앉은 것을 알고) <법화 2:138> (유정 명사 '아비'에 '의' 결합하여 의미상 주어로 쓰임.)
> • ᄒᆞᄅᆞ 二十里를 녀시ᄂᆞ니 轉輪王의 녀샤미 ᄀᆞᆮᄒᆞ시니라(하루 이십 리를 가시니 전륜왕이 가심과 같으시니라) <석보상절 6:23> ('ㅅ' 대신 높임 체언 뒤에 쓰임.)
> • 내의 어미 爲ᄒᆞ야 發혼 廣大誓願을 드르쇼셔(내가 어미를 위하여 발하는 '광대서원'을 들으소서) <월인석보 21:57> ('나'의 관형격 '내' 대신 '의'를 결합하여 관형절의 주어를 나타냄.)

② **목적어적 관형격** : 목적어적 관형격은 관형어 앞에서만 나타나며 'ㅅ'의 예만 보인다.

> 예 • 巫山과 楚水ㅅ 보믈 두 번 보과라('무산'과 '초산'를 봄을 두 번 보았다) <두시언해 초간본 13> (의미상 巫山과 楚水'은 '봄'의 목적어)
> • 眞實ㅅ 닷고ᄆᆞᆫ 欲 여희요ᄆᆞ로 本 사모ᄆᆞᆯ 爲ᄒᆞ시니(진심을 닦음은 '욕'을 이별함으로 근본 삼음을 위하시니) <능엄경언해 6:88> (의미상 '진실'은 후행하는 관형어 '닷곰'의 목적어에 해당함.)
> > 변화 관형사절의 변화 : 관형절이 명사화의 기능을 수행하는 경우도 있었으나 16세기 국어에서는 소멸하였다.

4. 부사절로 안긴 문장 : 파생 접미사 '-이'에 의한 절

(1) 부사화 접미사 '-이'의 결합

> 예 • 돈 업시 帝里에 살오(돈이 없이 '제리'에 살고) <두시언해 20:37>
> • 처섬 듦 적브터 百千劫에 니르리(주어 생략) 一日一夜애 萬死萬生ᄒᆞ야(처음 들어올 적부터 백천겁에 이르도록 하루 한 밤에 만 번 죽고 만 번을 살아나서) <월인석보 21:46>

(2) 연결 어미의 결합

- 예
  - 오시 젓게 우러(옷이 젖게 울어)<두시언해 8 : 16>(보조적 연결 어미 '-게'가 부사적으로 쓰임)
  - 이웃집 브른 바미 깁도록 볼갯도다(이웃집 불은 밤이 깊도록 밝아 있구나)<두시언해 7 : 6>
  - 法이……너비 펴아 가미 술윗띠 그우둣 홀씨(법이……널리 펴 나감이 수레바퀴가 구르듯 하므로)<석보상절 13 : 4>('-도록'과 '-둣'은 종속적 연결 어미이나 부사적 기능이 강함.)

5. 인용절로 안긴 문장

(1) 구별 기준 : 대명사와 상대 높임, 문장 종결 등

인용 부사격 표지가 없으므로 직접 인용과 간접 인용을 화자의 관점인가, 문장 속의 인물의 관점인가를 보아서 구별해야 한다.

(2) 유형

① 직접 인용(화자=작자)

- 예
  - 이 比丘ㅣ……닐오딕(큰 문장의 서술어)내 너희들홀 업시우디 아니ᄒᆞ노니 너희들히 당다이 부톄 ᄃᆞ외리라 ᄒᆞ더니(인용동사)(이 비구가……이르기를, '내 너희들을 업신여기지 않으니, 너희들이 다 반드시 부처가 될 것이다'하더니)<석보상절 19 : 30> (발화의 주체인 '비구'와 '내'가 일치하므로 '비구'의 관점에서 한 직접 인용.)
  - 善宿 ᄯᅩ 무로딕 네 어느 고대 난다('선숙'이가 또 묻되, 네가 어느 곳에서 났느냐?)<월인석보 9 : 36>

② 간접 인용

- 예 聖人이 ᄯᅩ 나를 브리샤 大王 모물 請ᄒᆞᅀᆞᄫᅡ 오나든 찻믈 기를 維那를 삼ᄋᆞ보리라 ᄒᆞ실ᄊᆡ 다시 오ᅀᆞᄫᅵ다(성인이 또 나를 부리셔서 대왕 몸을 청하여 오거든 찻물을 긷는 유나를 삼으리라 하시므로 다시 온 것입니다)<월인석보 8 : 92>[원 발화자 : 聖人, 인용자 : 使者, 광유성인이 제자에게 한 말을 대왕에게 다시 옮겨 표현함.] →직접 인용 : 大王 모물 請ᄒᆞ야 오나든 찻믈 기를 維那를 사모리라

(3) 간접 인용의 변화

① 높임법의 중화

- 예 직접 인용 : 光明 주머귀를 보노이다 → 간접 인용 : 네 몬져 나를 對答호딕 光明 주머귀를 보노라(공손법의 중화) ᄒᆞ더니(네가 먼저 나를 대답하되, 광명 주먹을 본다고 하더니)<능엄경언해 1 : 98>[원 발화자 : 아난, 인용자 : 세존, 청자 : 아난]

② 인칭의 전이

- 예 직접 인용 : 네 頭陀애 못 爲頭ᄒᆞ니라 → 간접 인용 : 世尊이 나를 니ᄅᆞ샤딕 頭陀애 못 爲頭타 ᄒᆞ시니(세존이 나에게 이르시되, 수행(하는 승려)에 가장 위가 된다고 하시니)<능엄경언해 5 : 41>[원 발화자 : 세존, 인용자 : 세존의 제자 가섭]

③ 높임의 '-시-'의 변화
　　예 직접 인용 : 쟝ᄎᆞ 精持를 나토리라 → 간접 인용 : 쟝ᄎᆞ 精持를 나토샤리라 몬져 이를 드러 니ᄅᆞ샤믄(장차 '정지'를 나타내실 것이라고 먼저 이를 들어 이르심은)<월인석보 17 : 78>[원 발화자 : 세존, 인용자 : 편찬자]

　　변화 인용절의 인용 부사격 조사 '-고' : 인용절의 인용 표지인 '-고'는 18세기에 처음 등장하고 19세기 초와 중기에는 등장하지 않다가 19세기 말 개화기 문헌에 본격적으로 나타난다.
　　　예 • 이애 닐오ᄃᆡ 내 아미타불이 셔로브터 오샤 날로 보빅좌 주믈 보로라코 말 믓고 죵 ᄒᆞ니라<권념 29>(인용 동사 'ᄒᆞ다'의 활용형 'ᄒᆞ고'의 어미에서 기원)
　　　　　• 아홉의 왜놈이 와 빅 트라 근쳥ᄒᆞ되 역풍이 나리라고 승션을 말나더니<일동장유가 2 : 5, 18세기>(명령형 어미 '-라'+인용 동사 'ᄒᆞ고' → '-라고')
　　　　　• 세계즁에 뎨일 학문 잇고 지혜 잇는 션싱 ᄒᆞ나흘 만나 뭇기를 죠션이 엇더케 ᄒᆞ여야 죠켓ᄂᆞ냐고 ᄒᆞ즉<독립신문 1896.4.25.>

2 이어진 문장

1. 대등하게 이어진 문장

　　| 종속절=주절 |　　선행절 + -고, -곡, -며, -며셔 + 후행절

예 • 子ᄂᆞᆫ 아ᄃᆞ리오[아ᄃᆞᆯ+이+-고] 孫ᄋᆞᆫ 孫子ㅣ니('자'는 아들이고 '손'은 손자이니)<월인석보 1 : 7>(선행절과 후행절을 바꿔도 의미 변화가 없음.)
　　• 玉女들히 虛空애셔 온가짓 풍류ᄒᆞ며[풍류ᄒᆞ-+-며] 굴근 江이 ᄆᆞᆰ고 흐르디 아니ᄒᆞ며(또 옥녀들이 허공에서 여러 가지 풍류하며 굵은 강이 맑고 흐르지 아니하며)<월인석보 2 : 32~33>(등시적(等時的)인 사건을 표현하므로 선·후행절을 바꿔도 의미 변화 없음)
　　• 菩薩이 ᄃᆞ니시며 셔 겨시며 안ᄌᆞ시며 누ᄫᆞ샤매(보살이 다니시며 서 계시며 앉으시며 누으심에)<월인석보 2 : 26>(계기적 사건을 표현한 것이므로 선·후행절을 바꿀 수 없음)
　　• 말ᄒᆞ며 우숨 우스며셔 주규믈 行ᄒᆞ니(말하며 웃음을 웃으며 죽음을 행하니)<두시언해 6 : 39>

2. 종속적으로 이어진 문장

　　| 종속절<주절 |　　선행절 + -니, -ㄹ씨, -려, -관ᄃᆡ, -곤, …… + 후행절

예 • 내 이제 너를 노ᄒᆞ노니 ᄠᅳ들 조차 가라(내가 이제 너를 놓으니 뜻을 좇아 가라)<월인석보 13 : 19>('-니'로 연결된 종속절이 뒤의 주절을 설명의 방식으로 이어짐)
　　• ᄀᆞᄅᆞ매 빅 업거늘 얼우시고 또 노기시니(강에 배가 없으매 얼리시고 또 녹이시니)<용비어천가 20>('-거늘'의 종속절이 이유의 방식으로 이어짐)
　　• 耶輸ㅣ 잠깐도 듣디 아니ᄒᆞ실ᄊᆡ 目蓮이 淨飯王ᄭᅴ 도라가 이 辭緣을 ᄉᆞᆯᄫᆞᆯ대(야수가 조금도 듣지 아니하시므로 목련이 정반왕께 돌아가 이 사연을 사뢰니)<석보상절 6 : 6>('-ㄹ씨'에 의한 종속절이 원인의 방식으로 주절에 이어짐)

비교 종속적 연결 어미가 명사형처럼 쓰임.
- **예**
  - 羅卜이 '새들히 훍 므러 오거늘' 보고(나복이 새들이 흙을 물어오는 것을 보고)<월인석보 23 : 76>
  - '네 내익……剛强혼 罪苦衆生을 度脫ᄒ거든' 보ᄂ니(네가 나의……강강한 죄고 중생을 도탈하는 것을 보니)<월인석보 21 : 34>
  - 사ᄉ미 짌琴을 혀거를 드로라(사슴이 해금을 켜는 것을 듣는다) <청산별곡>

비교 연결 어미가 부사절로 쓰임
- **예**
  - 내 이제 未來際 뭇드록 몯 니르헬 劫에……(내가 이제 미래의 끝을 마치도록 못 이루 셀 겁에) <월인석보 21 : 18>('-드록'이 부사절의 기능)
  - 向公이 피 나게 우러('향공'이 피 나게 울어)<두시언해 25 : 47>(보조적 연결어미 '-게'가 부사절의 구실)

3. 이어진 문장의 통사적 제약

(1) 문체법 관련 제약

① '-거…니' : 주절을 의문형으로 끝맺게 한다.
- **예** 아래 가신 八媒女도 니거시니 므스기 쌜브리잇고[의문형](전에 가신 여덟 궁녀도 가셨는데 무엇이 어렵겠습니까?)<월인석보 8 : 93>

② '-관ᄃᆡ'[-기에] : 그 종속절에 의문사를 오게 하고 주절을 의문형으로 끝맺게 한다.
- **예** 스승니미 엇던 사ᄅᆞ미시관ᄃᆡ 주벼느로 이 門을 여르시ᄂ니잇고[의문형](스승님이 어떤 사람이시기에 주변으로 이 문을 여십니까?)<월인석보 23 : 84>

③ '-곤'[-거든, -니] : 주절을 의문형으로 끝맺게 한다. 부사 '하물며'도 호응된다.
- **예** 혼 사람 勸ᄒᆞ야 가 法 듣게 혼 功德도 이러ᄒ곤…… ᄒᆞ물며…… 말다비 修行호미ᄯᅡ녀[의문형](한 사람 권하여 가서 법을 듣게 한 공덕도 이러한데……하물며……말대로 수행함뿐이랴)<월인석보 17 : 54>

④ '-디비'[-지] : 종속절에 쓰이면 주절에 부정 표현이 쓰이거나 앞절을 부정하는 내용이 된다.
- **예** ᄒᆞ나혼 比丘ㅣ 큰 戒업를 디녀 잇거든 比丘尼가 正法을 빈호디비 업시우믈 말 씨오[부정문](하나는 비구가 큰 계를 지니고 있으면 비구니가 가서 정법을 배우지, 업신여김을 말 것이오.)<월인석보 10 : 20>

  보충 '란ᄃᆡ만뎡'[앞절의 내용과 대조 또는 역접]
  - **예** 白日이 올마 가ᄃᆞ록 ᄒᆞ시란ᄃᆡ만뎡 늘근 녀름짓ᄂ 노미 므스거시 이셔 서르 즐교ᄆᆞᆯ 다ᄒᆞ리오. <두시언해 22 : 7>

⑤ '-거든' : 종속절에서 명령형뿐만 아니라 평서형에서도 나타난다.
- **예**
  - 내 니마해 볼론 좁이 몯 믈랫거든 도로 오나라[명령형](내 이마에 바른 향이 못 말랐으니 도로 오시오)<월인석보 7 : 7>
  - 商德이 衰ᄒ거든 天下를 맛ᄃᆞ시릴ᄊᆡ…ᄀᆞᄒᆞ니[평서문](상나라의 덕이 쇠하여서, 천하를 맡으실 것이므로…같으니라)<용비어천가 6장>

4. 연결 어미의 분류

연결 어미		의미	예
나열/병렬	-고(-오, -구, -곡)		• 子는 아ᄃᆞ리오[아ᄃᆞᆯ+이+-고] 孫은 孫子ㅣ니('자'는 아들이고 '손'은 손자이니) <월인석보 1:7> • 너희 出家ᄒᆞ거든 날 ᄇᆞ리곡[ᄇᆞ리+-곡] 머리 가디 말라(너희 출가하거든 나를 버리고 멀리 가지 말아라) <석보상절 11:37>
	-며		• 動ᄋᆞ로 몸 사ᄆᆞ며[삼-+-ᄋᆞ며] 動ᄋᆞ로 境 삼ᄂᆞ니라('동'으로 몸을 삼으며 '동'으로 경'을 삼는다.) <능엄경언해 2:2>
	-며셔[면서]		• 말ᄒᆞ며 우숨 우스며셔[웃-+-ᄋᆞ-+-며셔] 주규믈 行ᄒᆞ니(말하며 웃음 웃으면서, 죽임을 행하니) <두시언해 6:39>
대조/양보	-나		• 구루멧 ᄒᆡ ᄇᆞᆯ ᄀᆞᆮᄒᆞ나 더운 하늘이 서늘ᄒᆞ도다(구름에서의 해가 불 같으나) <두시언해 초간 6:35> • 祥瑞도 하시며 光明도 하시나 ᄀᆞᆺ 업스실씨 오늘 몯 ᄉᆞᆯᄫᅩ이('상서'도 많으시며 '광명'도 많으시나, 끝이 없으시므로 오늘 못 사뢰오) <월인석보 2:45>
	-건마ᄅᆞᆫ		ᄆᆞᆯ 깊고 ᄇᆡ 업건마ᄅᆞᆫ 하ᄂᆞᆯ히 命ᄒᆞ실씨(물은 깊고 배는 없건마는 하늘이 명하시므로) <용비어천가 34>
	-아도/-어도		나라해 도라오샤도 주올아비 아니ᄒᆞ샤(나라에 돌아오셔도 친하게 아니하시어) <석보상절 6:4>
	-고도		비록 사ᄅᆞ미 무레 사니고도 즁ᄉᆡᆼ마도 몯ᄒᆞ이다(사람의 무리에 끼여 살아가지만 짐승만도 못합니다.) <석보상절 6:5>
	-거니와		衆生은…그지업시 受苦ᄒᆞ거니와 부텨는 죽사리 업스실씨(중생은…그지 없이 수고하거니와, 부처는 죽고 사는 것이 없으시므로) <월인석보 2:16>
	-디빙[-지]		이에 든 사ᄅᆞᄆᆞᆫ 죽디빙 나디 몯ᄒᆞᄂᆞ니라(여기에 든 사람은 죽지, 나지 못하느니라) <석보상절 24:14>
	-건뎡[-지마는, -ㄹ지언정]		녯 聖人냇 보라믈 보미 맛당컨뎡 모딕 杜撰을 마ᄅᆞᆯ디니 아란다(봄이 마땅할지언정 반드시 '두찬'을 말 것이니 알았는가) <몽산법어언해 20>
조건/가정	-ㄴ댄[-면]		ᄒᆞ다가 보미 이 物인댄 네 쏘 어루 내 보믈 보리라(만일에 봄이 이 '물'이면 네가 또 가히 내 보는 것을 볼 것이다.) <능엄경언해 2:35>
	-ㄴ덴		일로 혜여 보건덴 므슴 慈悲 겨시거뇨(이것으로 생각해 보면, 무슨 자비심이 계신가?) <석보상절 6:6>
	-온딘[-면]		오ᄂᆞᆯ날 이 祥瑞ᄅᆞᆯ 보ᅀᆞᄫᆞᆫ딘 아래와 다ᄅᆞ디 아니ᄒᆞ시니(오늘날 이 상서를 보면 이전과 다르지 아니하시니) <석보상절 13:36>
	-란ᄃᆡ [-ㄹ 것 같으면, -ㄹ진대, -니]		두 사ᄅᆞ미 어우러 精舍 지ᅀᆞ란ᄃᆡ 일후믈…孤獨園이라 ᄒᆞ라(두 사람이 합하여 정사를 지으니, 이름을…고독원이라 하라) <석보상절 6:40>
	-거든		商德이 衰ᄒᆞ거든 天下ᄅᆞᆯ 맛ᄃᆞ시릴씨…ᄀᆞᆮ하니(상나라의 덕이 쇠하여서 천하를 맡으실 것이므로…같으니라) <용비어천가 6장>
	-면		바ᄂᆞᆯ 아니 마치시면 어비아ᄃᆞ리 사ᄅᆞ시리잇가(바늘을 맞히지 아니하셨으면 아버지와 아들이 살아나셨겠습니까?) <용비어천가 52>

설명, 이유, 원인	-니	婢 흔 아ᄃᆞ를 <u>나ᄒᆞ니</u> 사ᅌᆞᆯ 몯 차셔 믈ᄒᆞ며(여종이 한 아들을 낳으니 사흘이 못 되어서 말하며) <월인석보 21 : 55> 大德하 사ᄅᆞ미 다 모다 <u>잇ᄂᆞ니</u> 오쇼셔(대덕이시여, 사람이 모두 모여 있으니 오소서) <석보상절 6 : 29>
	-ㄹ씨	불휘 기픈 남ᄀᆞᆫ ᄇᆞᄅᆞ매 아니 <u>뮐씨</u> 곶 됴코 여름 ᄒᆞ나니(뿌리가 깊은 나무는 바람에 아니 흔들리므로, 꽃이 좋고 열매가 많으니) <용비어천가 2>
	-어/-아	座를 <u>ᄂᆞ호아</u> ᄂᆞᆷ 勸ᄒᆞ면(자리를 나누어 남에게 권하면) <월인석보 17 : 51>
	-ㄴ대[-ㄴ즉]	받 님자히 怒ᄒᆞ야 그믈로 <u>자ᄇᆞᆫ대</u> 鸚鵡ㅣ 닐오ᄃᆡ(밭 임자가 노하여 그물로 잡으니 앵무가 이르되) <월인석보 2 : 12~13>
	-거늘	ᄀᆞᄅᆞ매 ᄇᆡ <u>업거늘</u> 얼우시고 ᄯᅩ 노기시니(강에 배가 없거늘 얼게 하시고 또 녹게 하시고) <용비어천가 20>
	-관ᄃᆡ[-기에]	이 엇던 神靈ㅅ <u>德이시관ᄃᆡ</u> 내 시르믈 누기시ᄂᆞ고(이 어떤 신령의 덕이시기에 내 시름을 녹이십니까?) <월인석보 21 : 21>
	-라[-기 때문에]	우리는 罪 지슨 <u>모미라</u> 하ᄂᆞᆯ해 몯 가노니(우리는 죄 지은 몸이라서 하늘에 못 가니) <월인석보 21 : 201>
설명이나 인용	-오ᄃᆡ[-되]	산이 <u>이쇼ᄃᆡ</u> 일후미 鐵圍니(산이 있이 이름이 철위이니) <월인석보 21 : 74> 目連이 <u>ᄉᆞᆯᄫᅩᄃᆡ</u> 太子 羅睺羅ㅣ …부텨 ᄀᆞᄐᆞ시게 ᄒᆞ리이다(목련이 사뢰되, 태자 나후라가…부처 같으시게 할 것입니다.) <석보상절 6 : 3-4>
앞뒤 비교	-곤	ᄂᆞ미 供養ᄋᆞᆯ 譏弄ᄒᆞ야 허러도 오히려 이 報ᄅᆞᆯ <u>얻곤</u> ᄒᆞ며 各別히 모딘 보ᄆᆞᆯ 내야 허루미ᄯᆞ녀(남의 공양을 기롱하여 헐뜯어도 오히려 이 보를 얻거늘 하물며 각별히 모진 봄을 내어 헐음이랴.) <월인석보 21 : 90>
	-노니 [-는 것보다]	ᄂᆞ미 겨집 <u>ᄃᆞ외노니</u> ᄎᆞ라리 뎌 고마 ᄃᆞ외아지라(남의 계집이 되는 것보다 차라리 저 첩이 되고 싶다) <법화경언해 2 : 28>
보태지거나 점점 더해감	-ᄃᆞ록	그 ᄯᆞ니미 몯 <u>보ᄃᆞ록</u> 가ᄃᆡ(그 따님이 못 보도록 가되) <석보상절 11 : 29>
	-디옷[-ㄹ수록]	이 하ᄂᆞᆯᄃᆞᆯ히 <u>놉디옷</u> 목수미 오라ᄂᆞ니(이 하늘들이 높을수록 목숨이 오래어지니) <월인석보 1 : 37>
	-ㄹ스록 [-ㄹ수록]	사괴는 ᄠᅳ든 <u>늘글스록</u> ᄯᅩ 親ᄒᆞ도다(사귀는 뜻은 늙을수록 또 친하구다) <두시언해 21 : 15>
비슷함 (비유)	-ᄃᆞᆺ[-듯]	法이…너비 펴아 가미 술위ᄢᅵ <u>그우ᄃᆞᆺ</u> ᄒᆞᆯᄊᆡ(법이…널리 펴 나감이 수레바퀴가 구르듯 하므로) <석보상절 13 : 4>
	-ᄃᆞ시[-듯이]	요주ᅀᅮᆷ 누넷 가ᄉᆡ ᅀᅡᅀᅡ <u>ᄇᆞ리ᄃᆞ시</u> 그 샤ᇰ오ᄋᆞᆯ 병으리와ᄃᆞ니(요즈음 눈의 가시 빼앗아 버리듯이 그 남편을 떠나게하니) <두시언해 25 : 9>
희망, 의도, 목적	-고져[-고자]	선남자 션여인이 뎌 부텻 셰계예 <u>나고져</u> 發願ᄒᆞ야ᅀᅡ ᄒᆞ리라(어진 남자와 어진 여자가 저 부처의 세계에 나고자 발원하여야 할 것이다.) <석보상절 9 : 11>
	-과뎌 [-게 하고자]	一切 衆生이 다 解脫ᄋᆞᆯ <u>得과뎌</u> 願ᄒᆞ노이다(모든 중생이 모두 해탈을 얻게 하고자 원합니다.) <월인석보 21 : 8>
	-긧고[-게끔]	三寶애 나ᅀᅡ가 <u>븓긧고</u> ᄇᆞ라노라('삼보'에 나아가서 붙게끔 바라구나) <석보상절 서 : 6>
	-오려	그듸 精舍 <u>지ᅀᅮ려</u> 터흘 ᄀᆞᆺ 始作ᄒᆞ야 되어늘(당신이 정사를 지으려고 터를 이제 막 시작하여 되거늘) <석보상절 6 : 35>
	-라[러]	나라해 <u>빌머그라</u> 오시니(나라에 빌어먹으러 오시니) <월인석보 1 : 5>

전환	-다가	두 히 <u>돋다가</u> 세 히 도ᄃ면(두 해가 돋다가 세 해가 돋으면)<월인석보 1:48>
	-라ᅀᅡ [-자마자, -었다가]	世尊이…ᄒᆞ오ᅀᅡ 볼 <u>구피라</u> 펼 ᄊᆞᅀᅵ예 忉利天에 가샤(세존이…혼자 팔을 굽히고 펼 사이에 '도리천'에 가시어)<월인석보 21:4>
	-거ᅀᅡ [-ㄴ 뒤에야 비로소]	열 두 大劫이 <u>ᄎ거ᅀᅡ</u> 蓮花ㅣ 프거든(열두 대겁이 차서야 연꽃이 피거든)<월인석보 8:75>
	-고ᅀᅡ [-고서, -ㄴ 뒤에야]	지조 <u>겻구고ᅀᅡ</u> 須達이와 舍利弗왜 精舍ᄅᆞᆯ 짓더니(재주를 겨루고 난 뒤에야 수달이와 사리불이 정사를 짓더니)<월인석보 6:35>
	-락 [-자마자, -었다가]	亂離ᄒᆞᆯ 저긔 ᄯᅩ <u>모ᄃᆞ락</u> 흩노니(난리난 때에 또 모이자마자 흩어지니)<두시언해 8:57>
	-ㄴ다마다[-자마자, -ㄹ 때마다]	<u>說法</u>ᄒᆞ신다마다 다 能히 놀애로 브르ᅀᆞᆸᄂᆞ니라(부처가 설법하신 것마다 다 능히 노래로 부르느니라)<월인석보1:15>
	-다가며[-자마자 곧, -면서부터]	나다가며 本來 잇ᄂᆞ니 뉘 ᄒᆞ오ᅀᅡ 업스리오(나자마자 본래 있으니 누가 홀로 없으리오?)<월인석보 13:31>
어느 쪽이나 상관 없음	-나	<u>오나가나</u> 다 새 지비 兼ᄒᆞ얫도소니(오나가나 다 새 집이 겸하여 있으니)<두시언해 7:16>
	-거나	됴ᄒᆞᆫ 몸 <u>ᄃᆞ외어나</u> 구즌 몸 <u>ᄃᆞ외어나</u> 호미(좋은 몸이 되거나 궂은 몸이 되거나 함이)<월인석보 1:12>
동작이 되풀이됨	-곰[-곤]	ᄒᆞᆫ 부체ᄅᆞᆯ 다ᄃᆞ니 ᄒᆞᆫ 부체 <u>열이곰</u> ᄒᆞᆯᄊᆡ(한 문짝을 닫으니 한 문짝이 열리곤 하므로)<월인석보 7:9>
	-엄[-면서]	다ᄋᆞᆷ 업슨 긴 ᄀᆞᄅᆞᄆᆞᆫ <u>니ᅀᅥᆷ</u> 니ᅀᅥ 오ᄂᆞ다(다함이 없는 긴 강은 연이어 오는구나)<두시언해 10:35>

03 문법 요소

1 문장의 유형

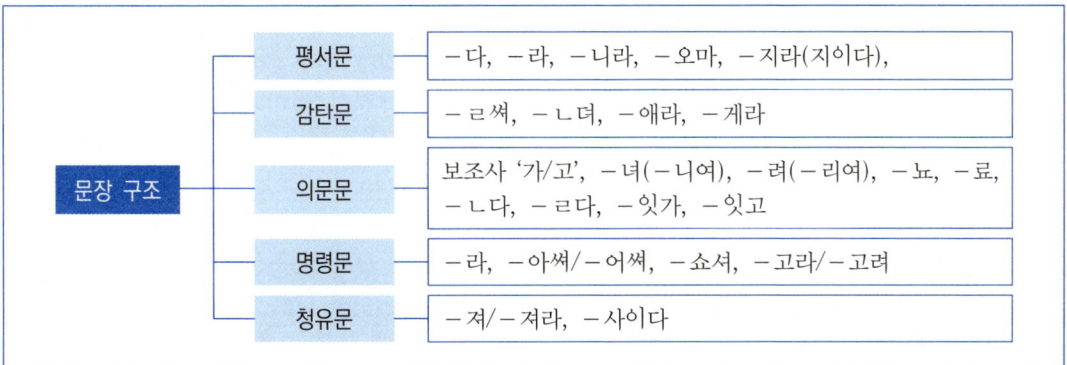

1. 평서문

(1) 정의

화자가 문장 내용을 평범하게 진술하는 종결 양식(평서형 종결 어미 '-다', '-니라' 등)

(2) 평서문의 실현과 성격

① 상호적 발화 상황 : 평서형어미 '-다'에 의해 ᄒᆞ라체, ᄒᆞ야쎠체, ᄒᆞ쇼셔체, 반말체 등으로 실현된다.

- ᄒᆞ쇼셔체
  - 예 이 蓮花ㅣ 五百 니피오 닙 아래마다 하ᄂᆞᆳ 童男이 잇ᄂᆞ이다(이 연꽃이 5백 잎이고, 그 꽃잎 아래마다 하늘의 사내아이가 있습니다) <석보상절 11 : 32>
- ᄒᆞ야쎠체
  - 예 내 그런 ᄠᅳ들 몰라 ᄒᆞ댕다[ᄒᆞ-+-더-+-오-+-ᅌᅵ-+-다](내가 그런 뜻을 몰라서 했소) <석보상절 24 : 32>
- ᄒᆞ라체
  - 예 내 이제 네 어믜 간 싸ᄒᆞᆯ 뵈요리라[뵈-+-오-+-리-+-다](내가 이제 너의 어미 간 땅을 보여줄 것이다.) <월인석보 21 : 21>

- 반말체
  - 예 聖子ㅣ 나샤 正覺 일우시리(성스러운 아들이 태어나시어 정각을 이루시리)<월인천강지곡 기 15>
  - 비교 일방적 발화 상황인 단독적 장면
    - 예 • 王이 怒ㅎ야 니ᄅ샤ᄃᆡ……夫人ㅅ 벼슬 아ᅀᆞ시고 그 蓮花ᄅᆞᆯ ᄇᆞ리라 ᄒᆞ시다(왕이 노하여 말씀하시되,……부인의 벼슬을 빼앗으시고 그 연꽃을 버리라고 하셨다.<석보상절 11 : 31>
      - 뫼햇 새 놀애 브르ᄂᆞ다(산의 새가 노래를 부른다.)<금강경삼가해 3 : 14>
      - 大梵天王이 娑婆世界ᄅᆞᆯ ᄀᆞᅀᆞ마ᄂᆞ니라('대범천왕'이 '사바세계'를 주관하는 것이다)<석보상절 13 : 6>(직설법, 보수적 평서형어미 '-니라')
      - 金부플 티면 十八億 사ᄅᆞ미 다 몯더니라(금북을 치면 18억 사람이 다 모이더라)<석보상절 6 : 28>(회상법, 보수적 평서형어미 '-니라')

③ 화행적 의미가 다른 평서문 : 약속, 소망, 두려움/경계(警戒)
  - ㉠ 약속 평서문 '-오마' : 상대방에게 자기의 의사를 베풀어 그 실현을 약속하는 평서문..
    - 예 내 너ᄃᆞ려 ᄀᆞᄅᆞ쵸마[ᄀᆞᄅᆞ치-+-오마](내가 너에게 가르치마)<번역박통사 상 : 10>
  - ㉡ 당위 평서문 : 형태상으로는 평서문이지만 의무나 당위의 의미가 포함하는 평서문.
    - 예 ᄯᅩ 반ᄃᆞ기 仔細히 ᄆᆞᅀᆞᄆᆞᆯ ᄡᅮᆯ 디니라[ᄡᅳ-+-ᅟᆶ#ᄃᆞ+ㅣ+-니라](또 반드시 자세히 마음을 쓰는 것이니라)<몽산법어언해 39>
  - ㉢ 소망 평서문 : 화자의 소망이나 바람을 나타내는 특수한 평서문.
    - 예 • 노하시ᄃᆞᆫ 보아지이다(놓아주시거든 보고 싶습니다)<월인석보 22 : 65>
      - 東山 구경ᄒᆞ야지이다(동산을 구경하고 싶습니다)<월인석보 2 : 27>
  - ㉣ 두려움/경계
    - 예 내 가논 ᄃᆡ ᄂᆞᆷ 갈셰라(내가 가는 곳에 남이 갈까 두렵다.)<한림별곡>
    - 참고 평서문 어미 '-니라' : 연구자에 따라서 '-니라'를 '-니-'와 '-다'로 보는 경우도 있고, '-니다'를 평서형 어미로 보는 경우도 있다.
      - 예 네 아비 ᄒᆞ마 주그니라(너의 아버지가 벌써 죽었다.)<월인석보 17 : 21>
      - 비교 이 東山이 甚히 맛갑다.<석보상절 6 : 23>

2. 의문문

(1) 정의

화자가 청자에게 해답을 요구하는 질문 형식의 종결 양식으로, 의문 보조사로 '-가/-고'가 쓰이고, 의문형 종결 어미로 '-녀/-뇨, -여/-요'가 쓰인다.

  비교 현대 국어와의 차이
  1. 체언에 보조사가 붙어 의문문 형성
    - 예 • 그 ᄠᅳ디 ᄒᆞᆫ가지아 아니아(판정 의문)
      - 얻논 藥이 므스것고(설명 의문)
  2. 인칭에 따른 구분
    - 예 네 信ᄒᆞᄂᆞ다 아니 ᄒᆞᄂᆞ다(2인칭 의문문에서는 '-ㄴ다'와 '-ㄹ다'가 쓰임)

3. 의문사의 사용 여부에 따른 의문문의 형태 변화
  예 • 이 ᄯᆞ리 너희 죵가(이 딸이 너희 종인가?) <월인석보 8 : 94>
    • 이 엇던 光明고(이 어떤 '광명'인가?) <월인석보 10 : 7>

(2) 의문문의 실현

① 체언＋보조사 '가/고'
  • 판정 의문문(의문사×)
    예 이 두 사ᄅᆞ미 眞實로 항것가(이 두 사람이 진실로 네 상전(주인)인가?) <월인석보 8 : 94>
  • 설명 의문문(의문사)
    예 • 얻논 藥이 므스것고(얻는 약이 무엇이냐?) <월인석보 21 : 215> (의문사 동반)
      • 이 엇던 光明고(이 어떤 광명인가?) <월인석보 10 : 7> (의문사 동반)

② 의문형 종결 어미
  예 • 이 大施主의 得혼 功德이 하녀 져그녀(이 대시주의 얻은 공덕이 많은가, 적은가?) <월인석보 17 : 48>
    • 네 어드러 가ᄂᆞ니오(너는 어디로 가는가?) <두시언해 8 : 6>

(3) 의문사의 동반에 따른 형태 교체

① ᄒᆞ라체 1·3인칭 의문문
  ㉠ 판정 의문문 : 판정 의문문은 긍정이나 부정의 대답을 요구하는 의문사가 없는 의문문으로, 조사나 어미의 모음이 '아/어' 계통으로써 'ㅡ니여, ㅡ녀, ㅡ리여, ㅡ려, ㅡㄴ가, ㅡㄹ까, ㅡ가' 등을 사용한다.
    예 • 이 ᄯᆞ리 너희 죵가[죵＋가(의문 보조사)](이 딸이 너희 종이냐?) <월인석보 8 : 94>
      • 이는 賞가 罰아[罰＋가](이것은 상인가, 벌인가?) <몽산화상법어약록언해 53>
      • 앗가ᄫᆞᆫ 뜨디 잇ᄂᆞ니여(아까운 뜻이 있느냐?) <석보상절 6 : 25>
  ㉡ 설명 의문문 : 의문사를 동반하여 설명하는 대답을 요구하는 의문문으로, 조사나 어미의 모음이 '오' 계통으로, 'ㅡ니오, ㅡ뇨, ㅡ리오, ㅡ료, ㅡㄴ고, ㅡㄹ꼬, ㅡ고' 등을 사용한다.
    예 • 네 벋들히 이제 어듸 잇ᄂᆞ뇨(네 벗들이 이제 어디 있는가?) <월인석보 22 : 47>
      • 몃 間ㄷ 지븨 사ᄅᆞ시리잇고[살ㅡ＋ㅡᄋᆞ시ㅡ＋ㅡ리ㅡ＋ㅡ잇ㅡ＋ㅡ고](몇 간이나 되는 집에서 사셨겠는가?) <용비어천가 110장>

② ᄒᆞ라체 2인칭 의문문 : 의문문의 주어가 2인칭인 경우 관형사형에 의문 보조사 '다'가 결합한 의문형 종결 어미 'ㅡㄴ다', 'ㅡᇙ다'가 나타난다.
  예 • 네 모ᄅᆞ던다[모ᄅᆞㅡ＋ㅡ더ㅡ＋ㅡㄴ다](네가 몰랐더냐?) (판정 의문문) <월인석보 21 : 195>
    • 네 엇뎨 안다[알ㅡ＋ㅡㄴ다] (설명 의문문)(네가 어찌 알았느냐?) <월인석보 23 : 74>
    • 엇던 혜므로 나ᄅᆞᆯ 免케 ᄒᆞᇙ다[ᄒᆞㅡ＋ㅡᇙ다](네가 어떤 생각으로 나를 면하게 하겠느냐?) <월인석보 21 : 56>
    비교 고려가요
      • 네 가시 럼난 디 몰라셔……널 비예 연즌다 샤공아 <악장가사, 서경별곡>
      • 가던 새 가던 새 본다……믈 아래 가던 새 본다 <악장가사, 청산별곡>
      • 여흘란 어듸 두고 소해 자라 온다 <악장가사, 만전춘>

ⓒ ᄒᆞ쇼셔체 : 제1·3인칭과 제2인칭으로 분화되어 있는 의문문의 체계가 중화되어 나타난다.
- 제1인칭
  - 예 • 사로미 이러커늘사 아들ᄋᆞᆯ <u>여희리잇가</u>(사는 것이 이러하거늘 아들을 이별하겠습니까?)
    <월인천강지곡 기 143>
  - • 내 이제 엇뎨ᄒᆞ야ᅀᅡ 地獄 잇ᄂᆞᆫ ᄯᅡ해 <u>가리잇고</u>(내 이제 어찌해야 지옥 있는 땅에 가겠습니까?) <월인석보 21 : 25>
- 제2인칭
  - 예 • 님금하 아ᄅᆞ쇼셔 洛水예 山行 가 이셔 하나빌 <u>미드니잇가</u>(임금이여, 아소서. 낙수에 사냥을 가 있으면서 조상만 믿으시겠습니까?) <용비어천가 125장>
  - • 므스므라 <u>오시니잇고</u>(무엇 때문에 오셨습니까?) <석보상절 권6 : 3>
- 제3인칭
  - 예 • 世尊이 ᄀᆞ봄 내시게 <u>아니ᄒᆞ니잇가</u> <법화경언해 5 : 92>
  - • 어미……어느 길헤 <u>냇ᄂᆞ니잇고</u>[나-+(-아)#잇-+-ᄂᆞ-+-니-+-잇-+-고] (어미가……어느 길에 났습니까?) <월인석보 23 : 90>
  - 비교1 ᄒᆞ쇼셔체의 판정 의문문과 설명 의문문의 혼용
    - 예 • <u>어듸 가시ᄂᆞ니잇가</u>(어디에 가십니까?) <남명집언해 상 52> (의문사가 있으나 '가'가 나타남)
    - • 여슷 하ᄂᆞ리 어늬ᅀᅡ 못 <u>됴ᄒᆞ니잇가</u>(여섯 하늘이 어느 것이 가장 좋습니까?) <석보상절 6 : 35> (의문사가 있으나 '가'가 나타남)
    - • 七代之王ᄋᆞᆯ 뉘 <u>마ᄀ리잇가</u>[막-+ᄋᆞ리-+-잇-+-가](칠대의 왕을 누가 막겠습니까?) <용비어천가 15장> (수사 의문으로 해석됨)
  - 비교2 ᄒᆞ야쎠체 : 판정 의문문과 설명 의문문의 형태적 구별이 나타나지 않는다.
    - 예 • 主人이 므슴 차바ᄂᆞᆯ 손소 ᄃᆞ녀 <u>ᄆᆡᇰᄀᆞ노닛가</u>(주인이 무슨 차반을 손수 다니면서 만드시오?) <석보상절 6 : 16>
    - • 그딋 아바니미 <u>잇ᄂᆞ닛가</u>(그대의 아버님이 계시오?) <석보상절 6 : 14>

(4) **반말체 의문문** : 반말이란 어미를 생략한 형태이므로 평서문과는 형태적으로 구별되지 않는다.
  - 예 • 님긊 말ᄊᆞ미 그 아니 <u>올ᄒᆞ시니</u>(판정 의문문)(임금의 말씀이 그 아니 옳으시겠는가) <용비어천가 39>
  - • 이제 엇뎨 怨讐를 <u>니즈시ᄂᆞ니</u>(설명 의문문)(이제 어찌 원수를 잊으시는가?) <석보상절 11 : 9>
    - 비교 모딘들 아니 <u>깃ᄉᆞᄫᆞ리</u>(악독한들 기쁘지 않겠는가?) <월인천강지곡 기 : 190> (판정 의문문이나 의미상 수사 의문)

(5) **간접 의문문** : 독백이나 혼잣말처럼 하는 의문문으로, 물음의 상대가 없는 의문문으로, 발화 상황의 문제이므로 형태상으로는 직접 의문문과 똑같다.
  - 예 • 어더 <u>보ᅀᆞᄫᅩᆯ까</u>(판정 의문문)(얻어 볼 수 있을까?) <석보상절 24 : 43>
  - • 뎨 엇던 功德을 <u>뒷더신고</u>(설명 의문문)(그가 어떤 공덕을 쌓아 두었던가?) <석보상절 24 : 37>

3. 감탄문

(1) 정의
　화자가 청자를 의식하지 않거나 독백 상태에서 자신의 느낌을 표현하는 종결 방식으로, 주로 느낌의 선어말 어미 '-돗-, -도-, -옷-, -ㅅ-'에 의해 나타나지만 느낌 표시의 어말 어미에 의해서도 나타난다.

(2) 감탄문의 실현
① 감동법 선어말 어미 : '-돗-, -도-, -옷-, -ㅅ-'
　예
　　• 그듸 가 들 찌비 불쎠 <u>이도다</u>(그대가 가서 들 집이 벌써 이루어지도다)<석보상절 6:35>
　　• 世尊이 世間애 나샤 甚히 <u>奇特ᄒ샷다</u>(세존이 세간에 나셔서 심히 기특하셨도다)<월인석보 7:14>
　　• ᄒ다가 우리 큰 法 즐길 ᄆᆞᅀᆞ믈 두던댄 부톄 날 爲ᄒ샤 大乘法을 <u>니르시리라ᄉ이다</u><법화경언해 2:231>
　　• 우리도 이 偈를 좃ᄌᆞᄫᅡ <u>외오노소라</u>(우리도 이 게를 따라서 외우는 것이다)<월인석보 8:100>
　　• 부텨 니르시논 解脫을 우리도 得ᄒ야 涅槃애 다ᄃᆞ론가 <u>ᄒ다소니</u>(부처가 이르시는 해탈을 우리도 얻어서 열반에 다다른 것처럼 하였더니)<석보상절 13:43>

② 감탄형 종결 어미 : '-ㄹ쎠, -ㄴ뎌, -어라/-애라'의 실현
　예
　　• 내 아ᄃᆞ리 <u>어딜쎠</u>[어딜-+-ㄹ쎠](내 아들이 어질구나)<월인석보 2:7>
　　• 六祖ㅅ 큰 오온 ᄠᅳ들 보디 <u>몯ᄒᄂᆞᆫ뎌</u>[몯ᄒ-+-ᄂᆞ-+-ㄴ뎌](육조의 크 모든 뜻을 보지 못하는구나.)<내훈 1:7>
　　• 目蓮이 닐오ᄃᆡ 몰라 <u>보애라</u>(목련이 이르되 몰라보겠구나)<월인석보 23:86>
　　• 부톄 둥 <u>알패라</u>[앎-+-애라] ᄒ샤<석보상절 24:2>
　　참고 감탄형 어미 '-게라'의 통사적 특징 : '아디 몯-, 듣지 몯-, 보디 몯-'에 붙는 통합상의 특징이 있다.
　　　예 볽 興에 아디 <u>몯게라</u> 믈읫 몃 마릿 그를 지스니오<두시언해 22:16>

4. 명령문

(1) 정의
　화자가 청자에게 무엇을 시키거나 행동을 요구하는 종결 양식으로, 어말 어미 '-라'에 의해 나타난다. '-어라'는 주관적 믿음의 선어말 어미 '-어-'와 명령형 어미 '-라'이다.

(2) 상대 높임 등분에 따른 유형
① 'ᄒ라'체 명령문 : '-으라'
　예
　　• 첫소리를 어울워 ᄡᅳ디면 <u>ᄀᆞᆯᄫᅡᄡᅳ라</u><훈민정음 언해>
　　• 너희 디마니 혼 이리 잇ᄂᆞ니 ᄲᆞᆯ리 <u>나가라</u>(너희가 소홀히 한 일이 있으니 빨리 나가라)<월인석보 2:6>
　　• 須達이 뉘읏디 <u>말라</u>(수달이 뉘우치지 말라)<석보상절 6:19>

② 'ᄒᆞ야쎠'체 : '-아쎠/-어쎠'
　　예 • 내 보아져 ᄒᆞᄂᆞ다 솔바쎠[ᄉᆞᆲ- + -아쎠](내가 보자 한다고 사뢰오) <석보상절 6 : 14>
　　　• 엇뎨 부톄라 ᄒᆞᄂᆞ닛가 그 ᄠᅳ들 닐어쎠(어찌 부처라고 하오? 그 뜻을 말하오) <석보상절 6 : 16~17>

③ 'ᄒᆞ쇼셔'체 명령문 : '-쇼셔'
　　예 • 임금하 아ᄅᆞ쇼셔[알- + -ᄋᆞ쇼셔](임금이시여, 아소서) <용비어천가 125>
　　　• 王이 네 아ᄃᆞᆯ 내티쇼셔(왕이 네 아들을 내치소서) <월인석보 2 : 6>

④ 반말 명령문 : '-오라, -고라, -고려'(우회적 지시나 허락)
　　예 • 아가 아가 하 셜버 ᄒᆞ노니 아므례나 求ᄒᆞ야 내오라(아가, 아가. 많이 서러워하니 어떻게든 구하여 내오라) <월인석보 23 : 87>
　　　• 生生애 내 願을 일티 아니케 ᄒᆞ고라(생생에 나의 소원을 잃지 아니하게 하오.) <월인석보 1 : 13>
　　　• 내 아기 위ᄒᆞ야 어더 보고려(내 아기를 위하여 구하여 보구려.) <석보상절 6 : 13>

(3) 성격

① 고려 가요의 경우 '-시-'가 삽입되어 있는데 중세 국어에서 흔히 나타나는 현상이다.
　　예 • ᄃᆞᆯ하 노피곰 도ᄃᆞ샤……머리곰 비취오시라 <악장가사, 정읍사>
　　　• 혀고시라 밀오시라 鄭少年하 <악장가사, 한림별곡>

② 명령문은 확인이나 감동의 선어말 어미를 취하는 경우가 있다.
　　예 • 네 바리를 어듸 가 어든다 도로 다가 두어라(네가 (그) 바리를 어디 가서 얻어왔느냐? 도로 가져다 두어라) <월인석보 7 : 8>
　　　• 너희들히……ᄂᆞ외야 ᄆᆞᅀᆞᆷ 게을이 먹디 마라스라[말- + -아- + -ㅅ- + -ᄋᆞ라](너희들이……다시는 마음을 게을리 먹지 말아라) <석보상절 23 : 12>

5. 청유문

(1) 정의
　　화자가 청자에게 같이 행동할 것을 요구하는 종결 양식으로, ᄒᆞ라체의 '-져/-져라', ᄒᆞ쇼체의 '-사이다'에 의해 실현된다.

(2) 상대 높임 등분에 따른 유형

① 'ᄒᆞ라'체 : '-져(단순한 청유), -져라(친근하고 은근한 청유)'
　　예 • 우리 이제 안ᄌᆞᆨ 出家 말오……후에ᅀᅡ 出家ᄒᆞ져(우리는 지금 아직 출가하지 말고……다음에야 출가하자) <월인석보 7 : 1~2>
　　　• 이 劫 일후므란 賢劫이라 ᄒᆞ져(이 '겁'의 이름은 '현겁'이라고 하자) <월인석보 1 : 40>
　　　• 父王이 病ᄒᆞ야 겨시니 우리 미처 가 보ᅀᆞᄫᅡ ᄆᆞᅀᆞᆷ 훤히 너기시게 ᄒᆞ져라(부왕이 병들어 계시니 우리가 미처 가 보아 마음을 훤히 여기시게 하자) <월인석보10 : 6>

② 'ᄒᆞ쇼셔'체 : '-사이다'
> 예
> • 淨居天이 太子의 술보디 <u>가사이다</u>('정거천'이 태자께 사뢰되, '가십시다') <월인석보 3 : 26>
> • 淨土애 훈디 가 <u>나사이다</u>(극락정토에 함께 가 나십시다) <월인석보 8 : 100>

> **경계문**
>
> 중세 국어는 의구형 어미 '-ㄹ셰라/-ㄹ쎼라'에 의해 현대국어의 경계형 어미 '-ㄹ라'와 비슷한 의미를 나타내는데, '~을까 두렵다, ~지 않도록 경계하라'는 뜻을 지닌다.
> 예
> • 훈쁴 가면 ᄒᆞ다가 몯 <u>일울쎼라</u>[일우- + -ㄹ쎼라] <삼강행실도 충신도 30>
> • 어긔야 즌 디를 <u>드디욜셰라</u>[드디- + -오- + -ㄹ셰라] <악장가사, 정읍사>
> • 내 가논 디 눔 <u>갈셰라</u>[가- + -ㄹ셰라] <악장가사, 한림별곡>
> • 잡ᄉᆞ와 두어리마ᄂᆞᆫ 션ᄒᆞ면 아니 <u>올셰라</u>[오- + -ㄹ셰라] <악장가사, 가시리>
> 비교 현대 국어의 '-ㄹ라'
> > 예 조심해라, 다칠라.(그렇게 될까 봐 염려됨을 나타냄.)

2 높임 표현

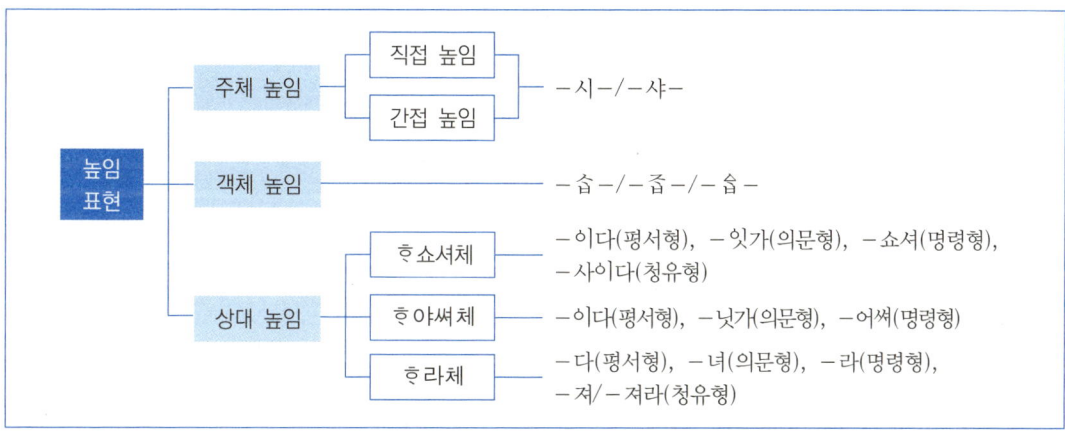

1. 주체 높임법

(1) 정의

화자가 주어 명사가 가리키는 인물이 높임의 대상일 때 실현되는 문법 범주.

(2) 성격

① 주체 높임 선어말 어미 '-시/샤-'에 의해 실현
• 왕이…그 蓮花를 ᄇᆞ리라 <u>ᄒᆞ시다</u>(왕이……그 연꽃을 버리라고 하셨다) <석보상절 11 : 31>
• 이제 부톄…이런 祥瑞를 <u>뵈시ᄂᆞ니라</u>(이제 부처가……이 상서로움을 보이시는 것이다) <석보상절 13 : 27>

- 스승닚 어마님미 姓은 므스기시고 일후믄 므스기신고[므슥+이+-시-+-ㄴ고](스승님의 어머님이 성은 무엇이시고 이름은 무엇이신가?) <월인석보 23 : 82>
  - 비교 '-시-/-샤-'의 형태 교체
    - -(으/으)샤-+모음 어미
      - 예 · 出家ᄒ샤[出家ᄒ-+-샤-+-아] <석보상절 6 : 17>
      - · 海東 六龍이 ᄂᆞᄅᆞ샤[ᄂᆞᆯ-+-ᄋᆞ샤-+-아] <용비어천가1>
    - -(으/으)시-+자음 어미
      - 예 如來 太子ㅅ 時節에 나를 겨집 사ᄆᆞ시니[삼-+-ᄋᆞ시-+-니](여래가 태자의 시절에 나를 아내 삼으시니) <석보상절 6 : 4>

② 관형사형 구성 : 관형절의 피수식어가 관형사형의 주어 명사로 높임의 대상이 된다.
  - 예 · 世界예 잇ᄂᆞᆫ 地獄애 分身ᄒ신[分身ᄒ-+-시-+-ㄴ] 地藏菩薩(세계에 있는 지옥에서 분신하신 지장보살) <월인석보 21 : 30>
    - · 王이 그 이ᄅᆞᆯ 추ᄌᆞ샤 鹿母夫人의 나ᄒ신 ᄃᆞᆯ 아ᄅᆞ시고(왕이 그 일을 찾으시어 녹모 부인이 낳으신 것을 아시고) <석보상절 11 : 32>
    - · 이 諸佛ㅅ 得ᄒ샨 거실ᄉᆡ(이 '제불'이 득하신 것이므로) <원각경언해 서, 3>
      - 보충1 의존 용언 구문 : 의존 용언 구문에서는 의존 용언에만 결합하는 것이 원칙이다.
        - 예 우리 父母ㅣ 듣디 아니ᄒ샨[아니ᄒ-+-샤-+-아+-ㄴ] 고ᄃᆞᆫ(우리 부모가 듣지 아니하신 것은) <석보상절 6 : 7>
      - 보충2 특정 동사의 어휘에 의한 높임 실현
        - 예 · 太子ㅣ 므슷 罪 겨시관ᄃᆡ 이리 ᄃᆞ외어시뇨(태자가 무슨 죄가 계시기에 이리 되셨는가?) <석보상절 24 : 51>
        - · 하ᄂᆞᆯ해셔 飮食이 自然히 오나ᄃᆞᆫ 夫人이 좌시고(하늘에서 음식이 자연히 오거든 부인이 자시고) <월인석보 2 : 25>

(2) 직접 높임과 간접 높임
① 직접 높임 : 높여야 할 대상인 주체에 대해 높임을 실현한다.
  - · 野人ㅅ 서리예 가샤 野人이 ᄀᆞᆯ외거늘 德源 올ᄆᆞ샴도 하ᄂᆞᇙ ᄠᅳ디시니[ᄠᅳᆮ+이+-시-+-니(+-이-+-다)]](야인 가운데에 가시어, 야인들이 사납게 굴거늘, 덕원으로 옮으신 것도 하늘의 뜻이시니라) <용비어천가 4>
  - · 우흔 다 諸佛이 머리셔 讚歎ᄒ시논[讚嘆ᄒ-+-시-+-ᄂᆞ-+-오-+-ㄴ] 마리라(위는 다 '제불'이 멀리서 찬탄하시는 말이다.) <월인석보 18 : 57>

② 간접 높임 : 높여야 할 대상의 신체 부분, 소유물, 생각 등을 나타내는 명사를 통하여 높임의 의향을 실천한다.
  - · 부텻 뎡바깃쎼 노ᄑᆞ샤[높-+-ᄋᆞ샤-+-아] ᄯᅩᆫ머리 ᄀᆞᄐᆞ실ᄊᆡ(부처의 정수리 뼈가 높으시어) <월인석보 8 : 34>
  - · 됴ᄒᆞ실쎠 菩薩이 엇던 緣으로 예 오시니잇고(좋구나. 보살이 어떤 인연으로 여기에 오십니까?) <월인석보 21 : 24>(주어는 '보살이 온 일')
  - · 善慧 精誠이 至極ᄒ실ᄊᆡ(선혜가 정성이 지극하시므로) <월인석보 1 : 10>('ᄒ실ᄊᆡ'의 직접 주어는 '精誠'이지만 높임 주어 명사 '善慧'와 관련됨.)

(3) 주체 높임의 미실현 : 형태는 주체 높임법 '-시-'와 같으나 기능상으로는 주체 높임법이 아닌 것이 있다.

① 확인법 선어말 어미 '-거/어-'+-시-+종속적 연결 어미 '-니'
- **예** • 이제 내 ᄒᆞ마 阿羅漢道를 得ᄒᆞ야 오래 病홁 緣을 <u>여희얫가시니</u>[여희-+-아#잇-+--거-+-오-+-시-(비존칭)+-니] 엇뎨 오늘 문득 므슴 알포미 나거뇨(이제 내가 이미 아라한도를 얻어 앓을 연을 이별하였으니 어찌 오늘 문득 마음이 아픔이 나느냐?)〈능엄경언해 5:72〉
- • 네…如來ㅅ 三十二相ᄋᆞᆯ 브토라 <u>커시니</u>[ᄒᆞ-+-거-+-시-(비존칭)+-니] 뉘 愛樂ᄒᆞ뇨(네가…여래의 삼십이상을 붙이라고 하시니 누가 '애락'하느냐?)〈능엄경언해 1:45〉

② 고려 가요에 나타나는 '-시-'[비존칭(또는 자칭)]
- **예** • 즈믄 히를 외오곰 <u>녀신ᄃᆞᆯ</u>[녀-+-시-(비존칭)+-ㄴᄃᆞᆯ]……信잇ᄃᆞᆫ 그츠리잇가(천년을 외로이 간들…믿음이야 끊어지겠습니까?)〈서경별곡〉
- • 여히므론 아즐가 여히므논 질삼뵈 <u>브리시고</u>[브리-+-시-(비존칭)+-고](이별하기보다는 질삼베를 버리고)〈서경별곡〉

비교 주체 높임 실현
- **예** 벼기더시니[벼기-+-더-+-시-+-ㄴ#이] 뉘러시니잇가(우기시던 사람이)〈정과정〉

변화 주체 높임법의 변화
① -시/샤-(15세기) > -시-(16세기, '-어/아' 앞에서 '-샤-'가 소멸)
- **예** • 父母ㅣ……깃거ᄒᆞ셔든 다시 諫홀디니라〈소학언해 2:21, 16세기〉
- • 극진ᄒᆞ시믈 미더〈첩어신해 1:5, 17세기〉

② 씌셔, 겨셔, 겨오셔(17세기) > 께서, 께옵서(현대)
- **예** • 兩人씌셔 예셔 四五日이나 무그셔 쉬여 出船ᄒᆞ실 양으로〈첩어신해 8:9〉
- • 東萊겨셔도 어제ᄂᆞᆫ 일긔 사오나온듸 언머 슈고로이 건너시도다〈첩어신해 1:21〉

2. 객체 높임법

(1) 정의

화자가 문장의 객체(목적어 명사나 부사어 명사가 가리키는 인물)에 대하여 높임을 실현하는 문법 범주(선어말 어미 '-ᄉᆞᆸ-/-ᄌᆞᆸ-/-ᄋᆞᆸ-' 등에 의해 실현)

(2) 성격

① 객체 높임 사용의 조건 : 목적어 명사나 부사어 명사가 화자 또는 주체보다 높을 때 사용
- -ᄉᆞᆸ- **예** 가지 드리워 <u>如來</u>를 <u>둡ᄉᆞᆸ고</u>(가지를 드리워 여래를 덮고)〈석보상절 23:18〉
- -ᄌᆞᆸ- **예** 벼슬 노푼 臣下ㅣ <u>님그믈</u> <u>돕ᄌᆞᄫᅡ</u>[돕-+-ᄌᆞᇦ-+-아](벼슬 높은 신하가 임금을 도와)〈석보상절 9:34〉
- -ᄋᆞᆸ- **예** 畫師ᄃᆞᆯ히 ᄒᆞ나토 몯 <u>그리ᅀᆞᆸ거늘</u>(화사들이 하나도 못 그리거늘)〈석보상절 24:10〉

- -ᄉᆞᆸ- 예 娵女ㅣ 하ᄂᆞᆳ 기브로 太子를 ᄢᅳ려 안ᄉᆞᄫᅡ[안-+-ᄉᆞᆸ-+-아] 夫人ᄭᅴ 뫼셔 오니(선녀가 하늘의 비단으로 태자를 끌어 안아 부인께 모셔 오니)<월인석보 2:43>
- -ᄌᆞᆸ- 예 부텻 功德을 듣ᄌᆞᆸ고(부처의 공덕을 듣고)<월인석보 2:43>
- -ᄌᆞᇦ- 예 내 아래브터 부텻긔 이런 마를 몯 듣ᄌᆞᄫᅳ며[듣-+-ᄌᆞᇦ-+-ᄋᆞ며](내가 이전부터 부처께 이런 말씀을 듣지 못하였으며)<석보상절 13:44>
    - 비교 목적어 명사구나 부사어 명사구가 실현되지 않는 일도 있다.
        - 大瞿曇이 슬허 ᄢᅳ리어 棺애 녀ᄉᆞᆸ고('대구담'이 슬퍼하여 싸서 관에 넣고)<월인석보 1:7>
        - 威化振旅 ᄒᆞ시ᄂᆞ로 興望이 다 몯ᄌᆞᄫᆞ나(위화도에서 군대를 돌이킨 것으로 여망이 다 (태조에게) 모이나)<용비어천가 11장>
- ⓒ 관형사형에 의해 실현
    - 예 無量壽佛 보ᄉᆞᄫᆞᆫ[보-+-ᄉᆞᆸ-+-ᄋᆞᆫ] 사ᄅᆞᄆᆞᆫ 十方無諸佛을 보ᄉᆞᄫᆞᆯ 디니(무량수불을 보는 사람은 시방(세계)의 무량제불을 본 것이니)<월인석보 8:33>
    - 참고 격조사에 의해 실현
        - 그ᄢᅴ 大臣이 이 藥 밍ᄀᆞ라 大王ᄭᅴ 받ᄌᆞᄫᆞᆫ대<월인석보 21:218>
        - 世尊하 내……如來ᄭᅴ 묻ᄌᆞᄫᆞ며<월인석보 21:100>

(3) 간접 객체 높임

높임의 대상이 되는 객체와 관계되는 물건이나 일을 객체로 하는 서술어에도 나타나 간접 높임을 실현한다.

- 예
  - 내 世尊 위ᄒᆞᅀᆞᄫᅡ 精舍를 ᄒᆞ마 짓ᄉᆞᄫᆞ니 왕이 부텨를 請ᄒᆞᅀᆞᄫᆞ쇼셔(내가 세존을 위하여 정사를 이미 지으니 왕이 부처를 청하소서)<석보상절 6:38>
  - 우리 반ᄃᆞ기 부텻 마를 信受ᄒᆞᅀᆞ오리이다(우리 반드시 부처의 말을 믿고 따를 것입니다.)<법화경언해 5:128>

참고 객체 높임법의 소멸
① 17세기 이후 '-ᄉᆞᆸ-'의 변화 : '-ᄉᆞᆸ-'의 기능이 불분명해져서 주체 높임법을 실현하거나, 상대 높임법을 실현하는 데에도 나타나게 되었다.(객체의 개념이 모호해지면서 본래의 기능 상실)
- 객체 높임법 실현 예 내 일즙 엄친을 일숩고 편모만 밋ᄌᆞ와더니<인조대왕행장 8>
- 주체 높임법 실현 예 혼궁의 가오셔 곡님ᄒᆞ려 ᄒᆞ오시거늘<인조대왕행장 9>
- 청자[상대] 높임법 예 대비 명ᄒᆞ야 드오쇼셔[듣-+-오-+-쇼셔] ᄒᆞ고<인조대왕행장 5>
    - 비교 객체 높임의 대상인데도 '-ᄉᆞᆸ-'이 나타나지 않기도 하였다.
- 효도홈으로써 님금을 셤기면 튱셩이오<소학언해 2:31>
- 葬을 行ᄒᆞᆯ 제ᄂᆞᆫ 다시 반ᄃᆞ시 신主를 내디 아니ᄒᆞᆯ 거시어니와<가례언해 10:47>

② '-ᄉᆞᆸ-'과 다양한 변이형 : 청자를 높이는 상대 높임법을 실현하는 기능으로 바뀌었으며, 현대 국어의 객체 높임법은 문법 형태소가 아닌 높임의 격조사 '께'와 '드리다, 모시다, 여쭈다' 등에 의해 실현된다.

3. 상대 높임법

(1) 정의
　화자가 청자에 대하여 높이거나 낮춤을 실현하는 문법 범주['ᄒᆞ쇼셔체(아주 높임), ᄒᆞ야쎠체(보통), ᄒᆞ라체(아주 낮춤)'의 3등분과 반말체]

(2) 상대 높임의 등분
① ᄒᆞ쇼셔체 : 평서형 선어말 어미 '-이-/-잇-', 명령형 어미 '-쇼셔', 청유형 어미 '-사이다'
　예 · 聖孫을 내시니이다('성손'을 내신 것입니다)<용비어천가 8>[평서형]
　　· 落水예 山行가 이셔 하나빌 미드니잇가[믿-+-으니-+-잇-+-가](낙수에 사냥 가 있으면서 조상을 믿으신 것입니까?)<용비어천가 125장>[의문형]
　　· 구쳐 니러 절ᄒᆞ시고 안ᄌᆞ쇼셔[앉-+-ᄋᆞ쇼셔] ᄒᆞ시고(마지못하여 일어나 절하시고 안으십시오 하시고)<석보상절 6:3>[명령형]
　　· 이 ᄠᅳ들 닛디 마ᄅᆞ쇼셔[말-+-ᄋᆞ쇼셔](이 뜻을 잊지 마소서)<용비어천가 110>[명령형]
　　· 淨土애 ᄒᆞᆫᄃᆡ 가 나사이다(극락 정토에 함께 가 나십시다)<월인석보 8:100>[청유형]

② ᄒᆞ야쎠체 : 청자를 보통으로 낮추거나 보통으로 높일 때 사용되며, '-ㆁ-'와, 명령형 '-어쎠'에 의해 실현된다.
　예 · 三世옛 이를 아ᄅᆞ실ᄊᆡ 부톄시다 ᄒᆞᄂᆞᆼ다[ᄒᆞ-+-ᄂᆞ-+-니-+-ㆁ-+-다](삼세의 일을 아시므로 부처시라고 하오)<석보상절 6:18>[평서형]
　　· 그딋 아바니미 잇ᄂᆞ닛가[잇-+-ᄂᆞ-+-니-+-ㅅ-+-가](그대 아버님이 계시오?)<석보상절 6:14>[의문형]
　　· 내 보아져 ᄒᆞᄂᆞ다 ᄉᆞᆲ바쎠(내가 보자 한다고 사뢰시오)<석보상절 6:14>[명령형]
　　· 엇뎨 부톄라 ᄒᆞᄂᆞ닛가 그 ᄠᅳ들 닐어쎠[닐-+-어쎠](어찌 부처라고 하오? 그 뜻을 말하오.)<석보상절 6:16>[명령형]

③ ᄒᆞ라체 : 청자를 아주 낮출 때 사용된다.
　예 · 이제 世尊이……큰 法義를 펴려 ᄒᆞ시ᄂᆞ다(이제 세존이……큰 법의를 펴려 하신다)<석보상절13:26>[평서형]
　　· 네 겨집 그려 가던다[가-+-더-+-ㄴ다](네가 계집을 그리워하여 가던 것이냐?)<월인석보 7:10>[의문형]
　　· 너희 大衆이 ᄀᆞ장 보아 後에 뉘웃붐 업게 ᄒᆞ라(너희 대중이 모두 보아 후에 뉘우침이 없게 하여라.)<석보상절 23:11>[명령형]
　　· 우리 이제 안ᄌᆡ 出家 말오 지븨 닐굽 ᄒᆡ를 이셔 五欲을 ᄆᆞᆺ ᄀᆞ장 편 後에ᅀᅡ 출가ᄒᆞ져(우리는 지금 출가하지 말고 집에 일곱 해 동안 있으면서 5욕을 마음껏 편 다음에야 출가하자)<월인석보 7:1>[청유형]

④ 반말체 : 청자를 낮추기도 어렵고 높이기도 어려울 때 쓰인다.
　예 · 내히 이러 바ᄅᆞ래 가ᄂᆞ니(내를 이루어 바다에 가니)<용비어천가 2>
　　· 부텻긔 받ᄌᆞᄫᅡ 므슴 호려 ᄒᆞ시ᄂᆞ니(부처께 받아 무엇을 하려 하시니?)<월인석보 1:10>

변화 상대 높임법의 소멸
① 상대 높임법의 약화
  ㉠ '-이-'는 16세기부터 불안정하기 시작하면서 17세기에는 자주 생략되고 기능도 약화되었다.
  ㉡ '-이-'의 약화로 객체 높임 선어말 어미 '-숩-'이 청자를 높이는 상대 높임에 관여하게 되어 17세기에는 상대 높임을 실현하는 형태가 '-이-', '-숩-', '-숩-~-이-'의 형태가 공존하였다.
    예 • 自由히 너기ᅌᆞ신다 민망ᄒᆞ여이다('-이-'의 실현) <첩어신해 3:9>
        • 므슴 빗 어이ᄒᆞ야 ᄲᅥ딘ᄉᆞᆸᄂᆞᆫ고('-숩-'의 실현) <첩어신해 1:11>
        • 하 젓소이 너기아와 다 먹ᄉᆞᆸᄂᆞ이다('-숩-~-이-'의 실현) <첩어신해 2:7>
② 상대 높임법의 분화
  ㉠ 15세기에는 세 등급이 있었으나 18세기 이후 중간 등급이 둘로 분화되어 '-오, -네'와 같은 네 등급으로 분화되었다.
  ㉡ 19세기에 이르러 '-어'와 '-어요'가 나타나게 되었다.
    예 • 무엇이 붓그러워
        • 어듸 갓다 인제 와

> **특수 어휘에 의한 높임**
> • 체언의 높임말 **예** 진지, 뫼(밥), 분(의존 명사 '이'), 마쯔비(동사 '맞이')
> • 대명사의 높임말 **예** 그듸(너), ᄌᆞ걔(저)
> • 동사의 높임말
>   **예** • 겨시다(있으시다), 좌시다(먹다)(주어 명사를 높임)
>   • 드리다(주다), 솗다, 뫼시다, 뵈다, 저숩다, 엳줍다(목적어나 부사어 명사를 높임).
> • 격조사와 접사
>   **예** • 王ㅅ그엔 가리라/世尊ㅅ긔 저숩다 혼 말도 이시며/님금하 아ᄅᆞ쇼셔(격조사)
>   • 淨飯王ㅅ 몬아ᄃᆞ니믄(접미사 '님')/如來 뫼ᅀᆞᄫᅡ 가시ᄂᆞᆫ 聖人내라(접미사 '내')

3 시간 표현

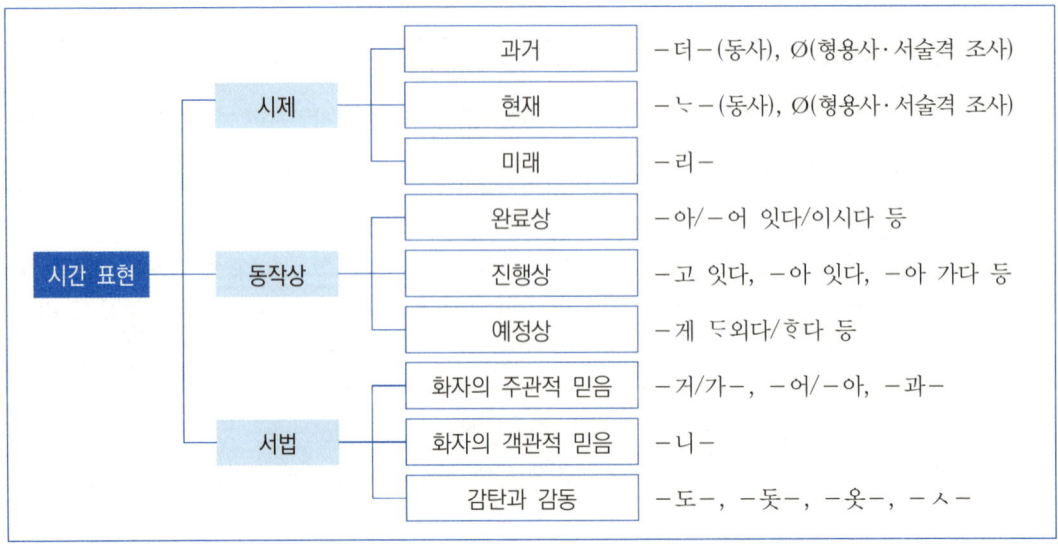

1. 시제

(1) 현재 시제

① 절대적 시제 : 종결형

　㉠ 동사 : 동사·잇다+'-ᄂ-'

　　예 • 네 어미……이제 惡趣예 이셔 至極 受苦ᄒᆞᄂᆞ다(너의 어미가…이제 악취에 있어 지극 수고한다.)<월인석보 21 : 53>
　　　 • 네 이제 쏘 묻ᄂᆞ다(네가 이제 또 묻는다)<월인석보 23 : 97>
　　　 • 스승니미 엇던 사ᄅᆞ미관ᄃᆡ 쥬벼느르 이 門을 여르시ᄂᆞ니잇고(스승님이 어떤 사람이시기에 주변으로 이 문을 여십니까?)<월인석보 23 : 84>
　　　 • 소리뿐 듣노라(소리만(말만) 듣고 있다)<석보상절 6 : 15>
　　　 • 그딋 아바니미 잇ᄂᆞ닛가(당신의 아버님이 계시오?)<석보상절 6 : 14>

　㉡ 형용사·서술격 조사 : 특별한 형태가 없다.

　　예 • 내 오ᄂᆞᆯ 實로 無情호라(내가 오늘 실로 무정하다)<월인석보 21 : 219>
　　　 • 네 겨지비 고ᄫᆞ녀[곱-+-ᄋᆞᆫ#이-+-여] 對答ᄒᆞᅀᆞᄫᅩᄃᆡ 고ᄫᆞ니이다[곱-+-ᄋᆞᆫ#이-+-이-+-다]("네 처가 고운 사람이냐"고 하니, "고운 사람입니다."고 했다.)<월인석보 7 : 10>
　　　 • 天眠ᄋᆞᆫ 하ᄂᆞᆳ 누니라('천안'은 하늘의 눈이다.)<월인석보 1 : 7>
　　　　비교 사건시가 발화시에 후행하거나 사건시와 발화시가 무관할 때에도 쓰인다.
　　　　예 • 내……無上道애 도ᄅᆞ혀 向ᄒᆞ노이다[向ᄒᆞ-+-ᄂᆞ-+-오-+-이-+-다]<월인석보 10 : 33>(사건시가 발화시에 후행)
　　　　　 • 化人ᄋᆞᆫ 제 몸 구텨 오래 사ᄂᆞᆫ 사ᄅᆞ미니 뫼해 노니ᄂᆞ니라[놀니]<월인석보1 : 8,9>(사건시와 발화시가 무관함)

② 상대적 시제 : 관형사형·연결형

　㉠ 관형사형

　　예 다 如來ㅅ 威力이론 고ᄃᆞᆯ 아라라(주절의 사건시)(모두 여래의 위력이 이른 곳을 알아라)<석보상절 9 : 28>('이론'은 주절의 사건시와 일치하는 현재 시제)

　㉡ 연결형

　　예 • 이제 쏘 내 아ᄃᆞᆯ를 드려 가려 ᄒᆞ시ᄂᆞ니 眷屬 ᄃᆞ외ᅀᆞᄫᅡ셔 셜본 일도 이러ᄒᆞᆯ쎠(이제 또 내 아들을 데려가려고 하시니 권속이 되어서 서루운 일도 이렇게 심하구려.)<석보상절 6 : 5>(발화시 기준의 현재)
　　　 • 내……새로 스믈 여듧 字를 ᄆᆡᆼᄀᆞ노니……便安킈 ᄒᆞ고져 홇 ᄯᆞᄅᆞ미니라(내가…새로 스물여덟 자를 만드니……편안하게 하고자 할 따름이니라.)<훈민정음언해 3>(주절의 사건시인 발화시에 선행)
　　　　비교 시제를 규정하기 힘든 부정법(不定法)
　　　　예 德叉迦ᄂᆞᆫ 毒을 내ᄂᆞ다 ᄒᆞ논 마리오('덕차가'는 독을 낸다는 말이고)<석보상절 13 : 7>

변화 현재 시제의 변화
- 16세기 : 인용절 '혼다', 상위문 'ᄒᆞᄂᆞ다'
  - 예 君을 셤교매 禮를 다함을 사름이 뻐 諂혼다(인용절) ᄒᆞᄂᆞ다(상위문).<논어언해 1 : 25, 16세기>
- 17세기 : 인용절 포함 전체 문장에서 '혼다'
  - 예 이 물은 믈 잘 먹고 이 물은 믈 먹기 쟉게 혼다.<노걸대언해 상 31, 17세기>
- 18세기 말 : 'ᄒᆞᄂᆞ이다'와 '혼다'(ᄒᆞᄂᆞ다×)
  - 예 좌우를 죡히 금심홀 거시 업ᄂᆞ이다<한중록 434>/지친들과 원족지라도 입궐젼 본다 ᄒᆞ고<한중록 24>
- 변 '-ᄂᆞ-'(아래ᆞ소멸)>'-느-'>'-느-, -는-, -ㄴ-' 등으로 형태 변화

(2) 과거 시제

① 절대적 시제
- ㉠ 동사 : 일정한 형태가 없이 과거 시제 표시(과거 시제 선어말 어미 없음)
  - 예 • (世尊)…世間애 샹녜 이셔 내 正法을 護持ᄒᆞ라 ᄒᆞ시이다(세존이…세간에 늘 있어 내 정법을 호지하라 하셨습니다.) <석보상절 24 : 45>
    - 주거미 닐오되 내 ᄒᆞ마 命終호라(죽엄이 이르되, 내 이미 죽었다.) <월인석보 9 : 36>
    - 네 아비 ᄒᆞ마 주그니라(네 아비가 이미 죽었으니라) <월인석보 17 : 21>
    - ᄀᆞᄅᆞᆷ ᄀᆞ새 자거늘 밀므리 사ᄋᆞ리로되 나거사 ᄌᆞᄆᆞ니이다(강가에 자거늘 밀물이 사흘이로되, 나가서야 비로소 잠겼습니다.) <용비어천가 67>
    - 므스므라 오시니잇고(무엇 때문에 오셨습니까?) <석보상절 6 : 3>
    - 가다가 가다가 드로라(가다가 가다가 들었노라) <청산별곡>
    - 가다니 빅브른 도긔 설진 강수를 비조라(가더니 배가 불룩한 독에 독한 술을 빚었노라) <청산별곡>
  - 비교 동사의 부정법은 사건시와 발화시가 무관할 때도 쓰인다
    - 예 • (世尊)…舍利佛을 須達이 조차 가라 ᄒᆞ시다(세존이……사리불을 수달이 좇아 가라고 하시다) <석보상절 6 : 22>
      - 福田은 ……福 바티라 ᄒᆞ니라(복전은……복밭이라 한다) <석보상절 6 : 19>

② 상대적 시제 : 관형사형ᆞ연결형
- ㉠ 관형사형
  - 예 • 出家혼 사ᄅᆞ믄 쇼히 ᄀᆞᆮ디 아니ᄒᆞ니(출가한 사람은 속인과 같지 아니하니) <석보상절 6 : 22>(관형사형에 동사의 부정법이 쓰임)
    - 虞芮質成ᄒᆞᄂᆞ로 方國이 해 모두나(우와 예 두 나라가 그 옳고 그름을 물은 것으로 사방 나라들이 많이 모이니) <용비어천가 11장>(동사의 부정 관형사형이 명사적으로 쓰임)
- ㉡ 연결형
  - 예 • 내 ᄒᆞ마 發心ᄒᆞ니 엇뎨 住ᄒᆞ며 降ᄒᆞ리잇고(내가 이미 발심하니 어찌 살며 내릴 것입니까?) <금강경삼가해 2 : 4>(연결형에 동사의 부정법 쓰임)
    - 이쁴 아들들히 아비 죽다 듣고(이때 아들들이 아비가 죽었다는 말을 듣고) <월인석보 17 : 21>(동사의 부정법이 간접인용절의 형식으로 안김)

변화 과거 시제의 생성 : -아/-어 잇(이시)- > -었-
- 15세기 : ㉠ '-어 잇/이시-' ㉡ '-엣/에시-', ㉢ '-엇/어시-' 등의 세가지 형태 공존
  '-어 잇/이시-'의 구성 **예** 네 이제 사루미 모물 得ᄒ고 부텨를 맛나아 잇ᄂ니(네가 이제 사람의 몸으로 태어나고 부처를 만나 있으니)<석보상절 6:11>
  '-엣/에시-'의 구성 **예** 돍이 소리 서르 들여 ᄒᆞᆫ 가새 넛엣고(닭의 소리가 서로 들리어 한 가에 이어 있고)<월인석보 1:46>
  '-엇/어시-'의 구성 **예** 비록 짜홀 어더시나(비록 땅을 얻었으나)<두시언해 초 18:12>
- 19세기 이후 : '-었었-'이 나타남.
  예 • 성인품에 오르지는 아니ᄒ엿시나<고ᄒ일긔 범례>
       • 칙판 벌셔 다 박엇섯슴니다

(3) 과거 회상 '-더-'

① 절대적 시제 : 종결형
  ㉠ 동사
    예 • (須達)…그딋 ᄯᆞ를 맞고져 ᄒᆞ더이다(그대의 딸을 맞고자 하셨습니다)<석보상절 6:15>
         • 내 롱담ᄒ다라(내가 농담하였다)<석보상절 6:24>
         • ᄠᅳ데 몯 마준 이리 다 願ᄀᆞ티 ᄃᆞ외더라(뜻에 맞지 않은 일이 다 소원같이 되었다.)<월인석보 10:30>
  ㉡ 형용사
    예 • 내 지븨 이싫 저긔 受苦ㅣ 만타라(내가 집에 있을 때에 수고가 많았다)<월인석보10:23>
         • 내 지븨…이셔도 두립더니(내가 집에…있어도 두렵더니)<월인석보 7:5>

② 비종결형
  ㉠ 연결형
    예 오백 도ᄌᆞ기……도죽ᄒ더니 如來 方便力으로 ᄒᆞᆫ 사ᄅᆞ물 ᄆᆡᇰᄀᆞᄅᆞ샤(오백 도둑이…도둑질하더니 여래 방편력으로 한 사람을 만드셔서)<월인석보 10:27>
  ㉡ 관형사형
    예 이는 菩薩 行ᄒ더던 衆生을 니르시니라(이는 보살행하던 중생을 이르시는 것이다)<석보상절 13:51>(관형사형)

③ '-더-'의 기능
  ㉠ 주어의 인칭 제약이 없음
    예 네 이 念을 둣더다 아니 둣던다 對答ᄒᆞᅀᆞᆸ보ᄃᆡ 實로 둣다이다(1인칭 평서문과 2인칭 의문문에 사용)
  ㉡ '-더시-'의 순서
    예 버근 法王이시니 傳法을 조차 ᄒᆞ더시니이다(버금가는 법왕이시니 '전법'을 좇아 하셨습니다.)<석보상절 24:37>
    비교 선생님께서 그 말씀을 하시더라.(현대)

ⓒ 서술절을 안은 문장의 형용사 서술어
예 내 지븨 이싈 저긔 受苦ㅣ 만타라(내가 집에 있을 적에 수고가 많았다) <월인석보 10 : 23>
ⓓ 화자가 직접 경험하지 않은 상황의 진술
예 須達이 보니 여슷 하ᄂ래 宮殿이 싁싁ᄒ더라(수달이 보니, 여섯 하늘에 궁전이 장엄하더라) <석보상절 6 : 35>
ⓔ 과거 어떤 상황의 가정
예 내 아ᄃ리 지븨 잇던든 輪王이 ᄃ외리러니 出家ᄒ야 ᄒ 일도 몯 일우도다(내 아들이 집에 있었더라면 전륜왕이 되었을 터인데, 출가하여 한 가지 일도 이루지 못하였구나) <월인석보 25 : 11>

(4) 미래(추측) 시제 : '‐리‐'(종결형과 연결형), '‐ㄹ'(관형사형)
① 종결형 : 발화시 이후에 있을 일을 추측하는 것으로 평서형, 의문형 등에 나타난다.
예 • 이 사ᄅᆷ들이 당다이 恭敬ᄒ야……됴ᄒ 이리 하리이다(이 사람들이 마땅히 공경하여……좋은 일이 많을 것입니다) <석보상절 13 : 46> (평서형)
• ᄒ마 주글 내어니 子孫ᄋᆞᆯ 議論ᄒ리여(곧 죽을 나이니 자손을 의논하리오?) <월인석보 1 : 7> (의문형)
② 비종결형 : 연결형이나 관형사형에 나타난다.
ⓐ 연결형
예 이 仙女人이……女人 잇ᄂ 世界예 다시 나디 아니ᄒ리니 ᄒ믈며 ᄯᅩ 女身 受호미ᄯᆞ녀(이 선녀인이……여인이 있는 세계에 다시 나지 아니하리니 하물며 또 여자의 몸을 얻음이랴.) <월인석보 21 : 86>
ⓑ 관형사형
예 ᄒ마 命終홇 사ᄅᆞᆷᄋᆞᆯ 善惡 묻디 말오(곧 명종할 사람을 선악을 묻지 말고) <월인석보 21 : 125>
비교 '‐리러‐'의 용법 : 미래에 일어날 동작이나 상태를 추측(과거 시제 선어말 어미 '‐거‐, ‐더‐' 앞에 연결) 예 得大勢여…당다이 부톄 ᄃ외리러라 <월인석보 21 : 86>
변화 미래 시제의 변화
• 16세기 : '‐리‐' > '‐을‐'
• 17세기 : '‐ㄹ'로 변화. '‐리‐'의 쇠퇴는 '‐겠‐'의 생성
• 16세기 : '‐게 ᄒ엿‐' 구성은 사동의 의미를 나타내거나 추측의 의미를 나타낸다.
예 • 주쳐ᄒ라 ᄒ여 아모조록 쳐치를 ᄒ시게 ᄒ야시니('사동'의 의미) <한듕록 406>
• 다 마누하님 월출을 못 보시게 ᄒ엿다 ᄒ고 소리ᄒ여 흔ᄒ니('추측'의 의미) <의유당집 동명일긔>
• 18세기 : '‐게엿‐'의 형태가 나타나고 19세기 말에 '‐겟‐'의 형태가 완성되어 19세기에는 일반화되었다.
예 • 내일이야 가계엿습ᄆ ᄂ<편지글 193, 18세기>
• 저러ᄒ고 이시니 ᄀᆞ득ᄒᄃᆡ 울그 ᄒ겟다 ᄒ시고 <한듕록 406, 18세기 말>
• 엇더케 ᄒ여야 관찰ᄉᆞ와 원 노릇슬 잘ᄒ겟ᄂ냐고 ᄒ기에 <독립신문 1896.4.16>

2. 동작상 : 보조적 연결 어미와 보조 용언의 결합, 연결 어미

(1) 완료상

㉠ -아/어 잇다/이시다, -아/어 겨시다

- 예
  - 迦葉比丘ㅣ 왯느니여[오-+-아#잇-+-ᄂᆞ-+-니]('가섭비구'가 왔느냐) <석보상절 23 : 39>
  - ᄊᆞ해 무텟던[묻-+-히-+-어#잇-+-더-+-ㄴ] 보ᄇᆡ 절로 나며(땅에 묻혔있던 보배가 절로 나며) <월인석보 2 : 45>
  - 大愛道ㅣ 드르시고 ᄒᆞᆫ 말도 몯ᄒᆞ야 잇더시니(대애도가 들으시고 한 말도 못하고 있으시더니) <석보상절 6 : 7>
  - 우리도 兵馬 뒷노소니[두-+(-어)#잇-+-ᄂᆞ-+-옷-+-ᄋᆞ니] 저티 아니호리이다 (우리도 병마를 두었으니 두려워하지 않을 것입니다.) <석보상절 23 : 54>

㉡ -어+'잇다' 이외의 보조 용언

- 예
  - 즈믄 ᄆᆞᄃᆡ 다 글희여 디거늘(천 마디가 다 풀어지거늘) <월인석보 23 : 79>
  - 地獄ᄋᆞᆯ 붓아 ᄇᆞ려(지옥을 부수어 버리어) <월인석보 21 : 181>
  - 제 모맷 고기를 바혀 내ᄂᆞᆫ ᄃᆞ시 너겨 ᄒᆞ며(제 몸에 있는 고기를 베어내는 듯이 여기며) <석보상절 9 : 12>

㉢ 종속적 연결어미

- 예
  - 수메셔[숨-+-에셔] 드르시고(숨어서 들으시고) <용비어천가 108>
  - 한비 사ᄋᆞ리로ᄃᆡ 뷔어ᅀᅡ[뷔-+-어ᅀᅡ] ᄌᆞᆷ기니이다(큰 비가 사흘이로되, (섬이) 비고 난 뒤에야 비로소 잠긴 것입니다.) <용비어천가 67>
  - 說法ᄒᆞ신다마다 다 能히 놀애로 브르ᅀᆞᆸᄂᆞ니라(설법하신 것마다 다 능히 노래로 부르느니라) <월인석보 1 : 5>

(2) 진행상

㉠ -고+잇다

- 예 네……내 풍류바지 드리고 됴ᄒᆞᆫ 차반 먹고 이쇼ᄃᆡ 엇뎨 몯 듣고 몯 보노라 ᄒᆞᄂᆞᆫ다(네가…내 풍류바지 데리고 좋은 반찬 먹고 있으되 어찌 못 듣고 못 본다 하느냐) <석보상절 24 : 28>

㉡ -아+잇다/가다/-곰 하다

- 예
  - 王이 듣고 깃거 그 나모 미틔 가 누늘 長常 쌀아 잇더라(왕이 듣고 기뻐하여 그 나무 밑에 가 눈을 항상 쏘아보고 있었다.) <석보상절 24 : 42>(완료상의 형태가 진행상으로 쓰임)
  - 法이 펴디여 가미 믈 흘러 녀미 ᄀᆞᄐᆞᆯᄊᆡ(법이 퍼지어 감이 물이 흘러감과 같으므로) <석보상절 9 : 21>

㉢ 종속적 연결어미

- 예
  - 말ᄒᆞ며 우숨 우스며셔 주규믈 行ᄒᆞ니(말하며 웃음 웃으면서 죽음을 행하니) <두시언해 6 : 39>
  - 오르락 ᄂᆞ리락 ᄒᆞ야(오르락 내리락 하여) <석보상절 11 : 13>
  - 다ᄋᆞᆷ 업슨 긴 ᄀᆞᄅᆞᄆᆞᆫ 니ᅀᅥ 니서 오놋다(다함이 없는 긴 강은 잇달아 오는구나) <두시언해 10 : 35>

(3) 예정상
- ㉠ 보조적 연결어미 -게+ᄃᆞ외다/ᄒᆞ다
    - 예 · 모딘 잠개 나ᅀᅡ 드디 몯게 ᄃᆞ외니(사나운 무기가 나아가지 못하게 되니)<월인천강지곡 기 : 69>
    - · 됴ᄒᆞᆫ ᄯᅡ해 가 나시게 홀 씨라(좋은 땅에 가 나시게 할 것이다)<석보상절 서 : 3>
- ㉡ 종속적 연결어미
    - 예 · 善男子 善女人이 뎌 부텻 世界에 나고져 發源ᄒᆞ야ᅀᅡ ᄒᆞ리라(저 부처의 세계에 나고자 발원하여야 할 것이다)<석보상절 9 : 11>
    - · 厄이 스러디과뎌[스러디-+-과뎌] ᄒᆞ노니('액'이 사라지게 하고자 하니)<월인석보 서 : 25>
    - · 道理 ᄇᆡ호라[ᄇᆡ호-+-라] 나ᅀᅡ 가샤('도리'를 배우러 나아가시어)<월인석보 1 : 5>

3. 태도의 표현[부차 서법]

① 화자의 주관적인 믿음 : 선어말어미 '-거-/-가-, -어-/-아-, -과-', (동사 어간에 직접 연결되면 현재 완료)
- 예 · 衆生의 福이 다ᄋᆞ거다(중생의 복이 다하였다)<석보상절 23 : 28>
    - · 최구의 집 알ᄑᆡ 몃 디윌 드러뇨[들-+-어-+-뇨](최구의 집 앞에서 몇 번을 들었느냐?)<두시언해 16 : 52>
    - · 곳 디는 時節에 ᅐᅩ 너를 맛보과라[맛보-+-거-+-오-+-라](꽃 지는 시절에 또 너를 만나게 되었다)<두시언해 16 : 52>

② 화자와 청자의 객관적인 믿음 : 선어말 어미 '-니-'
- 예 · ㅇ를 입시울쏘리 아래 니ᅀᅥ쓰면 입시울 가ᄇᆡ야ᄫᆞᆯ 소리 ᄃᆞ외ᄂᆞ니라(ㅇ를 입술소리 아래에 이어 쓰면 입술가벼운 소리가 되느니라)<훈민정음 언해>
    - · ᄆᆞᄎᆞ내 제 ᄠᅳ들 시러 펴디 몯 홇 노미 하니라(마침내 제 뜻을 충분히 펴지 못할 사람이 많으니라)<훈민정음 언해>
    - · 사ᄅᆞ미 살면 주그미 이실ᄊᆡ 모로매 늙ᄂᆞ니라(사람이 살면 죽음이 있으므로 모름지기 늙느니라)<석보상절11 : 36>

③ 감탄과 감동 표시 : 선어말 어미 '-도-, -돗-, -옷-, -ㅅ-' (동사 어간에 직접 연결되면 현재 완료이다.)
- 예 · 그듸 가 들 찌비 ᄇᆞᆯ쎠 이도다(그대가 정사를 가서 들 집이 벌써 이루어지도다)<석보상절 6 : 35>
    - · 太子ㅣ 그런 사ᄅᆞ미시면 이 이리 어렵도소이다[어렵-+-돗-+-오-+-이-+-다](태자가 그런 사람이시면 이 일은 어렵습니다)<석보상절 11 : 19>
    - · 世尊이 世間애 나샤 甚히 奇特ᄒᆞ샷다[ᄒᆞ-+-샤-+-옷-+-다](세존이 세간이 나시어 심히 기특하셨다)<석보상절 7 : 14>
    - 참고 현재 완료적 의미 : 동사 어간+-거-/-어-
    주관적 믿음을 나타내는 선어말 어미 '-거-/-어-'는 동사 어간에 바로 붙으면 믿음의 의미와 함께 현재 완료적인 의미가 파악된다.

4 사동과 피동 표현

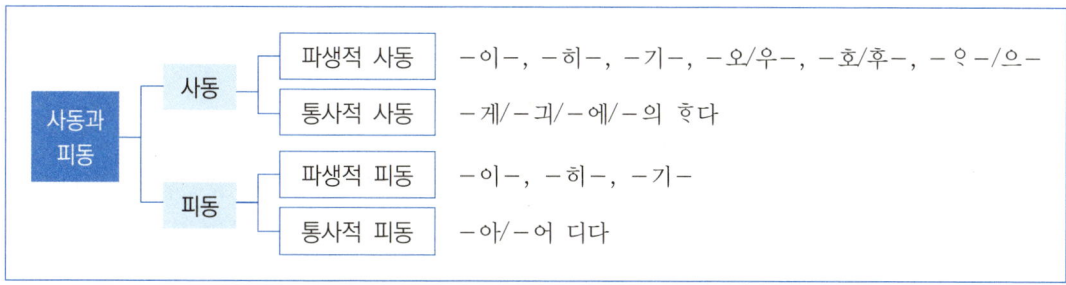

1. 사동 표현

(1) 정의 : 주어가 피사동주에게 어떤 동작이나 행동을 하게 하거나 어떤 상황에 처하게 하는 표현

(2) 사동문의 유형

① 파생적 사동문(주동사+사동 접미사 '-이-, -히-, -기-, -오/우-, -호/후-, -ᄋᆞ-/-으-')

- -이- 예 한 비를 아니 <u>그치샤</u>[긏-+-이-+-샤](큰 비를 그치지 아니하시어)<용비어천가 68>
- -히- 예 請ᄒᆞ야 宮中에 드르샤 比丘란 노피 <u>안치시고</u>[앉-+-히-+-시-+-고] 王은 ᄂᆞᆺ가비 안ᄌᆞ샤(청하여 궁중에 드시어 비구는 높이 앉히시고 왕은 낮게 앉으셔서)<월인석보 8 : 90>
- -기- 예 우리 나랏말로 <u>옮겨</u>[옮-+-기-+-어] 써 펴면(우리나라의 말로 옮겨 써서 펴면) <월인석보 서 23>
- -오/우- 예 太子ㅣ 道理 <u>일우샤</u>[일-+-우-+-샤-+-아](태자가 도리를 이루시어)<석보상절 6 : 5>
- -호/후- 예 神通力을 <u>나토샤</u>[낟-+-호-+-샤-+-아](신통력을 나타내시어)<월인석보 서 6>
- -ᄋᆞ/으-
  예 • 나랏 小民을 <u>사ᄅᆞ시리잇가</u>[살-+-ᄋᆞ-+-시-+-리-+-잇-+-가](나라의 백성들을 살리시겠습니까?) <용비어천가 52장>
  • 부러 저히샤 <u>살아</u>[살-+-ᄋᆞ-+-아] 자ᄇᆞ시니(일부러 위협하시어 살려 잡으시니)<용비어천가 115장>

참고1 형용사 어근+사동 접미사
  예 • 바ᄅᆞ래 ᄇᆡ 업거늘 <u>녀토시고</u>[녙-+-오-+-시-+-고] ᄯᅩ <u>기피시니</u>[깊-+-이-+-시-+-고](바다에 배가 없으매 얕게 하시고 또 깊이시니)<용비어천가 20장>
  • 衆生ᄃᆞᆯ히 ᄆᆞᅀᆞ물 <u>오올와</u>[오올-+-오-+-아](중생들이 마음을 온전히 하여)<월인석보 8 : 5>

참고2 동일한 어근에 서로 다른 사동 접미사가 결합한 사동사들의 의미 차이
예
- 살이다 : 살게(거주하게) 하다
  사르다 : 살리다
- 돌이다 : 돌리다
  도르다 : 돌이키다, 돌아오게 하다
- 일우다 : 이루다
  이르다 : 쌓다/세우다

② 통사적 사동문 : 용언의 어근+'-게/-긔/-에/-의 ᄒ다'에 의한 사동문
- -게 ᄒ다 **예** 내 아ᄃ리 목수믈 일케[잃-+-게] ᄒ야뇨(내 아들이 목숨을 잃게 하리오?)<월인석보 21 : 219>
- -긔 ᄒ다 **예** 如來…모든 ᄆᆞᅀᆞ믈 즐기긔 ᄒᆞ느니(여래가……모든 마음을 즐겁게 하니)<석보상절 13 : 40>
- -의 ᄒ다 **예** 化人ᄋᆞᆫ 世尊ㅅ 神力으로 ᄃᆞ외의[ᄃᆞ외-+-긔] ᄒᆞ샨 사ᄅᆞ미라('화인'은 세존의 신력으로 되게 하신 사람이다)<석보상절 6 : 7>
- -에 ᄒ다 **예** 四面에 各各 靑幡 닐굽곰 ᄃᆞ로ᄃᆡ 기리 ᄒᆞᆫ 쟝이에[쟝이-+-게] ᄒ고('사면'에 각각 '청폭' 일곱씩 달되, 길이가 한 장이게 하고)<월인석보 10 : 119>

변화 사동법의 변화
㉠ '-이->-리-', '-이->-히-', '-이->-기-', '-오/우-, -ᄋᆞ->-리-'로 교체된다.
예 놀이다>날리다, 븕이다>밝히다, 웃이다>웃기다, ᄆᆞ로다>말리다
㉡ 15세기에는 사동 접미사에 의해 사동법을 실현하던 형용사들이 현대 국어에서는 결합이 불가능하여 파생적 사동법을 실현하지 못하고 통사적 사동법으로 실현된다.
예 긷다 : 길이다(15세기)　　*길이다(현대)　　긷게 하다
　　　옅다 : 녇오다(15세기)　　*얕이다(현대)　　얕게 하다

2. 피동 표현

(1) 피동의 개념
문장의 주어로 나타난 사람이나 사물이 다른 사람이나 사물에 의하여 이루어지는 행동 또는 주어가 다른 주체에 의해서 동작을 당하게 되는 표현.

(2) 피동문의 유형
① 피동사에 기댄 피동문(타동사 어근+피동접미사 '-이-, -히-, -기-')
- -이- **예** 이 네 罪를 犯ᄒ면 즁의게 ᄇᆞ리일[ᄇᆞ리-+-이-+-ㄹ] 씨니라(이 네가 죄를 범하면 중에게 버려질 것이다) <능엄경언해 6 : 85>
- -히- **예** 東門이 도로 다티고[닫-+-히-+-고](동문이 도로 닫히고)<월인석보 23 : 80>
- -기- **예** ᄇᆞᄅᆞ미 아니 닐면 믈 담굟[담-+-기-+-오-+-ᄚ] 거시 업스릴ᄊᆡ(바람이 아니 일면 물 담길 것이 없으므로)<월인석보 1 : 39>

② 통사적 피동문(타동사의 보조적 연결형 '-아/어'+'디다'에 의한 피동문)
- -어 디다 예 발로 갏山울 드드니 즈믄 무뒤 다 글희여[글희-+-어]디거늘(발로 칼산을 디디니 천 마디가 다 풀려지거늘)<월인석보 23:79>

(3) 중립 동사(능동사 = 피동사)

행위주를 주어, 대상을 목적어로 실현시키는 능동사와 대상을 주어로 실현시키는 피동사가 같은 형태로 쓰이는 동사

예 • 東門이 열어든 보고(동문이 열리거든 보고)<월인석보 23:80>
  • 時節이 글어든 어버시 일흔 듯ᄒ니라(시절이 바뀌므로 어버이를 잃은 듯하니라)<월인석보 서:16>

변화 피동법의 변화
  ㉠ 파생 접미사 '-이-'의 분포가 줄어 '-리-, -히-, -기-'로 교체됨을 볼 수 있다.
     예 들이다>들리다, 걸이다>걸리다, 볼이다>밟히다
  ㉡ 파생적 피동법은 현대로 오면서 쓰임이 제한되며 통사적 피동법이 확대된다.

5 부정 표현

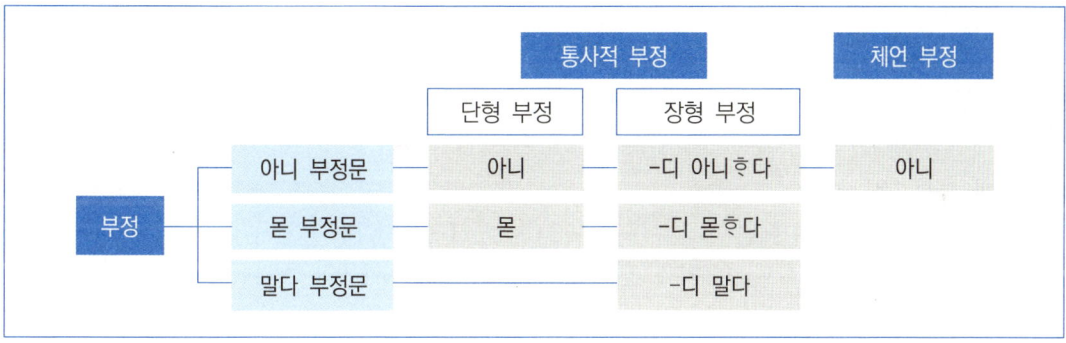

1. '아니' 부정

(1) 체언 부정

단순 부정으로 부정 명사 '아니'에 서술격 조사 '-이-'와 어미가 붙어 이루어지며, '체언이 아니다'의 형식이다.

예 • 妙法이 둘 아니며 세 아닐씨(묘법이 둘이 아니고 셋이 아니므로)<석보상절 13:48>
  • ᄒ나 아닌 거긔 둘 아닌 고돌 볼길씨(하나가 아닌 거기에 둘이 아닌 것을 밝히므로)<월인석보 8:30>
  • 本來 브라오미[브라-+-옴-+이] 아니러라(본래 바라는 것이 아니었다.)<법화경언해 2:77>
  • 世尊ㅅ 다시[닷+이] 아니시다ᄉ이다(세존의 탓이 아니십니다)<법화경언해 2:5>

(2) 용언 부정

① 단형 부정 '아니'

> 예
> - 불휘 기픈 남ᄀᆞᆫ ᄇᆞᄅᆞ매 <u>아니</u> 뮐ᄊᆡ(뿌리가 깊은 나무는 바람에 아니 흔들리므로)<용비어천가 2>
> - 긔 <u>아니</u> 어엿브니잇가(그것이 아니 불쌍합니까?)<월인천강지곡 기 103>
> - 世尊이 <u>아니</u> 오실ᄊᆡ(세존이 아니 오시므로)<월인석보 21 : 188>
> - 내 이제 <u>아니</u> 오라[오라- + -아] 주그리로소이다(내가 이제 오래지 않아 죽을 것입니다)<월인석보 21 : 22>

② 긴 부정문 '-디 아니ᄒᆞ다'

> 예
> - ᄂᆞ미 ᄠᅳ들 <u>거스디 아니ᄒᆞ고</u>(남의 뜻을 거스르지 아니하고)<월인석보 23 : 72>
> - 耶輸ㅣ ᄆᆞᄎᆞᆷ내 <u>듣디 아니ᄒᆞ시고</u>(야수가 끝내 듣지 아니하시고)<석보상절 6 : 7>
> - 닐웨사 <u>머디 아니ᄒᆞ다</u>(이레는 멀지 않다)<월인석보 7 : 2>
> - 寂滅은 <u>사도 아니ᄒᆞ며 죽도 아니ᄒᆞᆯ씨니</u>('적멸'은 살지도 아니하며 죽지도 아니하는 것이니) (보조사 '도' 결합하는 경우 '-디' 생략)<월인석보 2 : 16>
> - 法 <u>듣들 아니ᄒᆞ리라</u>('법'을 듣기를 아니하리라)<월인석보 2 : 36> ('-디' 대신 '-들'이 쓰임)
> - 이 比丘이 經典 닐거 외오ᄆᆞᆯ 專主ᄒᆞ야('ᄒᆞ디' 생략) <u>아니ᄒᆞ고</u>(이 비구가 경전을 읽고 외우기를 전념하지 아니하고)<석보상절 19 : 29>
> - 信根이 力을 得ᄒᆞ면 一定히 디녀 疑心('ᄒᆞ디' 생략) <u>아니ᄒᆞ고</u>(신근이 역을 얻으면 일정하게 지녀, 의심하지 않고)<월인석보 7 : 45>

2. '몯' 부정문

(1) 단형 부정 '몯'

> 예
> - 부텨를 <u>몯</u> 맛나며 法을 <u>몯</u> 드르며(부처를 못 만나며 법을 못 들으며)<석보상절 19 : 34>
> - 太子ᄭᅴ 말을 <u>몯</u> ᄉᆞᆲᄂᆞ니(태자께 말을 못 사뢰니)<월인천강지곡 기 35>

(2) 장형 부정 '-디 몯ᄒᆞ다'

> 예
> - 부텨 <u>맛나디 몯ᄒᆞ며</u> 法 <u>듣디 몯ᄒᆞ며</u>(부처를 만나지 못하며 법을 듣지 못하며)<월인석보 17 : 91>
> - 믈읫 됴티[둏- + -디] <u>몯호[몯ᄒᆞ- + -ㄴ]</u> 이리 다 업서(무릇 좋지 못한 일이 다 없어)<석보상절 9 : 24>
> - <u>보도[보- + (-디-) + 도] 몯ᄒᆞ며</u> <u>듣도[듣- + (-디-) + 도] 몯거니</u>(보지도 못하며 듣지도 못하니)<석보상절 24 : 28> (보조사 '도'가 결합되는 경우 '-디' 생략)
> - 목수믈 머믈우들 <u>몯ᄒᆞ시니</u>(목숨을 머무르게 하지 못하시니)<월인석보 10 : 15> (보조사 '도'가 결합되는 경우 '-디' 대신 '-들' 쓰임)
> - 비록 三惡趣ㅣ 보야ᄒᆞ로 어드운 ᄃᆡ ᄃᆞ마 得産ᄒᆞ얌직('ᄒᆞ디-' 생략) <u>몯ᄒᆞ야도</u><법화경언해 7 : 93>

3. 말다 부정문

① 명령문 : (-디, -게, -어) 말다
- ᄒᆞ라체
  예 邪曲ᄒᆞᆫ 마리 이셔도 받고 갑디 마라('사곡'한 말이 있어도 받고 갚지 마라)<월인석보 10 : 20>
- ᄒᆞ쇼셔체
  예 이 ᄠᅳ들 닛디 마ᄅᆞ쇼셔(이 뜻을 잊지 마소서)<용비어천가 110>

② 평서문 : 명령의 의미가 함의되거나 바람의 의미가 나타날 때에는 '말다'가 쓰인다.
- 당위 평서문
  예 서리와 이슬로 ᄒᆡ여 사ᄅᆞ미 오ᄉᆞᆯ 저지게 마롤[말+올] 디니라.(서리와 이슬로 하여 사람이 옷을 젖게 말 것이니라)<두시언해 6 : 42>
- 시킴의 의미
  예 議論ᄒᆞ디 마롫[말+옳] 디어다.(의논하지 말 것이다)<능엄경언해 13 : 44>

③ 바람이나 의도를 의미하는 연결 어미 앞 : -디 말다
  예 ᄢᅥ디디 마와뎌[말-+-과뎌] ᄇᆞ라노라(꺼지지 말고자 바란다)<능엄경언해 9 : 113>
  변화 부정법의 변화
- 짧은 부정과 긴 부정은 공존하지만, 긴 부정이 확대되어 제한 없이 쓰인다. 'ᄒᆞ디'가 생략된 구문, '-디' 대신 '-둘'이 쓰인 구문, '-디도'에서 '-디'의 생략 구문은 점차 소멸하여 현대 국어 방언에 흔적이 남아 있다.
- 단형 부정과 장형 부정의 변화
  - 단형 부정 예 아니>안, 몯>못
  - 장형 부정 예 디 아니ᄒᆞ->디 안ᄒᆞ->않-, 디 몯ᄒᆞ->-지 못하다

6 선어말 어미 '-오-'의 문법 기능

1. 형태

(1) **음운 조건에 따른 형태 교체** : '-오-'와 '-우-', '-로-'로 나타난다.
  예
  - ᄒᆞ오사 내 尊호라[尊ᄒᆞ-+-오-+-다](오직 내가 존하다)<월인석보 2 : 34>
  - 나는 …… ᄀᆞ롬 업수믈 어두이다[얻-+-우-+-이-+-다](나는……갈림 없음을 얻었습니다)<능엄경언해 5 : 52>
  - 나ᄂᆞᆫ 弟子 大木揵連이로다[이+-오-+-다](나는 제자 '대목건련'이다.)<월인석보 23 : 82>

(2) **기능** : 종결형과 연결형에 나타나는데 주로 주어가 1인칭인 화자 자신인 경우에 사용된다. 인칭법 선어말 어미라고도 하는데, 관형사형에 나타나는 '-오-'와는 성격이 다르다.
- 종결형
  예 내 ᄒᆞ마 命終호라[命終ᄒᆞ-+-오-+-다](내가 이미 죽었다)<월인석보 9 : 36>
- 연결형
  예 우리들히 毒藥을 그르 머구니[먹-+-우-+-니](우리들이 독약을 잘못 먹으니)<월인석보 17 : 17>

2. 인칭설

(1) 제1인칭 활용

① 주어가 1인칭일 때 서술어에 나타난다. '-더-', '-거-'에 '-오-'가 화합된 '-다-', '-과-'는 거의 화자 주어에 일치한다.

> 예
> - 내… 스믈여듧 字를 밍ᄀ노니[밍글-+-ᄂ-+-오-+-니](내가…스물여덟 자를 만드니) <훈민정음 언해>
> - (나)…岐王ㅅ 집 안해 샹녜 보다니[보-+-더-+-오-+-니](내가… 기왕의 집 안에서 늘 보았더니) <두시언해 16.52>
> - 내 이제 훤히 즐겁과라[즐겁-+-거-+-오-+-라](내가 이제 즐겁다) <법화경언해 2 : 137>

② 주어 명사가 제3인칭이더라도 그것이 화자 자신을 가리키는 경우에는 '-오-' 활용형이 나타난다.

> 예
> - 누른새(작자 자신)는 겨기 ᄂ로믈 任意로 ᄒ노라('누른새'는 적이 나는 것을 임의로 한다.) <두시언해 20 : 10>
> - 妾은(화자 자신) 王ㅅ 義예 죽고 王ㅅ 즐교매 죽디 아니ᄒ노이다(첩은 왕의 의에 죽고 왕의 즐기는 것에 죽지 아니합니다.) <월인석보 14 : 78>

(2) 제2인칭 활용(의도법)
: 2인칭에 나타날 때에는 화자의 의도가 강하게 개재될 때 드물지만 나타난다.

> 예
> - 다시 모디 안조디 端正히 호리라[ᄒ-+-오-+-리-+-다](너…다시 반드시 앉되 단정히 할 것이다) <몽산 법해 언해2>
> - 長子야…녀나문 飮食에 니르리 佛僧의 받ᄌᆸ디 말ᄒ야셔 몬져 먹디 마로리니[말-+-오-+-리-+-니](장자야…다른 음식에 이르도록 불승께 바치지 못하여서 먼저 먹지 말 것이니) <월인석보 21 : 111>
>   > 비교 '-오-'의 주어가 화자임을 표시(보편적)
>   > 예 언제 새어든 부려를 가 보ᅀᆞᄫ려뇨 <석보상절 6 : 19>(부처의 제자 수달의 독백이므로 주어가 화자임)

(3) 대상 활용(관형사형 '-오-')

① 관형사형에 나타나는 '-오-'는 관형절의 꾸밈을 받는 명사가 관형절의 의미상 목적어이거나 부사어일 때 쓰인다.

- 수식 받는 명사가 의미상 목적어
  > 예 얻논[얻-+-ᄂ-+-오-+-ㄴ] 약이 므스것고('약을 얻다') <월인석보 21 : 215>
- 수식 받는 명사가 의미상 부사어
  > 예 옷 ᄲᆞ론[ᄲᆞᆯ-+-오-+-ㄴ] 므를 먹고('믈로 옷을 빨다') <석보상절 11 : 25>

② 관형사형의 '-오-'의 기능(종결형 및 연결형과의 차이)
  ㉠ 높임 선어말 어미 '-시-' 사용
    예 부톄 道場애 안ᄌᆞ샤 得ᄒᆞ샨[得ᄒᆞ-+-샤-+-오-+-ㄴ] 妙法을 닐오려 ᄒᆞ시ᄂᆞ가('부텨'가 화자인데 '-시-' 사용) <석보상절 13:25>
  ㉡ 인칭 제약이 없음 : 제1인칭과 함께 제2인칭·제3인칭도 주어가 될 수 있다.
    • 제1인칭
      예 내 이제 得혼 道理도 三乘을 닐어ᅀᅡ ᄒᆞ리로다(내가 이제 얻은 도리도 삼승을 일러야 할 것이다.) <석보상절 13:58>
    • 제2인칭
      예 너희둘히 生死 버술[벗-+-우-+-ㄹ] 이를 힘뻐 求ᄒᆞ야ᅀᅡ ᄒᆞ리로다(너희들이 생사를 벗어날 일을 힘써 구하여야 할 것이다.) <월인석보 10:14>
    • 제3인칭
      예 沙門은 ᄂᆞ미 지순[짓-+-우-+-ㄴ] 녀르믈 먹ᄂᆞ니이다('사문'은 남의 지은 농작물을 먹습니다.) <석보상절 24:22>
③ 피한정 명사의 기능
  ㉠ 관형사형의 목적어
    예 須達이 지순 亭舍마다 드르시며(수달이 지은 정사마다 들으시며) <석보상절 6:38> → 須達이 亭舍ᄅᆞᆯ 지ᄉᆞ니라
  ㉡ 관형사형의 주어
    예 머리 갓ᄂᆞᆫ 사ᄅᆞ믈…(머리를 깎는 사람을) <석보상절 6:38> → 엇던 사ᄅᆞ미 머리를 갓ᄂᆞ니라
  ㉢ 관형사형의 부사어
    예 옷 ᄲᅡᆫ로 므를 먹고…(옷을 빤 물을 먹고) <석보상절 11:25> → 믈로 오ᄉᆞᆯ ᄲᅡᄂᆞ니라
      비교 피한정 명사가 관형사형의 부사어인 경우에는 '-오/우-'가 사용되기도 하고, 사용되지 않기도 한다.
        예 부텻 오래 教化ᄒᆞ시ᄂᆞᆫ 짜 <월인석보 17:18> ('-오-'가 사용되지 않음)

3. 의도설 : 주관적 의도가 개입된 동작이나 상태를 나타냄

(1) **화자의 의도** : 주로 설명문의 서술어에 나타나는데, 화자 자신의 일을 설명한다.
  예 • 東山을 ᄑᆞ로리라(이 동산을 팔겠다) <석보상절 6:24>
     • 사ᄅᆞᆷ마다 수비 아라 三寶애 나ᅀᅡ가 븓긧고 ᄇᆞ라노라(사람마다 쉽게 알아 삼보에 나아가 의지하게 되도록 바란다) <석보상절 서:6>

(2) **청자의 의도** : 이야기 상대인 청자가 의도를 가지고 설명하고 판정하기를 요구한다는 것으로, 의문문의 서술어에 나타난다.
  예 주인이 무슴 차바ᄂᆞᆯ 손소 ᄃᆞ녀 밍ᄀᆞ노닛가 太子를 請ᄒᆞᅀᆞᄫᅡ 이받ᄌᆞᄫᆞ려 ᄒᆞ노닛가 大臣을 請ᄒᆞ야 이바도려 ᄒᆞ노닛가(주인이 무슨 차반을 손수 다니면서 만드오, 청자를 청하여 이바지하려 하오, 대신을 청하여 이바지하려 하오?) <석보상절 6:16>

(3) **동작의 주체** : 동작주의 의도는 관형사형에 나타나는데, 관형사형으로 쓰인 동사의 주체가 의도를 갖고 행한 동작임을 나타낸다.

- 예 • 니르고져 홂 배 이셔도(이르고자 할 바가 있어도)<훈민정음 언해>
  • 化人은 世尊ㅅ 神力으로 두외의 호샨 사ᄅ미라('화인'은 세존의 신력으로 되게 하신 사람이다.) <석보상절 6 : 7>
- 변화 '-오/우-'의 변화
  • 인칭의 대립(15세기) : '으니'를 제외한 어미에서 인칭 대립 소멸(16세기)→모든 인칭 대립 소멸(17세기)
  • '-오/우-'의 소멸(근대 국어) → 형태의 흔적만 남음(가노라 등)
    예 밤마다 먹논 딥과 콩이<번역노걸대언해 상 : 12>→每夜의 먹는 딥과 콩이<노걸대언해 상 : 43>

더 읽을거리

통사사

1. 문장 성분의 변화

(1) 주격이나 부사격 → 목적격의 실현

중세	근대
모절에서 목적어로 실현	관형격·주격으로 실현
• 오직 쏭올 들며 뿌믈 맛볼 거시라(주격 대신 목적격으로 실현) • 四海를 년글 주리여(부사격 대신 목적격으로 실현)	• 쏭의 들며 쓰믈 맛보아 • 쏭이 들며 쓰믈 맏보더니

(2) 개별 서술어의 격 실현의 변화

중세	현대
무엇-을 누구-를 주다 四海를 년글 주리여	무엇을 누구-에게 주다'
무엇-이 무엇-이 근호다/다르다 出家훈 사름믄 쇼히 근디 아니호니	무엇-이 무엇-와/과 같다/다르다

2. 문장 확장의 변화

(1) 관형사형 어미의 관형사형 → 명사형

중세	현대
관형사형 어미 '-ㄴ, -ㄹ'의 명사적 용법	관형사형 어미
그딋 혼 조초 ᄒ야	그대가 한 것을 좇아 하여
다옳 업슨 긴 ᄀᆞᄅᆞᆷ	다함이 없는

※ 중세에서 '-ㄴ, -ㄹ'은 중세에 명사형 전성 어미로 사용되기도 하였지만, 대부분 관형사형 어미로 쓰였고, 현대에서는 관형사형 어미로 사용된다.

(2) '-옴/움' → '-기' 명사절로의 확대

중세	근대	예
-옴/-움 →	-음	고툐물[고티-+-옴+울] 쓰리디 아니ᄒᆞ면<번역소학 6:9> → 고팀을[고티-+-ㅁ+울] 쓰리디 아니ᄒᆞ면<소학언해 5:9>
	-기	법다이 밍ᄀᆞ로믈[밍ᄀᆞᆯ-+-옴+울] 됴히 ᄒᆞ엿ᄂᆞ니라<번역노걸대 상 24> → 법다이 밍ᄀᆞᆯ기를 됴히 ᄒᆞ엿ᄂᆞ니라<노걸대언해 상 23>
	-은/는/ㄴ 것	네 닐옴도 올타커니와<번역노걸대 상 5> → 네 니ᄅᆞ는 말이 올커니와<몽어노걸대 1:6>

3. 문법 범주의 변화

(1) 높임법의 변화

① 주체 높임법의 변화

중세	16세기	17세기
-시- -샤-	→ -샤- 소멸 →	'-ᅀᆞᆸ-'의 기능 약화와 '-시-'와 결합
	父母ㅣ…깃거ᄒᆞ셔든 다시 諫홀디니라	그 후의 영정대왕 업스오시니 삼년을 죽만 머그니라 ᄯᅩ 회례라 일홈 지어 므스 일을 ᄒᆞ려 ᄒᆞ시읍ᄂᆞᆫ고

② 객체 높임법의 소멸

중세	17세기	현대
-ᅀᆞᆸ- →	객체 높임법 졔궁이 대가를 좃ᄌᆞ와 주체 높임법 혼궁의 가오셔 곡님ᄒᆞ려 ᄒᆞ오시거늘 → 쳥자 높임법 대비 명ᄒᆞ야 드오쇼셔 ᄒᆞ고 16세기 객체 높임 대상임에도 '-ᅀᆞᆸ-'이 나타나지 않는 경우도 있으며, 17세기 이후 '-ᅀᆞᆸ-'과 변이형인 '-ᄉᆞ오-, -ᄌᆞ오-, -오-' 등은 청자 높임을 실현하는 기능으로 변화	• -ᅀᆞᆸ- 소멸 높임 부사격 조사 '께', '드리다, 모시다, 여쭈다' 등에 의해 실현

③ 상대 높임법의 강화

중세	17세기	18세기	19세기 이후	
격식체	-이-/ -잇- →	-이-/-ᅀᆞᆸ-/-ᄉᆞᆸ-~- 이-		-ᄉᆞᆸ니다 -습니다
	-ㆁ-/ -ㅅ-	-닉, -새(평서, 청유) -은가/고(의문), -오, - 소(명령)	-오 -네	-오 -네
	∅			-다

비격식체		－어 ＋ －어요
		－지 ＋ －지요

(2) 시제와 양태
① '-리-'와 '-겠-'의 교체

중세	16~17세기	18세기	현대
－리－ →	－ㄹ로－＞－ㄹ	－게엿－＞－겟－	－겠－
－게 ᄒ엿－	－게 ᄒ엿－	'－리－'의 약화와 쇠퇴 및 '－겠－'으로의 교체	

② 과거 시제 '-었-'의 생성

중세[15~16세기]	17세기	19세기	현대
－어 잇/이시－ →	－어 잇/이시－	→	－어 있－
－엣/에시－	소멸		
－엇/어시－	－엣/에시	－어시－＞－엇시－＞－엇ㅅ－	－었/았－

(3) 사동

	중세	근대	현대
사동	－이－, －히－, －기－, －오/우－, －호/후－, －고/구－, －ᄋ/으－ →	－이－＞－리－, －이－＞－히－, －이－＞－기－, －오/우－, －ᄋ－＞－리－ →	－이－, －히－, －리－, －기－, －우－, －구－, －추－, －시키－
	－게 ᄒ다	→	－게 하다
		같은 접미사 유지 및 다른 접미사로 교체	파생적 방법＞통사적 방법의 확대

(4) 피동

	중세	근대	현대
사동	－이－, －히－, －기－, →	－이－＞－리－, －이－＞－리－, －이－＞－히－	→ －이－, －히－, －리－, －기－, －되－
	－아/어디다	→	－어지다
		같은 접미사 유지 및 다른 접미사로 교체	파생적 피동법의 쇠퇴와 통사적 피동법의 확대

(3) 화자 주어 표시와 대상 표시의 '-오/우-'

중세[15~16세기]		근대[17세기]
'-오/우-'	→	'-오/우-' 소멸
내 어제 츤 수울 만히 <u>머고라</u><번역노걸대 하 40> 나는 그저 이리 <u>닐오리라</u><번역노걸대 상 18> 우리 츠니 <u>머구리라</u><번역노걸대 상 63> 내 너두려 <u>그루츄마</u><번역노걸대 상:35>		내 어제 츤 술을 만히 <u>먹으롸</u><노걸대언해 하 36> 나는 그저 이리 <u>니르리라</u><노걸대언해 하 36> 우리 그저 츠니 <u>먹을이라</u><번역노걸대 상 57> 내 너두려 <u>가르치마</u><번역노걸대 상 36>

		예
중세 [15~16세기]	'-오/우-' ↓	내 어제 츤 수울 만히 <u>머고라</u><번역노걸대 하 40> 나는 그저 이리 <u>닐오리라</u><번역노걸대 상 18> 우리 츠니 <u>머구리라</u><번역노걸대 상 63> 내 너두려 <u>그루츄마</u><번역노걸대 상:35>
근대 [17세기]	'-오/우-' 소멸	내 어제 츤 술을 만히 <u>먹으롸</u><노걸대언해 하 36> 나는 그저 이리 <u>니르리라</u><노걸대언해 하 36> 우리 그저 츠니 <u>먹을이라</u><번역노걸대 상 57> 내 너두려 <u>가르치마</u><번역노걸대 상 36>

exercise
연습 문제

01 다음은 "문장의 짜임과 문법 요소를 안다."라는 학습 목표를 성취하기 위한 자료이다. 〈보기〉에 제시된 학생의 질문을 고려하여 지도할 내용에 대하여 서술하시오. [5점] 2006년도

(가) ① 文殊아 아라라 <석보상절 13, 26>
② 님금하 아르쇼셔 <용비어천가 125장>
③ 딩아 돌하 當今에 계샹이다 <악장가사, 정석가>

(나) ① 쓔 길 노푄들 년기 디나리잇가 <용비어천가 48장>
② 롯 긔 엇더ᄒ니잇고 <악장가사, 한림별곡>
③ 슬후미 이어긔 잇디 아니ᄒ니아 <초간두시언해 7, 14>
④ 그에 精숨ㅣ 업거니 어드리 가료 <석보상절 6, 22>
⑤ 엇뎨 겨르리 업스리오 <월인석보 서 17>
⑥ 어루 이긔여 기리ᅀᄫ려 <월인석보 서 9>

─ 작성 방법 ─

- **혜영** : 이 자료를 공부하는데 (가)의 ①, ②를 통해 호격 조사 가운데 특수성을 띤 것이 있다는 것을 알았어요. 그런데 ③의 밑줄 친 '딩하 돌하'도 같은 경우에 해당하는지 궁금합니다.
- **진명** : (나)의 자료에서 ①의 '년기'에 대해 의문이 생겼는데요. 문법적으로 '년기'를 어떻게 설명해야 하는지, 그리고 문장 성분은 무엇인지 모르겠어요.
- **지영** : (나)의 자료를 보면서 중세 국어의 의문문을 만드는 다양한 종결 어미를 어떻게 분류할 수 있는지 의문이 생겼어요. 이에 대해 두 유형으로 분류하여 설명한다고 할 때, 그 분류 근거는 무엇일까요?

02
다음은 중세국어의 관형어를 설명한 자료이다. 이 자료와 관련된 지도 내용을 〈작성 방법〉에 따라 서술하시오. [4점]

> (1) <u>迦葉의</u> 能히 信受호물 讚嘆호시니라 〈월인석보 13 : 57〉
> (2) a. <u>내</u> 마룰 다 드르라〈석보상절 6 : 8〉
>   b. <u>내의</u> 산 누늘 열에 호논 거시로다〈금강경삼가해 4 : 43〉
> (3) a. 아두리 <u>아빅</u> 천량 믈러 가쥬미 굳호씨〈석보상절 13 : 18〉
>   b. 그 쁴 諸子ㅣ <u>아비의</u> 便安히 안존 들 알오〈법화경언해 2 : 138〉

─┤ 작성 방법 ├─
- (1)의 밑줄 그은 부분의 문장 성분과, 의미상 역할을 설명하고, (2a)와 (2b)의 형태상의 차이가 나타나는 이유를 설명할 것.
- (2)에서 형태상의 차이가 나타나는 이유를 근거로 하여 (3)의 형태의 차이를 설명할 것.

03
다음은 중세 국어 의문문에 대해 설명한 자료이다. ㉠, ㉡에 들어갈 말을 순서대로 쓰시오. [2점]

2014년도

> - 중세 국어의 의문문은 의문문의 종류가 형태상으로 구별된다는 점에서 현대 국어의 의문문과 차이가 있다. 그러나 이러한 형태상의 차이가 드러나지 않는 예도 확인된다.
> (1) ㄱ. 어루 이긔여 기리ᅀᄫ려
>   ㄴ. 精舍ㅣ 업거니 어드리 가료
> (2) ㄱ. 여슷 하느리 어늬사 못 됴호니잇가
>   ㄴ. 사로미 이러커늘사 아들 여희리잇가
> - (1)에서 의문사의 유무에 따라 의문형 어미의 차이가 확인되는 것과 달리, (2)에서는 그러한 차이가 확인되지 않는다.
> - (2)의 두 문장 중 하나에서 의문(㉠)이/가 의문사의 유무에 따른 형태상 차이가 있었다면, 의문사가 있는 문장의 의문형 어미는 (㉡)(으)로 나타났어야 한다.

04 다음은 중세 국어의 인용절을 지도하기 위한 자료이다. 인용절을 〈작성 방법〉에 따라 서술하시오. [4점]

> 교사 : 중세 국어의 문장을 정확히 파악하기 위해서는 인용의 형식과 특성을 이해할 필요가 있습니다. 직접 인용과 간접 인용의 구분, 그리고 인용문의 구성 방식에 대해 살펴보기로 합시다.
> 학생 : 중세 국어에서 인용절은 현대 국어와 너무 차이가 많이 나서 직접 인용과 간접 인용을 구별하기 쉽지 않아요.
> 교사 : 그렇죠. 중세 국어에서 간접 인용은 높임의 중화, 인칭의 전이, 높임법의 변화 등에 의해서 구별할 수 있습니다.
>
> (1) 如來 샹녜 우리를 '아드리라' 니르시니이다(월인석보 13 : 32)[원 발화자 : 여래, 인용자 : 우리]
> (2) 聖人이 쏘 나를 브리샤 '大王 모물 請ᄒᆞᆸ바 오나든 찻믈 기를 維那를 삼ᄉᆞ보리라' 하실씨 다시 오ᄉᆞᄫᅵ다.(월인석보 8 : 91)[원 발화자 : 聖人, 인용자 : 使者]
> (3) 내……世尊ᄭᅴ 묻ᄌᆞ오ᄃᆡ '일후미 ᄃᆞ왼가 일티 아니호미 ᄃᆞ왼가' 코져 ᄒᆞ며(법화경언해 2 : 21)

┤ 작성 방법 ├

(1)을 원 발화자의 직접 인용으로 바꾸어 제시하고, (2)와 (3)을 자료로 하여 직접 인용에서 간접 인용으로의 변화를 변화가 일어난 부분을 중심으로 서술할 것.

05 다음은 중세 국어의 의문문에 대한 자료이다. 의문문에 대하여 〈작성 방법〉에 따라 서술하시오. [4점]

> (1) a. 이 두 사ᄅᆞ미 眞實로 네 항것가<월인석보 8 : 94>
>   b. 얻논 藥이 므스 것고<월인석보 21 : 215>
> (2) a. 앗가ᄫᆞᆫ ᄠᅳ디 잇ᄂᆞ녀<석보상절 6 : 25>
>   b. 아바닚 病이 기프시니 엇뎨 ᄒᆞ료<석보상절 11 : 18>
> (3) a. 네 信ᄒᆞᄂᆞ다 아니 ᄒᆞᄂᆞ다<석보상절 9 : 26>
>   b. 네 엇던 혜므로 나를 免케 홇다<월인석보 21 : 56>

┤ 작성 방법 ├

• (1)과 (2)를 자료로 의문사가 동반됨으로써 달라지는 차이와 (3)에서 의문사 동반 여부에 따른 차이를 비교하여 설명할 것.
• (1)을 (3)과 비교하여 의문문을 만드는 과정에서 공통적으로 나타나는 문법 형태소를 제시하고 결합 방식을 설명할 것.

06 다음은 중세 국어의 의문문을 지도하기 위해 준비한 자료이다. 괄호 안의 ㉠과 ㉡에 들어갈 말을 각각 쓰시오. [2점]

> 화자가 청자에게 해답을 요구하는 질문 형식의 종결 양식으로, 의문 보조사로 '-가/-고'와 의문형 종결 어미로 '-녀/-뇨, -여/-요'에 의해 실현된다.
> 중세 국어 의문문이 현대 국어의 차이나는 점은 다음과 같다.
>
> > (1) a. 그 ᄠᅳ디 ᄒᆞᆫ가지아 아니아
> >   b. 엇논 藥이 므스것고
> > (2) a. 네 信ᄒᆞᄂᆞᆫ다 아니 ᄒᆞᄂᆞᆫ다
> > (3) a. 이 ᄯᆞ리 너희 죵가
> >   b. 이 엇던 光明고
>
> 먼저 (1)과 같이 (㉠)에 보조사가 붙어 의문문을 형성한다. 그리고 (2)와 같이 (㉡)에 따라 어미의 형태가 다르게 나타나기도 한다. (3)과 같이 의문사의 사용 여부에 따른 의문문의 형태 변화가 나타나기도 한다.

07 다음은 의문문을 지도하기 위해 준비한 자료이다. 지도 내용을 〈작성 방법〉에 따라 서술하시오. [4점]

> 교사 : 의문문은 일반적으로 화자가 청자에게 질문하여 대답을 요구하는 문장을 말합니다. 일반적으로 의문문은 설명 의문문과 판정 의문문, 그리고 수사 의문문 등이 있습니다.
> 학생 : 저는 혼자 '이 옷이 나에게 잘 어울릴까?'라고 중얼거릴 때도 있어요. 이런 경우도 해당하나요?
> 교사 : 질문을 목적으로 하는 의문문 이외에 언어 행위를 중심으로 수사 의문문, 요청 의문문, 선택 의문문, 메아리 의문문, 자문(自問), 확인 의문문 등이 있어요. 질문한 의문문은 자신의 의구심을 표현한 자문에 해당하죠.
>
> > (1) a. 이 ᄯᆞ리 너희 <u>죵가</u>(월인석보 8 : 94)
> >   b. 엇논 藥이 <u>므스것고</u>(월인석보 21 : 215)
> > (2) a. 이 아이가 네 동생이냐?
> >   b. 저 아이들 중에서 누가 네 동생이냐?
> > (3) a. 남아 있던 떡을 네가 <u>먹었지</u>?
> >   b. 아저씨, 자장면 <u>시키셨지요</u>?

┤ 작성 방법 ├
- (1)과 (2)를 의문문의 유형으로 나누고 현대 국어와의 차이를 서술할 것.
- (3)의 의문문의 질문 내용을 고려하여 의문문의 성격을 서술할 것.

08 다음 밑줄 그은 부분을 중세 국어 문법과 현대 국어 문법에 따라 각각 분석할 때, 그 발화 주체와 행위 주체의 관계를 구체적으로 설명하시오. [2점] 2005년도

> 가던 새 가던 새 본다 믈 아래 가던 새 본다
> 잉 무든 장글란 가지고 믈 아래 가던 새 본다
> 얄리 얄리 얄라셩 얄라리 얄라
>
> -'청산별곡' 제3장

┤ 작성 방법 ├
- 밑줄 그은 부분을 중세 국어와 현대 국어 문법에 따라 분석하고 의미를 제시할 것.
- 1의 답안을 바탕으로 발화 주체와 행위 주체의 관계 차이를 설명할 것.

09 다음은 중세 국어 명령문에 대해 설명한 자료이다. ㉠과 ㉡에 들어갈 말을 순서대로 쓰시오. ㉠은 형태소를 제시할 것. [2점]

> 현대 국어는 직접 명령문과 간접 명령문의 형태상 차이가 분명하나, 중세 국어는 그러한 구별을 찾기가 쉽지 않다. 이외에도 현대 국어와 차이가 나는 점은 몇 가지 나타난다.
> (1) ㄱ. 너희 디마니 혼 이리 잇ᄂ니 ᄲᅡᆯ리 나가라.
>   ㄴ. 오라 흔들 오시리잇가
> (2) ㄱ. ᄃᆞᆯ하 노피곰 도ᄃᆞ샤……머리곰 비취오시라
>   ㄴ. 혀고시라 밀오시라 鄭少年하
> (3) ㄱ. 네 바리를 어듸 가 어든다 도로 다가 두어라
>   ㄴ. 너희둘히……ᄂᆞ외야 므슴 게으리 먹디 마라스라
>
> -(1)의 두 문장은 중세 국어의 직접 명령문과 간접 명령문은 차이가 없음을 보여준다.
> -(2)는 고려가요의 경우 명령문이라도 한 어미 속에 '-시-'가 삽입되어 나타날 수 있음을 보여 준다.
> -(3)처럼 '-어-'와 같은 확인법 선어말 어미나 (㉠)와/과 같은 (㉡) 선어말어미를 취하여 화자가 청자에게 신념 있게 행동해 주기를 요구하거나, 화자의 태도가 더 경화되는 것으로 간주할 수 있다.

10 다음은 중세 국어의 높임에 대한 자료이다. 이 자료와 관련된 지도 내용을 〈작성 방법〉에 따라 서술하시오. [4점]

> (1) ㄱ. 如來 太子ㅅ 時節에 나를 겨집 <u>사므시니</u>
>   ㄴ. 故園엣 버드리 이제 이어 <u>뻐러디거시니</u>
> (2) ㄱ. 우린 다 佛子ㅣ <u>굳ᄌᆞ오니</u>
>   ㄴ. 그딋 아바니미 <u>잇ᄂᆞ닛가</u>

┤ 작성 방법 ├
- (1ㄱ)과 (1ㄴ)을 비교하여 높임 실현 여부를 제시하고, 높임이 실현되지 않는 경우의 특성을 서술할 것.
- (2ㄱ)과 (2ㄴ)의 높임의 유형을 제시하고, (2ㄱ)의 현대 국어에서의 변화를, (2ㄴ)은 현대 국어에서의 실현 조건을 서술할 것.

11 다음은 중세 국어의 경어법을 지도하기 위해 준비한 자료이다. 〈보기〉를 고려하여 중세 국어의 경어법에 대하여 서술하시오. [4점] 2005년도

> ① 三賊이 좇ᄌᆞ거늘(용비어천가 36, 1447년)
> ② 梵音이 깁고 微妙ᄒᆞ샤(석보상절 13, 1447년)
> ③ 고줄 받ᄌᆞᄫᆞ시니(월인천강지곡 6, 1449년)
> ④ 어마님 사라겨싫 저긔(월인석보 23, 1459년)
> ⑤ 됴ᄒᆞ시며 됴ᄒᆞ실쎠 大雄世尊이여(법화경언해 5, 1463년)
> ⑥ 내 보아져 ᄒᆞᄂᆞ다 ᄉᆞᆲ바쎠(석보상절 6, 1447년)

경어법의 유형	구분	근거

12 다음은 중세 국어의 주체 높임법에 대해 설명한 자료이다. ㉠, ㉡에 들어갈 말을 순서대로 쓰시오. 단, ㉠은 품사, ㉡은 문법 형태소를 제시할 것. [2점]

> • 주체 높임법은 현대 국어와 같이 선어말어미 '-시-'에 의해 표현되며, 용법도 거의 차이가 없다. 하지만 관형사형에서 나타나기도 하며, 형태는 주체 높임법과 같으나 기능상 주체 높임법이 아닌 것이 있다.
> (1) ㄱ. 王이 그 이룰 ᄎᆞᄌᆞ샤 鹿母夫人의 나ᄒᆞ신 ᄃᆞᆯ 아르시고
>   ㄴ. 이 諸佛ㅅ 得ᄒᆞ샨 거실ᄉᆡ
> (2) ㄱ. 네……如來ㅅ 三十二相ᄋᆞᆯ 브토라 커시니 뉘 愛樂ᄒᆞ뇨
>   ㄴ. 즈믄 히를 녀신ᄃᆞᆯ……信잇ᄃᆞᆫ 그츠리잇가
> ─(1)은 주체 높임법이 관형사형에도 나타남을 보여주는 것으로, ㄱ과 ㄴ 모두 (㉠)에 기대어 주어가 표시되어 있다.
> ─(2)의 두 문장은 주체 높임의 기능이 나타나지 않는 경우로, ㄱ에서 '-시-'가 나타나는 위치 제약은 (㉡) 뒤에 나타난다는 특성이 있고, ㄴ은 그런 제약을 받지 않는다는 차이점이 있다.

13 다음 이야기에 관여하는 사람들이 다른 사람들에 대해 '높임의 의도'를 가지고 있는지 판단하고, 그 근거가 되는 어절을 각각 하나만 찾아 쓰시오. [4점] 2008년도

> <자료 해설> 아래는 아들 '나후라(羅睺羅)'를 출가시켜 데려오라는 '부텨(세존)'의 명을 받고 가비라국에 온 '목련(目蓮)'과, '부텨'의 아내이자 '나후라'의 어머니인 '야수(耶輸)' 사이에 일어난 일을 서술한 이야기의 일부이다.
>
> > 耶輸ㅣ 부텻 使者 왯다 드르시고 靑衣를 브려 긔별 아라 오라 ᄒᆞ시니…… 耶輸ㅣ 그 긔별 드르시고…… (耶輸ㅣ) 門들ᄒᆞᆯ 다 구디 즈겨 뒷더시니 目蓮이 耶輸ㅅ 宮의 가 보니 門ᄋᆞᆯ 다 즈ᄆᆞ고 유무 드륧 사ᄅᆞᆷ도 업거늘 즉자히 神通力으로 樓 우희 ᄂᆞ라 올아 耶輸ㅅ 알ᄑᆡ 가 셔니 耶輸ㅣ 보시고…… (耶輸ㅣ) 니러 절ᄒᆞ시고 안ᄌᆞ쇼셔 ᄒᆞ시고 世尊ㅅ 安否 묻ᄌᆞᆸ고 니ᄅᆞ샤ᄃᆡ 므스므라 오시니잇고
> > <석보상절 6 : 2~3>

	<근거 어절>	<높임의 의도>
예 서술자가 야수에게	있음	드르시고
야수가 청의에게		
야수가 목련에게		
서술자가 부텨에게		
서술자가 목련에게		

14 다음은 중세 국어의 시제와 관련한 자료이다. 중세 국어의 시제를 〈작성 방법〉에 따라 서술하시오. [4점]

> (1) a. 내 몸이 正覺 나래 마조 보리어다.〈월인석보 8 : 87, 1459〉
>   b. 功德이 이러 당다이 부톄 두외리러라〈석보상절 19 : 34, 1446〉
> (2) a. 주쳐호라 호여 아모조록 쳐치를 호시게 호야시니〈한중록 406, 1795〉
>   b. 다 마누하님 월츌을 못 보시게 호엿다 호고 소리호여 호호니〈동명일긔, 1772〉
> (3) 엇더케 호여야 관찰ᄉ와 원 노릇슬 잘호겟ᄂ냐고 호기에〈독립신문, 1896〉

─┤ 작성 방법 ├─
- (1a)와 (1b)의 '-리-'에 공통적으로 나타나는 의미와 (2a)와 (2b)에 나타나는 의미를 설명할 것.
- (2)와 (3)을 자료로 하여 중세 국어의 미래 시제의 변화에 대하여 설명할 것.

15 중세 국어의 선어말어미 '-오-'에 대하여 지도하고자 한다. (가)에서 '-오-'가 포함된 4가지 예문을 찾아, 그 번호와 그렇게 볼 수 있는 근거를 쓰시오. [4점] 2004년도

> ① 내 호마 命終호라 〈월인석보 9, 36〉
> ② 내 아래브터 부텻긔 이런 마를 몯 듣ᄌᆞᄫᆞ며 〈석보상절 13, 44〉
> ③ 내 롱담호다라 〈석보상절 6, 24〉
> ④ 내 겨지비라 가져가디 어려볼씨 〈월인석보 1, 13〉
> ⑤ 衆生이 福이 다ᄋ거다 〈석보상절 23, 28〉
> ⑥ 내 이를 爲호야 어엿비 너겨 새로 스믈여듧 字를 밍ᄀ노니 〈훈민정음 언해〉
> ⑦ 불휘 기픈 남ᄀᆫ ᄇᆞᄅᆞ매 아니 뮐씨 곶 됴코 여름 하ᄂ니 〈용비어천가 2장〉
> ⑧ 崔九의 집 알픠 몇 디윌 드르뇨 〈두시언해 16, 52〉
> ⑨ 내 이제 훤히 즐겁과라 〈법화경언해 2, 137〉

─┤ 보기 ├─
'-오-'가 포함되어 있는 어절이나 음절을 찾아 형태소를 분석하는 방식으로 근거를 제시할 것.
(예 호니 : 호+니, 홈 : 호+옴)

예문 번호	근 거

16 다음은 중세 국어에서 선어말 어미 '-오-'를 지도하기 위한 자료이다. 선어말 어미 '-오-'를 〈작성 방법〉에 따라 서술하시오. [4점]

> (1) a. 내 롱담ᄒᆞ다라(석보상절 6:24)
>   b. 내 이제 훤히 즐겁과라(법화경언해 2:137)
>   c. 어딋 늘근 한아비 와셔 그를 짓가니오(두시언해 14:17)
>   d. 먼 ᄀᆞᆺ 三冬ㅅ 나조ᄒᆡ 뜬 人生애 ᄒᆞᆫ 病ᄒᆞᆫ 모미로라(두시언해 8:62)
> (2) a. 나……百年ㅅ 한 病에 ᄒᆞ올로 臺예 올오라(두시언해 10:35)
>   b. 우리ᄃᆞᆯ히 毒藥을 그르 머구니(월인석보 17:17)
>   c. 다시 모ᄃᆡ 안조ᄃᆡ 端正히 호리라(몽산법언해 2)

─┤ 작성 방법 ├──
• (1)은 '-오-'가 다른 선어말 어미와 결합하여 형태 변화한 경우로, 이들의 형태가 결합한 선어말 어미를 제시할 것.
• (2)에 나타나는 선어말 어미 '-오/우-'가 무엇을 표시하는지 '-오-'가 나타나는 조건을 고려하여 서술할 것.

17 다음은 "중세국어의 선어말 어미 '-오/우-'의 기능을 이해한다."라는 학습 목표로 교수·학습 과정을 마친 뒤 마련한 평가지 초안이다. 평가지를 수정하고자 할 때 이 초안이 가지고 있는 문제점을 지적하여 제시하시오. [2점] 2009년도 모의평가

※ 다음의 (가)와 (나)는 선어말 어미 '-오/우-'의 기능을 달리 해석한 두 견해이다. (가)를 뒷받침하는 예로 가장 적절한 것은? [정답 ④]

(가) 선어말 어미 '-오/우-'는 화자, 청자 그리고 동작 주체의 의도가 개재된 동작이나 상태를 나타내 준다. 화자의 의도는 주로 평서문의 서술어에 나타나는데, 대체로 화자 자신의 일을 설명하는 것이다. 청자의 의도는 의문문의 서술어에 나타나는데, 상대방인 청자가 의도를 가지고 설명하거나 판정하기를 요구함을 표시한다. 동작 주체의 의도는 관형사형에 나타난다. 관형사형으로 쓰인 동사의 주체가 의도를 갖고 행한 동작임을 나타낸다.

(나) 종결형과 연결형의 '-오-'는 일반적으로 주어가 제1인칭 대명사 '나, 우리' 등 화자일 때 나타난다. 주어가 제3인칭인 경우에도 주어가 화자 자신을 가리키는 경우에 '-오-' 활용형을 취한다. 한편 '-오-' 관형사형은 피한정 명사가 관계 명사인 경우에는 주로 피한정 명사가 관계절의 목적어일 때 '-오-'가 나타나고 부사어일 때는 쓰임이 불규칙하다. 피한정 명사가 동격 명사일 때도 '-오-'의 사용이 불규칙하다.

① 네 이대 드르라 너 위ᄒᆞ야 닐오리라 (석보상절 13, 47)
② 化人ᄋᆞᆫ 世尊ㅅ 神力으로 ᄃᆞ외의 ᄒᆞ샨 사ᄅᆞ미라 (석보상절 6, 7)
③ 어린 百姓이 니르고져 홇 배 이셔도 ᄆᆞᄎᆞ내 제 ᄠᅳ들 시러 펴디 몯훓 노미 하니라 (훈민정음언해, 2)
④ 主人이 므슴 차바ᄂᆞᆯ 손소 ᄃᆞ녀 밍ᄀᆞ노닛가 太子ᄅᆞᆯ 請ᄒᆞᅀᆞᄫᅡ 이받ᄌᆞᄫᆞ려 ᄒᆞ노닛가 大臣을 請ᄒᆞ야 이바도려 ᄒᆞ노닛가 (석보상절 6, 16)
⑤ 됴ᄒᆞᆫ 時節에 ᄆᆞᆺ 盜賊을 對ᄒᆞ니 시르믈 다시 議論ᄒᆞ얌직ᄒᆞ니아 …… 녯 누른 곳 ᄠᅴ운 수리오 이젯 머리 셴 한아비로라 (두시언해 11, 30)

초안의 문제점 : _____
_____

18 다음은 "중세 국어 선어말 어미 '-오/우-'의 기능을 안다."를 학습 목표로 하여 진행한 수업의 일부이다. 괄호 안의 ㉠, ㉡에 해당하는 말을 순서대로 쓰시오. [2점] 2017년도

> 교사 : 오늘은 중세 국어 선어말 어미 '-오/우-'의 기능을 알아보겠습니다. 다음의 중세 국어 문장들을 한번 볼까요?
>
>> (1) 내 이를 爲ᄒᆞ야 새로 스믈여듧 字를 ᄆᆡᆼᄀᆞ노니
>> (2) a. 優塡王이 ᄆᆡᆼᄀᆞ론 金像을 象애 싣ᄌᆞᄫᅡ 가더니
>>   b. 王이 罪 지은 각시를 그 모딘 노ᄆᆡᄀᆡ 보내야
>
> 교사 : (1)과 (2)를 통해서 '-오/우-'의 기능을 크게 두 가지로 살펴볼 수 있는데, 첫째는 주어가 화자 자신임을 나타내거나 화자의 의도를 표현하는 기능이에요. (1)의 'ᄆᆡᆼᄀᆞ노니'는 'ᄆᆡᆼᄀᆞ-ᄂᆞ-오-니'로 분석되니까 '-오-'가 있지요? 이것을 주어와의 관계를 고려하여 설명해 볼까요?
> 학생 : 아하, '내'가 주어이고, '-오-'가 화자 자신의 의도를 표현하는 기능을 하네요. 그럼 다른 하나는 무엇인가요?
> 교사 : 그것은 관형사절 안의 서술어에 '-오/우-'가 나타나는 것에서 확인할 수 있어요. (2a)와 (2b)의 관형사절 안의 서술어에 어떤 차이가 있나요?
> 학생 : (2a)에는 '-오-'가 나타나 있는데 (2b)에는 없습니다.
> 교사 : 그렇지요. 그럼 왜 그런 차이를 보이는지, 피수식어가 관형사절 안에 나타났다면 어떤 문장 성분으로 나타났을지를 생각하면서 답해 볼까요?
> 학생 : (2a)처럼 관형사절의 꾸밈을 받는 명사가 관형사절 안에서 (㉠)(으)로 기능하는 경우에는 '-오-'가 사용되었고, (2b)처럼 (㉡)(으)로 기능하는 경우에는 사용되지 않았네요.
> 교사 : 그래요. 바로 맞혔어요.

19 다음은 자료를 바탕으로 중세 국어의 문법적 특징을 지도하려고 한다. (가)~(라)의 문법적 특징을 정리한 〈보기〉의 ㉠과 ㉡에 들어갈 말을 각각 쓰시오. [2점] 2009년도

> (가) 王이 怒ᄒᆞ야 니ᄅᆞ샤ᄃᆡ 畜生ᄋᆡ 나혼 거실ᄊᆡ 그러ᄒᆞ도다 (석보상절 11, 31)
> (나) 셜ᄫᅳᆯ쎠 衆生이 正ᄒᆞᆫ 길흘 일허다 (석보상절 23, 19)
> (다) 시혹 내 罪를 듣거시나 시혹 내 犯을 疑心커시나 어엿비 너겨 (월인석보 23, 94)
> (라) 迦毗羅國 사ᄅᆞᄆᆞᆯ 네 이제 다 갓고려 ᄒᆞᄂᆞᆫ다 (월인석보 7, 8)

┤작성 방법├

> (가) 명사절이나 관형절에서 의미상의 주어가 관형격으로 나타난다.
> (나) 서술어의 (㉠) 여부에 따른 어미의 형태 교체가 존재한다.
> (다) 하나의 형태소가 분리적인 특성을 보인다.
> (라) 어미의 사용이 (㉡)을/를 따른다.

20

다음은 중세 문법 규칙의 변화와 관련하여 지도하기 위해 준비한 자료이다. 〈보기〉에 주어진 조건을 고려하여 표를 작성하시오. [4점] 2002년도

(1) ㄱ. 이 ᄯᆞ리 너희 죵가(월석 8 : 94)
    ㄴ. 얻논 藥이 므스 것고.(월석 21 : 215)
(2) 太子ᄅᆞᆯ 請ᄒᆞᅀᆞᄫᅡ 이받ᄌᆞᄫᅩ려 ᄒᆞ노닛가. 大臣ᄋᆞᆯ 請ᄒᆞ야 이바도려 ᄒᆞ노닛가.(석상6 : 16)
(3) ㄱ. 슬픓 업시(두언25 : 53)
    ㄴ. 두루 아니홇 아니 ᄒᆞ시나(금강삼가 5 : 10)
    ㄷ. 그딋 혼 조초ᄒᆞ야(석상 6 : 8)

작성 방법

- 중세 국어의 문법적 특성을 나타내는 예를 4가지만 찾아 제시할 것.
- 중세 자료의 예에서 알 수 있는 문법적 특성을 밝히고, 그 이후의 변천을 설명할 것.

예	문법적 특성	변천
(1)의 '죵가, 것고'	중세 국어에는 명사문이 있었음	동사문으로 바뀜

PART 04

중세 국어 자료

중세 국어 자료 1

1	세종어제훈민정음(世宗御製訓民正音)
2	용비어천가(龍飛御天歌)
3	석보상절(釋譜詳節)
4	월인석보(月印釋譜)
5	월인천강지곡(月印千江之曲)
6	삼강행실도(三綱行實圖)
7	내훈(內訓)
8	두시언해(杜詩諺解)
9	소학언해(小學諺解)
10	순신역전(純臣力戰)
11	노걸대언해(老乞大諺解)

중세 국어 자료 2

| 1 | 고려속요(高麗俗謠) |

중세 국어 자료 1

01 세종 어제 훈민정음(世宗御製訓民正音)

1446년

世·솅宗·종御·엉製·졩 訓·훈民민正·졍音·븜

나·랏:말쓰·미 中듕國·귁·에 달·아, 文문字·쫑·와·로 서르 스뭇·디 아·니홀·씨,
·이런 젼·ᄎ·로 어·린 百·빅姓·셩이 니르·고·져 ·홇·배 이·셔·도, ᄆᆞ·ᄎᆞᆷ:내 제·ᄠᅳ·들 시
·러 펴·디 :몯훓·노·미 하·니·라. ·내 ·이·를 爲·윙·ᄒᆞ·야: 어엿·비 너·겨, ·새·로 ·스·믈 여·듧字·쫑·를 밍ᄀᆞ노니,
:사ᄅᆞᆷ :마·다 :히·뼈 :수·비 니·겨·날·로 ·뿌·메 便뻔安한·킈 ᄒᆞ·고·져 홇
ᄯᆞᄅᆞ·미니·라

- 1446년

현대어역

우리나라 말이 중국과 달라 한자와는 서로 통하지 아니 하여서 이런 까닭으로 어리석은 백성이 말하고자 하는 바가 있어도 마침내 제 뜻을 펴지 못하는 사람이 많다. 내가 이것을 가엾게 생각하여 새로 스물여덟 글자를 만드니, 모든 사람으로 하여금 쉽게 익혀서 날마다 쓰는 데 편하게 하고자 할 따름이다.

형태소 분석

- **나랏말ᄊᆞ미** : 나라의 말이. 분 나라(명사) + ㅅ(사잇소리) + 말씀[語, 명사] + 이(주격 조사)
- **中듕國귁에** : 중국과, 중국말과 분 듕귁(명사) + 에(비교 부사격 조사)
- **달아** : 달라, 달라서 분 드ᄅᆞ-[異] + -아(종속적 연결 어미) > 달아(설측음화)

'-ᄅᆞ/-르'로 끝나는 용언의 어간이 모음 어미 앞에서 교체되는 것으로, '-ᄅᆞ/-르'에서 'ᄋᆞ'가 탈락되고 'ㄹ'이 앞 음절에 붙는 것('ㅇ'은 후두 유성 마찰음).

- **서르** : 서로 분 서르>서로(이화·강화·유추 현상)
- **ᄉᆞᄆᆞᆺ디** : 통하지 분 ᄉᆞᄆᆞᆺ-(동사 어간) + -디(보조적 연결 어미) > ᄉᆞᄆᆞᆺ디(8종성 가족용법)
- **아니홀씨** : 아니하므로 분 아니하-(동사 어간) + -ㄹ씨(종속적 연결 어미)

- **젼ᄎ로** : 까닭으로, 이유로 분 젼ᄎ(명사)+로(원인 부사격 조사)
- **어린** : 어리석은 변 어리석은[愚]>어리다[幼](의미의 이동)
- **니르고져** : 이르고자, 말하고자 분 니르-(동사 어간)+-고져(종속적 연결 어미) 어간 '니르-'와 '닐ㅇ-'이 교체
- **훓** : 하는 분 ᄒ-(동사 어간)+-오-(대상 활용 선어말 어미)+-ㅭ(관형사형 전성 어미)
  참고 대상 활용으로 사용됨.
- **배** : 바가 분 바(의존 명사)+ㅣ(주격 조사)
- **이셔도** : 있어도 분 이시-(형용사 어간)+-어도(종속적 연결 어미) 어간 자음 어미 앞에서 '잇-', 모음 어미 앞에서 '이시-' → 불규칙 활용
- **ᄆᆞᄎᆞᆷ내** : 마침내 분 ᄆᆞᄎᆞᆷ[못-(동사 어간)+-음(명사 파생 접미사)]+내(부사 파생 접미사).
  변 ᄆᆞᄎᆞᆷ>ᄆᆞᄎᆞᆷ내(이화 작용)>마침내(전설 모음화)
- **제** : 자기의 분 저(인칭 대명사)+ㅣ(관형격 조사)
- **ᄠᅳ들** : 뜻을 분 ᄠᅳᆮ(명사)+을(목적격 조사)
- **시러** : 능히[得] 분 싣-(동사 어근)+-어(부사 파생 접미사) → 시러(부사)
- **몯훓** : 못하는 분 몯ᄒ-(동사 어간)+-ㅭ(관형사형 어미)
- **노미** : 자가, 사람이 의미 놈[者, 예사말]>놈[낮춤말](의미 축소)
- **하니라** : 많으니라 분 하-(동사 어간)+-니라(평서형 종결 어미)
- **어엿비** : 불쌍히[憫] 분 어엿브-(형용사 어간)+-이(부사 파생 접미사) 의미 후에 '예쁘게'의 의미로 이동.
- **너겨** : 여겨. 생각하여 변 너기다>녀기다(ㅣ모음 역행)>여기다(두음 법칙)
- **새로** : 새로. 분 새(명사)+-로(부사 파생 접미사)
- **스믈여듧** : 스무여덟 문 스믈>스물(원순 모음화)
- **ᄆᆡᇰᄀᆞ노니** : 만드나니 기 ᄆᆡᆼᄀᆞᆯ다. 분 ᄆᆡᇰᄀᆞᆯ-(동사 어간)+-ᄂ-(현재 시제 선어말 어미)+-오-(인칭법 선어말 어미)+-니(종속적 연결 어미) 문 주어가 2, 3인칭일 때 → ᄆᆡᇰᄀᆞᄂᆞ니
- **ᄒᆡ여** : 하여금[使, 슈] 분 ᄒᆡ이-(동사 어간 → 어근)+-어(부사 파생 접미사)>ᄒᆡ여(동음 생략, 축약)>ᄒᆞ여>ᄒᆞ여곰>하여금
- **수ᄫᅵ** : 쉽게 문 쉽-(형용사 어간)+-이(부사 파생 접미사) 변 쉬ᄫᅵ>수ᄫᅵ(동음 생략)>수이(ㅸ 탈락)>쉬(축약)
- **니겨** : 익히게 하여. 분 닉-(동사 어간)+-이-(사동 접미사)+-어>니겨(축약)
- **날로** : 날마다 분 날(명사)+-로(부사 파생 접미사)
- **ᄡᅮ메** : 씀에, 사용함에 분 ᄡᅳ-(동사 어간)+-움(명사형 어미)+에(부사격 조사)
- **便뼌安한킈** : 편안하게 어미 '-긔'(보조적 연결 어미)
- **ᄯᆞᄅᆞ미니라** : 따름이니라, 따름이다 분 ᄯᆞᄅᆞᆷ(의존 명사)+이(서술격 조사)+-니라(평서형 종결 어미)

ㄱ·는:엄쏘·리·니, 君군ㄷ字·쫑 ·처섬 ·펴·아 ·나는 소·리 ·ᄀ·트니·라, 글·밧·쓰·면 虯뀰ᇢ字
·쫑·처섬 ·펴·아 ·나는 소·리 ·ᄀ·트니·라.
ㅋ·는 :엄쏘·리·니, 快·쾡ㆆ字·쫑 ·처섬 ·펴·아 ·나는 소·리 ·ᄀ·트니·라.
ㆁ·는 :엄쏘·리·니, 業·업字·쫑 ·처섬 ·펴·아 ·나는 소·리 ·ᄀ·트니·라.
ㄷ·는 ·혀쏘·리·니, 斗:둘ᇢ字·쫑 ·처섬 ·펴·아 ·나는 소·리 ·ᄀ트니·라, 글·밧·쓰·면 覃땀ㅂ
字·쫑 ·처섬 ·펴·아 ·나는 소·리 ·ᄀ·트니·라.
ㅌ·는 ·혀쏘·리·니, 呑ᄐᆞㄴㄷ字·쫑·처섬 ·펴·아 ·나는 소·리 ·ᄀ·트니·라.
ㄴ·는 ·혀쏘·리·니, 那낭ᇂ字·쫑·처섬 ·펴·아 ·나는 소·리 ·ᄀ·트니·라.
ㅂ·는 입시·울쏘·리·니, 彆·볋字·쫑 ·처섬 ·펴·아 ·나는 소·리 ·ᄀ·트니, 글·밧·쓰·면 步·
뽕ᇂ字·쫑 ·처섬 ·펴·아 ·나는 소·리 ·ᄀ·트니·라.
ㅍ·는 입시·울쏘·리·니, 漂푤ᇢ字·쫑 ·처섬 ·펴·아 ·나는 소·리 ·ᄀ·트니·라.
ㅁ·는 입시·울쏘·리·니, 彌밍ᇂ字·쫑 ·처섬 ·펴·아 ·나는 소·리 ·ᄀ·트니·라.
ㅈ·는 ·니쏘·리·니, 卽·즉字·쫑 ·처섬·펴·아 ·나는 소·리 ·ᄀ트니, 글·밧·쓰·면 慈쫑ᇂ字
·쫑 ·처섬 ·펴·아·나는 소·리 ·ᄀ·트니·라.
ㅊ·는 ·니쏘·리·니, 侵침ㅂ字·쫑 ·처섬 ·펴·아 ·나는 소·리 ·ᄀ·트니·라.
ㅅ·는 ·니쏘·리·니, 戌·슗字·쫑 ·처섬·펴·아 ·나는 소·리 ·ᄀ·트니, 글·밧·쓰·면 邪썅ᇂ字
·쫑·처섬 ·펴·아·나는 소·리 ·ᄀ·트니·라.
ㆆ·는 목소·리·니, 挹흡字·쫑·처섬 ·펴·아 ·나는 소·리 ·ᄀ·트니·라.
ㅎ·는 목소·리·니, 虛헝ᇂ字·쫑 ·처섬·펴·아 ·나는 소·리 ·ᄀ트니, 글·밧·쓰·면 洪홍ㄱ字
·쫑 ·처섬 ·펴·아·나는 소·리 ·ᄀ·트니·라.
ㅇ·는 목소·리·니 欲·욕字 ·쫑·처섬 ·펴·아 ·나는 소·리 ·ᄀ·트니·라.
ㄹ·는 半·반·혀쏘·리·니, 閭령ᇂ字·쫑 ·처섬 ·펴·아 ·나는 소·리 ·ᄀ·트니·라.
ㅿ·는 半·반·니쏘·리·니, 穰샹ㄱ字·쫑 ·처섬 ·펴·아 ·나는 소·리 ·ᄀ·트니·라.

형태소 분석

- **엄쏘리** : 어금닛소리, '엄'은 '어금니'의 옛말 분 엄(어금니) + ㅅ(사잇소리) + 소리(명사)
- **君군ㄷ字쫑** : '君군'이라는 글자
- **처섬** : 처음. 변 처섬 > 처엄 > 처음 문 자음 탈락(ㅿ 탈락), 이화(처엄 > 처음), 유추('-음'으로 끝나는 명사와 어형을 통일시키려는 심리)
- **펴아** : 펼쳐져, 발음되어 분 펴-(동사 어간) + -아(종속적 연결 어미)
  문 강화 현상(의도적인 모음 조화 파괴)
- **소리** : 소리와 분 소리(명사) + Ø(부사격 조사)
- **골바** : 나란하게 쓰면, 병서(竝書)하면 분 곫-(동사 어간) + -아(종속적 연결 어미) → 골바 + 쓰다
  ⇨ 통사적 합성어
- **ᄀ트니라** : 같으니라 분 곹-(같이, 부사) + -ᄒ-(파생 접미사) + -니라(평서형 종결 어미)
  문 오분석 ⇨ '곹ᄒ- + -니라'를 '곹- + -ᄋᆞ- + -니라'로 잘못 분석
- **혀쏘리** : 혓소리. 설음(舌音)

- 입시울쏘리 : 입술소리. 순음(脣音) 분 입시울(명사)+ㅅ(사잇소리)+소리(명사)+∅(관형격 조사)
  변 입시울>입슐>입술(축약, 단모음화)
- 니쏘리 : 잇소리. 치음(齒音)
- 목소리 : 목구멍소리. 후음(喉音)

> ㆍ는 呑툰ㄷ字ㆆ 가ㆍ온ㆍ뒷소ㆍ리 ㆍᄀᆞㆍ트니ㆍ라.
> ㅡ는 卽ㆍ즉字ㆆ 가ㆍ온ㆍ뒷소ㆍ리 ㆍᄀᆞㆍ트니ㆍ라.
> ㅣ는 侵침ㅂ字ㆆ 가ㆍ온ㆍ뒷소ㆍ리 ㆍᄀᆞㆍ트니ㆍ라.
> ㅗ는 洪ᅘᅩᆼㄱ字ㆆ 가ㆍ온ㆍ뒷소ㆍ리 ㆍᄀᆞㆍ트니ㆍ라.
> ㅏ는 覃땀ㅂ字ㆆ 가ㆍ온ㆍ뒷소ㆍ리 ㆍᄀᆞㆍ트니ㆍ라.
> ㅜ는 君군ㄷ字ㆆ 가ㆍ온ㆍ뒷소ㆍ리 ㆍᄀᆞㆍ트니ㆍ라.
> ㅓ는 業ㆍ업字ㆆ 가ㆍ온ㆍ뒷소ㆍ리 ㆍᄀᆞㆍ트니ㆍ라.
> ㅛ는 欲ㆍ욕字ㆆ 가ㆍ온ㆍ뒷소ㆍ리 ㆍᄀᆞㆍ트니ㆍ라.
> ㅑ는 穰ᅀᅣᆼㄱ字ㆆ 가ㆍ온ㆍ뒷소ㆍ리 ㆍᄀᆞㆍ트니ㆍ라.
> ㅠ는 戌ㆍ슗字ㆆ 가ㆍ온ㆍ뒷소ㆍ리 ㆍᄀᆞㆍ트니ㆍ라.
> ㅕ는 彆볋字ㆆ 가ㆍ온ㆍ뒷소ㆍ리 ㆍᄀᆞㆍ트니ㆍ라.

형태소 분석

- 가온뒷소리 : 가운뎃소리와, 중성[모음]과
  분 가온뒤(명사)+ㅅ(사잇소리)+소리(명사)+∅(부사격 조사) 변 가ᄫᆞᆫ뒤>가온뒤>가운데
  파생 갑다(형용사) → 가온뒤(명사)
  분 갑-(형용사 어간)+-ᄋᆞᆫ(관형사형 어미)#뒤(의존 명사) → 가ᄫᆞᆫ뒤(명사)

> ㄱ :냉終즁ㄱ소ㆍ리ㆍᄂᆞᆫ 다ㆍ시 ㆍ첫소ㆍ리ㆍᄅᆞᆯ ㆍ쓰ㆍᄂᆞ니ㆍ라.
> ㅇㆍᄅᆞᆯ 입시ㆍ울쏘ㆍ리 아ㆍ래 니ㆍ어 쓰ㆍ면, 입시ㆍ울가ㆍ빈야ㆍ븅소ㆍ리 ᄃᆞ외ᄂᆞㆍ니ㆍ라.
> ㆍ첫소ㆍ리ᄅᆞᆯ 어ㆍ울ㆍ워 ㆍ뿛ㆍ디 면 글ㆍ밠ㆍ쓰ㆍ라 ㄱ:냉終즁ㄱ소ㆍ리ㆍ도 ᄒᆞᆫ가ㆍ지ㆍ라.
> ㆍ와 ㅡㆍ와 ㅗㆍ와 ㅜㆍ와 ㅛㆍ와 ㅠㆍ와란 ㆍ첫소ㆍ리 아ㆍ래 브ㆍ텨 ㆍ쓰ㆍ고 ㅣㆍ와 ㅏㆍ와 ㅓㆍ와
> ㅑㆍ와 ㅕㆍ와ㆍ란 올ᄒᆞᆫ녀ㆍ긔 브ㆍ텨 ㆍ쓰ㆍ라.
> ㅣㆍ와 ㅏㆍ와 ㅑㆍ와 ㅓㆍ와ㆍ란 올ᄒᆞᆫ녀긔 브ㆍ텨 쓰ㆍ라
> 믈읫 字ㆆㅣ 모ㆍ로ㆍ매 어ㆍ우러ㆍ사 소ㆍ리:이ᄂᆞㆍ니 :왼녀ㆍ긔 ᄒᆞᆫ 點:뎜ㆍ을 더으ㆍ면 ㆍ뭇노ㆍ픈소
> ㆍ리ㆍ오, 點:뎜ㆍ이 :둘히ㆍ면 上:썅聲셩ㆍ이ㆍ오, 點:뎜ㆍ이 :업스ㆍ면 平뼝聲셩ㆍ이ㆍ오, 入ㆍ십聲셩ㆍ
> 은 點:뎜 더ㆍ우ㆍ믄 ᄒᆞᆫ가ㆍ지로ㆍ디 ᄲᆞᄅᆞ니ㆍ라.
> 中듕國ㆍ귁 소ㆍ리ㆍ예 ㆍ옛 ㆍ니쏘ㆍ리ㆍᄂᆞᆫ 齒:칭頭뚷ㆍ와 正ㆍ정齒:칭왜 글ㆍ히요ㆍ미 잇ᄂᆞ니 ㅈㅊㅉㅅㅆ
> 字ㆆㆍᄂᆞᆫ 齒:칭頭뚷ㅅ소ㆍ리ㆍ예ㆍ쓰ㆍ고 ㅈㅊㅉㅅㅆ字ㆆㆍᄂᆞᆫ 正ㆍ정齒:칭ㅅ소ㆍ리ㆍ예ㆍ쓰ᄂᆞㆍ니
> :엄과 ㆍ혀ㆍ와 입시ㆍ울ㆍ와 목소ㆍ리 ㆍ옛字ㆆㆍᄂᆞᆫ 中듕國ㆍ귁 소ㆍ리ㆍ예 通통ㆍ히 ㆍ쓰ㆍᄂᆞ니ㆍ라

형태소 분석

- 쓰ᄂ니라 : 쓰느니라, 사용한다 분 쓰-(동사 어간)+-ᄂ-(현재 시제 선어말 어미)+-니라(평서형 종결 어미) 비교 쓰다 : 書(글씨를 쓰다) : 쓰다[用(물건을~), 冠(모자를~), 苦(맛이~)]
- 니ᅀㅓ쓰면 : 이어서 쓰면 분 닛-(동사 어간)+-어(종속적 연결 어미)#쓰-(동사 어간)+-면(종속적 연결 어미)
- 입시울가ᄇㅕ야ᄫᆞᆫ소리 : 입술 가벼운 소리. 순경음(脣輕音) 'ㅸ, ㅹ, ㆄ, ㅱ'
- ᄃᆞ외ᄂ니라 : 되느니라 분 ᄃᆞ외-(동사 어간)+-ᄂ-(현재 시제 선어말 어미)+-니라(평서형 종결 어미) 변 ᄃᆞᄫᅵ다>ᄃᆞ외다>되다
- 어울워 : 어울려서, 함께 분 어울-(동사 어근)+-우-(사동 접미사) → 어울우-(사동 접사 앞의 'ㄹ'은 끊어적기)
- 뚫 : 쓸, 사용할[用] 분 쓰-(동사 어간)+-우-(선어말 어미)+-ㅭ(관형사형 어미)
- 디면 : 쓰려면, 사용하려면 분 ᄃᆞ(의존 명사)+ㅣ(서술격 조사)+-면(관형사형 어미)
- ᄀᆞᆯᄫᅡ쓰라 : 나란히 쓰라, 병서하라 분 ᄀᆞᆲ-(동사 어간)+-아(종속적 연결 어미)#쓰-(동사 어간)+-라(명령형 종결 어미)
- ᄒᆞᆫ가지라 : 마찬가지이다 분 ᄒᆞᆫ가지(명사)+Ø(서술격 조사)+-다(평서형 종결 어미)
- 브터 쓰고 : 붙여서 적고 분 븥-(동사 어근)+-이-(사동 접미사) → 브티- 문 브티어-[附]+쓰다[書] → 브텨쓰다 ⇨ 통사적 합성어
- 올ᄒᆞᆫ녀긔 : 오른쪽에, 바른쪽에 분 올ᄒᆞᆫ녁(명사)+의(처소 부사격 조사)
- 믈읫 : 관 무릇[凡], 모든
- 이ᄂᆞ니 : 이루어지나니, 되나니 기 일다(자동사), 일우다(타동사) 분 일-(동사 어간, ㄹ탈락)+-ᄂ-(현재 시제 선어말 어미)+-니(종속적 연결 어미)
- 왼녀긔 : 왼쪽에 분 왼녁(명사)+의(처소 부사격 조사)
- ᄆᆞᆺ노ᄑᆞᆫ소리오 : 가장 높은 소리이고, 거성이고 분 ᄆᆞᆺ(부사)#높-(형용사 어간)+-은(관형사형 어미)#소리(명사)+Ø(서술격 조사)+-고(대등적 연결 어미)
- 둘히면 : 둘이면 분 둘ㅎ(ㅎ종성 체언)+이(서술격 조사)+-면(종속적 연결 어미)
- 더우믄 : 더함은, 더하는 것은 분 더으-(동사 어간)+-움(명사형 어미)+은(보조사)
- ᄒᆞᆫ가지로ᄃᆡ : 한가지로되, 마찬가지인데 분 ᄒᆞᆫ가지(명사)+Ø(서술격 조사)+-오ᄃᆡ(종속적 연결 어미) 문 '-로ᄃᆡ'는 '-오ᄃᆡ'의 이형태.
- ᄲᆞᄅᆞ니라 : 빠르니라, 발음이 촉급하니라 분 ᄲᆞᄅᆞ-(동사 어간)+-니라(평서형 종결 어미)

02 용비어천가(龍飛御天歌)

1447년

1 제1장

> 海東 六龍이 ᄂᆞᄅᆞ샤 일마다 天福이시니.
> 古聖이 同符ᄒᆞ시니.

> **현대어역**
> 해동의 여섯 용이 나[飛]시어 일마다 하늘의 복을 받으시니,
> 중국의 옛 성왕(聖王)과 딱 들어 맞으시니.

형태소 분석

- 海東 : '발해의 동쪽'이란 뜻으로, 중원을 기준으로 우리나라를 부르는 별칭
- 六龍 : 세종 때를 기준으로 그의 여섯 조상인 목조(穆祖), 익조(翼祖), 도조(度祖), 환조(桓祖), 태조(太祖), 태종(太宗)을 가리킴.
- ᄂᆞᄅᆞ샤 : 웅비(雄飛)하시어, 뜻을 펴며 [분] 날-(동사 어간)+-ᄋᆞ샤-(주체 높임 선어말 어미)+∅(종속적 연결 어미)
- 天福이시니 : 하늘이 주신 복이시다
  [참고] '天福'은 탕왕(湯王)이 하(夏)의 걸(桀)을 죽이고 은(殷)나라를 세운 것이 천명에 의하여 복을 받은 것이라 한 데서 유래한 말.
- 古聖이 : 옛 중국의 성왕들과 [분] 古聖(옛 중국의 역대 성군)+이(비교 부사격 조사)
- 同符ᄒᆞ시니 : 일치하시니 [분] 同符ᄒᆞ-(형용사 어간)+-시-(주체 높임 선어말 어미)+-니(반말체 종결 어미)
  [참고] 부(符, 옥으로 만들어 글자를 새기고 그 가운데를 쪼개어 반쪽을 나누어 갖다가 맞추는 일종의 신표)

2 제2장

불휘 기픈 남근 부르매 아니 뮐씨, 곶 됴코 여름 하느니.
시미 기픈 므른 フ무래 아니 그츨씨, 내히 이러 바르래 가느니.

현대어역
뿌리가 깊은 나무는 바람에 움직이지 아니하므로, 꽃이 좋고 열매가 많으니.
샘이 깊은 물은 가뭄에 그치지 아니하므로, 내를 이루어 바다에 가느니.

형태소 분석

- **불휘** : 뿌리가 분 불휘(명사)+Ø(주격 조사)
- **기픈** : 깊은 분 깊-(형용사 어간)+-은(관형사형 어미)
- **남근** : 나무는 분 나모(명사, ㄱ덧생김 체언)+은(관형사형 어미)>낡+은(보조사)>나무는
- **부르매** : 바람에, 바람 때문에 분 부룸(명사)+애(원인 부사격 조사)
- **뮐씨** : 움직이므로, 흔들리므로 기 뮈다 분 뮈-(동사 어간)+-ㄹ씨(종속적 연결 어미)
  참고 뮈다 : 움직이다[扐, 動], 믜다 : 미워하다[憎, 惡]
- **곶** : 꽃[花]이. 주격 조사 '이' 생략
- **됴코** : 좋고, 피고 분 둏-(형용사 어간)+-고>좋고 비교 좋다>좋다[淨] : 깨끗하다
- **여름** : 열매가 분 열-(동사 어간)+-음(명사 파생 접미사)+Ø(주격 조사)>열매(명사)
  비교 녀름 : 여름[夏], 농사(農事)
- **하느니** : 많도다 분 하-(형용사 어간)+-느-(현재 시제 선어말 어미)+-니(반말체 종결 어미)
  비교 ᄒ다 : 하다[爲]
- **시미** : 샘이 분 심(명사)+이(주격 조사)
- **フ무래** : 가뭄에, 가뭄 때문에 분 フ물(명사)+애(원인 부사격 조사)
- **내히** : 내[川]가 분 내ᄒ(ㅎ종성 체언)+이(주격 조사)
- **이러** : 이루어져[成, 爲], 되어 분 일-(동사 어간)-+-어(종속적 연결 어미)
- **바르래** : 바다[海]에, 바다로 분 바룰(명사)+애(처소 부사격 조사)
- **가느니** : 갑니다, 흘러갑니다 비교 フ느니 : 가늘다[細]

3 제3장

> 周國大王이 豳谷애 사ᄅ᳃샤 帝業(제업)을 여르시니
> 우리 始祖(시조)ㅣ 慶興(경흥)에 사ᄅ᳃샤 王業(왕업)을 여르시니

현대어역
주국대왕이 빈곡에 사시면서 제업의 기초를 닦으셨습니다.
우리 시조(목조)가 경흥에 사시면서 왕업의 기초를 닦으셨습니다.

형태소 분석

- **사ᄅ᳃샤** : 사시어 〖분〗 살(동사 어간)+ -ᄋ샤-(주체 높임 선어말 어미)+ -아(종속적 연결 어미)
- **여르시니** : 여시니 〖분〗 열-(동사 어간)+ -으시-(주체 높임 선어말 어미)+ -니(평서형 종결 어미)

4 제4장

> 狄人ㅅ 서리예 가샤 狄人이 ᄀᆞᆯ외어늘, 岐山 올ᄆᆞ샴도 하ᄂᆞᇙ 뜨디시니.
> 野人ㅅ 서리예 가샤 野人이 ᄀᆞᆯ외어늘, 德源 올ᄆᆞ샴도 하ᄂᆞᇙ 뜨디니시.

현대어역
오랑캐 사이에 가시어 오랑캐가 덤비거늘, 기산으로 옮아가심도 하늘의 뜻이시니.
오랑캐 사이에 가시어 오랑캐가 덤비거늘, 덕원으로 옮아가심도 하늘의 뜻이시니.

형태소 분석

- **狄人ㅅ** : 중국 북쪽 변방의 오랑캐+ ㅅ(관형격 촉음)

> 훈민정음 해례에 따른다면, 한자음 'ㄴ' 아래이므로 'ㅅ'이 아니라 'ㄷ'이 오는 것이 원칙임.

- **서리예** : 사이에, 가운데에. 〖비교〗 서리(여럿의 가운데), ᄉᆞ이(양자의 사이)
- **가샤** : 가시어 〖분〗 가-(동사 어간)+ -샤-(주체 높임 선어말 어미)+ -아(종속적 연결 어미).
- **ᄀᆞᆯ외어늘** : 침범하거늘. 덤비거늘 〖기〗 ᄀᆞᆯ외다[侵] 〖분〗 ᄀᆞᆯ외-(동사 어간)+ -거늘(종속적 연결 어미, 'ㄱ' 약화)

> 일반적으로 타동사에는 '-어늘'이 결합하고 자동사나 형용사에는 '-거늘'이 결합한다.

- 岐山 : 중국 섬서성 봉산부 동쪽에 있는 산의 이름. 문 부사격 조사 '으로'가 생략됨.
- 올모샴도 : 옮아가심도 분 옮-(동사 어간)+-으샤-(주체 높임 선어말 어미)+-옴(명사형 어미)+도(보조사) 참고 '-옴'의 '-오'가 탈락함.
- 하놇 : 하늘의 분 하늘(명사)+ㅎ(관형격 촉음)
- 쁘디시니 : 뜻이시니 분 쁟(명사)+이(서술격 조사)+-시-(주체 높임 선어말 어미)+-니(반말체 종결 어미)
- 野人ㅅ : 여진족의 분 野人(명사)+ㅅ(관형격 촉음)
- 德源 : 함경남도에 있던 고을 이름. 문 '으로' 또는 '에', '의'가 생략됨.

5 제5장

漆沮(칠저) ᄀᆞᇫ샛 움흘 後聖(후성)이 니ᄅᆞ시니 帝業憂勤(제업우근)이 뎌러ᄒᆞ시니
赤島(적도) 안햇 움흘 至今(지금)에 보ᅀᆞᆸᄂᆞ니 王業(왕업) 艱難(간난)이 이러ᄒᆞ시니

현대어역
칠수와 저수 두 강가의 움집을 후조 성인이 말씀하시니 제업을 이룩하기에는 그 우근이 저렇게 많으시니 적도 안의 움집을 지금에 볼 수 있으니 왕업을 이룩하기에 그 간난이 이와 같이 많으셨으니

형태소 분석

- 漆沮 : 칠수와 저수가 만나는 강.
- ᄀᆞᇫ샛 : 가에 있는 분 ᄀᆞᇫ(명사)+애(부사격 조사)+ㅅ(사잇소리)
- 움흘 : 움을, 움집을
- 니ᄅᆞ시니 : 이르시니, 말씀하시니 분 니ᄅᆞ-(동사 어간)+-시-(주체 높임 선어말 어미)+-니(종속적 연결 어미)
- 뎌러ᄒᆞ시니 : 저러하셨다 분 뎌러ᄒᆞ-(형용사 어간)+-시-(주체 높임 선어말 어미)+-니(반말체 종결 어미)
- 안햇 : 안의 분 안ㅎ(ㅎ종성체언)+애(부사격 조사)+ㅿ(사잇소리)
- 보ᅀᆞᆸᄂᆞ니 : 볼 수 있으니 분 보-(동사 어간)+-ᅀᆞᆸ-(객체 높임 선어말 어미)+-ᄂᆞ-(현재 시제 선어말 어미)+-니(종속적 연결 어미)

  '움ㅎ'이 익조(翼祖)의 사적이므로 객체 높임 선어말 어미가 쓰임.

- 이러ᄒᆞ시니 : 이러하시니 분 이러ᄒᆞ-(형용사 어간)+-시-(주체 높임 선어말 어미)+-니(반말체 종결 어미)

6 제6장

商德(상덕)이 衰(쇠)ㅎ거든 天下(천하)를 맛두시릴 씨 西水(서수)ㅅ ᄀᅀᅵ 져재 곧ᄒᆞ니
麗運(려운)이 衰(쇠)ㅎ거든 나라ᄒᆞᆯ 맛두시릴 씨 東海(동해)ㅅ ᄀᅀᅵ 져재 곧ᄒᆞ니

현대어역
상나라의 덕이 쇠퇴한다면 (주나라가) 천하를 맡으실 것이므로, 서수 강가가 저자 같으니.
고려의 운이 쇠퇴한다면 (이씨 조선이) 나라를 맡으실 것이므로 동해 해변이 저자와 같으니.

형태소 분석

- 맛두시릴 씨 : 맡으실 것이므로 **기** 맛두다 **분** 맛두-(동사 어간)+-시-(주체 높임 선어말 어미)+ -리-(미래 시제 선어말 어미)+-ㄹ씨(종속적 연결 어미)
- 져재 : 저자와, 시장과.

7 제7장

블근 새 그를 므러 寢室 이페 안ᄌᆞ니 聖子革命에 帝祜를 뵈ᅀᆞᄫᆞ니.
ᄇᆞ야미 가칠 므러 즘겟 가재 연ᄌᆞ니 聖孫將興에 嘉祥이 몬졔시니.

현대어역
붉은 새가 글을 물고 침실 출입문 앞에 앉으니 거룩한 임금의 아들이 혁명을 일으키려 하매 하느님이 주신 복을 미리 보이신 것입니다.
뱀이 까치를 물어다가 큰 나뭇가지에 얹으니, 거룩한 임금의 성손(聖孫)인 태조가 장차 일어남에 있어 경사로운 징조를 먼저 보이신 것입니다.

형태소 분석

- 블근 새 : 붉은 새가 **분** 븕-(형용사 어간)+-은(관형사형 어미)#새(명사)+Ø(주격 조사)
- 그를 : 글을 **분** 글(명사)+을(목적격 조사)
- 믈어 : 물어 **분** 믈-(동사 어간)+-어(종속적 연결 어미)
- 이페 : 방문에, 어귀에, 잎에 **분** 잎(戶, 지게문)+에(부사격 조사) **비교** 입, 잎, 닙
- 聖子革命 : 무왕이 은을 멸망시킨 것
- ᄇᆞ야미 : 뱀이 **분** ᄇᆞ얌(축약)+이(주격 조사)
- 가칠 : 까치를 **분** 가치(명사)+ㄹ(목적격 조사)

- **즘겟** : 나뭇가지의 분 즘게(명사) + ㅅ(관형격 조사)
- **가재** : 가지에 분 가지(명사) + 애(처소 부사격 조사)
- **연즈니** : 얹으니 분 엱-(동사 어간) + -으니(종속적 연결 어미)
- **聖孫將興** : 성스러운 자손이 장차 일어난다는 뜻으로 성손인 태조가 장차 일어남을 의미.
- **몬졔시니** : 먼저 분 몬져(명사) + ㅣ(서술격 조사) + -시-(주체 높임 선어말 어미) + -니(이다)

8 제8장

太子(태자)를 하ᄂᆞᆯ히 ᄀᆞᆯᄒᆡ샤 兄ㄱ ᄠᅳ디 일어시늘 聖孫(성손)을 내시니이다
世子(세자)를 하ᄂᆞᆯ히 ᄀᆞᆯᄒᆡ샤 帝命이 ᄂᆞ리어시늘 聖孫를 내시니이다

현대어역
태자를 하늘이 가리시어 그 형의 뜻이 이루어지시거늘 성손을 내시었습니다.
세자를 하늘이 가리시어 임금의 명이 내리시거늘 성자를 내시었습니다.

형태소 분석
- **ᄀᆞᆯᄒᆡ샤** : 분별하시어, 가리시어 분 ᄀᆞᆯᄒᆡ-(동사 어간) + -샤-(주체 높임 선어말 어미) + -아(종속적 연결 어미)
- **일어시ᄂᆞᆯ** : 이루어지시거늘 분 '-거늘'에 '-시-'가 삽입된 것으로, '-어늘'의 불연속적 형태가 나타남.
- **내시니이다** : 내시었습니다 분 내-(동사 어간) + -시-(주체 높임 선어말 어미) + -니-(원칙법 선어말 어미) + -이-(상대 높임 선어말 어미) + -다(평서형 종결 어미)

9 제13장

말ᄊᆞᄆᆞᆯ ᄉᆞᆯᄫᆞ리 하ᄃᆡ 天命을 疑心ᄒᆞ실ᄊᆡ, ᄭᅮ므로 뵈아시니.
놀애를 브르리 하ᄃᆡ 天命을 모ᄅᆞ실ᄊᆡ, ᄭᅮ므로 알외시니.

현대어역
(무왕에게 은나라 주왕을 치라는) 말씀을 사뢰는 사람이 많되, (무왕이) 천명을 의심하므로 (천명인지 아닌지 몰라 주저하므로) (신인이) 꿈으로 (주왕을 치라고) 재촉하시도다.
(여말에 이씨를 찬양하는) 노래를 부르는 이가 많되, 천명을 모르시므로 (나라를 세우지 않더니) (하늘이) 꿈으로 알리시도다.

형태소 분석

- 말쓰물 : 말씀을. 분 말씀(명사)+올(목적격 조사)
- 솔븡리 : 사뢰는 사람이 분 솗-(동사 어간)+-올(관형사형 어미)#이(의존 명사)+Ø(주격 조사)
- 하딕 : 많되 분 하-(형용사 어간)+-딕(종속적 연결 어미)
- 天命을 : 천명을 분 天命(명사)+을(목적격 조사)
- 疑心ᄒ실씨 : 의심하므로 분 疑心ᄒ-(동사 어간)+-시-(주체 높임 선어말 어미)+-ㄹ씨(종속적 연결 어미)
- ᄭᅮ므로 : 꿈으로 분 ᄭᅮᆷ(명사)+으로(부사격 조사)
- 뵈아시니 : 재촉하시도다 분 뵈아-(동사 어간)+-시-(주체 높임 선어말 어미)+-니(반말체 종결 어미)
- 놀애롤 : 노래를 분 놀애(명사)+롤(목적격 조사) 변 놀개>놀애(ㄹ이 설측음이고 ㄱ의 약화 현상으로 분철됨)
- 브르리 : 부르는 사람이 분 브르-(동사 어간)+-ㄹ(관형사형 어미)#이(의존 명사)+Ø(주격 조사)
- 모ᄅ실씨 : 모르시므로 분 모ᄅ-(동사 어간)+-시-(주체 높임 선어말 어미)+-ㄹ씨(종속적 연결 어미)
- 알외시니 : 알리시니이다 분 알외-(동사 어간)+-시-(주체 높임 선어말 어미)+-니(반말체 종결 어미)

10 제48장

> 굴허에 ᄆᆞ롤 디내샤 도ᄌᆞ기 다 도라가니 半 길 노핀ᄃᆞᆯ 년기 디나리잇가.
> 石壁에 ᄆᆞ롤 올이샤 도ᄌᆞᄀᆞᆯ 다 자ᄇᆞ시니 현 번 ᄠᅱ운ᄃᆞᆯ ᄂᆞ미 오ᄅᆞ리잇가.

현대어역

구렁에 말을 지나게 하시어 도적이 다 돌아가니, 반 길의 높이인들 남이 지나리이까.
돌벽에 말을 올리시어 도적을 다 잡으시니, 몇 번을 뛰게 한들 남이 오르리이까.

형태소 분석

- 굴허에 : 구렁에. 좁은 골짜기에 분 굴형(명사)+에(처소 부사격 조사)
- ᄆᆞ롤 : 말을 분 ᄆᆞᆯ(명사)+올(목적격 조사)
- 디내샤 : 지나게 하시어, 지나가게 하시어. 분 디나-(동사 어간)+-이-(사동 접미사)+-샤-(주체 높임 선어말 어미)+-아(종속적 연결 어미)
- 도ᄌᆞ기 : 도둑[賊]이, 적병이 분 도ᄌᆞᆨ(명사)+이(주격 조사)

- 도라가니 : 돌아가니 분 돌-(동사 어간)+-아(보조적 연결 어미)#가-(동사 어간)+-니(종속적 연결 어미)
- 半 길 노핀돌 : 반 길 높이라 한들

  비교 길[丈] : 길이의 단위를 나타내는 의존 명사, 길ㅎ[道] : ㅎ받침 체언.

  '-ㄴ들'은 비특수 보조사로서, 체언 뒤에 붙어 양보와 반문을 겸하여 '~라 할지라도 어찌~'의 뜻으로 쓰임.
- 년기 : 남[他人]이. 다른 사람이 분 녀느(명사, ㄱ덧생김 체언)+ㅣ(주격 조사)
- 디나리잇가 : 지나가겠습니까. 지나갈 수 있겠습니까 분 디나-(동사 어간)+-리-(미래 시제 선어말 어미)+-잇-(상대 높임 선어말 어미)+-가(의문형 종결 어미)
- 올이샤 : 올라가게 하시어 분 오ᄅ-(동사 어간)+-이-(사동 접미사)+-샤-(주체 높임 선어말 어미)+-아(종속적 연결 어미)
- 자ᄇ시니 : 잡으시니. 잡으셨으니

  분 잡-(동사 어간)+-ᄋ시-(주체 높임 선어말 어미)+-니(종속적 연결 어미)
- 현 번 : 몇 번. '현'은 '몇[幾]'의 뜻.
- 뛰운들 : 뛰어오르게 한들 분 뛰-(동사 어간)+-우-(사동 접미사)+-ㄴ들(종속적 선어말 어미)
- 오ᄅ리잇가 : 오르겠습니까. 오를 수 있겠습니까 분 오ᄅ-(동사 어간)+-리-(미래 시제 선어말 어미)+-잇-(상대 높임 선어말 어미)+-가(의문형 종결 어미)

  참고 '-잇가'는 의문사가 없을 때 쓰이고, '-잇고'는 의문사와 호응한다.

11 제67장

ᄀᆞᄅᆞᆷ ᄀᆞ쇄 자거늘 밀므리 사ᄋᆞ리로ᄃᆡ 니거ᅀᅡ ᄌᆞᄆᆞ니이다.
셤 안해 자싫 제 한비 사ᄋᆞ리로ᄃᆡ 븨어ᅀᅡ ᄌᆞᄆᆞ니이다.

현대어역

강가에 자거늘 밀물이 사흘이로되 떠나야 잠기었습니다.
섬 안에 자실 제 큰비가 사흘이나 내리되 비우고서야 잠기었습니다.

형태소 분석

- ᄀᆞᄅᆞᆷ : 강(江)의 분 ᄀᆞ름(무정 명사)+ㅅ(사이시옷)
- ᄀᆞ쇄 : 가에. 가장자리에 분 갓[邊](명사)+애(처소 부사격 조사)
- 자거늘 : 자거늘, '주둔하고 있었는데'의 의미.

  '-거늘, -거늘'은 다음 내용을 제약하는 종속적 연결 어미이나, 여기에서는 다음 내용을 이어 설명해 준다.

- 밀므리 : 밀물이 분 밀믈(명사) + 이(주격 조사) 참고 밀믈 ↔ 혈믈(썰물)
- 사ᄋ리로ᄃᆡ : 사흘이로되, 사흘이지만 분 사올(명사) + 이(서술격 조사) + -오ᄃᆡ(종속적 연결 어미)
  참고 서술격 조사 '이다'나, 형용사 '아니다'를 어간으로 하는 경우에 선어말 어미 '-오-'나 어미 '-오ᄃᆡ'는 각각 '-로-', '-로ᄃᆡ'로 교체된다.
- 나거사 : 나가서야. 나가니까 기 나다[出] 분 나-(동사 어간) + -거사(종속적 연결 어미)
- ᄌᆞᄆᆞ니이다 : 잠기었습니다 기 ᄌᆞᆷ다[沒] 분 ᄌᆞᆷ-(동사 어간) + -ᄋᆞ니-(객관적 믿음의 선어말 어미) + -이-(상대 높임 선어말 어미) + -다(평서형 종결 어미)
- 셤 : 섬[島].
- 안해 : 안에 분 안ㅎ(ㅎ종성체언) + 애(부사격 조사)
- 자싫 : 자실[宿]. 주무실 분 자-(동사 어간) + -시-(주체 높임 선어말 어미) + -ㅭ(관형사형 어미)
- 제 : 때[時]에.
- 한비 : 큰비가.
- 뷔어사 : 비어서야. 철수하고 나서야 기 뷔다.

12 제102장

시름 ᄆᆞᅀᆞᆷ 업스샤ᄃᆡ 이 지븨 자려 ᄒᆞ시니 하ᄂᆞᆯㅎㅣ ᄆᆞᅀᆞᄆᆞᆯ 뮈우시니.
모맷 病 업스샤ᄃᆡ 뎌 지븨 가려 ᄒᆞ시니 하ᄂᆞᆯㅎㅣ 病을 ᄂᆞ리오시니.

현대어역

근심하는 마음이 없으시지마는 이 집에서 유숙하려 하시니, 하늘이 (한 고조의) 마음을 움직이게 하시니.
몸에 병이 없으시지마는 저 집에 (방간의 초대에) 가려 하시니, 하늘이 (방원에게) 병을 내리시도다.

형태소 분석

- 업스샤ᄃᆡ : 없으시되 분 없-(형용사 어간) + -으샤-(주체 높임 선어말 어미) + -오ᄃᆡ(종속적 연결 어미, '오' 탈락)
- 뮈우시니 : 움직이게 하시다 분 뮈-(동사 어간) + -우-(사동 접미사) + -시-(주체 높임 선어말 어미) + -니(반말체 종결 어미)
- 모맷 : 몸에 분 몸(명사) + 애(처소 부사격 조사) + ㅅ(사이시옷)
- ᄂᆞ리오시니 : 내리게 하시다 분 ᄂᆞ리-(동사 어간) + -오-(사동 접미사) + -시-(주체 높임 선어말 어미) + -니(반말체 종결 어미)

13 제110장

四祖ㅣ 便安히 몯 겨샤 현 고들 올마시뇨.
몃 間ㄷ 지븨 사ᄅ시리잇고.
九重에 드르샤 太平을 누리싫 제 이 ᄠᅳ들 닛디 마ᄅ쇼셔.

현대어역
사조(목조, 익조, 도조, 환조)께서 편안히 못 계시어 몇 곳을 이주하셨겠는가? 몇 간이나 되는 집에서 사셨겠는가?(그 고초가 이루 말할 수 없었다.)
(황후께서) 궁궐에 드시어 태평 성대를 누리실 때에 이 뜻(조상들의 개국을 위한 고초)을 잊지 마소서.

형태소 분석

- **몯 겨샤** : 못 계시어 <분> 몯(부정 부사) # 겨시-(동사 어간) + -아(종속적 연결 어미)
  <참고> 平生ㄱ 뜯 몯 일우시니<용비어천가>, 알픠ᄂᆞᆫ 기픈 모새<용비어천가>
- **현** : 몇.
- **고들** : 곳을 <분> 곧(명사) + 을(목적격 조사)
- **올마시뇨** : 옮기셨는가 <분> 옮-(동사 어간) + -ᄋᆞ시-(주체 높임 선어말 어미) + -뇨(의문형 종결 어미)
- **몃** : 몇
- **사ᄅ시리잇고** : 사셨겠는가 <분> 살-(동사 어간) + -ᄋᆞ시-(주체 높임 선어말 어미) + -리-(미래 시제 선어말 어미) + -잇-(상대 높임 선어말 어미) + -고(의문형 종결 어미)
- **드르샤** : 드시어. 들어가셔서 <분> 들-[入](동사 어간) + -으샤-(주체 높임 선어말 어미) + -아(종속적 연결 어미)
- **누리싫** : 누리실 <분> 누리-(동사 어간) + -시-(주체 높임 선어말 어미) + -ㅭ(관형사형 어미)
- **제** : 제. 때에. 적에.
- **닛디 마ᄅ쇼셔** : 잊지 마소서 <분> 닛-(동사 어간) + -디 # (보조적 연결 어미) # 말-(동사 어간) + -ᄋᆞ쇼셔(명령형 종결 어미)

14 제125장

千世 우희 미리 정ᄒᆞ샨 漢水 北에, 累仁開國ᄒᆞ샤 卜年이 ᄀᆞ업스시니.
聖神이 니ᅀᅳ샤도 敬天勤民ᄒᆞ샤ᅀᅡ, 더욱 구드시리이다.
님금하, 아ᄅᆞ쇼셔. 洛水예 山行 가 이셔 하나빌 미드니잇가.

> **현대어역**
> 천 세 전에 미리 정하신 한강 북쪽에, 여러 대를 물린 어진 임금이 나라를 여시어 왕조가 끝이 없으시니, 성신이 대를 이으시어도 하늘을 공경하고 백성을 부지런히 섬겨야 더욱 굳건할 것입니다.
> 임금이여, 아소서. 낙수에 사냥을 가 있으면서 조상만 믿으시겠습니까?

형태소 분석

- **천세** : 천 대. 먼 옛날.
- **우희** : 위에. 여기에서는 시간적인 개념으로 '전(前)에'의 뜻.
- **定ᄒᆞ샨** : 정하신 **기** 定ᄒᆞ다.
- **漢水 北에** : 한강의 북쪽 땅에. 한양에.
- **累仁開國ᄒᆞ샤** : 어짊을 쌓아 나라를 여시어.
- **卜年** : 점쳐서 정한 햇수. 여기에서는 '점쳐 얻은 왕조의 운명'이라는 뜻.
- **ᄀᆞ업스시니** : 그지 없으시니 **기** ᄀᆞ없다 **분** ᄀᆞ(명사)#없-(형용사 어간)+-으시-(주체 높임 선어말 어미)+-니(종속적 연결 어미)
- **聖神** : '성자신손(聖子神孫)'의 준말. 위대한 후대 왕. 훌륭한 왕손.
- **敬天勤民ᄒᆞ샤ᅀᅡ** : 하늘을 공경하고, 백성을 부지런히 보살피시어야.
- **구드시리이다** : 굳으실 것입니다 **기** 굳다 **분** 굳-(동사 어간)+-으시-(주체 높임 선어말 어미)+-리-(미래 시제 선어말 어미)+-이-(상대 높임 선어말 어미)+-다(평서형 종결어미)
- **아ᄅᆞ쇼셔** : 아십시오. 아소서 **기** 알다.
- **洛水예** : 낙수에. '낙수'는 황하의 지류.
- **山行** : 사냥. '山行'은 고유어 '산힝'을 한자로 빌려 쓴 차자(借字)임.
- **하나빌** : 할아버지를, 조상을. 문맥상 '하나라의 우왕을'의 뜻.

03 석보상절(釋譜詳節)

1447년

1 권6(13ㄴ~19ㄱ)

給孤獨 長子ㅣ 닐굽 아ᄃᆞ리러니 여슷 아들란 ᄒᆞ마 갓 얼이고 아기 아ᄃᆞ리 양ᄌᆡ 곱거늘 各別히 ᄉᆞ랑ᄒᆞ야 아ᄆᆞ례나 묻둛ᄒᆞᆫ 며느리를 어두리라 ᄒᆞ야 婆羅門ᄋᆞᆯ 드려 닐오ᄃᆡ
장자 : 어듸사 됴ᄒᆞᆫ ᄯᆞ리 양ᄌᆞ ᄀᆞᄌᆞ니 잇거뇨 내 아기 위ᄒᆞ야 어더 보고려

婆羅門이 그 말 듣고 고ᄫᆞᆫ ᄯᆞᆯ 얻니노라 ᄒᆞ야 빌머거 摩竭陁國 王舍城의 가니 그 城 안해 ᄒᆞᆫ 大臣 護彌라 호리 가ᅀᆞ멸오 發心ᄒᆞ더니 婆羅門이 그 지븨 가 糧食 빈대 그 나랏 法에 布施호ᄃᆡ 모로매 童女로 내야 주더니 그 짓 ᄯᆞ리 ᄡᆞᆯ 가져 나오나ᄂᆞᆯ 婆羅門이 보고 깃거 이 각시ᅀᅡ 내 얼우ᄂᆡᆫ ᄆᆞᅀᆞ매 맛도다 ᄒᆞ야 그 ᄯᆞᆯᄃᆞ려 무로ᄃᆡ

바라문 : 그딋 아바니미 잇ᄂᆞ닛가
ᄯᆞᆯ : 잇ᄂᆞ니이다
婆羅門 : 내 보아져 ᄒᆞᄂᆞ다 ᄉᆞᆲ바쎠

그 ᄯᆞ리 드러 니른대 護彌 長子ㅣ 나아오나ᄂᆞᆯ

婆羅門 : (安否 묻고) 舍衛國에 ᄒᆞᆫ 大臣 須達이라 호리 잇ᄂᆞ니 아ᄅᆞ시ᄂᆞ니잇가
護彌 : 소리ᄲᅮᆫ 듣노라
婆羅門 : 舍衛國 中에 뭇 벼슬 놉고 가ᅀᆞ며루미 이 나라해 그듸 ᄀᆞᆮᄐᆞ니 ᄒᆞᆫ ᄉᆞ랑ᄒᆞᄂᆞᆫ 아기아ᄃᆞ리 양ᄌᆡ며 지죄 ᄒᆞᆫ 그티니 그딋 ᄯᆞᄅᆞᆯ 맛고져 ᄒᆞ더이다
護彌 : 그리 호리라

ᄒᆞ야ᄂᆞᆯ 마초아 흥정바지 舍衛國으로 가리 잇더니 婆羅門이 글왈ᄒᆞ야 須達이 깃거 波斯匿王ᄭᅴ 가아 《그 나랏 王 일후미 波斯匿이라》 말미 엳ᄌᆞᆸ고 쳔량 만히 시러 王舍城으로 가며 길헤 艱難ᄒᆞᆫ 사ᄅᆞᆷ 보아ᄃᆞᆫ 다 布施ᄒᆞ더라

> **현대어역**
>
> 급고독 장자가 일곱 아들이더니 여섯 아들은 이미 여자에게 장가보내고, 아기 아들이 모습이 곱거늘 특별히 사랑하여, 아무튼 마음에 드는 며느리를 얻으리라고 생각하여, 바라문에게 말하기를,
>
> 장자 : "어디에야 좋은 딸이 모습을 갖은 이가 있을까? 내 아기를 위하여 구하여 보구료."
>
> 바라문이 그 말을 듣고 고운 딸을 얻으러 다니느라고 하여, 빌어먹어 마갈타국의 왕사성에 가니, 그 성 안에 한 대신 호미라 하는 사람이 가멸고 발심하더니, 바라문이 그 집에 가서 양식을 비니, 그 나라의 법에서는 보시를 하되, 반드시 동녀로 내어주더니, 그 집 딸이 쌀 가져 나오거늘 바라문이 보고 기뻐하여, '이 젊은 여자야말로 내가 구하러 다니는 마음에 맞도다' 생각하여,
>
> 바라문 : 그대 아버님이 계시오?
> 호미의 딸 : 계십니다.
> 바라문 : 내가 보자 한다고 사뢰시오.
>
> 그 딸이 들어가 이르매, 호미 장자가 나오거늘,
>
> 바라문 : (안부 묻고) 사위국에 한 대신 수달이라 하는 사람이 있는데 아십니까?
> 호미 : 말만 듣고 있습니다.
> 바라문 : 사위국 중에 가장 벼슬이 높고 가멸기가 이 나라에 당신 같은 사람이, 한 사랑하는 아기아들이 그 생김새며 재주가 뛰어났는데, 그대의 딸을 맞고자 합니다.
> 호미 : 그리 하리라.
>
> 그때 마침 장사아치가 사위국으로 갈 사람이 있더니, 바라문이 글월을 하여 수달에게 보내매, 수달이 기뻐하여 파사닉왕께 가서 사유를 여쭙고 재물을 많이 실어 왕사성으로 가며 길에 가난한 사람을 보면 다 보시를 하더라.

형태소 분석

- 닐굽 : 일곱.
- 아ᄃ리러니 : 아들이더니 🔆 아들(명사)+이(서술격 조사)+−더−(과거 시제 선어말 어미)+−니(종속적 연결 어미)
- 여슷 : 여섯.
- 아ᄃᆞ란 : 아들은 🔆 아ᄃᆞᆯ(명사)+란(보조사)
- ᄒᆞ마 : 이미, 벌써, 장차
- 갓 : 아내, 여자
- 얼이고 : 장가(시집) 보내고
- 아ᄆᆞ례나 : 아무렇든, 아무튼
- ᄆᆞᆺ둛ᄒᆞᆫ : 마뜩한, 맞갖은, 마음에 맞는 🔆 ᄆᆞᆺ둛ᄒᆞ−(형용사 어간)+−ㄴ(관형사형 어미)
- 어두리라 : 얻으리라고 🔆 얻−(동사 어간)+−우−(의도법 선어말 어미)+−리−(미래 시제 선어말 어미)+−다(종속적 연결 어미)
- 어듸ᅀᅡ : 어디에야 🔆 어듸(미지칭 대명사)+ᅀᅡ(보조사)
- 됴ᄒᆞᆫ ᄯᆞ리 : 좋은 딸이 🔆 됴ᄒᆞ−(형용사 어간)+−ㄴ(관형사형 어미)#ᄯᆞᆯ(명사)+이(주격 조사)
- ᄀᆞᄌᆞ니 : 갖은 이, 갖춘 사람.
- 잇거뇨 : 있느냐 🔆 잇−(형용사 어간)+−거−(확인법 선어말 어미)+−뇨(의문형 종결 어미)

- 보고려 : －고 싶은 것이여, －구려 분 보－(동사 어간)＋－고려(명령형 어미, 청원의 의미)
- 고븐 : 고운 분 곱－(형용사 어간)＋－은(관형사형 어미)
- 얻니노라 : 얻으러 다니느라고 분 얻니－[동사 어간, 얻－(동사 어근)＋니－(동사 어근)]＋－ᄂᆞ－ (현재 시제 선어말 어미)＋－오－(인칭법 선어말 어미)＋－라(종속적 연결 어미)
- 빌머거 : 빌어먹어 분 빌먹－(동사 어간, 빌－(동사 어근)＋먹－(동사 어근)]＋－어(종속적 연결 어미)
- 호리 : 하는 사람이 분 ᄒᆞ(어간)＋－오－(대상 활용 선어말 어미)＋－ㄹ(관형사형 어미)＃이(의존 명사)＋∅(주격 조사)
- 가ᅀᆞ멸오 : 가멸고, 부하고, 부요하고 분 가ᅀᆞ멸－(형용사 어간)＋－고(대등적 연결 어미)
- 모로매 : 모름지기, 반드시
- 깃거 : 기뻐하여 기 깃그다. • 맛도다 : 맞도다 분 맞－(동사 어간)＋－도－(감동법 선어말 어미)＋ －다(평서형 종결 어미)
- 잇ᄂᆞ닛가 : 계시오 분 잇－(동사 어간)＋－ᄂᆞ－(현재 시제 선어말 어미)＋－닛가(의문형 종결어미)
- 잇ᄂᆞ니이다 : 있습니다. 계십니다 분 잇－(동사 어간)＋－ᄂᆞ－(현재 시제 선어말 어미)＋－니－(원칙법 선어말 어미)＋－이－(상대 높임 선어말 어미)＋－다(평서형 종결 어미)
- 보아져 : 보고자 분 보－(동사 어간)＋－아져(종속적 연결 어미)
- 솔바쎠 : 사뢰시오 분 ᄉᆞᆲ－(동사 어간)＋－아쎠(명령형 종결 어미)
- 나아오나ᄂᆞᆯ : 나오거늘, 나오므로 분 나아오－(동사 어간)＋－아ᄂᆞᆯ('나' 불규칙 활용)
- 아ᄅᆞ시ᄂᆞ니잇가 : 아십니까? 분 알－(동사 어간)＋－ᄋᆞ시－(주체 높임 선어말 어미)＋－ᄂᆞ－(현재 시제 선어말 어미)＋－니－(원칙법 선어말 어미)＋－잇－(상대 높임 선어말 어미)＋－가(의문형 종결 어미)
- 소리ᄲᅮᆫ : 소리뿐 분 소리(명사)＋ᄲᅮᆫ(의존 명사)
- 듣노라 : 듣고 있다 분 듣－(동사 어간)＋－ᄂᆞ－(직설법 선어말 어미)＋－오－(인칭법 선어말 어미)＋ －다(평서형 종결 어미)
- ᄆᆞᆺ : 가장.
- 흔 그티니 : 한 끝이니(아주 훌륭하다는 의미) 분 흔(관형사)＃긑(명사)＋이(서술격 조사)＋－니 (종속적 연결 어미)
- ᄒᆞ더이다 : 합디다 분 ᄒᆞ－(동사 어간)＋－더－(회상법 선어말 어미)＋－이－(상대 높임 선어말 어 미)＋－다(평서형 종결 어미)
- 호리라 : 하겠다, 할 것이다 분 ᄒᆞ－(동사 어간)＋－오－(인칭법 선어말 어미)＋－리－(미래 시제 선어말 어미)＋－다(평서형 종결 어미)
- 마초아 : 마침.
- 흥졍바지 : 장사치, 상인.
- 익손ᄃᆡ : 에게.
- 말미 : 까닭, 사유, 연유.
- 엳줍고 : 여쭙고.
- 보아ᄃᆞᆫ : 보면, 보거든 분 보－(동사 어간)＋－아ᄃᆞᆫ(종속적 연결 어미)

須達이 護彌 지븨 니거늘 護彌 깃거 나아 迎逢ᄒᆞ야 지븨 드려 재더니 그 지븨셔 차반 ᄆᆡᇰᄀᆞᆯ 쏘리 워즈런ᄒᆞ거늘 須達이 護彌ᄃᆞ려 무로ᄃᆡ

須達 : 主人이 므슴 차바ᄂᆞᆯ 손소 ᄃᆞᆫ녀 ᄆᆡᇰᄀᆞ노닛가 太子ᄅᆞᆯ 請ᄒᆞᅀᆞᄫᅡ 이받ᄌᆞᄫᆞ려 ᄒᆞ노닛가 大臣ᄋᆞᆯ 請ᄒᆞ야 이바도려 ᄒᆞ노닛가
護彌 : 그리 아니다
須達 : 婚姻 위ᄒᆞ야 아ᅀᆞ미 오나ᄃᆞᆫ 이바도려 ᄒᆞ노닛가

≪사회녀긔셔 며느리 녁지블 婚이라 니ᄅᆞ고 며느리 녀긔셔 사회 녁 지블 姻이라 니ᄅᆞᄂᆞ니 댱가 들며 셔방 마조믈 다 婚姻ᄒᆞ다 ᄒᆞᄂᆞ니라≫

護彌 : 그리 아니라 부텨와 즁과를 請ᄒᆞᅀᆞᄫᆞ려 ᄒᆞ뇡다

須達이 부텨와 즁괏 마를 듣고 소홈 도텨 自然히 ᄆᆞᅀᆞ매 깃븐 ᄠᅳ디 이실ᄊᆡ 다시 무로ᄃᆡ

수달 : 엇뎨 부톄라 ᄒᆞᄂᆞ닛가 그 ᄠᅳ들 닐어쎠
호미 : 그듸ᄂᆞᆫ 아니 듣ᄌᆞᄫᅥᆺ더시닛가 淨飯王(정반왕) 아ᄃᆞ님 悉達(실달)이라 ᄒᆞ샤리 나실 나래 하ᄂᆞᆯ로셔 셜흔 두 가짓 祥瑞 ᄂᆞ리며 一萬 神靈이 侍衛ᄒᆞᅀᆞᄫᆞ며 자ᄇᆞ리 업시 닐굽 거르믈 거르샤 니ᄅᆞ샤ᄃᆡ 하ᄂᆞᆯ 우 하ᄂᆞᆯ 아래 나ᄲᅮᆫ 尊호라 ᄒᆞ시며 모미 金ㅅ 비치시며 三十二相 八十種好ㅣ ᄀᆞᄌᆞ더시니 金輪王이 ᄃᆞ외샤 四天下ᄅᆞᆯ ᄀᆞᅀᆞᆷ아라시련마ᄅᆞᆫ 늘그니 病ᄒᆞ니 주근 사ᄅᆞᆷ 보시고 世間 슬히 너기샤 出家ᄒᆞ샤 道理 닷ᄀᆞ샤 六年 苦行ᄒᆞ샤 正覺ᄋᆞᆯ 일우샤 魔王ㅅ 兵馬 十八億萬ᄋᆞᆯ 降服히 오샤 光明이 世界ᄅᆞᆯ ᄉᆞᄆᆞᆺ 비취샤 三世옛 이ᄅᆞᆯ 아ᄅᆞ실ᄊᆡ 부톄시다 ᄒᆞᄂᆞᇰ다

현대어역

수달이 호미 집에 가니, 호미가 기뻐 나가 집에 들여 재우더니, 그 집에서 차반을 만드는 소리가 요란하거늘, 수달이 호미더러 묻되,

수달 : 주인이 무슨 차반을 손수 다니면서 만드시오? 태자를 청하여 이바지하려 하시오? 대신을 청하여 이바지하려 하시오?
호미 : 그런 것이 아니오.
수달 : 혼인을 위하여 친척이 오거든 이바지하려 하시오?

사위 편에서 며느리 편 집을 '혼'이라 이르고, 며느리 편에서 사위 편 집을 '인'이라 이르니, 장가 들며, 서방 맞음을 다 '혼인하다'고 하느니라.

호미 : 그러한 것이 아니라, 부처와 중을 청하려 하오.

수달이 부처와 중이란 말을 듣고 소스라쳐 자연히 마음에 기쁜 뜻이 있으매,

수달 : 어찌 부처라고 하오? 그 뜻을 말하시오.
호미 : 그대는 듣지 않으셨소? 정반왕의 아드님 실달이라고 하시는 분이 나실 날에 하늘에서부터 서른 두 가지 상서가 내리며 일만 신령이 모시어 지키며, 잡을 이 없이 일곱 걸음을 걸으시어 말씀하시기를, '하늘 위 하늘 아래 나만이 높다'하시며, 몸이 금빛이시며, 서른두 상과 여든 가지의 몸의 좋은 모습이 가지시더니, 세계를 다스리는 가장 힘이 센 금륜왕이 되시어, 네 천하를 맡아 다스리시련마는, 늙은이, 병든 이, 죽은 사람 보시고 세상을 싫게 여기시어 출가하시어 도리를 닦으시어 육년을 고행하시어 정각을 이루시어 마왕의 병마 십팔억만을 항복하게 하시어, 빛이 세계를 사뭇 비치시어, 삼세의 일을 아시므로 부처님이라고 하오.

형태소 분석

- 재더니 : 재우더니 🔵 재-(동사 어간)+-더-(회상법 선어말 어미)+-니(종속적 연결 어미)
- 밍골 쏘리 : 만드는 소리가 🔵 밍골-(동사 어간, ㄹ탈락)+-ㅭ(관형사형 어미)#소리(명사)+∅(주격 생략)
- 워즈런ᄒ거늘 : 어수선하거늘
- 차바놀 : 음식을, 반찬을 🔵 차반(명사)+올(목적격 조사)
- 손소 : 손수
- 돈녀 : 다니며, 다니면서 🔵 돈니-(동사 어간)+-어(종속적 연결 어미)
- 밍ᄀ노닛가 : 만드시오 🔵 밍골-(동사 어간)+-ᄂ-(현재 시제 선어말 어미)+-오-(의도법 선어말어미)+-닛-(상대 높임 선어말 어미)+-가(의문형 종결 어미)
- 이받즈보려 : 이바지하려, 잔치하려 🔵 이받-(동사 어간)+-즇-(객체 높임 선어말 어미)+-오려(종속적 연결어미)
- 아닝다 : 아닙니다, 아니오이다
- 녀긔셔 : 편에서 🔵 녁(명사)+의셔(부사격 조사)
- ᄒ뇡다 : 하나이다, 하옵니다

> 'ᄒ노이다'에서 변한 말로, 예사 높임의 '하오'체에 해당한다.

- 부텨와 즁과롤 : 부처와 중을.
- ᄒ뇡다 : 'ᄒ노이다'에서 변한 말로서, 예사높임의 '하오'
- 소홈 도텨 : 소름이 돋쳐 🔵 소홈(명사)+∅(주격 조사)#돋-(동사 어간)+-이-(피동 접미사)+-어(종속적 연결 어미)
- 깃븐 ᄯ디 : 기쁜 뜻이
- 부톄라 : 부처라고 🔵 부텨(명사)+ㅣ(서술격 조사)+-라(종속적 연결 어미)
- 닐어쎠 : 말하시오 🔵 니르-(동사 어간)+-어쎠(명령형 종결 어미)
- 아니 듣즈뱃더시닛가 : 듣지 않으셨소? 🔵 아니(부정 부사)#듣-(동사 어간)+-즇-(객체 높임 선어말 어미)+-아(보조적 연결 어미)#잇(보조동사 어간)+-더-(회상법 선어말 어미)+-시-(주체 높임 선어말 어미)+-닛-(상대 높임 선어말 어미)+-가(의문형 종결 어미)
- ᄒ샤리 : 하시는 분이
- 하놀로셔 : 하늘로부터
- 자브리 업시 : 잡을 이 없이
- 하놀 우 하놀 아래 : 하늘 위 하늘 아래
- 나뿐 尊호라 : 나만이 높다 🔵 나(대명사)+뿐(보조사)+∅(주격조사)#尊ᄒ-(형용사 어간)+-오-(인칭법 선어말 어미)+-다(평서형 종결 어미)
- 金ㅅ비치시며 : 금빛이시며

- ᄀᆞ더시니 : 가지셨더니 분 ᄀᆞ-(형용사 어간)+-더-(회상법 선어말 어미)+-시-(주체 높임 선어말 어미)+-니(종속적 연결 어미)
- ᄀᆞᅀᆞᆷ아라시련마ᄅᆞᆫ : 맡아 다스리시련마는 기 ᄀᆞᅀᆞᆷ알다 : 맡은 일을 처리하다
- 늘그니 : 늙은 사람 분 늙-(형용사 어간)+-은(관형사형 어미)#이(의존 명사)
- 病ᄒᆞ니 : 병든 사람 분 病ᄒᆞ-(형용사 어간)+-ㄴ(관형사형 어미)#이(의존 명사)
- ᄉᆞᄆᆞᆺ : 사뭇.

수달 : 엇뎨 쥬이라 ᄒᆞᄂᆞ닛가
호미 : 부톄 成道ᄒᆞ야시ᄂᆞᆯ 梵天이 轉法ᄒᆞ쇼셔 請ᄒᆞᅀᆞᄫᅡᄂᆞᆯ ≪轉法은 法을 그우릴씨니 부톄 說法ᄒᆞ샤 世間애 法이 펴디여 갈씨 그우리다 ᄒᆞᄂᆞ니 說法호ᄆᆞᆯ 轉法이라 ᄒᆞᄂᆞ니라≫波羅㮈國 鹿野苑에 가샤 僑陳如ᄃᆞᆯ 다ᄉᆞᆺ 사ᄅᆞᄆᆞᆯ 濟渡ᄒᆞ시며……버거 舍利弗 目揵連의 물 五百ᄋᆞᆯ 濟渡ᄒᆞ시니 이 사ᄅᆞᆷ들히 다 神足이 自在ᄒᆞ야 衆生이 福田이 ᄃᆞ욀씨 쥬이라 ᄒᆞᄂᆞ닝다
호미 : 그러한 것이 아니라 부처님과 중을 청하려 하오.

현대어역
수달 : 어찌 중이라 하오?
호미 : 부처가 도를 이루시매, 범천왕이 '전법하소서'하고 청하므로, ≪전법은 법을 굴린다는 것이니, 부처가 설법하시어 세상에 법이 퍼져 가므로 '굴리다'라고 하니, 설법하는 것을 전법이라 하느니라≫바라내국 녹야원에 가시어 교진여들 다섯 사람을 제도하시며……다음으로 사리불과 목건련의 무리 오백을 제도하시니, 이 사람들이 다 신족이 자유자재하여 중생의 복밭이 되므로, 중이라 하오.

형태소 분석

- 쥬이라 : 중이라고 분 즁(명사)+이(서술격 조사)+-다(평서형 종결 어미)
- ᄒᆞᄂᆞ닛가 : 하오?
- 그우릴씨니 : 굴릴 것이니 분 그우리-(동사 어간)+-ㅭ(관형사형 어미)#ᄉ(의존 명사)+ㅣ(서술격 조사)+-니(종속적 연결 어미)
- 버거 : 다음으로, 버금으로

2 권6(30ㄱ~33ㄴ)

舍利佛이 須達이 밍ᄀᆞ론 座애 올아 앉거늘 六師이 弟子 勞度差ㅣ 幻術을 잘 ᄒᆞ더니 한 사ᄅᆞᆷ 알ᄑᆡ 나아 呪ᄒᆞ야 ᄒᆞᆫ 남ᄀᆞᆯ 지스니 즉자히 가지 퍼뎌 모ᄃᆞᆫ 사ᄅᆞᄆᆞᆯ 가리두프니 곳과 여름괘 가지마다 다ᄅᆞ더니 舍利佛이 神力으로 旋嵐風을 내니 ≪旋嵐風ᄋᆞᆫ ᄀᆞ장 미ᄫᅳᆫ ᄇᆞᄅᆞ미라≫ 그 나못 불휘를 쌔ᅘᅧ 그우리 부러 가지 것비쳐 드트리 ᄃᆞ외이 붓아디거늘 모다 닐오ᄃᆡ

모든 사ᄅᆞᆷ : 舍利弗이 이긔여다.

勞度差ㅣ ᄯᅩ 呪ᄒᆞ야 ᄒᆞᆫ 모슬 지스니 四面이 다 七寶ㅣ오 가온ᄃᆡ 種種 고지 폣더니 舍利佛이 큰 六牙白象을 지서내니 ≪六牙ᄂᆞᆫ 여슷 어미라≫ 엄마다 닐굽 蓮花ㅣ오 곳 우마다 닐굽 玉女ㅣ러니 그 못 므를 다 마시니 그 모시 다 스러디거늘 모다 닐오ᄃᆡ

모든 사ᄅᆞᆷ : 舍利弗이 이긔여다.

勞度差ㅣ ᄯᅩ ᄒᆞᆫ 龍을 지스니 머리 열히러니 虛空애셔 비 오ᄃᆡ 고른 種種 보ᄇᆡ 듣고 울에 번게 ᄒᆞ니 사ᄅᆞ미 다 놀라더니 舍利佛이 ᄒᆞᆫ 金翅鳥를 지서 내니 ≪金翅鳥ᄂᆞᆫ 迦樓羅ㅣ라≫ 그 龍을 자바 ᄣᅳ저 머거늘 모다 닐오ᄃᆡ

모든 사ᄅᆞᆷ : 舍利弗이 이긔여다.

勞度差ㅣ ᄯᅩ ᄒᆞᆫ 쇼를 지서내니 모미 ᄀᆞ장 크고 다리 굵고 ᄲᅳ리 놀캅더니 ᄣᅡ 허위며 소리ᄒᆞ고 ᄃᆞ라 오거늘 舍利佛이 ᄒᆞᆫ 獅子ㅣ를 지서내니 그 쇼를 자바 머그니
모든 사ᄅᆞᆷ : 舍利弗이 이긔여다.

勞度差ㅣ ᄒᆞ다가 못ᄒᆞ야 제 모미 夜叉ㅣ ᄃᆞ외야 모미 길오 머리 우희 블 블고 누니 핏무적 ᄀᆞᆮ고 톱과 엄괘 놀캅고 이베 블 吐ᄒᆞ며 ᄃᆞ라 오거늘 舍利佛도 자내 毗沙門王이 ᄃᆞ외니 夜叉ㅣ 두리여 믈러 ᄃᆞ로려 ᄒᆞ다가 四面에 브리 니러셜ᄊᆡ 갈ᄯᅵ 업서 오직 舍利佛ㅅ 알ᄑᆡ 옷 브리 업슬ᄊᆡ 즉자히 降服ᄒᆞ야 업더디여 사ᄅᆞ쇼셔 비니 그리 降服ᄒᆞ야ᅀᅡ 브리 즉자히 ᄢᅥ거늘

모든 사ᄅᆞᆷ : 舍利弗이 이긔여다.

현대어역

사리불이 수달의 만든 자리에 올라 앉으매, 육사의 제자인 노도차가 환술을 잘 하더니, 많은 사람 앞에 나가 주문을 외워 한 나무를 만드니, 곧바로 가지가 퍼져 모인 사람을 가리어 덮으니, 꽃과 열매가 가지마다 다르더니, 사리불이 신력으로 선람풍을 내니≪선람풍은 가장 무서운 바람이라.≫그 나무뿌리를 빼어 굴어지게 불어 가지가 꺾여 비치적거려 티끌이 되게 부서지거늘 모두 말하기를,

모든 사람 : 사리불이 이겼다.

노도차가 또 주문을 외워 한 못을 만드니, 사면이 다 일곱 보배이고 가운데 갖가지 꽃이 피어 있더니, 사리불이 여섯 어금니를 가진 큰 흰 코끼리를 지어내니 ≪육아는 여섯 어금니다.≫ 어금니마다 일곱 연꽃이고, 꽃 위마다 일곱 옥녀이더니, 그 못의 물을 다 마시니, 그 못이 다 스러지거늘 모두 말하기를,

모든 사람 : 사리불이 이겼다.

노도차가 또 한 산을 만드니 일곱 가지 보배로 장하게 꾸미고, 못과 꽃과 과실이 다 갖추었더니, 사리불이 금강역사를 만들어 내어 금강저로 멀리서 견주니 ≪'저'는 방앗고이니 굵은 막대 같은 것이다.≫그 산이 한 것도 없이 무너지거늘, 모두 이르기를,

모든 사람 : 사리불이 이겼다.

　노도차가 또 한 용을 만드니 머리가 열이더니, 공중에서 비가 오되 고른 가지가지의 보배가 떨어지고, 우레와 번개가 치니 사람이 다 놀라더니 사리불이 한 금시조를 만들어 내니 ≪금시조는 가루라이다≫ 그 용을 잡아 찢어 먹으매, 모두 말하되,

모든 사람 : 사리불이 이겼다.

　노도차가 또 한 소를 만들어 내니 몸이 가장 크고 다리가 굵고 뿔이 날카롭더니, 땅을 후비며 소리 치고 달려 오거늘, 사리불이 한 사자를 만들어 내니, 그 소를 잡아 먹으니, 모두 이르기를,

모든 사람 : 사리불이 이겼다.

　노도차가 하다가 못해 제 몸이 야차가 되어, 몸이 길고 머리 위에 불이 붙고 눈이 핏덩어리 같고 손발톱과 어금니가 날카롭고 입에서 불을 토하며 달려 오거늘, 사리불도 몸소 비사문왕이 되니 야차가 두려워하여 물러서 달리려 하다가 사면에 불이 일어서매 갈 데가 없어 오직 사리불 앞에만 불이 없으므로 곧바로 항복하여 엎드려 살려 주십시오 하고 비니 , 그렇게 항복하고 난 뒤에야 불이 곧 꺼지거늘 모두 말하기를

모든 사람 : 사리불이 이겼다.

형태소 분석

- 밍ᄀ론 座애 : 만든 자리에 분 밍글-(동사 어간)+-오-(대상 활용 선어말 어미)+-ㄴ(관형격 조사)#座(명사)+애(부사격 조사)
- 올아 앉거늘 : 올라 앉거늘 분 오ᄅ-(동사 어간)+-아(종속적 연결 어미)#앉-(동사 어간)+-거늘(종속적 연결 어미)
- 한 사ᄅᆞᆷ 알ᄑᆡ : 많은 사람의 앞에 분 하-(동사 어간)+-ㄴ(관형사형 어미)#사ᄅᆞᆷ(명사)+Ø(주격 조사)#앒(명사)+ᄋᆡ(부사격 조사)
- ᄒᆞᆫ 남ᄀᆞᆯ 지스니 : 한 나무를 지으니 분 ᄒᆞᆫ(수관형사)#나모(명사)+ᄋᆞᆯ(목적격 조사)#짓-(동사 어간)+-으니(종속적 연결 어미)
- 가지 퍼디여 : 가지가 펴져 분 가지(명사)+Ø(주격 조사)#퍼디-(동사 어간)+-어(종속적 연결 어미)
- 모든 사ᄅᆞ믈 : 모든 사람을 분 모든(관형사)#사ᄅᆞᆷ(명사)+ᄋᆞᆯ(목적격 조사)
- 가리두프니 : 가리어 덮으니
- 곳과 여름괘 : 꽃과 열매가 분 곳(명사)+과(접속 조사)#여름(명사)+과(접속 조사)+ㅣ(주격 조사)
- 다ᄅᆞ더니 : 다르더니 분 다ᄅᆞ-(형용사 어간)+-더-(회상법 선어말 어미)+-니(종속적 연결 어미)
- ᄀᆞ장 미본 : 가장 사나운 분 ᄀᆞ장(부사)#밉-(형용사 어간)+-은(관형사형 어미)
  - 기 밉다 : 맵다, 사납다, 맹렬하다
- ᄇᆞᄅᆞ미라 : 바람이다 분 ᄇᆞᄅᆞᆷ(명사)+이(서술격 조사)+-다(평서형 종결 어미)
- 나못 불휘롤 : 나무의 뿌리를 분 나모(명사)+ㅅ(관형격 조사)#불휘(명사)+ᄅᆞᆯ(목적격 조사)
- ᄲᅢᅘᅧ : 빼어 분 ᄲᅢᅘᅧ-(동사 어간)+-Ø(종속적 연결 어미, '-어' 탈락)
- 그우리 : 구르게 분 그울-(동사 어간)+-이(부사 파생 접미사)

- 부러 : 불어 분 불-(동사 어간)+-어(종속적 연결 어미)
- 것비쳐 : 꺾여 떨어져, 꺾여 비치적거려 분 것비치-(동사 어간)+-어(종속적 연결 어미)
- 드트리 두외이 : 티끌이 되게 분 드틀(명사)+이(주격 조사)#두외-(동사 어간)+-기(부사형 어미)
- 붓아디거늘 : 부서지거늘 분 붓아디-(동사 어간)+-거늘(종속적 연결 어미)
- ᄒᆞᆫ 모ᄉᆞᆯ 지ᄋᆞ니 : 한 못을 만드니. 분 ᄒᆞᆫ(관형사)#못(명사)+ᄋᆞᆯ(목적격 조사)#짓-(동사 어간)+-으니(종속적 연결 어미)
- 펫더니 : 피어 있더니 분 피-(동사 어간)+-어(보조적 연결 어미)#잇-(보조 동사 어간)+-더-(회상법 선어말 어미)+-니(종속적 연결 어미)
- 여슷 어미라 : 여섯 어금니다 분 여슷(관형사)#엄(명사)+이(서술격 조사)+-다(평서형 종결 어미)
- 닐굽 蓮花ㅣ오 : 일곱 연꽃이고 분 닐굽(관형사)#蓮花(명사)+ㅣ(서술격 조사)+-고(대등적 연결 어미)
- 곳 우마다 : 꽃 위마다 분 곳(명사)#우(명사)+마다(보조사)
- 닐굽 玉女ㅣ러니 : 일곱 옥녀더니 분 닐굽(수관형사)#玉女(명사)+ㅣ(서술격 조사)+-더-(회상법 선어말 어미)+-니(종속적 연결 어미)
- 그 모시 다 스러디거늘 : 그 못이 다 사라지거늘 분 그(지시 형사)#못(명사)+이(주격 조사)#다(부사)#스러디-(동사 어간)+-거늘(종속적 연결 어미)
- 못과 곳과 果實왜 : 못과 꽃과 과실이 분 못(명사)+과(접속 사)#곳(명사)+과(접속 조사)#果實(명사)+와(접속 조사)+ㅣ(주격 조사)
- 다 ᄀᆞ초 잇더니 : 모두 갖추 있더니 분 다(명사)#ᄀᆞᆽ-(동사 어간)+-오(부사 파생 접미사)#잇-(형용사 어간)+-더-(회상법 선어말 어미)+-니(종속적 연결 어미)
- 머리셔 견지니 : 멀리서 견주니 분 멀-(형용사 어간)+-이(부사 파생 접미사)+셔(보조사)
- 굴근 : 굵은. 분 굵-(동사 어간)+-은(관형사형 어미)
- 막다히 : 막대.
- ᄀᆞᄐᆞᆫ 거시라 : 같은 것이다 분 ᄀᆞᇀ-(형용사 어간)+-ᄋᆞᆫ(관형사형 어미)#것(의존 명사)+이(서술격 조사)+-다(평서형 종결 어미)
- 그 뫼히 ᄒᆞᆫ 것도 업시 : 그 산이 하나도 없이 분 그(관형사)#뫼ㅎ(명사)+이(주격 조사)#ᄒᆞᆫ(수관형사)#것(의존 명사)+도(보조사)#없-(형용사 어간)+-이(부사형 어미)
- 믈어디거늘 : 무너지거늘 분 믈어디-(동사 어간)+-거늘(종속적 연결 어미)
- 이긔여다 : 이겼다 분 이긔-(동사 어간)+-거-(확인법 선어말 어미)+-다(평서형 종결 어미)
- 열히러니 : 열이더니 분 열ㅎ(ㅎ종성체언)+이(서술격 조사)+-더-(회상법 선어말 어미)+-니(종속적 연결 어미)
- 고ᄅᆞᆫ : 고른 분 고ᄅᆞ-(형용사 어간)+-ᄋᆞᆫ(관형사형 어미)
- 울에 : 우레, 천둥
- ᄠᅳ저 : 찢어 분 ᄠᅳᆮ-(동사 어간)+-어(종속적 연결 어미)

- 모다 : 모두
- ᄀ장 : 가장, 자못, 크게, 매우
- 쓰리 : 뿌리 분 쓸(명사) + 이(주격 조사)
- 놀캅더니 : 날카롭더니 분 놀캅-(형용사 어간) + -더-(회상법 선어말 어미) + -니(종속적 연결 어미)
- 허위며 : 허우적거리며, 허비며, 후비며 분 허위-(동사 어간) + -며(대등적 연결 어미)
- ᄃ라 오거늘 : 달려오며 분 ᄃᄅ오-[돌- + -아#오-](동사 어간) + -거늘(종속적 연결 어미)
- 길오 : 길고 분 길-(형용사 어간) + -고(대등적 연결 어미)
- 핏무적 : 핏덩어리
- 자내 : 몸소, 스스로
- 니러셜씨 : 일어서므로, 일어나므로 분 니러셔-(동사 어간) + -ㄹ씨(종속적 연결 어미)
- 즉자히 : 즉시, 곧
- 업더디여 : 엎드려 분 업더디-(동사 어간) + -어(종속적 연결 어미)
- 사ᄅ쇼셔 : 살려 주십시오 분 살-(동사 어간) + -ᄋ쇼셔(명령형 종결 어미)
- ᄢ거늘 : 꺼지거늘 분 ᄢ-(동사 어간) + -거늘(종속적 연결 어미)
- 모미 길오 : 몸이 길고 분 몸(명사) + 이(주격 조사)#길-(형용사 어간) + -고(대등적 연결 어미)
- 머리 우희 : 머리 위에 분 머리(명사) + Ø(관형격 조사)#우ㅎ(명사) + 의(부사격 조사)
- 블 븥고 : 불이 붙고 분 블(명사) + Ø(주격 조사)#븥-(동사 어간) + -고(대등적 연결 어미)
- 누니 핏무적 ᄀᆮ고 : 눈이 핏덩어리 같고 분 눈(명사) + 이(주격 조사)#핏무적(명사) + Ø(부사격 조사)#ᄀᆮ-(형용사 어간) + -고(대등적 연결 어미)
- 톱과 엄괘 놀캅고 : 손톱과 어금니가 날카롭고 분 톱(명사) + 과(접속 조사)#엄(명사) + 과(접속 조사) + ㅣ(주격 조사)#놀캅-(동사 어간) + -고(대등적 연결 어미)
- ᄃ로려 ᄒ다가 : 달리려 하다가
- 갈띠 업서 : 갈 데가 없어 분 가-(동사 어간) + -ㅭ(관형사형 어미)#디(의존 명사) + Ø(주격 조사)#없-(동사 어간) + -어(종속적 연결 어미)
- 알ᄑᆡ옷 : 앞에만 분 앒(명사) + 이(부사격 조사) + 옷(보조사)
- 사ᄅ쇼셔 : 살려 주십시오 분 살-(동사 어간) + -ᄋ쇼셔(명령형 종결 어미)
- ᄢ거늘 : 꺼지거늘 분 ᄢ-(동사 어간) + -거늘(종속적 연결 어미)

04 월인석보(月印釋譜)

1449년

1 10ㄴ-19ㄱ

如來 迦毗羅國 城의 드러 乞食ᄒᆞ샤 難陀ᄋᆡ 지븨 가시니 難陀ㅣ 부톄 門의 와 겨시다 듣고 보ᅀᆞ 보려 나올쩌긔 제 가시 期約호ᄃᆡ

難陀 가시 : 내 니마해 ᄇᆞ론 香이 몯 ᄆᆞ랫거든 도로 오나라

難陀ㅣ 부텻긔 절ᄒᆞᆸ고 부텻 바리를 가져 지븨 드러 밥 다마 나가 부텻긔 받ᄌᆞᄫᅡᄂᆞᆯ 부톄 아니 바ᄃᆞ신대 阿難이도 아니 받고 닐오ᄃᆡ

阿難 : 네 바리를 어듸 가 어든다 도로 다가 두어라

難陀ㅣ 바리 들오 부텨 미좇ᄌᆞᄫᅡ 尼拘屢精舍애 니거늘 부톄 剃師를 시기샤 剃師ᄂᆞᆫ 누ᄆᆡ 머리 갓ᄂᆞᆫ 사ᄅᆞ미라 難陀ᄋᆡ 머리를 가ᄭᆞ라 ᄒᆞ야시ᄂᆞᆯ 難陀ㅣ 怒ᄒᆞ야 머리 갓ᄂᆞᆫ 사ᄅᆞᄆᆞᆯ 주머귀로 디르고 닐오ᄃᆡ

難陀 : 迦毗羅國 사ᄅᆞᄆᆞᆯ 네 이제 다 갓고려 ᄒᆞᄂᆞ다

부톄 드르시고 조개 阿難이그에 가신대 難陀ㅣ 구쳐 갓ᄀᆞ니라

難陀ㅣ 머리를 갓고도 샹녜 지븨 가고져 ᄒᆞ거늘 부톄 샹녜 더브러 ᄒᆞ니실ᄊᆡ 몯 가더니 ᄒᆞᄅᆞᆫ 房 딕홇 ᄎᆞ비ᄒᆞ야 오ᄂᆞᆯᅀᅡ ᄉᆞ이 얻과라 깃거ᄒᆞ더니 如來와 즁괘 다 나디거시ᄂᆞᆯ 甁의 ᄀᆞᄃᆞᆨ거든 ᄒᆞᆫ 甁이 ᄢᅵ곰 ᄒᆞ야 ᄒᆞᆫ 쌔 계도록 긷다가 몯ᄒᆞ야 너교ᄃᆡ 比丘들히 제 와 기르려니 지븨 두고 가리라 ᄒᆞ야 지븨 드러 두고 ᄒᆞᆫ 부체를 다ᄃᆞ니 ᄒᆞᆫ 부체 열이곰 ᄒᆞᆯᄊᆡ ᄯᅩ 너교ᄃᆡ 쥬의 오시 일허도 어루 물려니 안직 더디고 가리라 ᄒᆞ야 부텨 아니 오실 낄ᄒᆞ로 가더니 부톄 ᄇᆞᆯ쎠 아ᄅᆞ시고 그 길ᄒᆞ로 오거시ᄂᆞᆯ 부텨를 ᄇᆞᄅᆞᆸ고 큰 나못 뒤헤 드러 숨거늘 그 남기 虛空애 들이니 難陀ㅣ 숨디 몯ᄒᆞ니라 부톄 더브러 精舍애 도라오샤 무르샤ᄃᆡ

현대어역

여래가 가비라국 성에 들어가 걸식하며 난타의 집에 가시니, 난타가 부처가 문에 와 계시다는 듣고 뵈려 나올 적에 그의 아내가 기약하되,

난타 가시 : 내 이마에 바른 향이 아직 마르지 못했으니 도로 오시오.

난타가 부처께 절하옵고 부처의 바리를 가져 집에 들어가 밥을 담아서 부처께 바치니가 부처가 받지 않으신 즉, 아난에게 주니 아난도 받지 않고 이르되,

부처 : 네가 바리를 어디 가서 얻어왔느냐? 도로 가져다 두어라

　　난타가 바리를 들고 부처를 뒤따라 니구루정사에 가니, 부처가 체사≪체사는 남의 머리를 깎는 사람이다.≫를 시키셔서,

부처 : 난타의 머리를 깎아라.

　　하시니, 난타가 노하여 머리 깎는 사람을 주먹으로 지르고 이르되,

난타 : 가비라국 사람을, 네가 이제 다 깎으려 하느냐?

　　부처가 들으시고, 당신이 아난을 데리시고 난타에게 가시니, 난타는 부득이 머리를 깎았다. 난타가 머리를 깎고도 늘 집에 가고자 하기에 부처가 늘 더불어 다니시므로 가지 못하더니, 하루는 방을 지킬 채비를 하게 되어 오늘이야 틈을 얻었도다고 기뻐했는데, 여래와 중이 다 나가시거늘, 병에 물을 길어두고서 가리라 하고 물을 길으니, 한 병에 가득하면 한 병의 물이 넘치곤 하여서, 한 때가 지나도록 긷다가 다 긷지 못하고 생각하되, '비구들이 저이들이 와서 길을 것이니 집에 두고 가리라'하고 집에 들어 놓고 한 문짝을 닫으니, 한 문짝이 열리곤 하므로 또 생각하되, '중의 옷을 잃어도 가히 옷값을 물게 하리니 잠깐 던져 두고 가리라' 하고서는, 부처가 오시지 않을 길로 갔는데, 부처는 벌써 아시고서 그 길로 오시니, 부처를 바라보고 큰 나무 뒤에 숨으니까, 그 나무가 허공에 들려서 난타는 숨지 못하였다. 부처가 더불어 정사에 돌아오셔서 물으셨다.

형태소 분석

- 難陀이 지븨 : 난타의 집에 〖분〗 難陀+이(관형격 조사)#집(명사)+의(부사격 조사)
- 나올쩌긔 : 나올 때에 〖분〗 나오-(동사 어간)+-ㅭ(관형사형 어미)#적(의존 명사)+의(부사격 조사)
- 내 니마해 : 내 이마에 〖분〗 나(대명사)+ㅣ(관형격 조사)#니마ㅎ(명사)+애(부사격 조사)
- 볼론 좁이 : 바른 좁이 〖분〗 브르-(동사 어간)+-오-(대상 활용 선어말 어미)+-ㄴ(관형사형 어미)#좁(명사)+이(주격 조사)
- 몯 몰랫거든 : 마르지 못했으니 〖분〗 몯(부사)#모르-(동사 어간)+-아(보조적 연결 어미)#잇-(보조 동사 어간)+-거든(종속적 연결 어미)
- 도로 오나라 : 도로 오너라 〖분〗 도로[부사, 돌-(동사 어근)+-오(부사 파생 접미사)]#오-(동사 어간)+-아라(명령형 종결 어미)
- 부텻긔 : 부처께 〖분〗 부텨(명사)+끠(부사격 조사)
- 절ᄒᆞᆸ고 : 절하옵고 〖분〗 절ᄒᆞ-(동사 어간)+-ᄉᆞᆸ-(객체 높임 선어말 어미)+-고(대등적 연결 어미)
- 부텻 바리ᄅᆞᆯ : 부처의 바리를 가져 〖분〗 부텨(명사)+ㅅ(관형격 조사)#바리(명사)+ᄅᆞᆯ(목적격 조사)
- 지븨 드러 : 집에 들어가 〖분〗 집(명사)+의(부사격 조사)#들-(동사 어간)+-어(종속적 연결 어미)
- 밥 다마 : 밥을 담아 〖분〗 밥(명사)+∅(목적격 조사)#담-(동사 어간)+-아(종속적 연결 어미)
- 부텻긔 받ᄌᆞᄫᅡᄂᆞᆯ : 부처께 바치거늘 〖분〗 부텨(명사)+끠(부사격 조사)#받-(동사 어간)+-ᄌᆞᆸ-(객체 높임 선어말 어미)+-아ᄂᆞᆯ(종속적 연결 어미)
- 아니 바ᄃᆞ신대 : 받지 않으시기에 〖분〗 아니(부사)#받-(동사 어간)+-ᄋᆞ시-(주체 높임 선어말 어미)+-ㄴ대(종속적 연결 어미)
- 阿難이도 : 아난이도 〖분〗 阿難(명사)+이(인칭 접미사)+도(보조사)
- 네 바리ᄅᆞᆯ : 너의 바리를 〖분〗 너(명사)+ㅣ(관형격 조사)#바리(명사)+ᄅᆞᆯ(목적격 조사)

- 어듸 가 얻든다 : 어디 가 얻었느냐? 분 어듸(의문 대명사)#가-(동사 어간) + -아(종속적 연결 어미 탈락)#얻-(동사 어간) + -은다(의문형 종결 어미)
- 다가 두어라 : 가져다 두어라 분 다ᄀ-(동사 어간) + -아(종속적 연결 어미)#두-(동사 어간) + -어라(명령형 종결 어미)
- 들오 : 들-(동사 어간) + -고(대등적 연결 어미)
- 미조ᄌᆞ바 : 뒤미처 좇아 분 미좇-(동사 어간) + -ᅀᆞᆸ-(객체 높임 선어말 어미) + -아(종속적 연결 어미)
- 시기샤 : 시키시어 분 시기-(동사 어간) + -샤-(주체 높임 선어말 어미) + -아(종속적 연결 어미 탈락)
- ᄂᆞ미 머리 : 남의 머리를 분 ᄂᆞᆷ(대명사) + 이(관형격 조사)#머리(명사) + Ø(목적격 조사)
- 갓는 사ᄅᆞ미라 : 깎는 사람이다 분 갓-(동사 어간) + -는(관형사형 어미)#사ᄅᆞᆷ(명사) + 이(서술격 조사) + -다(평서형 종결 어미)
- 머리롤 가ᄉᆞ라 : 머리를 깎아라 분 머리(명사) + 롤(목적격 조사)#갓-(동사 어간) + -ᄋᆞ라(명령형 종결 어미)
- 주머귀로 : 주머니로 분 주머귀(명사) + 로(부사격 조사)
- 디르고 : 지르고 분 디르-(동사 어간) + -고(대등적 연결 어미)
- 갓고려 ᄒᆞᄂᆞ다 : 깎으려 하느냐 분 갓-(동사 어간) + -오려(종속적 연결 어미)#ᄒᆞ-(동사 어간) + -ᄂᆞ-(현재 시제 선어말 어미) + -ㄴ다(의문형 종결 어미)
- ᄌᆞ걔 : 자기가, 당신이 분 ᄌᆞ걔(대명사) + ㅣ(주격 조사)
- 阿難익그에 : 아난이에게 분 阿難(명사) + 익그에(부사격 조사)
- 구쳐 : 마지못하여, 굽혀 분 구치-(동사 어간) + -어(종속적 연결 어미)
- ᄃᆞ니실씨 : 다니시므로, 행동하므로 분 ᄃᆞ니-(동사 어간) + -시-(주체 높임 선어말 어미) + -ㄹ씨(종속적 연결 어미)
- ᄒᆞᆯ른 : 하루는 분 ᄒᆞᆯᄅᆞ(명사) + ㄴ(보조사)
- 房 딕ᄒᆞᇙ : 방을 지킬 채비를 하여 분 房(명사) + Ø(목적격 조사)#딕ᄒᆞ-(동사 어간) + -ᇙ(관형사형 어미)
- ᄌᆞ비ᄒᆞ야 : 채비를 하여, 준비를 하여 분 ᄌᆞ비ᄒᆞ-(동사 어간) + -아(종속적 연결 어미)
- 오늘ᅀᅡ : 오늘에야 분 오늘(명사) + ᅀᅡ(보조사)
- ᄉᆡ 얻과라 : 틈을 얻었다 분 ᄉᆡ(명사) + Ø(목적격 조사)#얻-(동사 어간) + -거-(확인법 선어말 어미) + -오-(인칭법 선어말 어미) + -다(평서형 종결 어미)
- 깃거ᄒᆞ더니 : 기뻐하더니
- 如來와 즁괘 : 여래와 중이 분 如來(명사) + 와(접속 조사)#즁(명사) + 과(접속 조사) + ㅣ(주격 조사)
- 나니거시ᄂᆞᆯ : 나다니시거늘 분 나니-(동사 어간) + -시-(주체 높임 선어말 어미) + -거늘(종속적 연결 어미)

- 瓶의 ᄀᆞ독거든 : 병에 가득하거든 분 瓶(명사)+의(부사격 조사)#ᄀᆞ독(ᄒᆞ)-(동사 어간)+-거든(종속적 연결 어미)
- ᄢᅵ곰 ᄒᆞ야 : 넘치곤 분 ᄢᅵ-(동사 어간)+곰(보조사)
- ᄒᆞᆫ ᄢᅢ : 한 때 분 ᄒᆞᆫ(수관형사)#ᄢᅢ(의존 명사)
- 계도록 : 지나도록, 넘도록 분 계-(동사 어간)+-도록(종속적 연결 어미)
- 지븨 드려 두고 : 집에 들여놓고 분 집(명사)+의(부사격 조사)#들-(동사 어간)+-어(보조적 연결 어미)#두-(보조 동사 어간)+-고(대등적 연결 어미)
- 부체를 다ᄃᆞ니 : 문짝을 닫으니 분 부체(명사)+를(목적격 조사)#닫-(동사 어간)+-ᄋᆞ니(종속적 연결 어미)
- 열이곰 ᄒᆞᆯᄊᆡ : 열리곤 하므로 분 열-(동사 어간)+-이-(피동 접사)+곰(보조사)
- 쥬의 오시 : 중의 옷이 분 즁(명사)+의(관형격 조사)#옷(명사)+이(주격 조사)
- 일허도 : 잃어도 분 잃-(동사 어간)+-어도(종속적 연결 어미)
- 어루 : 가히
- 물려니 : 물게 하리니, 물리게 하니 분 물리-(동사 어간)+-어니(종속적 연결 어미)
- 안족 : 아직, 또한, 잠시
- 더디고 가리라 : 던지고 가리라 분 더디-(동사 어간)+-고(대등적 연결 어미)#가-(동사 어간)+-리-(미래 시제 선어말)+-다(평서형 종결 어미)
- 아니 오실 낄ᄒᆞ로 : 아니 오실 길로 분 아니(부정 부사)#오-(동사 어간)+-시-(주체 높임선어말 어미)+-ㄹ(관형사형 어미)#길(명사)+ᄋᆞ로(부사격 조사)
- 볼쎠 : 벌써.
- 나못 뒤헤 : 나무의 뒤에 분 나모(명사)+ㅅ(관형격 조사)#뒤ㅎ(명사)+에(부사격 조사)
- 그 남기 : 그 나무가 분 그(지시 관형사)#나모(명사)+ㅣ(주격 조사)
- 虛空애 들이니 : 허공에 들리니 분 虛空(허공)+애(부사격 조사)#들-(동사 어간)+-이-(피동 접미사)+-니(종속적 연결 어미)

부텨 : 네 겨집 그려 가던다
難陁 : 實엔 그리ᄒᆞ야 가다이다

　부톄 難陁 더브르시고 阿那波那山애 가샤 무르샤ᄃᆡ

부텨 : 네 겨지비 고ᄫᆞ니여
難陁 : 고ᄫᆞ니이다

　그 뫼해 늘근 눈먼 獼猴ㅣ 잇더니 ≪獼猴는 납 ᄀᆞᄐᆞᆫ 거시라≫ 부톄 쏘 무르샤ᄃᆡ

부텨 : 네 겨지븨 양ᄌᆡ 이 獼猴와 엇더뇨

難陀ㅣ 츠기 너기ᅀᆞ바 슬ᄫᅩ되

難陀 : 내 겨지븨 고보미 사ᄅᆞᆷ 中에도 ᄧᅡᆨ 업스니 부톄 엇뎨 獼猴의그에 가ᄌᆞᆯ 비시ᄂᆞ니잇고

　　부톄 ᄯᅩ 難陀 ᄃᆞ려 忉利天上애 가샤 天宮을 구경케 ᄒᆞ시니 天宮마다 天子ㅣ 天女ᄃᆞᆯ ᄃᆞ리고 노니더니 ᄒᆞᆫ 天宮엔 五百天女ㅣ 이쇼ᄃᆡ 天子ㅣ 업더니 難陀ㅣ 부텻긔 묻ᄌᆞᄫᆞᆫ대 부톄 니ᄅᆞ샤ᄃᆡ

부텨 : 네 가 무러 보라

難陀 : 엇뎨 이에ᄲᅮᆫ 天子ㅣ 업스시ᄂᆞ

天女 : 閻浮提ㅅ 內예 부텻 아ᅀᆞ 難陀ㅣ 出家ᄒᆞ욘 因緣으로 쟝ᄎᆞ 이에와 우리 天子ㅣ ᄃᆞ외리라

難陀 : 내 고로니 이에 살아지라

天女 : 우리는 하늘히오 그듸는 當時로 사ᄅᆞ미어니 도로 가 사ᄅᆞ미 목숨 ᄇᆞ리고 다시 이에 와 나아ᅀᅡ 살리라

현대어역

부처 : 네가 아내를 그리워해서 가던 것이냐?
난타 : 사실은 그래서 가던 것입니다.

　부처가 난타를 데리시고 아나파나산에 가셔서 물으시되,

부처 : 네 처가 고운 사람이냐?
난타 : 고운 사람입니다.

　그 산에 늙고 눈이 먼 미후가 있었는데 ≪미후는 원숭이와 같은 것이다.≫ 부처님이 또 물으셨다.

부처 : 네 처의 모양이 이 미후와 어떤가?

　난타가 측은히 여겨 사뢨다.

난타 : 제 처의 고움은 사람들 중에서도 짝이 없는데, 부처님은 어찌 미후에게 비교하십니까?
　부처님이 또 난타를 데리고 도리천에 가셔서 천궁을 구경하게 하시니, 천궁마다 천자가 천녀를 데리고 노니는데, 한 천궁에는 5백 천녀가 있으되, 천자가 없어서, 난타가 부처님께 묻자오니, 부처님이 이르셨다.

부처 : 네가 가서 물어 보라.
난타 : 어찌 이곳만 천자가 없으신가?
천녀 : 염부제 안에 부처님 아우 난타가 출가한 인연으로 장차 이곳에 와서 우리의 천자가 될 것입니다.
난타 : 내가 바로 그 사람이니 이곳에 살고 싶소.
천녀 : 우리는 하늘이고, 그대는 당시로서는 사람이니, 도로 가서 사람의 목숨을 버리고 다시 이곳에 와서 나야 살 것입니다.

형태소 분석

- 겨집 : 아내, 처, 부인.
- 그려 가던다 : 그리워 갔느냐 🔍 그리-(동사 어간)+-어(종속적 연결 어미)#가-(동사 어간)+-더-(회상법 선어말 어미)+-ㄴ다(의문형 종결 어미)
- 實엔 : 사실은 🔍 實(명사)+에(부사격 조사)+ㄴ(보조사)
- 고ᄫᆞ니여 : 고우냐 🔍 곱-(형용사어간)+-ᄋᆞ니여(의문형 종결 어미)

- 고븐니이다 : 고운 사람입니다 분 곱-(형용사어간)+-은(관형사형 어미)#이(의존 명사)+Ø(서술격 조사)+-이-(상대 높임 선어말 어미)+-다(평서형 종결 어미)
- 그 뫼해 : 그 산에 분 그(관형사)#뫼ㅎ(명사)+애(부사격 조사)
- 늘근 눈먼 : 늙고 눈이 먼 분 늙-(형용사 어간)+-은(관형사형 어미)#눈(명사)+Ø(주격 조사)#멀-(동사 어간)+-ㄴ(관형사형 어미)
- 양지 : 모습이 분 양ㅈ(명사)+ㅣ(주격 조사)
- 이 獼猴와 엇더뇨 : 이 미후와 어떠하느냐 분 이(관형사)#獼猴(명사)+와(부사격 조사)#엇더(ㅎ)(형용사 어간)-+-뇨(의문형 종결 어미)
- 내 겨지븨 고보미 : 내 계집의 고움이 분 나(대명사)+ㅣ(관형격 조사)#겨집(명사)+의(관형격 조사)#곱-(형용사 어간)+-옴(명사형 어미)+이(주격 조사)
- 딱 업스니 : 짝이 없으니
- 獼猴의그에 : 원숭이에게
- 가즐비시느니잇고 : 비교하십니까 분 가즐비-(동사 어간)+-시-(주체 높임 선어말 어미)+-ㄴ-(직설법 선어말 어미)+-니-(원칙법 선어말 어미)+-잇-(상대 높임 선어말 어미)+-고(의문형 종결 어미)

難陀ㅣ 부텻긔 와 슬ᄫᆞ디 부톄 니ᄅᆞ샤디

부텨 : 네 겨지븨 고보미 天女와 엇더ᄒᆞ더뇨
難陀 : 내 겨지비ᅀᅡ 눈먼 獼猴 ᄀᆞ도소이다

　부톄 難陀ᄃᆞ리시고 閻浮提예 도라오시니 難陀ㅣ 하ᄂᆞᆯ해 가 나고져 ᄒᆞ야 修行을 브즈러니 ᄒᆞ더라
　부톄 ᄯᅩ 難陀 ᄃᆞ려다가 地獄ᄋᆞᆯ 뵈시니 가마ᄃᆞᆯ해 사ᄅᆞᄆᆞᆯ 녀허 두고 글효ᄃᆡ ᄒᆞᆫ 가마애 뷘므를 글히더니 難陀ㅣ 부텻긔 묻ᄌᆞᄫᆞᆫ대 부톄 니ᄅᆞ샤디

부처 : 네 가 무러 보라
難陀 : 녀느 가마ᄂᆞᆫ 다 罪人ᄋᆞᆯ 글효ᄃᆡ 이 가마ᄂᆞᆫ 엇뎨 뷔옛ᄂᆞ뇨
獄卒 : 閻浮提ㅅ 內예 如來ㅅ 아ᅀᆞ 難陀ㅣ 出家ᄒᆞᆫ 功德으로 하ᄂᆞᆯ해 가 냇다가 道理 마로려 ᄒᆞ단 견ᄎᆞ로 하ᄂᆞᆳ 목수미 다ᄋᆞ면 이 地獄애 들릴ᄊᆡ 므를 글혀 기드리ᄂᆞ니라

　難陀ㅣ 두리여 자바 녀흘까 ᄒᆞ야 닐오ᄃᆡ

難陀 : 南無佛陀하 나ᄅᆞᆯ 閻浮提예 도로 ᄃᆞ려 가쇼셔
부텨 : 네 戒를 브즈러니 디녀 하ᄂᆞᆯ해 가ᄂᆞᇙ 福을 다ᄭᆞ라
難陀 : 하ᄂᆞᆯ도 마오 이 地獄애 아니 들아지이다

　부톄 그제ᅀᅡ 爲ᄒᆞ야 說法ᄒᆞ시니 닐웻 內예 阿羅漢ᄋᆞᆯ 일워늘 比丘들히 讚歎ᄒᆞ야 닐오디 世尊이 世間애 니(나)샤 甚히 奇特ᄒᆞ샷다

현대어역

난타가 부처님께 와서 사뢰니까, 부처님이 이르셨다.

부처 : 네 처의 고움이 천녀와 어떠하냐?
난타 : 천녀를 보니까, 제 처야 눈 먼 미후와 같습니다.

부처님이 난타를 데리시고 염부제에 돌아오시니, 난타는 하늘에 가서 태어나고자 수행을 부지런히 했다. 부처님이 또 난타를 지옥으로 데리고 가서 지옥을 보이시니, 여러 가마에 사람을 넣어 놓고 끓이되, 한 가마에는 물만을 끓여서, 난타가 부처님께 묻자오니까,

부처 : 네가 가서 물어 보라.
난타 : 여느 가마는 다 죄인을 끓이는데, 이 가마는 어찌 비었느냐?
옥졸 : 염부제 안에 부처님의 아우인 난타가 출가한 공덕으로 하늘에 가서 태어났다가 도리 (닦음을) 말려(그만두려) 하는 까닭으로 하늘에서 목숨이 다하면, 이 지옥에 들일 것이므로 물을 끓여 기다리는 것입니다.

난타가 겁내서 잡아 넣을까 하여 이르되,

난타 : "나무불타시여! 저를 염부제에 도로 데려가 주소서.
부처 : 너는 계율을 부지런히 지녀 하늘에 가서 태어날 복을 닦아라.
난타 : 하늘도 말고 이 지옥에는 들고 싶지 않습니다.

부처님이 그제서야 위하여 설법하시니, 이레 안에 아라한을 이루니,

비구들 : (찬탄하여) 세존이 세간에 나셔서 심히 기특하셨도다.

형태소 분석

- **구경케 ᄒᆞ시니** : 구경하게 하시니 분 구경ᄒᆞ-(동사 어간)+-게(보조적 연결 어미)#ᄒᆞ-(동사 어간)+-시-(주체 높임 선어말 어미)+-니(종속적 연결 어미)

- **노니더니** : 노닐더니, 돌아다니더니 분 노니-(동사 어간)+-더-(회상법 선어말 어미)+-니(종속적 연결 어미)

- **天宮엔** : 천궁에는 분 天宮(명사)+에(부사격 조사)+ㄴ(보조사)

- **이에ᄲᅮᆫ** : 여기만, 이것에만 분 이에(대명사)+ᄲᅮᆫ(보조사)

- **내 긔로니** : 내가 그 사람이니 분 나(대명사)+ㅣ(주격 조사)#그(대명사)+ㅣ(서술격 조사)+-오-(인칭법 선어말 어미)+-니(종속적 연결 어미)

- **살아지라** : 살고 싶다 분 살-(동사 어간)+-아지라(평서형 종결 어미)

- **우리는 하ᄂᆞᆯ히오** : 우리는 하늘이고 분 우리(대명사)+는(보조사)#하ᄂᆞᆯㅎ(명사)+이(서술격 조사)+-고(대등적 연결 어미)

- **겨지븨 고ᄫᆞ미** : 처의 고움이 분 겨집(명사)+의(관형격 조사)#곱-(형용사 어간)+-옴(명사형 어미)+이(주격 조사)

- **브즈러니** : 부지런히 분 브즈런-(형용사 어근)+-ㅣ(부사 파생 접미사)

- **地獄ᄋᆞᆯ 뵈시니** : 지옥을 보이시니 분 地獄(명사)+ᄋᆞᆯ(목적격 조사)#보-(동사 어간)+-ㅣ(사동 접미사)+-시-(주체 높임 선어말 어미)+-니(종속적 연결 어미)

- 가마돌해 : 가마들에 🔍 가마(명사)+둘ㅎ(복수 접미사)+애(부사격 조사)
- 글효딗 : 끓이되 🔍 글히-(동사 어간)+-오딗(종속적 연결 어미)
- 뷘므를 : 빈 물을 🔍 뷔-(형용사 어간)+-ㄴ(관형사형 어미)#믈(명사)+을(목적격 조사)
- 녀느 가마노 : 다른 가마는 🔍 녀느(관형사)#가마(명사)+노(보조사)
- 뷔옛ㄴ뇨 : 비어 있느냐 🔍 뷔-(형용사 어간)+-어(보조적 연결 어미)#잇-(보조 형용사 어간)+-ㄴ-(현재 시제 선어말 어미)+-뇨(의문형 종결 어미)
- 마로려 : 말려 🔍 말-(동사 어간)+-오려(종속적 연결 어미)
- 다ᄋ면 : 다하면, 없어지면 🔍 다ᄋ-(동사 어간)+-면(종속적 연결 어미)
- 기드리ᄂ니라 : 기다립니다 🔍 기드-(동사 어간)+-리-(추측법 선어말 어미)+-ㄴ-(직설법 선어말 어미)+-니-(확인법 선어말 어미)+-다(평서형 종결 어미)
- 두리여 : 두려워하여, 무섭게 여기어, 겁내어. 🔍 두리-(동사 어간)+-어(종속적 연결 어미)
- 디녀 : 지녀. 🔍 디니-(동사 어간)+-어(종속적 연결 어미)
- 낳 福을 : 날 복을, 태어날 복을. 🔍 나-(동사 어간)+-ㅭ(관형사형 어미)#福(명사)+을(목적격 조사)
- 다ᄉ라 : 닦아라. 🔍 닭-(동사 어간)+-ᄋ라(명령형 종결 어미)
- 하놀도 마오 : 하늘도 말고. 🔍 하놀(명사)+도(보조사)#말-(동사 어간)+-고(대등적 연결 어미)

부텨 : 오ᄂ뷔 아니라 녜도 이러ᄒ다라

디나건 劫에 比提希國에 흔 婬女ㅣ 잇거늘 ≪婬女는 淫亂흔 겨지비라≫ 迦尸國王이 곱다 듣고 惑心을 내야 ≪惑心은 迷惑흔 ᄆᅀᆞ미라≫ 便者 브려 求흔대 그 나라히 아니 주거늘 다시 便者 브려 닐오딗

迦尸國王 : 잢간 서르 보고 다ᄉᆞᆺ ᄉᅀᅵ예 도로 보내요리라
比提希國王 : (이 婬女를 ᄀᆞᄅᆞ쵸딗) 네 고본 양ᄌᆞ며 됫논 지조를 다 ᄀᆞ초ᄒᆞ야 뵈야 迦尸王이 네거 긔 惑 ᄒ게 ᄒ라

다쐐 디나거늘 도로 가 블로딗

比提希國王 : 큰 祭를 호려 ᄒ노니 모로매 이 각시로ᅀᅡ ᄒ릴ᄊᆡ 잠깐 도로 보내여든 祭ᄒ고 도로 보내요리라

迦尸王이 보내야늘 祭 ᄆᆞ차늘 便者브려 보내오라

比提希國王 : 來日 보내요리라

이틄나래 迦尸王이 ᄯᅩ 便者브려 보내오라

比提希國王 : 來日ᅀᅡ 보내요리라

> ᄒᆞ고 그 야ᄋᆞ로 여러 날 아니 보낼ᄊᆡ 迦尸王이 안답ᄭᅧ 惑心을 니르와다 두어 사ᄅᆞᆷ 더블오 뎌 나라해 가려 ᄒᆞ거늘 臣下들히 말이다가 몯ᄒᆞ얫더니
> 그저긔 仙人山中에 獼猴王이 이쇼ᄃᆡ 聰明ᄒᆞ고 자본 일 만히 아더니 제 겨지비 죽거늘 다ᄅᆞᆫ 암홀 어른대 한 獼猴들히 怒ᄒᆞ야 닐오ᄃᆡ

현대어역

부처 : 오늘만이 아니라 옛날에도 이러하였다.

　지나간 겁에 비제희국에 한 음녀가 있었는데 ≪음녀는 음란한 여자다.≫ 가시국왕이 곱다는 (말을) 듣고, 흑심을 내어 ≪흑심은 미혹한 마음이다.≫ 심부름하는 이를 시켜 구하니, 그 나라에서 주지 않거늘 다시 심부름하는 이를 시켜 이르되,

가시국왕 : 잠깐 서로 보고, 닷새 사이에 도로 보낼 것이다.
비제희국왕 : (음녀에게) 네 고운 모양이며 가지고 있는 재주를 다 갖추어 보여 가시왕이 너에게 혹하게 하라.
　닷새가 지나니까 도로 가서 부르되,
비제희국왕 : 큰 제사를 지내려 하는데, 모름지기 이 각시라야 할 것이므로 잠깐 도로 돌려 보내면 제사를 마치고 다시 보내겠다.

　가시왕이 보내서 제사를 마치니, 심부름하는 이를 시켜 보내구료 청하니, 대답하되,
비제희국왕 : 내일 보낼 것이다.

　이튿날에 가시왕이 또 심부름하는 이를 시켜 보내구료 하니,
비제희국왕 : 내일은 보내리라.

　그 모양으로 여러 날 보내지 않으므로 가시왕이 애타하여 미혹한 마음을 일으켜 두어 사람을 데리고, 그 나라에 가려고 하니 신하들이 말리다가 못하였더니, 그때에 선인 산중에 미후왕이 있으되, 총명하고 세상 일을 많이 알았는데, 자기 아내가 죽으니까 다른 암놈과 교합하니

형태소 분석

- 오ᄂᆞᆯ부니 : 오늘뿐이, 오늘만 분 오늘(명사)＋ᄲᅮᆫ(보조사)＋이(주격 조사)
- 녜도 : 옛날에도 분 녜(명사)＋도(보조사)
- 디나건 : 지나간 분 디나거-(동사 어간)＋-ㄴ(관형사형 어미)
- 브려 : 부려 분 브리-(동사 어간)＋-어(종속적 연결 어미)
- 잢간 : 잠깐, 조금
- 서르 : 서로
- 다쐣 ᄉᆞᅀᅵ예 : 닷새 사이에 분 다쐐(명사)＋ㅅ(관형격 조사)#ᄉᆞᅀᅵ(명사)＋예(부사격 조사)
- 보내요리라 : 보낼 것이다 분 보내-(동사 어간)＋-오-(인칭법 선어말 어미)＋-리-(미래 시제 선어말 어미)＋-다(평서형 종결 어미)
- 네 고ᄫᆞᆫ 양ᄌᆡ며 : 너의 고운 모습이며 분 너(대명사)＋ㅣ(관형격 조사)#곱-(형용사 어간)＋-ᄋᆞᆫ(관형사형 어미)#양ᄌᆞ(명사)＋ㅣ며(대등적 연결 어미)

- 뒷논 : 가지고 있는 분 두-(동사 어간)+Ø(보조적 연결 어미)#잇-(보조 동사 어간)+-ᄂᆞ-(직설법 선어말 어미)+-오-(대상 활용 선어말 어미)+-ㄴ(관형사형 어미)
- 직조롤 : 재주를.
- ᄀᆞ초ᄒᆞ야 뵈야 : 갖추어 보여 분 ᄀᆞ초ᄒᆞ-(동사 어간)+-아(종속적 연결 어미)#보-(동사 어간)+-ㅣ-(사동 접미사)+-아(종속적 연결 어미)
- 네거긔 : 너에게
- 보내여든 : 보내거든 분 보내-(동사 어간)+-거든(종속적 연결 어미)
- ᄆᆞ차ᄂᆞᆯ : 마치거늘 분 ᄆᆞᆾ-(동사 어간)+-아ᄂᆞᆯ(종속적 연결 어미)
- 그 야ᄋᆞ로 : 그 모습으로 분 그(지시 관형사)#양(명사)+ᄋᆞ로(부사격 조사)
- 안답껴 : 답답해하여, 안타까워하여 분 안답끼-(동사 어간)+-어(종속적 연결 어미)
- 니ᄅᆞ와다 : 일으켜 분 니ᄅᆞ왇-(동사 어간)+-아(종속적 연결 어미)
- 두ᅀᅥ 사ᄅᆞᆷ : 두어 사람
- 더블오 : 데리고 분 더블-(동사 어간)+-고(대등적 연결 어미)
- 뎌 나라해 : 저 나라에
- 말이다가 : 말리다가 분 말이-(동사 어간)+-다가(종속적 연결 어미)
- 자본 일 : 잡은 일을 분 잡-(동사 어간)+-은(관형사형 어미)#일(명사)+Ø(목적격 조사)
- 암홀 어른대 : 암컷을, 계집을 교합하니 분 암ㅎ(명사)+올(목적격 조사)#어르-(동사 어간)+-ㄴ대(종속적 연결 어미)

많은 獼猴ᄃᆞᆯ : 이 암ᄒᆞᆫ 모다 뒷논 거시어늘 엇뎨 ᄒᆞ오사 더브러 잇ᄂᆞᆫ다

 獼猴王이 그 암 더블오 迦尸王ᄋᆡ ᄃᆞ라들어늘 한 獼猴ᄃᆞᆯ히 조차 가 獼猴王 자보리라 지비며 다미며 두루 허더니 迦尸王이 獼猴王ᄃᆞ려 닐오ᄃᆡ

迦尸王 : 네 獼猴ᄃᆞᆯ히 내 나라ᄒᆞᆯ 다 ᄒᆞ야ᄇᆞ리ᄂᆞ니 네 엇뎌 암홀 내야 주디 아니ᄒᆞᄂᆞᆫ다.

獼猴王 : 王ㄱ 宮中에 八萬 四千 夫人이 이쇼ᄃᆡ 글란 ᄉᆞ랑티 아니코 ᄂᆞ미 나라해 婬女 디죵 가(기)시ᄂᆞ니 내 이제 겨집 업서 다민 ᄒᆞᆫ 암홀 어뎃거늘 내야 주라 ᄒᆞ시ᄂᆞ니잇고 一切 百姓이 王ᄋᆞᆯ 울워ᅀᆞᄇᆞ 살어늘 어쎼 ᄒᆞᆫ 婬女 爲ᄒᆞ야 다 ᄇᆞ리고 가시ᄂᆞ니잇가 大王하 아ᄅᆞ쇼셔 婬欲앳 이른 ≪婬欲ᄋᆞᆫ 婬亂ᄒᆞᆫ 欲心이라≫ 즐거부믄 젹고 受苦ㅣ 하ᄂᆞ니 ᄇᆞ룸 거스려 홰 자봄 ᄀᆞᆮᄒᆞ야 노하 ᄇᆞ리디 아니ᄒᆞ면 당다이 제 모미 데오 뒷간ᄂᆡ 난 곳 ᄀᆞᆮᄒᆞ야 고비 너기면 당다이 제 모미 더러브며 브레 옴을 글그며 渴ᄒᆞᆫ 제 ᄯᆞᆫ 믈 먹뎟ᄒᆞ야 슬믤쑬 모ᄅᆞ며 ≪渴ᄋᆞᆫ 목모ᄅᆞᆯ씨라≫ 가히 ᄲᅦ(쎄)를 너흘면 입시울 ᄒᆞ야디ᄂᆞᆫ 돌 모ᄅᆞ고 고기 밋글 貪ᄒᆞ면 제 몸 주글 ᄯᅩᆯ 모ᄅᆞᄂᆞ이다

 ᄒᆞ니 獼猴王ᄋᆞᆫ 이젯 내 모미오 迦尸國ᄋᆞᆫ 이젯 難陀ㅣ오 婬女ᄂᆞᆫ 이젯 孫陀利라 ≪孫陀利ᄂᆞᆫ 難陀ᄋᆡ 겨지비라≫ 내 그저긔도 즌ᄒᆞᆰ 中에 難陀ᄅᆞᆯ ᄲᅢ혀내오 ≪즌ᄒᆞᆯᄀᆞᆫ 私欲ᄋᆞᆯ 가ᄌᆞᆯ비니라≫ 이제 와 ᄯᅩ 生死 受苦애 ᄲᅢ혀내와라

현대어역

많은 원숭이들 : (노하여) 이 암놈은 모두 두어둔 것이거늘 어찌 혼자 데리고 있느냐?

　　미후왕이 그 암놈을 데리고 가시왕께 달려 들어오니 많은 원숭이들이 따라와서 미후왕을 잡으려고 집이며 담이며 두루 헐어버리니,

가시왕 : 너의 원숭이들이 내 나라를 다 헐어 버리니, 너는 어찌 암놈을 내어주지 아니하느냐?
미후왕 : 왕의 궁중에는 8만 4천 부인이 있는데 그것을랑 사랑하지 아니하고 남의 나라에 음녀를 뒤밟아 가시니까? 나는 지금 아내가 없어 다만 한 암놈을 얻었는데, 내어주라고 하십니까? 일체 백성들이 임금을 우러러 사는데, 어찌 한 음녀를 위하여 다 버리고 가십니까? 대왕이시여, 아소서. 음욕의 일은 ≪음욕은 음란한 욕심이다.≫ 즐거움은 적고 수고가 많으니, 바람 거슬러서 횃불 잡음과 같아서 놓아버리지 않으면 마땅히 제 몸이 데며 뒷간에 난 꽃과 같아서 곱게 여기면 마땅히 제 몸이 더러워지며, 불에 옴을 긁으며, 목마를 때에 짠물을 먹듯하여 싫어할 줄 모르며, ≪갈은 목마르다는 말이다.≫ 또 개가 뼈를 깨물면 입술 상하는 줄 모르며, 물고기가 미끼를 탐하면 제 몸 죽을 줄도 모르는 것과 같은 것입니다.

　　미후왕은 지금의 내 몸이고, 가시국왕은 지금의 난타이며, 음녀는 지금의 손타리다. ≪손타리는 난타의 아내다.≫ 내가 그때에도 진흙 속에서 난타를 빼어 냈고, ≪진흙은 사사로운 욕심을 비유한 것이다.≫ 지금에 와서도 또 생사의 수고에서 빼어냈도다.

형태소 분석

- ㅎㅇ사 : 혼자.
- 더브러 잇ᄂ다 : 데리고 있느냐
- 그 암 더블오 : 그 암놈을 데리고 [분] 그(관형사)#암(명사)+Ø(목적격 조사)#더블-(동사 어간)+-고(대등적 연결 어미)
- ᄃ라들어늘 : 달려 들거늘 [분] 들아들-(동사 어간)+-거늘(종속적 연결 어미)
- 조차 : 좇아 [분] 좇-(동사 어간)+-아(종속적 연결 어미)
- 자보리라 : 잡으리라 [분] 잡-(동사 어간)+-오-(의도법 선어말 어미)+-리-(미래 시제 선어말 어미)+-다(평서형 종결 어미)
- 지비며 다미며 : 집이며 담이며 [분] 집(명사)+이며(접속 조사)#담(명사)+이며(접속 조사)
- 두루 허더니 : 두루 헐더니 [분] 두루(부사)#헐-(동사 어간)+-더-(회상법 선어말 어미)+-니(종속적 연결 어미)
- ᄒ야ᄇ리ᄂ니 : 헐어버리니 [분] ᄒ야ᄇ리-(동사 어간)+-ᄂ-(현재 시제 선어말 어미)+-니(종속적 연결 어미)
- 엇더 : 어찌
- 암ᄒᆞᆯ : 암놈을 [분] 암ㅎ(명사)+ᄋᆞᆯ(목적격 조사)
- 글란 : 그것을랑
- ᄉᆞ랑티 아니코 : 사랑하지 아니하고 [분] ᄉᆞ랑ᄒ-(동사 어간)+-디(보조적 연결 어미)#아니ᄒ-(보조 동사 어간)+-고(대등적 연결 어미)
- ᄂᆞ미 나라해 : 남의 나라에 [분] ᄂᆞᆷ(명사)+익(관형격 조사)#나라ㅎ(명사)+애(부사격 조사)

- 디죵 : 뒤밟기, 미행
- 내 이제 겨집 업서 : 내가 지금 아내가 없어 분 나(대명사)+ㅣ(주격 조사)#이제(부사)#겨집(명사)+Ø(주격 조사)#없−(형용사 어간)+−어(종속적 연결 어미)
- 다민 : 다만
- 어뎃거늘 : 얻었거늘 분 얻−(동사 어간)+−어(보조적 연결 어미)#잇−(보조 동사 어간)+−거늘(종속적 연결 어미)
- 내야 주라 : 내어주라고 분 내−(동사 어간)+−아(보조적 연결 어미)#주−(동사 어간)+−라(종속적 연결 어미)
- ᄒᆞ시ᄂᆞ니잇고 : 하십니까? 분 ᄒᆞ−(동사 어간)+−시−(주체 높임 선어말 어미)+−ᄂᆞ−(직설법 선어말 어미)+−니−(원칙법 선어말 어미)+−잇−(상대 높임 선어말 어미)+−고(의문형 종결 어미)
- 어쎠 : 어찌.
- 大王하 : 대왕이시여 분 大王(명사)+하(높임 호격 조사)
- 아ᄅᆞ쇼셔 : 아십시오 분 알−(동사 어간)+−ᄋᆞ쇼셔(명령형 종결 어미)
- 姪欲앳 이론 : 음욕의 일은 분 姪欲(명사)+애(부사격 조사)+ㅅ(관형격 조사)#일(명사)+은(보조사)
- 즐거부믄 젹고 : 즐거움은 적고 분 즐겁−(형용사 어간)+−움(명사형 어미)+은(보조사)#젹−(형용사 어간)+−고(대등적 연결 어미)
- 홰 자봄 ᄀᆞᄐᆞ야 : 횃불을 잡음과 같아서 분 홰(명사)+Ø(목적격 조사)#잡−(동사 어간)+−옴(명사형 어미)+Ø(부사격 조사)#ᄀᆞᄐᆞ−(형용사 어간)+−아(종속적 연결 어미)
- 당다이 : 마땅히
- 제 모미 데오 : 제 몸이 데고 분 저(대명사)+ㅣ(관형격 조사)#몸(명사)+이(주격 조사)#데−(동사 어간)+−고(대등적 연결 어미)
- 뒷가ᄂᆡ 난 곳 : 뒷간에 난 꽃과 분 뒷간(명사)+ᄋᆡ(부사격 조사)#나−(동사 어간)+−ㄴ(관형격 조사)#곳(의존 명사)+Ø(부사격 조사)
- 고비 너기면 : 곱게 여기면 분 곱−(형용사 어간)+−이(부사 파생 접미사)#너기−(동사 어간)+−면(종속적 연결 어미)
- 더러보며 : 더러우며 분 더럽−(형용사 어간)+−으며(대등적 연결 어미)
- 브레 오ᄆᆞᆯ : 불에 옴을 분 블(명사)+에(부사격 조사)#옴(명사)+을(목적격 조사)
- 글그며 : 긁으며 분 긁−(동사 어간)+−으며(대등적 연결 어미)
- 渴ᄒᆞᆫ 제 쁜 믈 : 목마를 때에 짠물을 분 渴ᄒᆞ−(동사 어간)+−ㄴ(관형사형 어미)#제(의존 명사)#ᄡᅳ−(동사 어간)+−ㄴ(관형사형 어미)#믈(명사)+Ø(목적격 조사)
- 슬믤쑬 모ᄅᆞ며 : 싫어할 줄을 분 슬믜−(형용사 어간)+−ㅭ(관형사형 어미)#ᄉᆞ(의존 명사)++Ø(목적격 조사)
- 목ᄆᆞ롤씨라 : 목 마르다는 것이다 분 목ᄆᆞᄅᆞ−(동사 어간)+−ㅭ(관형사형 어미)#ᄉᆞ(의존 명사)+ㅣ(서술격 조사)+−다(평서형 종결 어미)

- 뼈(뼈)를 너흘면 : 뼈를 깨물면, 씹으면 🔠 뼈(명사)＋를(목적격 조사)＃너흘－(동사 어간)＋－면(종속적 연결 어미)
- 입시울 ᄒᆞ야디ᄂᆞᆫ 둘 : 입술이 상하는 줄을 🔠 입시울(명사)＋∅(주격 조사)＃ᄒᆞ야디－(동사 어간)＋－ᄂᆞᆫ(관형사형 어미)＃ᄃᆞ(의존 명사)＋ㄹ(목적격 조사)
- 고기 밋글 : 고기가 미끼를 🔠 고기(명사)＋∅(주격 조사)＃밋기(명사)＋을(목적격 조사)
- 제 몸 주글 ᄯᅩᆯ : 자기 몸이 죽을 줄을 🔠 저(대명사)＋ㅣ(관형격 조사)＃몸(명사)＋∅(주격 조사)＃죽－(동사 어간)＋－을(관형사형 어미)＃ᄃᆞ(의존 명사)＋ㄹ(목적격 조사)
- 모ᄅᆞᄂᆞ니이다 : 모릅니다 🔠 모ᄅᆞ－(동사 어간)＋－ᄂᆞ－(직설법 선어말 어미)＋－니－(원칙법 선어말 어미)＋－이－(상대 높임 선어말 어미)＋－다(평서형 종결 어미)
- 이젯 내 모미오 : 지금의 내 몸이고 🔠 이제(명사)＋ㅅ(관형격 조사)＃나(대명사)＋ㅣ(관형격 조사)＃몸(명사)＋이(서술격 조사)＋－고(대등적 연결 어미)
- 즌ᄒᆞᆰ : 진흙
- 쌔혀내오 : 빼어내고 🔠 쌔혀내－(동사 어간)＋－고(대등적 연결 어미)
- 가졸비니라 : 비유한 것이다 🔠 가졸비－(동사 어간)＋－니라(평서형 종결 어미)

05 월인천강지곡(月印千江之曲)

1449년

1 기9

끠其궁九
명名현賢·겁劫·이 : 엻 ·제 ·후後ㅅ : 일·을 : 뵈·요리·라 ·힗一천千쳥靑련蓮·이 도·다 ·펫더·니
·ᄉ四션禪텬天이 보·고 : 디·나건 : 일·로 · 혜·야 ·힗一쳔千·셰世존尊·이 · 나싫·둘 : 아·니

현대어역

명현겁(名賢劫)이 열릴 때 보이려고 돋아 피어 있더니
사선천(四禪天)이 보고 지난 일로 헤아려 일천 세존(世尊)이 나실 것을 아니.

형태소 분석

- **명현겁** : 과거와 현재, 미래의 삼대겁(三大劫)인 장엄겁(莊嚴劫), 현겁(賢劫), 성수겁(星宿劫) 중 현재의 대겁으로 많은 부처가 나타나 중생을 구제한다는 뜻
- **엻 제** : 열릴 때 분 열-(동사 어간)+-ㅭ(관형사형 어미)#제(의존 명사)
- **뵈요이라** : 보이려고, 보이리라 분 뵈-(동사 어간)+-오-(사동 접미사)+이(서술격 조사)+-라(종속적 연결 어미)
- **도다** : 돋아 분 돋-(동사 어간)+-아(부사형 전성 어미)
- **펫더니** : 피었더니, 피어 있더니 분 프-(동사 어간)+-어(보조적 연결 어미)#잇-(형용사 어간)+-더-(과거 선어말 어미)+-니(평서형 종결 어미)
- **디나건** : 지난 분 디나-(동사 어간)+-거-(확인법 선어말 어미)+-ㄴ(관형사형 어미)
- **혜야** : 헤아려, 생각하여 분 혜-(동사 어간)+-아(종속적 연결 어미)
- **나싫 둘** : 나실 것을 분 나-(동사 어간)+-시-(주체 높임 선어말 어미)+-ㅭ(관형사형 어미)#ᄃ(의존 명사)+울(목적격 조사)

2 기10

> 끠其씹十
> ·즁싱·이 드·톨·씨 뼝平:등等왕王·을 :셰·수ᄫ·니 꾸瞿땀曇:씨氏 그·셩姓 ·이시·니
> :겨지·비 하·라·늘 니尼루樓ㅣ ·나·가시·니 ·셕釋가:迦씨 ·일로 ·나시·니

현대어역
중생이 다투므로 평등왕(平等王)을 세우니 구담씨(瞿曇氏)가 그(조상인 구담씨 바로 그) 성이시니.
부인이 참소하거늘 니루(尼樓, 고마왕의 둘째 부인의 넷째 아들)가 나가시니 석가씨가 이로부터 나셨으니

형태소 분석

- 즁싱이 : 중생이 [분] 즁싱(명사)+이(주격 조사)
- 드톨씨 : 다투므로 [분] 드토-(동사 어간)+-ㄹ씨(종속적 연결 어미)
- 셰수ᄫ니 : 세우니 [분] 셔-(동사 어간)+ㅣ(사동 접미사)+-숩-(객체 높임 선어말 어미)+-ᄋ니(종속적 연결 어미)
- 그 셩이시니 : 그 성이시니 [분] 그(관형사)#셩(명사)+이(서술격 조사)+-시-(주체 높임 선어말 어미)+-니(종속적 연결 어미)
- 겨지비 : 여자가, 부인이 [분] 겨집(명사)+이(주격 조사)
- 하라놀 : 참소하거늘, 헐뜯거늘 [분] 할-(동사 어간)+-아놀(종속적 연결 어미)
- 나가시니 : 나가시니 [분] 나가-(동사 어간)+-시-(주체 높임 선어말 어미)+-니(종속적 연결 어미)
- 일로 : 이로, 이로부터

3 기11

> 끠其씹十힗
> :댱長싱生·인 ·붊不·츙肖 홀·씨 ·놈·이 ·나·아간·들 ·빅百·셩姓·들·히 ·놈·올 :다 조·추·니
> 니尼루樓·는 현賢홀·씨 ·내 ·나·아간·들 아·바:님·이 :나·를 ·올타·ᄒ시·니

현대어역
장생(長生)이가 불초하므로 남이 나간들 백성들이 다 남을 좇으니.
니루(尼樓)는 현명하므로 내가 나간들 아버지가 나를 옳다고 하시니

형태소 분석

- 댱싕 : 쟝생(長生), 사람 이름
- 놈이 : 남이 [분] 놈(명사)+이(주격 조사) [참고] '놈'은 둘째 부인의 어진네 아들을 의미함.
- 나아간돌 : 나간들 [분] 나-(동사 어간)+-아(보조적 연결 어미)#가-(동사 어간)+-ㄴ돌(종속적 연결 어미)
- 빅셩돌히 : 백성들이 [분] 빅셩(명사)+둘ㅎ(복수 접미사)+ㅣ(주격 조사)
- 다 : 다, 모두
- 조ᄎ니 : 좇으니, 좇았으니 [분] 좇-(동사 어간)+-ᄋ니(종속적 연결 어미)
- 내 : 나(대명사)+ㅣ(주격 조사) [참고] '내'는 '니루' 자신을 의미함.
- 나아간돌 : 나간들 [분] 나-(동사 어간)+-아(보조적 연결 어미)#가-(동사 어간)+-ㄴ돌(종속적 연결 어미)
- 올타 : 옳다고

4 기12

> 꾀其씹十시二
> : 보補·쳐處ㅣ 두외·샤 둘도·솔率텬天에 : 겨·샤 씹十·방方 ·셰世·개界 ·예·법法·을 니르·더시·니
> ·셕釋: 죵種·이 ·쎵盛홀·씨 가迦이夷·귁國에 ᄂ·리·샤 씹十·방方 ·셰世·개界 ·예·법法·을 : 펴·려 ·ᄒ시·니

현대어역
보처가 되시어 도솔천에 계시어 십방 세계의 예법을 이르시더니
석종이 성하므로 가이국에 내리시어 십방 세계에 법을 펴려 하시니.

형태소 분석

- 보쳐ㅣ : 보처가 [참고] '보처'는 앞의 부처의 뒤를 이을 이
- 두외샤 : 되시어 [분] 두외-(동사 어간)+-샤-(주체 높임 선어말 어미)+-아(종속적 연결 어미)
- 겨샤 : 계시어 [분] 겨시-(동사 어간)+-아(종속적 연결 어미)
- 니르더시니 : 이르시더니 [분] 니르-(동사 어간)+-더-(회상시제 선어말 어미)+-시-(주체 높임 선어말 어미)+-니
- 셕죵이 : 석종이, 석가의 종족이
- ᄂ리샤 : 내리시어 [분] ᄂ리-(동사 어간)+-시-(주체 높임 선어말 어미)+-아(종속적 연결 어미)

5 기13

> 끠其씹十삼三
> : 오五쉬衰 : 오五 ·쓔瑞·를 : 뵈·샤 염閻부浮뎨提·를 ·나·시릴·씨 져諸텬天·이 : 다 츠기 너·기·니 ·법法땽幢 ·법法·휘會·를 : 셰·샤 텬天신人·이 모·드릴·씨 져諸텬天·이 : 다 깃ᄉᆞ·ᄫᆞ·니

현대어역
오쇠(五衰)와 오서(五瑞) 보이시어 염부제(閻浮堤)를 나실 것이므로 제천이 다 측은히 여기니
법장 법회를 세우시어 천인(天人)이 모일 것이므로 모든 하늘이 다 기뻐하였으니

형태소 분석

- **오쉬오서를** : 오쇠와 오서를 참고 '오쇠(五衰)'는 천인(天人)이 세상을 떠나려 할 때 나타나는 다섯 가지 쇠상(衰相), '오서(五瑞)'는 좋은 일이 있을 다섯 가지 상서로움을 의미함.
- **뵈샤** : 보이시어 분 보-(동사 어간)+-이-(사동 접미사)+-샤-(주체 높임 선어말 어미)+-아(종속적 연결 어미)
- **나시릴씨** : 나실 것이므로
- **츠기** : 측은히, 섭섭히
- **너기니** : 여기니, 생각하니
- **셰샤** : 세우시어 분 셔-(동사 어간)+-이-(사동 접미사)+-시-(주체 높임 선어말 어미)+-아(종속적 연결 어미)
- **모ᄃᆞ릴씨** : 모일 것이므로 분 몯-(동사 어간)+-ᄋᆞ리-(미래 시제 선어말 어미)+-ㄹ씨(종속적 연결 어미)
- **깃ᄉᆞᄫᆞ니** : 기뻐하였으니 분 깄-(동사 어간)+-ᄉᆞᇦ-(객체 높임 선어말 어미)+-ᄋᆞ니(종속적 연결 어미)

06 삼강행실도(三綱行實圖)

1459년

1 삼강행실효자도

閔損單衣 魯

閔損이 다솜어미 損이를 믜여 제 아둘란 소옴 두어 주고 閔損이란 굴품 두어 주어늘 치버 몰 셕슬 노하 브린대 아비 알오 다솜어미를 내툐려 커늘 閔損이 쑤러 술보디 어미 이시면 혼 아두리 치브려니와 업스면 세 아두리 치브리이다 아비 올히 너겨 아니 내틴대 어미도 도르혀 뉘으처 어엿비 너기더라

현대어역

민손단의 노나라
　민손의 계모가 손이를 미워하여 자기의 아들일랑 솜 두어 주고 민손일랑 갈꽃을 두어 주거늘, 추워서 말 고삐를 놓아 버리니까, 아비가 알고 계모를 내치려 하거늘, 민손이 꿇어 말씀드리되, "어미 있으면 한 아들이 추우려니와 없으면 세 아들이 추우리이다." 아비 옳게 여겨 아니 내치니, 어미도 돌이켜 뉘우쳐 가엾게 여기더라.

형태소 분석

- 다솜어미 : 의붓어미, 계모.
- 損이롤 : 손이를 〔분〕 損(고유 명사) + -이(인칭 접미사) + 롤(목적격 조사)
- 믜여 : 미워하여 〔분〕 믜-(동사 어간) + -어(종속적 연결 어미)
- 제 : 자기의 〔분〕 저(인칭 대명사) + 의(관형격 조사)
- 아둘란 : 아들은 〔분〕 아둘(명사) + 란(보조사)
- 소옴 : 솜.
- 두어 주고 : 두어 주고 〔분〕 두-(동사 어간) + -어(보조적 연결 어미)#주-(보조 동사 어간) + -고(대등적 연결 어미)
- 굴품 : 갈품(꽃이 채 피지 아니한 갈대의 이삭).
- 치버 : 추워 〔분〕 칩-(형용사 어간) + -어(종속적 연결 어미)
- 몰 셕슬 : 말의 고삐를 〔분〕 몰(명사) + Ø(관형격 조사)#셗(명사) + 을(목적격 조사)
- 노하 브린대 : 놓아 버리니까 〔분〕 놓-(동사 어간) + -아(보조적 연결 어미)#브리-(보조 용언 어간) + -ㄴ대(종속적 연결 어미)

- 내툐려 커늘 : 내치려 하거늘, 내쫓으려 하거늘 분 내티-(동사 어간)+-오려(종속적 연결 어미)#ᄒ-(동사 어간)+-거늘(종속적 연결 어미)
- 올히 : 옳게 분 옳-(형용사 어간)+-이(부사 파생 접미사)
- 도ᄅᆞ혀 : 도리어.
- 뉘으처 : 뉘우쳐 분 뉘읓-(동사 어간)+-어(종속적 연결 어미)
- 어엿비 : 가엾게, 불쌍하게 분 어엿브-(형용사 어간)+-이(부사 파생 접미사)

> **子路負米** 魯
> 子路ㅣ 艱難ᄒᆞ야 도틱ᄋᆞ랏과 픗닙과ᄲᅮᆫ ᄒᆞ야 밥 먹더니 어버ᅀᅵ 爲ᄒᆞ야 百里 밧긔 가아 ᄡᆞᆯ 지여 오더라 ≪三百 步ㅣ ᄒᆞᆫ 리니 百里ᄂᆞᆫ 온 리라≫ 어버ᅀᅵ 업거늘ᅀᅡ 노피 ᄃᆞ외야 조ᄎᆞᆫ 술위 一百이며 穀食을 萬鐘을 ᄊᆞᄒᆞ며 쇼ᄒᆞᆯ 포 질오 안ᄌᆞ며 소ᄐᆞᆯ 버려 먹더니 한숨 디허 닐오ᄃᆡ 도틱ᄋᆞ랏과 픗닙과 먹고 어버ᅀᅵ 爲ᄒᆞ야 ᄡᆞᆯ 쥬려 ᄒᆞ야도 몯ᄒᆞ리로다 孔子ㅣ 드르시고 니ᄅᆞ샤ᄃᆡ 子路ㅣ ᅀᅡ 사랫거든 힘 ᄀᆞ장 孝道ᄒᆞ고 죽거든 몯내 그리ᄂᆞ다 ᄒᆞ리로다

> **현대어역**
> 자로부미 노나라
> 　자로가 가난하여 명아주와 팥잎만 가지고 밥 먹더니, 어버이 위하여 백 리 밖에 가서 쌀을 지어 오더라 ≪삼백 보가 한 리니, 백 리는 온 리다≫. 어버이가 없거늘 높이 되어 딸린 수레가 일백이며, 곡식을 십만 석을 쌓으며, 요를 포개어 깔고 앉으며, 솥을 벌여 먹더니, 한숨 지어 이르되, "명아주와 팥잎을 먹고 어버이 위하여 쌀 지려 하여도 못하리로다." 공자가 들으시고 이르시되, "자로야말로 살아서는 힘껏 효도하고 죽어서는 못내 그린다 할 것이구나."

형태소 분석

- 艱難ᄒᆞ야 : 가난하여 분 艱難ᄒᆞ-(형용사 어간)+-아(종속적 연결 어미)
- 도틱ᄋᆞ랏과 : 명아주와 분 도틱ᄋᆞ랏(명사)+과(접속 조사)
- 픗닙과ᄲᅮᆫ : 팥잎뿐, 팥잎만 분 픗닙(명사, '픗+닙'의 복합어)+과(접속 조사)+ᄲᅮᆫ(보조사)
- ᄡᆞᆯ 지여 : 쌀을 지어 분 ᄡᆞᆯ(명사)+∅(목적격 조사)#짓-(동사 어간)+-어(종속적 연결 어미)
- 업거늘ᅀᅡ : 없거늘 분 없-(형용사 어간)+-거늘(종속적 연결 어미)+ᅀᅡ(보조사)
- 노피 : 높이 분 높-(형용사 어간)+-이(부사 파생 접미사)
- 조ᄎᆞᆫ : 좇은, 쫓은 분 좇-(동사 어간)+-ᄋᆞᆫ(관형사형 어미)
- 술위 : 수레.
- ᄊᆞᄒᆞ며 : 쌓으며 분 쌓-(동사 어간)+-ᄋᆞ며(대등적 연결 어미)
- 쇼ᄒᆞᆯ : 요를 분 쇼ᄒᆞ(명사)+ᄋᆞᆯ(목적격 조사)
- 포 : 포개어 분 프-(동사 어간)+-오(종속적 연결 어미)
- 질오 : 깔고 분 질-(동사 어간)+-고(대등적 연결 어미, ㄱ 약화)

- 안ᄌᆞ며 : 앉으며 분 앉-(동사 어간)+-ᄋᆞ며(대등적 연결 어미)
- 소톨 : 솥을 분 솥(명사)+올(목적격 조사)
- 버려 먹더니 : 벌이어 먹더니 분 벌-(동사 어간)+-이-(사동 접미사)+-어(종속적 연결 어미)#먹-(보조 용언 어간)+-더니(종속적 연결 어미)
- 디허 : 지어 분 딯-(동사 어간)+-어(종속적 연결 어미)
- 사랫거든 : 살아 있으면, 살아 있거든 분 살-(동사 어간)+-아(보조적 연결 어미)#잇-(보조 용언 어간)+-거든(종속적 연결 어미)
- 힚ᄀᆞ장 : 힘껏 분 힘(명사)+ㅅ(사잇소리)+ᄀᆞ장(조사)
- 몯내 : 못내, 끝없이.

自强伏塚 本國

金自强이 져머셔 아비 죽거늘 어미를 孝道ᄒᆞ되 ᄠᅳ데 거슬ᄯᅳᆫ 일 업더니 어미 죽거늘 法다히 居喪ᄒᆞ며 아비를 옮거다가 合葬ᄒᆞ고 ≪合葬은 ᄒᆞᆫᄃᆡ 무들 씨라≫ 侍墓살 제 三年을 신 아니 신더니 居喪 못고 ᄯᅩ 아비 爲ᄒᆞ야 三年 사로려 ᄒᆞ거늘 겨지븨 녁 아ᅀᆞ미 廬를 블브티고 구틔여 긋어 오거늘 自强이 ᄂᆡ 도라 보고 하늘홀 브르며 ᄯᅡ 굴러 긋 ᄲᅥᆯ텨 도라가아 사ᄋᆞ를 업데옛거늘 아ᅀᆞᆷ들히 孝道를 感動ᄒᆞ야 廬 도로 지서 주어늘 三年을 처섬 ᄀᆞ티 사니라

현대어역

자강복총 조선

김자강이 어려서 아비 죽고, 어미에게 효도하되 어미 마음에 거스른 일 없더니, 어미 죽자 법대로 거상하며 아비를 옮기다가 합장하고 ≪합장은 한데 묻는 것이다.≫ 시묘살이 할 때 3년 동안 신을 신지 안은 채 거상 마치고, 또 아비 위하여 3년을 살려 하기에, 처가 친척이 여막에 불을 붙이고 억지로 끌고 오니, 자강이 연기를 돌아보고 하늘을 부르며 땅에 굴러 굳이 떨치고 돌아가 사흘을 엎드려 있으므로 친척들이 그 효도에 감동해서 여막을 도로 지어주니 3년을 변함없이 살았다.

형태소 분석

- 져머셔 : 젊어서 분 졈-(형용사 어간)+-어셔(종속적 연결 어미)
- ᄠᅳ데 : 뜻에, 생각에 분 ᄠᅳᆮ(명사)+에(부사격 조사)
- 거슬ᄯᅳᆫ : 거스른 분 거슬ᄯᅳ-(동사 어간)+-ㄴ(관형사형 어미)
- 다히 : 답게, 같이, 대로.
- ᄒᆞᆫᄃᆡ : 한데, 한곳.
- 무들 씨라 : 묻는 것이다 분 묻-(동사 어간)+-을(관형사형 어미)#ᄊᆞ(의존 명사)+ㅣ(서술격 조사)+-다(평서형 종결 어미)
- ᄆᆞᆾ고 : 마치고 분 ᄆᆞᆾ-(동사 어간)+-고(대등적 연결 어미)
- 겨지븨 녁 : 아내(처)의 편 분 겨집(명사)+의(관형격 조사)#녁(명사)

- 아수미 : 친척이 뜻 아슴(명사)+이(주격 조사)
- 블 브티고 : 불을 붙이고 뜻 블(명사)+Ø(목적격 조사)#블-(동사 어간)+-이-(사동 접미사)+-고(대등적 연결 어미)
- 구틔여 : 구태여, 억지로, 강제로.
- 긋어 오거늘 : 끌어 오거늘 뜻 그스-(동사 어간)+-어(보조적 연결 어미)#오-(보조 동사 어간)+-거늘(종속적 연결 어미)
- 닉 도라 보고 : 연기를 돌아보고 뜻 닉(명사)+Ø(목적격 조사)#돌-(동사 어간)+-아(보조적 연결 어미)+보-(보조 동사 어간)+-고(대등적 연결 어미)
- 브르며 : 부르며 뜻 브르-(동사 어간)+-며(대등적 연결 어미)
- 따 굴러 : 땅을 굴러 뜻 따(명사)+Ø(목적격 조사)#구르-(동사 어간)+-어(종속적 연결 어미)
- 굿 떨텨 : 굳이 떨쳐 뜻 굿(부사)#떨티-(동사 어간)+-어(종속적 연결 어미)
- 업데옛거늘 : 엎드려 있거늘 뜻 업데-(동사 어간)+-어(보조적 연결 어미)#잇-(보조 동사 어간)+-거늘(종속적 연결 어미)
- 아슴돌히 : 친척들이 뜻 아슴(명사)+돌ㅎ(복수 접미사)+이(주격 조사)
- 처섬 ㄱ티 : 처음 같이.

殷保感烏 本國

尹殷保ㅣ 徐隲이와 흔 스스의그에 글 빅호더니 서르 닐오디 님금과 어버시와 스승과는 흔가지로 셤굠 디라 ㅎ고 됴흔 차반 어드면 이바드며 名日이면 모로매 이바디ㅎ더니 스승이 죽거늘 둘히 제여곰 어버싀그에 侍墓 살아지라 請ㅎ야늘 어엿비 너겨 그리ㅎ라 ㅎ야늘 거믄 곳갈 쓰고 居喪 씌 씌여 손소 블다더 祭 밍ㄱ더라 殷保이 아비 病ㅎ야늘 도라와 藥ㅎ며 옷 밧디 아니ㅎ더니 아비 됴ㅎ 도로 가라 ㅎ야늘 흔 드룬 ㅎ야 황당흔 쑴 쑤고 샐리 도라오니 쑴 쑤운 바미 아비 病 어더 열흘 몯ㅎ야 죽거늘 아춤나죄 殯所ㅅ 겨틔셔 블러 울며 侍墓 사더니 흐룬 브르미 세여 床 우흿 香合을 일허늘 서너 둘 자히 가마괴 그 香合을 므러다가 무덤 알픽 노ㅎ니라 殷保ㅣ 朔望이어든 손지 스승의 무더메도 祭ㅎ더라 宣德 壬子애 옇즛바늘 둘흘 다 벼슬 히시고 紅門 셰라 ㅎ시니라

현대어역

은보감오 본국

　　윤은보가 서척이와 한 스승에게 글을 배우더니 서로 이르되, 임금과 어버이와 스승은 한가지로 섬길 것이다 하고, 좋은 음식을 얻으면 대접하며 명일이며 모름지기 대접하더니 스승이 죽거늘 둘이 각각 어버이에게 시묘 살고 싶다 청하거늘 어여삐 여겨 그리하고 하거늘 검은 고깔을 쓰고 거상 띄 띄어 손수 불때어 제를 만들었다. 은보의 아비가 병들어 돌아와 약 하며, 옷을 벗지 아니하더니 아비가 좋아 도로 가라 하거늘 한 달은 지나 황당한 꿈을 꾸고 빨리 돌아오니 꿈 꾼 밤에 아비가 병을 얻어 열흘이 못되어 죽거늘 아침저녁으로 빈소의 곁에서 불러 울며 시묘 살더니 하루는 바람이 세어 상 위의 향합을 잃거늘 서너 달 째 까마귀가 그 향합을 물어다가 무덤 앞에 놓았다. 은보가 삭망이거든 이내 스승의 무덤에도 제하였다. 선덕 임자년(세종 14년)에 나라에 여쭈거늘 둘을 다 벼슬시키고 홍문을 세우라 하셨다.

형태소 분석

- **스스의그에** : 스승에게 **분** 스승(명사) + 의그에(부사격 조사)
- **빅호더니** : 배우더니 **분** 빅호-(동사 어간) + -더-(과거 시제 선어말 어미) + -니(종속적 연결 어미)
- **셤굟 디라** : 섬길 것이다 **분** 셤기-(동사 어간) + -오-(인칭법 선어말 어미) + -ㅭ(관형사형 어미)#ᄃ(의존명사) + ㅣ(서술격 조사) + -다(평서형 종결어미)
- **됴흔** : 좋은.
- **차반** : 반찬, 음식
- **이바드며** : 이바지하며, 대접하며 **분** 이받-(동사 어간) + -ᄋ며(대등적 연결 어미)
- **모로매** : 모름지기, 반드시.
- **제여곰** : 저마다, 제각각.
- **어버싀그에** : 어버이에게 **분** 어버싀(명사) + 의그에(부사격 조사)
- **살아지라** : 살고 싶다 **분** 살-(동사 어간) + -아-(확인법 선어말 어미) + -지라(평서형 종결 어미)
- **손소** : 손수.
- **블디더** : 불 때어 **분** 블(명사)#딛-(동사 어간) + -어(종속적 연결 어미)
- **밧디** : 벗지 **분** 밧-(동사 어간) + -디(보조적 연결 어미)
- **아ᄎᆷ나죄** : 아침저녁, 조석.
- **블러** : 불러 **분** 브르-(동사 어간) + -어(종속적 연결 어미)
- **홀론** : 하루는 **분** ᄒᆞᄅᆞ(명사) + 은(보조사)
- **일허늘** : 잃었거늘 **분** 잃-(동사 어간) + -어늘(종속적 연결 어미)
- **자히** : 째.
- **ᄉᆞ직** : 오히려, 아직도, 이내.

2 삼강행실충신도

龍逢諫死 夏

᯼이 못 ᄑᆞ고 夜宮 ᄆᆡᇰᄀᆞ라 ≪夜宮은 每常 어드븐 밤 ᄀᆞᄐᆞᆫ 지비라≫ 남진 겨지비 섯거 이셔 ᄒᆞᆫ ᄃᆞᄅᆞᆯ 朝會 아니커늘 關龍逢이 諫호ᄃᆡ 님금이 쳔랴ᇰ올 그지업시 쓰시며 사ᄅᆞᄆᆞᆯ 몯내 주겨 ᄒᆞ실ᄊᆡ 百姓과 하ᄂᆞᆯ쾌 돕디 아니ᄒᆞ시ᄂᆞ니 고티쇼셔 ᄒᆞ니 듣디 아니커늘 셔고 나가디 아니ᄒᆞᆫ대 ᯼이 주기니라

현대어역

용방간사 하나라
 걸이 못을 파고 야궁 만들어 ≪야궁은 늘 어두워 밤 같은 집이다.≫ 남자 여자가 섞여 있으면서 한 달을 조회 아니하니, 관용방이 간하기를, "임금이 재물을 그지없이 쓰시며 사람을 끝없이 죽이지 못해 하시므로 백성과 하늘이 돕지 아니하시니, 고치소서."하나, 듣지 아니하므로 서서 나가지 아니하니, 걸이 죽이었다.

형태소 분석

- 못 푸고 : 못을 파고 분 못(명사)+Ø(목적격 조사)#푸-(동사 어간)+-고(대등적 연결 어미)
- 밍ᄀ라 : 만들어 분 밍글-(동사 어간)+-아(종속적 연결 어미)
- 어드버 : 어두워 분 어듭-(형용사 어간)+-어(종속적 연결 어미)
- 남진 : 사내, 남편.
- 섯거 : 섞어 분 셧-(동사 어간)+-어(종속적 연결 어미)
- 쳔량올 : 재물을 분 쳔량(명사)+올(목적격 조사)
- 그지업시 : 끝이 없이 분 긎(명사)+이(주격 조사)#없-(형용사 어간)+-이(부사 파생 접미사)
- 쓰시며 : 쓰시며 분 쓰-(동사 어간)+-시-(주체 높임 선어말 어미)+-며(대등적 연결 어미)
- 몯내 : 못내, 끝없이, 내내.
- 주겨 : 죽이어 분 죽-(동사 어간)+-이-(사동 접미사)+-어(종속적 연결 어미)
- 하놀쾌 : 하늘이 분 하늘ㅎ(ㅎ종성체언)+과(접속 조사)+ㅣ(주격 조사)
- 고티쇼셔 : 고치소서 분 고티-(동사 어간)+-쇼셔(명령형 종결 어미)
- 듣디 아니커늘 : 듣지 아니하므로 분 듣-(동사 어간)+-디(보조적 연결 어미)#아니ㅎ-(보조 동사 어간)+-거늘(종속적 연결 어미)
- 셔고 : 서고, 서지 분 셔-(동사 어간)+-고(대등적 연결 어미)
- 나가디 아니ᄒᆞᆫ대 : 나가지 아니하므로 분 나가-(동사 어간)+-디(보조적 연결 어미)#아니ㅎ-(보조 동사 어간)+-ㄴ대(종속적 연결 어미)

天祥不屈 宋

丞相 文天祥이 元ㅅ 張弘範의그에 자펴 가아 腦子를 먹고 죽다가 몯ᄒᆞ야 이듬ᄒᆡ에 張弘範이 文天祥이 ᄒᆞ야 글왈 밍ᄀ라 張世傑을 브르라 ᄒᆞᆫ대 닐오ᄃᆡ 내 父母ᄭᅴ 힘 몯 내오 ᄂᆞ믈 ᄀᆞᄅᆞ쳐 父母를 叛ᄒᆞ라 ᄒᆞ리잇가 弘範이 닐오ᄃᆡ 나라히 敗亡ᄒᆞ니 현마 忠誠을 ᄒᆞᆫ들 뉘 쓰리오 天祥이 닐오ᄃᆡ 商이 敗亡컨마ᄅᆞᆫ 夷齊 周ㅅ 粟을 먹디 아니ᄒᆞ니 ≪伯夷 叔齊는 商ㅅ 사ᄅᆞ미니 周ㅅ 武王이 商올 티고 셔거시늘 周ㅅ 穀食올 먹디 아니ᄒᆞ니라≫ 臣下ㅣ 各各 ᄆᆞᅀᆞᆷᄀᆞ장 ᄒᆞ디베 쓰며 아니 쑤믈 議論ᄒᆞ리잇고 弘範이 樣子를 고텨 가지고 燕에 보내야늘 여드래를 밥 아니 머구ᄃᆡ 죽디 몯ᄒᆞ야 잇더니 李羅 丞相이 무루ᄃᆡ 네 두 王 셰여 므슷 일 일운다 天祥이 닐오ᄃᆡ 님금 셰요ᄆᆞᆫ 宗廟를 두노라 ᄒᆞ미니 ᄒᆞᆯ옷 두면 臣子ㅣ ᄒᆞᆺ 所任을 다 ᄒᆞ간 디니 臣下ㅣ 님금 셤교미 子息의 父母 셤교미 ᄀᆞᆮᄒᆞ니 父母ㅅ 病이 현마 홀 이리 업기 도ᄅᆡᆫ들 藥 아니홀 理 이시리잇가 주글 ᄯᆞ니니 엇뎨 한 말 하리잇고 獄애 드러 흔 ᄃᆞᆯ 나마 다시 무른대 屈티 아니ᄒᆞ더니 後에 주그라 ᄒᆞ야늘 南向ᄒᆞ야 ᄭᅮ러 주그니라 옷 ᄉᆞᅀᅴ예 글와리 이쇼ᄃᆡ 孔子ㅣ 仁을 일우ᄂᆞ니라 니ᄅᆞ시고 孟子ㅣ 義를 取ㅣ 하라 니ᄅᆞ시니 義盡ᄒᆞᆯᄊᆡ 仁이 至極ᄒᆞᄂᆞ니 聖賢ㅅ 글왈 닐거 ᄇᆡᄒᆞᄂᆞ 이리 므스것고 오ᄂᆞᆯ 後에ᅀᅡ 기리 붓그러부미 업과라

> **현대어역**
>
> **천상불굴 송나라**
>   승상 문천상이 원나라 장홍범에게 잡혀 가서 뇌자를 먹고 죽다가 못해서 이듬해에 장홍범이 문천상을 시켜서 글월 만들어 장세걸을 부르라 하니, 이르기를, "내가 부모를 위해서는 힘을 못 내고, 남을 가르쳐서 부모를 배반하라 하겠습니까?" 홍범이 이르기를, "나라가 패망했는데 얼마나 충성을 한들 누가 기록하겠는가?" 천상이 이르기를, "상나라가 패망했지만 백이와 숙제가 주나라 좁쌀을 먹지 아니하니, ≪백이숙제는 상나라 사람이니, 주나라 무왕이 상나라를 치고 서시니, 주나라 곡식을 먹지 않았다.≫ 신하가 각각 마음껏 하되 기록하며 안 함을 따지겠습니까?" 홍범이 모습을 고쳐 가지고 연나라에 보내니, 여드레를 밥 안 먹고 죽지 못해 있더니, 발라 승상이 묻기를, "네가 두 왕을 세워 무슨 일을 이루었는가?" 천상이 이르기를, "임금 세움은 종료를 두느라고 하는 것이니, 하루만 두면 신하가 하루 소임을 다 한 것이니, 신하가 임금 섬김이 자식의 부모 섬김과 같으니, 부모의 병이 설마 할 일이 없게 된들 약 아니할 리 있겠습니까? 죽을 뿐이니 어찌 많은 말을 하겠습니까?" 옥에 들어 한 달 넘어 다시 물어도 굴복하지 아니하더니, 나중에 "죽으라" 하니, 남향해서 꿇어 죽었다. 옷 사이에 글월이 있었는데, "공자가 인(仁)을 이룬다 말씀하시고, 맹자가 의(義)를 취하라 말씀하시니, 의가 다하므로 인이 지극하게 되니, 성현의 글월 읽어 배우는 일이 무엇인가? 오늘 뒤로야 길이 부끄러움이 없게 되었구나."

형태소 분석

- 의그에 : 에게.
- 죽다가 몯ᄒᆞ야 : 죽다가 못해서
- 이듬히예 : 이듬해에 [분] 이듬히(명사)+예(부사격 조사)
- 글왈 밍ᄀᆞ라 : 글(편지)을 만들어 [분] 글왈(명사)+Ø(목적격 조사)#밍글-(동사 어간)+-아(종속적 연결 어미)
- 몯 내오 : 못 내고 [분] 몯(부정 부사)#내-(동사 어간)+-고(대등적 연결 어미, ㄱ 약화)
- ᄂᆞ물 ᄀᆞᄅᆞ쳐 : 남을 가르쳐 [분] ᄂᆞᆷ(명사)+을(목적격 조사)#ᄀᆞᄅᆞ치-(동사 어간)+-어(종속적 연결 어미)
- 현마 : 얼마, 설마, 아무리, 차마.
- 뉘 쓰리오 : 누가 쓰겠는가 [분] 누(대명사)+ㅣ(주격 조사)#쓰-(동사 어간)+-리-(미래 시제 선어말 어미)+-고(의문형 종결 어미)
- ᄆᆞᅀᆞᆷᄀᆞ장 : 마음의 끝. 마음껏 [분] ᄆᆞᅀᆞᆷ(명사)+ㅅ(사잇소리)+ᄀᆞ장(명사)('마음껏'의 의미로 해석하면 'ᄀᆞ장'은 접미사로 볼 수 있다.)
- ᄒᆞ디베 : 하되 [분] ᄒᆞ-(동사 어간)+-디베(종속적 연결 어미)
- 아니 쑤믈 : 아니 씀을 [분] 아니(부사)#쓰-(동사 어간)+-움(명사형 어미)+을(목적격 조사)
- 셰여 : 세워 [분] 셰-(동사 어간)+-어(종속적 연결 어미)
- 므슷 : 무슨.
- 일운다 : 이루는가 [분] 일우-(동사 어간)+-ㄴ다(2인칭 의문형 어미)
- 셰요ᄆᆞᆫ : 세움은 [분] 셰-(동사 어간)+-옴(명사형 어미)+은(보조사)
- ᄒᆞᄅᆞ옷 : 하루만 [분] ᄒᆞᄅᆞ(명사)+옷(단독의 보조사, '곳'의 이형태)

- ᄒᆞ간 디니 : 한 것이니.
- 홀 이리 : 할 일이 ▨ ᄒᆞ-(동사 어간)+-ㄹ(관형사형 어미)#일(명사)+이(주격 조사)
- 업긔 ᄃᆞ왼ᄃᆞᆯ : 없게 된들 ▨ 업-(형용사 어간)+-긔(보조적 연결 어미)#ᄃᆞ외-(보조 형용사 어간)+-ㄴᄃᆞᆯ(종속적 연결 어미)
- 주글 ᄯᆞ니 : 죽을 뿐이니 ▨ 죽-(동사 어간)+-을(관형사형 어미)#ᄯᆞᆫ(의존 명사)
- 글와리 : 글월이 ▨ 글왈(명사)+이(주격 조사)
- 빈호ᄂᆞᆫ : 배우는 ▨ 빈호-(동사 어간)+-ᄂᆞ-(현재 시제 선어말 어미)+-ㄴ(관형사형 어미)
- 붓그러부미 : 부끄러움이 ▨ 붓그럽-(형용사 어간)+-움(명사형 어미)+이(주격 조사)
- 업과라 : 없구나 ▨ 업-(형용사 어간)+-거-(확인법 선어말 어미)+-오-(인칭법 선어말 어미)+-다(평서형 종결어미)

吉再抗節 高麗

注書 吉再 그위실 ᄇᆞ리고 지븨 갯거늘 恭定大王이 東宮 時節에 블리샤 恭靖大王ᄭᅴ 엳ᄌᆞᄫᆞ샤 奉常博士 ᄒᆡ야시ᄂᆞᆯ 上書ᄒᆞᅀᆞ보ᄃᆡ 내 辛朝애 及第ᄒᆞ야 門下注書ᄅᆞᆯ 호니 ≪辛朝ᄂᆞᆫ 辛氏ㅅ 朝廷이라≫ 臣下ㅣ 두 님금 업스니 스ᄀᆞ올 노하 보내야시ᄃᆞᆫ 늘근 어미 이받고 두 姓 아니 셤기ᄂᆞᆫ ᄠᅳ들 일워지이다 恭靖大王이 보내시고 집 完護ᄒᆞ라 ᄒᆞ시니라 永樂 戊戌에 殿下ㅣ 卽位ᄒᆞ샤 恭定大王 命 받ᄌᆞᄫᆞ샤 아ᄃᆞᄅᆞᆯ 벼슬 히시고 後에 左司諫大夫ᄅᆞᆯ 贈ᄒᆞ시니라

현대어역

길재항절 고려

　주서 길재가 관직을 버리고 집에 갔는데, 공정대왕이 동궁 시절에 부르게 하시고, 공정대왕께 여쭈셔서 봉상박사를 하게 하시니, 상서하기를, "내가 신조에 급제하여 문하주서를 하니 ≪신조는 신씨 조정이다.≫ 신하가 두 임금 없으니 시골에 놓아 보내시면 늙은 어미 봉양하고 두 성 아니 섬기는 뜻을 이루고 싶습니다." 공정대왕이 보내시고 집을 나라에서 보살피라 하시었다. 태종 18년에 전하가 즉위하시자 공정대왕의 명을 받잡으셔서 아들을 벼슬 시키시고 나중에 좌사간대부를 추증하시었다.

형태소 분석

- 그위실 : 관직, 관리, 구실 ▨ 그위실(명사)+Ø(목적격 조사)
- ᄇᆞ리고 : 버리고 ▨ ᄇᆞ리-(동사 어간)+-고(대등적 연결 어미)
- 갯거늘 : 갔거늘 ▨ 가-(동사 어간)+(-아)(보조적 연결 어미)#잇-(보조 동사 어간)+-거늘(종속적 연결 어미)
- 블리샤 : 부르게 하시고 ▨ 블리-(동사 어간)+-이-(사동 접미사)+-샤-(주체 높임 선어말 어미)+-아(종속적 연결 어미)
- ᄒᆡ야시ᄂᆞᆯ : 하게 하시거늘 ▨ ᄒᆞ-(동사 어간)+ㅣ(사동 접미사)+-아-+-시-(주체 높임 선어말 어미)+-ᄂᆞᆯ(종속적 연결 어미, '-야ᄂᆞᆯ(-거늘)'의 불연속적 형태소)

- 스ᄀᆞ올 : 시골.
- 이받고 : 이바지하고 분 이받-(동사 어간)+-고(대등적 연결 어미)
- 일워지이다 : 이루고 싶습니다 분 일-(동사 어간)+-우-(사동 접미사)+-어-(확인법 선어말 어미)+-지-(소망의 선어말 어미)+-이-(상대 높임 선어말 어미)+-다(평서형 종결 어미)
- 아ᄃᆞᆯ롤 : 아들을 분 아들(명사)+을(목적격 조사)

原桂陷陳 本國
宣州 圍把ᄒᆞ야ᄂᆞᆯ 泥城 萬戶 金原桂 兵馬 가져가아 救ᄒᆞ니 예들히 싸홈 계워 ᄠᅩ쳐 가거늘 너무 ᄠᅩ차 드러 주그니라 諫官이 上言ᄒᆞᅀᆞᆸ오ᄃᆡ 原桂 제 몸 혜디 아니ᄒᆞ고 ᄒᆞᆫ 모ᄆᆞ로 萬民의 命을 밧고니 벼슬 贈ᄒᆞ시고 祠堂 셰오 子孫 ᄡᅳ샤 忠誠엣 넉슬 慰勞ᄒᆞ샤 後ㅅ 사ᄅᆞᄆᆞᆯ 勸ᄒᆞ쇼셔 ᄒᆞ야ᄂᆞᆯ 그리ᄒᆞ라 ᄒᆞ시니라

현대어역

원계함진 본국
　왜구가 선주를 포위하거늘 이성 만호 김원계가 병마를 가져가 구하니, 왜적들이 싸움에서 져서 쫓겨 가거늘 너무 쫓아 들어 죽었다. 간관이 상소하되, 원계가 제 몸을 생각하지 않고 한 몸으로 만민의 목숨을 바꾸니, 벼슬을 증하시고 사당을 세우고 자손을 쓰시어 충성의 넋을 위로하시어 후세 사람을 권하소서 하거늘 그리하라 하시었다.

형태소 분석

- 예돌히 : 왜구들이 분 예(명사)+둘ㅎ(복수 접미사)+이(주격 조사)
- 싸홈 : 싸움을 분 싸호-(동사 어간)+-ㅁ(명사형 어미)
- 계워 : 못 이겨, 져서 분 계우-(동사 어간)+-어(종속적 연결 어미)
- ᄠᅩ쳐 가거늘 : 쫓겨 가거늘 분 ᄠᅩᆾ-(동사 어간)+-이(피동 접미사)+-어(보조적 연결 어미)#가-(보조동사 어간)+-거늘(종속적 연결 어미)
- 혜디 아니ᄒᆞ고 : 헤아리지 아니하고, 생각하지 아니하고 분 혜-(동사 어간)+-디(보조적 연결 어미)#아니ᄒᆞ-(보조 동사 어간)+-고(대등적 연결 어미)
- 밧고니 : 바꾸니 분 밧고-(동사 어간)+-니(종속적 연결 어미)

3 삼강행실열녀도

宋女不改 蔡
宋人이 ᄯᆞ리 남진 어러 그 남자니 모딘 病을 어더늘 어미 다른 남진 얼유려 커늘 닐오ᄃᆡ 남지늬 不幸호미 내익 不幸이니 엇뎨 ᄇᆞ리리잇고 ᄒᆞᆫ 번 흔듸 독자 바드면 죽드록 고티디 아니ᄒᆞᄂᆞ니 不幸ᄒᆞ야 모딘 病을 맛날ᄲᅳᆫ뎡 큰 연고 업고 마디 아니커니 엇뎨 ᄇᆞ리리잇고 ᄒᆞ고 乃終내 듣디 아니ᄒᆞ니라

> 현대어역
>
> 송녀불개 채나라
>   송나라 사람의 딸이 시집갔는데, 그 남편이 모진 병을 얻으므로 어미가 다른 남자에게 시집보내려 하니, 이르기를, "남편의 불행함이 나의 불행이니, 어찌 바라리까? 한번 함께 초례를 받으면 죽도록 바꾸지 않는 것이니, 불행해서 모진 병을 만났을 뿐이요 큰 연고 없이 거절하지 않는데 어찌 버리리까?" 하고, 끝내 듣지 않았다.

형태소 분석

- **남진어러** : 시집가서 〔분〕 남진얼-(동사 어간)+-어(종속적 연결 어미)
- **모딘** : 모진 〔분〕 모딜-(형용사 어간)+-ㄴ(관형사형 어미)
- **흔듸** : 함께.
- **독자** : 초례(醮禮), 초례상.
- **죽두록** : 죽도록 〔분〕 죽-(동사 어간)+-두록(종속적 연결 어미)
- **맛날쑨뎡** : 맛날지언정 〔분〕 맛나-(동사 어간)+-ㄹ쑨뎡(종속적 연결 어미)
- **마디 아니커니** : 싫다고 〔분〕 말-(형용사 어간)+-디(보조적 연결 어미)#아니ᄒ-(보조 형용사 어간)+-거니(종속적 연결 어미)

彌妻啗草 百濟

都도彌미의 겨지비 樣양子ᄌᆡ 곱고 節졇ᄀᆡ 잇더니 蓋개婁룰王왕이 드르시고 都도彌미ᄃᆞ려 니르샤ᄃᆡ 겨지비 현마 正ᄒᆞ야도 어드븐 ᄃᆡ 이셔 工공巧콜히 달애면 ᄆᆞᅀᆞᆷ 뮈우리라 都도彌미 ᄉᆞᆯ보ᄃᆡ 내 겨지비ᅀᅡ 현마 주거도 두 ᄠᅳᆮ 업스리이다 王왕이 試시驗엄호리라 ᄒᆞ샤 都도彌미란 두시고 ᄒᆞᆫ 臣씬下하를 王왕ㅅ 옷 니피샤 바미 그 지븨 가아 닐오ᄃᆡ 네 곱다 듣고 都弥와 雙六ᄒᆞ야 더노니 來日엔 너를 드려 宮人 사모리라 ᄒᆞ고 어르려 ᄒᆞ대 그 겨지비 닐오ᄃᆡ 王이 거즛말 ᄒᆞ샳 法이 업스시니 내 엇뎨 아니 듣ᄌᆞᄫᆞ리잇고 몬져 房의 들어시든 내 옷 ᄀᆞ라 니버 가리이다 ᄒᆞ고 믈러나아 죵을 ᄭᅮ며 드려늘 王이 後에 欺弄 마존 주를 아ᄅᆞ시고 하 怒ᄒᆞ샤 都弥를 거즛 罪로 두 눉ᄌᆞᅀᆞ ᄒᆞ야ᄇᆞ리고 ᄇᆡ예 연자 ᄯᅴ워 ᄇᆞ리고 그 겨지블 드려다가 구틔여 어르려 커시늘 ᄉᆞᆯ보ᄃᆡ 이제 남진 ᄒᆞ마 일코 ᄒᆞ오 ᅀᅡᆺ 모믈 쥬변 몯ᄒᆞ며 ᄒᆞ믈며 王ᄭᅴ 거스ᅀᆞᄫᆞ리잇고 커니와 오ᄂᆞᆫ 避홀 이리 이실ᄊᆡ 다ᄅᆞᆫ 나를 기드리쇼셔 王이 고디 드러 그리ᄒᆞ라 ᄒᆞ야시늘 逃亡ᄒᆞ야 江애 가아 몯 건나아 하ᄂᆞᆯ홀 블러 ᄀᆞ장 우더니 믄득 보니 ᄇᆡ 다ᄃᆞᆮ거늘 타아 泉城島애 가아 《島ᄂᆞᆫ 셔미라》 제 남지늘 맛나니 아니 주겟거늘 ᄑᆞ성귓 불휘 파아 머기고 둘히 高句麗로 가니라

> 현대어역
>
> 미초담초 백제
>   도미의 아내가 외모가 곱고 절개가 있었는데, 개루왕이 들으시고 도미더러 이르시기를, "여자가 얼마나 바르더라도 어두운 데서 교묘히 달래면 마음을 움직일 것이다." 도미가 사뢰기를, "내 아내야 설마 죽어도 두 뜻 없을 것입니다." 임금이 시험하겠다 하시고 도미는 대궐에 두시고 한 신하에게 임금의 옷을 입히시고 밤에 그 집에 가서 이르기를, "네가 곱다는 말을 듣고 도미와 쌍륙해서 땄으니, 내일은 너를 들여 궁녀를 삼겠다." 하고, 동침하려 하니, 그 여자가 이르기를, "임금이 거짓말 하실 리가 없으시니, 내가 어찌 듣잡지 않겠습니까? 먼저 방에

들어가시면 내가 옷 갈아입고 가겠습니다."하고, 물러나서 종을 꾸며 들이니, 임금이 나중에 기롱당한 줄을 아시고 하도 노해서 도미를 거짓된 죄로 두 눈자위를 헐어 버리고 배에 얹어 띄워 버리고 그 아내를 데려다가 억지로 동침하려 하시니, 사뢰기를, "이제 남편은 이미 잃었고 혼잣몸을 주변할 수 없는데, 하물며 임금께 들어왔사오니, 어찌 거스리옵겠습니까마는 오늘은 피할 일이 있으니, 다른 날을 기다리옵소서." 임금이 곧이듣고 "그리하라." 하시므로, 도망해서 강에 가 못 건너서 하늘을 부르며 몹시 우는데, 문득 보니 배가 다다르므로 타고 천성도에 가 ≪도는 섬이다.≫ 제 남편을 만나니 죽지 않았으므로 푸성귀 뿌리를 파 먹이고 둘이 고구려로 갔다.

형태소 분석

- 현마 : 얼마, 아무리, 설마.
- 어드븐 딕 : 어두운 데 분 어듭-(형용사 어간)+-은(관형사형 어미)#딕(의존 명사)
- 달애면 : 달래면 분 달애-(동사 어간)+-면(종속적 연결 어미)
- 뮈우리라 : 움직이리라, 움직일 것이다 분 뮈우-(동사 어간)+-리-(미래 시제 선어말 어미)+-다(평서형 종결어미)
- 니피샤 : 입히시어 분 닙-(동사 어간)+-히-(사동 접미사)+-샤-(주체 높임 선어말 어미)+-아(종속적 연결 어미)
- 바미 : 밤에 분 밤(명사)+익(부사격 조사)
- 더노니 : 내기하니 분 던-(동사 어간)+-오니(종속적 연결 어미)
- 거즛말 : 거짓말을 분 거즛말(명사)+∅(목적격 조사)
- 듣ᄌᆞᄫᆞ리잇고 : 듣겠습니까 분 들-(동사 어간)+-ᄌᆞᇦ-(객체 높임 선어말 어미)+-ᄋᆞ리-(미래 시제 선어말 어미)+-잇-(상대 높임 선어말 어미)+-고(의문형 종결 어미)
- 들어시든 : 들어가시면 분 들-(동사 어간)+-어-+-시-(주체 높임 선어말 어미)+-든('-어든'의 불연속적 형태소)
- ᄀᆞ라 니버 : 갈아 입어 분 ᄀᆞᆯ-(동사 어간)+-아(보조적 연결 어미)#닙-(보조용언 어간)+-어(종속적 연결 어미)
- 마존 주를 : 당한 줄을 분 맞-(동사 어간)+-오-(인칭법 선어말 어미)+-ㄴ(관형사형 어미)#줄(의존 명사)+을(목적격 조사)
- 눉ᄌᆞᅀᅳ : 눈자위.
- ᄒᆞ야ᄇᆞ리고 : 헐어버리고, 망가뜨리고 분 ᄒᆞ야ᄇᆞ리-(동사 어간)+-고(대등적 연결 어미)
- 빅예 : 배에 분 빅(명사)+예(부사격 조사)
- 연자 : 얹어 분 엱-(동사 어간)+-어(종속적 연결 어미)
- ᄯᅴ워 ᄇᆞ리고 : 띄워 버리고 분 ᄯᅴ우-(동사 어간)+-어(보조적 연결 어미)#ᄇᆞ리-(보조 용언 어간)+-고(대등적 연결 어미)
- 구틔여 : 구태여, 억지로, 강제로
- 일코 : 잃고 분 잃-(동사 어간)+-고(대등적 연결 어미)
- ᄒᆞ오ᅀᅡᆺ 모믈 : 혼잣 몸을 분 ᄒᆞ오ᅀᅡ(명사)+ㅅ(관형격 조사)#몸(명사)+을(목적격 조사)

- 거스ᅀᆞᄫᆞ리잇고 : 거스리겠습니까 분 거스-(동사 어간)+-ᅀᆞᆸ-(객체 높임 선어말 어미)+-리-(미래 시제 선어말 어미)+-잇-(상대 높임 선어말 어미)+-고(의문형 종결 어미)
- 커니와 : 하거니와 분 ᄒᆞ-(동사 어간)+-거니와(종속적 연결 어미)
- 오ᄂᆞᆫ : 오늘은 분 오늘(명사)+은(보조사)
- 다른 나ᄅᆞᆯ : 다른 날을 분 다ᄅᆞ-(형용사 어간)+-ㄴ(관형사형 어미)#날(명사)+ᄋᆞᆯ(목적격 조사)
- 기드리쇼셔 : 기다리소서 분 기드리-(동사 어간)+-쇼셔(명령형 종결 어미)
- 고디드러 : 곧이들어 분 고디들-(형용사 어간)+-어(종속적 연결 어미)
- ᄀᆞ장 : 가장, 매우, 크게.
- 비 다ᄃᆞᆫ거늘 : 배가 다다르거늘 분 비(명사)+Ø(주격 조사)#다ᄃᆞᆮ-(동사 어간)+-거늘(종속적 연결 어미)
- 맛나니 : 만나니 분 맛나-(동사 어간)+-니(종속적 연결 어미)
- 주겟거늘 : 죽었거늘, 죽었으므로 분 죽-(동사 어간)+-어(보조적 연결 어미)#잇-(보조동사 어간)+-거늘(종속적 연결 어미)
- 프성귓 불휘 : 푸성귀의 뿌리 분 프성귀(명사)+ㅅ(사잇소리)#불휘(명사)+Ø(목적격 조사)

烈婦入江 高麗

烈婦ㅣ 집았 이를 이대 다ᄉᆞ리더니 남진 나간 ᄉᆞᅀᅵ예 물 튼 예 다ᄃᆞᆫ거늘 烈婦ㅣ 졋 먹ᄂᆞᆫ 아기 안고 ᄠᅩ쳐 江애 다ᄃᆞ라 아기란 ᄀᆞ새 노코 江애 ᄃᆞ라들어늘 예 활 며겨셔 닐오ᄃᆡ 오면 살오리라 烈婦ㅣ 도라보며 구지조ᄃᆡ 엇뎨 ᄲᆞᆯ리 아니 주기ᄂᆞᆫ다 내 도ᄌᆞᆨ 어를 사ᄅᆞᆷ가 ᄒᆞ야ᄂᆞᆯ 도ᄌᆞ기 두 살 마쳐 주기니라 體覆使 趙浚이 엳ᄌᆞᄫᅡᄂᆞᆯ ᄆᆞᅀᆞᆳ 門이 紅門 셰라 ᄒᆞ시니라

현대어역

열부입강 고려
  열부가 집안일을 잘 다스리더니 남편이 나간 사이에 말 탄 왜적이 다다르거늘 열부가 젖 먹는 아기를 안고 쫓겨 강에 다다라 아기는 가에 놓고 강에 달려들거늘 왜적이 활을 먹여 이르되, "오면 살리겠다." 열부가 돌아보며 꾸짖으되, "어찌하여 빨리 죽이지 않느냐? 내 도적과 동침할 사람인가?" 하거늘 도적이 두 살을 맞혀 죽였다. 체복사 조준이 여쭈거늘 마을 문에 홍문을 세우라 하셨다.

형태소 분석

- 집았 이를 : 집안 일을 분 집안[집+안](명사)+ㅅ(관형격 조사)#일(명사)+을(목적격 조사)
- 이대 : 잘, 좋게, 평안히.
- 남진 : 남편, 사내.
- 다ᄃᆞᆫ거늘 : 다다르거늘 분 다ᄃᆞᆮ-(동사 어간)+-거늘(종속적 연결 어미)
- ᄃᆞ라들어늘 : 달려들거늘 분 ᄃᆞᆯ-(동사 어간)+-아(보조적 연결 어미)#들-(보조 동사 어간)+-거늘(종속적 연결 어미)

- 구지조딕 : 꾸짖으되 분 구짖-(동사 어간)+-오딕(종속적 연결 어미)
- 엇뎨 : 어찌하여, 어째서.
- 어룷 : 혼인할, 동침할 분 어르-(동사 어간)+-ㅭ(관형사형 어미)
- 사롬가 : 사람인가 분 사람(명사)+가(의문 보조사)

金氏同窆 本國

金氏의 남지니 몰 타 디여 죽거늘 종이 메여 오나늘 金氏 밤낫 사♀룰 아나셔 우더니 殯所ᄒ고 더욱 셜버 ᄒᆞᆫ 둘나마 밥 아니 먹고 믈ᄲᅮᆫ 먹거늘 父母ㅣ 닐오딕 먹고 우루딕 엇더ᄒᆞ뇨 金氏 닐오딕 슬퍼 아니 먹논 디 아니라 먹고져 식브디 아니ᄒᆞ니 당다이 病이로소이다 ᄒ고 쉰사♀ 자히 주그니 나히 스믈히러니 父母ㅣ 어엿비 너겨 ᄒᆞᆫ듸 무드니라

현대어역

김씨동폄 조선

김씨의 남편이 말 타다가 떨어져 죽어서 종이 메고 오니, 김씨가 밤낮 사흘을 안고 울더니, 빈소 하고 더욱 서러워서 한 달 넘게 밥 안 먹고 물만 먹으므로, 부모가 이르기를, "목고 울면 어떠냐?" 김씨가 이르기를 "슬퍼서 안 먹는 것이 아니라 먹고 싶지 않으니 당연히 병입니다." 하고, 53일 째 죽으니, 나이가 스물이니, 부모가 불쌍히 여겨 한데 묻었다.

형태소 분석

- 디여 : 떨어져 분 디-(동사 어간)+-어(종속적 연결 어미)
- 메여 : 메고 분 메-(동사 어간)+-어(종속적 연결 어미)
- 밤낫 : 밤낮.
- 사♀룰 : 사흘을 분 사올(명사)+올(목적격 조사)
- 아나셔 : 안아서 분 안-(동사 어간)+-아셔(종속적 연결 어미)
- 셜버 : 서러워, 괴로워 분 셟-(형용사 어근)+-어(부사 파생 접미사)
- ᄒᆞᆫ 둘나마 : 한 달 넘도록, 한 달이 넘게.
- 믈ᄲᅮᆫ : 믈 뿐 분 믈(명사)+ᄲᅮᆫ(의존 명사)
- 우루딕 : 울되 분 울-(동사 어간)+-우딕(종속적 연결 어미)
- 먹논 디 : 먹는 것이 분 먹-(동사 어간)+-ᄂ-(현재 시제 선어말 어미)+-오-(대상 활용 선어말 어미)+-ㄴ(관형사형 어미)#ᄃᆞ(의존명사)+ㅣ(보격 조사)
- 먹고져 식브디 : 먹고 싶지 분 먹-(동사 어간)+-고져(보조적 연결 어미)#식브(보조 용언 어간)+-디(보조적 연결 어미)
- 당다이 : 마땅히, 응당, 당연히.
- 쉰사♀ 자히 : 53일 째, 53일 째에 분 쉰사♀(명사)+자히(접미사)

07 내훈(內訓)

1475년

1 효친장 제이

文王이 世子 두외야 겨실 제 王季꾀 朝ᄒᆞ샤ᄃᆡ 날마다 세 번곰 ᄒᆞ더시니 ᄃᆞᆰ기 처ᅀᅥᆷ 울어든 옷 니브샤 寢室ㅅ 門 밧긔 니르르샤 內竪ᄃᆞ려 무러 니ᄅᆞ샤ᄃᆡ ≪內竪는 뫼ᅀᆞ왓는 혀근 臣下ㅣ라≫ 오ᄂᆞᆳ 安否ㅣ 엇더ᄒᆞ시뇨 內竪ㅣ 닐오ᄃᆡ 便安ᄒᆞ시이다커든 文王이 깃거ᄒᆞ더시다 낫 가온ᄃᆡ 미처 ᄯᅩ 니르르샤 ᄯᅩ 이ᄀᆞ티 ᄒᆞ시며 나조ᄒᆡ 미처 ᄯᅩ 니르르샤 ᄯᅩ 이ᄀᆞ티 ᄒᆞ더시다 便安티 아니ᄒᆞ신 ᄆᆞᄃᆡ 잇거시든 內竪ㅣ 뻐 文王ᄭᅴ 고ᄒᆞ야든 文王이 顏色을 시름ᄒᆞ샤 녀샤ᄃᆡ 能히 正히 드듸요ᄆᆞᆯ 몯ᄒᆞ더시니 王季ㅣ 水剌를 녜ᄀᆞ티 ᄒᆞ신 後에ᅀᅡ ᄯᅩ 처ᅀᅥᆷᄀᆞ티 ᄒᆞ더시다 水剌 셔실 제 모로매 시그며 더운 ᄆᆞᄃᆡ를 ᄉᆞᆲ펴보시며 水剌 므르시거든 감ᄒᆞ샨 바ᄅᆞᆯ 무르시고 섭니를 命ᄒᆞ야 니ᄅᆞ샤ᄃᆡ 다시 말라 對答ᄒᆞ야 닐오ᄃᆡ 그리 호리이다 그리ᄒᆞᆫ 後에ᅀᅡ 믈러 오더시다

현대어역

문왕이 세자로 있을 때 부친 왕계를 찾아 문안드리기를 하루에 세 번씩 하셨는데, 첫 닭이 울면 옷을 차려 입고 침실 문밖에 이르러 내수에게 묻기를[내수는 모시는 낮은 신하이다.] "오늘 안부가 어떠하시냐?" 하셨다. 내수가 "편안하십니다"라고 대답을 하면 문왕이 기뻐하셨다. 한낮이 되면 또 와서 이렇게 하시며 저녁 무렵에도 또 와서 이같이 하셨다. 편안하지 않으신 경우가 있어 내수가 문왕께 고하면 문왕이 안색이 나빠져서 제대로 발걸음을 못 옮기시더니, 왕계가 수라를 예전같이 드신 후에야 또 처음같이 하셨다. 수라를 시중드실 때에는 반드시 식었는지 따뜻한지를 살피셨고, 수라를 물리시면 그 잡수신 바를 물어보시고 섭니에게 명하여 "다시는 말라."하고 "그리 하겠습니다."라고 대답한 후에야 물러나오셨다.

형태소 분석

- 세 번곰 : 세 번씩 분 세(수 관형사)#번(의존명사)＋곰(접미사)

  '곰'은 수사와 수표시어에 결합하는 경우 접미사로 보며, 여운을 나타내는 보조사의 기능을 나타내기도 한다.

- ᄃᆞᆰ기 : 닭이 분 ᄃᆞᆰ(명사)＋이(주격 조사)
- 처ᅀᅥᆷ : 처음.
- 울어든 : 울면 분 울－(동사 어간)＋－거든(종속적 연결 어미)
- 니브샤 : 입으시어 분 닙－(동사 어간)＋－으샤－(주체 높임 선어말 어미)＋－아(종속적 연결 어미)

- **니르르샤** : 이르시어 🔖 니를-(동사 어간)+-으샤-(주체 높임 선어말 어미)+-아(종속적 연결 어미)
- **뫼ᅀᆞ왓ᄂᆞᆫ** : 모시는 🔖 뫼ᅀᆞᆸ-(동사 어간)+-아(보조적 연결 어미)#잇-(보조용언 어간)+-ᄂᆞ-(현재 시제 선어말 어미)+-ᄂ(관형사형 어미)
- **혀근** : 작은 🔖 혁-(형용사 어간)+-은(관형사형 어미)
- **便安ᄒᆞ시이다커든** : 편안하십니다 하면 🔖 便安ᄒᆞ-(형용사 어간)+-시-(주체 높임 선어말 어미)+-이-(상대 높임 선어말 어미)+-다(평서형 종결 어미)#ᄒᆞ-(동사 어간)+-거든(종속적 연결 어미)
- **낤 가온ᄃᆡ 미처** : 날 가운데에 미치어(한낮이 되어) 🔖 날(명사)+ㅅ(관형격 조사)#가온ᄃᆡ(명사)+Ø(부사격 조사)#미츠-(동사 어간)+-어(종속적 연결 어미)
- **이ᄀᆞ티** : 이 같이.
- **나조희** : 저녁에 🔖 나조ㅎ(ㅎ종성체언)+의(부사격 조사)
- **무듸** : 경우가, 마디가 🔖 무듸(명사)+Ø(주격 조사)
- **고ᄒᆞ야ᄃᆞᆫ** : 고하면, 알리면 🔖 고ᄒᆞ-(동사 어간)+-야ᄃᆞᆫ(종속적 연결 어미, -아/어ᄃᆞᆫ의 이형태)

> '-아/어ᄃᆞᆫ'은 조건이나 가정의 뜻을 가지는 연결 어미로, 'ᄒᆞ-' 동사는 어간 끝모음의 탈락이 일어나지 않고, '-야' 형태의 어미가 붙는다.

- **녀샤ᄃᆡ** : 가시되 🔖 녀-(동사 어간)+-시-(주체 높임선어말 어미)+-오ᄃᆡ(종속적 연결 어미)
- **드듸요믈** : 디딤을 🔖 드듸-(동사 어간)+-옴(명사형 어미)+을(목적격 조사)
- **셔실 제** : 시중 들 때 🔖 셔-(동사 어간)+-시-(주체 높임 선어말 어미)+-ㄹ(관형사형 어미)#제(의존 명사)
- **모로매** : 모름지기, 반드시
- **므르시거ᄃᆞᆫ** : 물리시면 🔖 므르-(동사 어간)+-시-(주체 높임 선어말 어미)+-거든(종속적 연결 어미)
- **감ᄒᆞ샨** : 잡수신, 음식을 드신 🔖 감ᄒᆞ-(동사 어간)+-샤-(주체 높임 선어말 어미)+-오-(대상 활용 선어말 어미)+-ㄴ(관형사형 어미)
- **믈러 오더시다** : 물러나 오셨다.

文王이 病이 잇거시든 武王이 곳갈ᄯᅴ를 밧디 아니ᄒᆞ샤 養ᄒᆞᅀᆞᆸ더시니 文王이 ᄒᆞᆫ 번 반 좌ᄒᆞ야시ᄃᆞᆫ ᄯᅩ ᄒᆞᆫ 번 반 좌시며 文王이 두 번 반 좌ᄒᆞ야시ᄃᆞᆫ ᄯᅩ 두 번 반 좌터시다

현대어역

문왕이 병이 있으시면 무왕이 의관을 벗지도 아니하시고 곁에서 시중을 드셨는데, 문왕이 한 끼를 잡수시면 역시 한 끼를 잡수시고, 문왕이 두 끼를 잡수시면 역시 두 끼를 잡수셨다.

형태소 분석

- 곳갈씌롤 : 곳갈과 띠를.
- 밧디 아니ᄒ샤 : 벗지 아니하시고 분 밧-(동사 어간)+-디(보조적 연결 어미)#아니ᄒ-(보조 동사 어간)+-샤-(주체 높임 선어말 어미)+-아(종속적 연결 어미)
- ᄒᆞᆫ 번 반 : 하루에 한 끼를 분 ᄒᆞᆫ(관형사)#번(의존명사)#반(명사)+∅(목적격 조사)
- 좌ᄒ야시ᄃᆞᆫ : 잡수시면 분 '-야ᄃᆞᆫ'에 '-시-' 개입(불연속적 형태소)

孔子ㅣ 니ᄅᆞ샤디 武王周公은 그 ᄉᆞᄆᆞ촌 孝道ㅣ신뎌 孝道ㅣ라 혼 거슨 사ᄅᆞᆷ의 ᄠᅳ들 이대 니ᄉᆞ며 사ᄅᆞ미 이를 이대 ᄒᆞ요미니라 그 位를 ᄇᆞᆯ오며 그 禮를 行ᄒᆞ며 그 音樂을 奏ᄒᆞ며 그 고마ᄒᆞ시던 바를 恭敬ᄒᆞ며 그 ᄌᆞ올아이 ᄒᆞ시던 바를 ᄃᆞᅀᆞ며 주그닐 셤교디 사니 셤곰ᄀᆞ티 ᄒᆞ며 업스닐 셤교디 잇ᄂᆞ니 셤곰ᄀᆞ티 ᄒᆞ시니 孝道의 至極ᄒᆞ샤미라

현대어역

공자가 이르시기를, "무왕 주공은 그 효가 지극하시도다. 효도라 하는 것은 어버이의 뜻을 잘 이어받으며 어버이의 일을 잘 하는 것이다. 그 자리를 밟으며 그 예를 행하며 그 음악을 연주하며 그 삼가 높이 여기시던 바를 공경하며 그 친근하게 하시던 바를 사랑하며 죽은 이를 섬기되 산 이 섬김같이 하며 돌아가신 분을 섬기되 계신 분 섬김 같이 하시니 이것이 효도의 지극함이다.

형태소 분석

- ᄉᆞᄆᆞ촌 : 사무친 분 ᄉᆞᄆᆞᆾ-(동사 어간)+-ㄴ(관형사형 어미)
- 孝道ㅣ신뎌 : 효도이었도다 분 孝道(명사)+ㅣ(서술격 조사)+-시-(주체 높임 선어말 어미)+-ㄴ뎌(감탄형 종결 어미)
- 이대 : 잘, 좋게, 평안히.
- 니ᄉᆞ며 : 이으며 분 닛-(동사 어간)+-ᄋᆞ며(종속적 연결 어미)
- ᄇᆞᆯ오며 : 밟으며 분 ᄇᆞᆯ오-(동사 어간)+-며(대등적 연결 어미). 변 ᄇᆞᆲ며>ᄇᆞᆯ오며
- 고마ᄒᆞ시던 : 높이시던, 공경하시던 분 고마ᄒᆞ-(동사 어간)+-시-(주체 높임 선어말 어미)+-던(관형사형 어미)
- ᄌᆞ올아이 : 친하게, 흉허물없이 분 ᄌᆞ올압-(형용사 어간)+이(부사 파생 접미사)
- ᄃᆞᅀᆞ며 : 사랑하며 분 ᄃᆞᇫ-(동사 어간)+-ᄋᆞ며(대등적 연결 어미)
- 업스닐 : 없은 이를, 죽은 이를 분 없-(형용사 어간)+-은(관형사형 어미)#이(의존 명사)+ㄹ(목적격 조사)

孟子ㅣ 니ᄅᆞ샤ᄃᆡ 曾子ㅣ 曾晳을 養ᄒᆞ샤ᄃᆡ 모로매 술 고기를 잇게 ᄒᆞ더시니 쟝ᄎᆞ 므를 저긔 모로매 줏샬 바ᄅᆞᆯ 請ᄒᆞ며 有餘를 묻ᄌᆞ시든 모로매 술오ᄃᆡ 잇ᄂᆞ이다 ᄒᆞ더시다 曾晳이 죽거늘 曾元이 曾子ᄅᆞᆯ 養호ᄃᆡ 모로매 술 고기를 잇게 ᄒᆞ더니 쟝ᄎᆞ 므를 저긔 줄 바ᄅᆞᆯ 請티 아니ᄒᆞ며 有餘를 묻ᄌᆞ시든 술오ᄃᆡ 업스이다 ᄒᆞ니 쟝ᄎᆞ 뻐 다시 나소ᄅᆞ려니라 이ᄂᆞᆫ 닐온 밧 입과 몸과ᄅᆞᆯ 養호미니 曾子 ᄀᆞᆮᄒᆞ닌 어루 ᄠᅳ들 養ᄒᆞᄂᆞ다 닐올 디니 어버ᅀᅵ 셤교미 曾子 ᄀᆞᆮᄒᆞ닌 미ᄒᆞ니라

> 현대어역
>
> 　맹자가 이르시기를, "증자는 그 아버지 증석을 공양하실 때 반드시 술과 고기를 차려 내셨다. 그리고 장차 상을 물리려 할 때에는 반드시 남은 음식을 누구에게 주실 것인지를 여쭈며, 남은 것이 더 있느냐고 물으시거든 반드시 '있습니다' 하셨다. 증석이 죽고 증원이 그의 아버지 증자를 봉양하게 되었다. 그도 역시 반드시 술과 고기를 차려 내었다. 그런데 장차 상을 물릴 때에 남은 음식을 누구에게 줄 지를 여쭙지 않았으며, 남은 음식이 있는지를 물으시면 '없습니다' 하였으니, 장차 이것을 다시 상에 올리려 한 것이었다. 이것은 이른바 입과 몸만 봉양한 것이고, 증자 같은 사람은 가히 부모의 뜻을 봉양하였다고 할 수 있다. 어버이 섬김이 증자 같아야 옳으니라."

형태소 분석

- **므를 저긔** : 물릴 때에 | 분 므르-(동사 어간)+-ㄹ(관형사형 어미)#적(의존 명사)+의(부사격 조사)
- **나소ᄅᆞ려니라** : 바치려는 것이다 | 분 나소-(동사 어간)+-ㄹ(관형사형 어미)#이(의존 명사)+Ø(서술격 조사)+-니라(평서형 종결 어미)
- **닐온 밧** : 이른바.
- **ᄀᆞᆮᄒᆞ닌** : 같은 사람은, 같은 이는 | 분 ᄀᆞᆮᄒᆞ-(형용사 어간)+-ㄴ(관형사형 어미)#이(의존 명사)+ㄴ(보조사)
- **어루 ᄠᅳ들** : 가히, 넉넉히.
- **닐올 디니** : 이를 것이니 | 분 니르-(동사 어간)+-오-(대상 활용 선어말 어미)+-ㄹ(관형사형 어미)#ᄃᆞ(의존 명사)+ㅣ(서술격 조사)+-니(종속적 연결 어미)

曾子ㅣ 니ᄅᆞ샤ᄃᆡ 孝道ᄒᆞᆯ 子息의 늘그시니 養호ᄆᆞᆫ 그 ᄆᆞᅀᆞ믈 즐기시게 ᄒᆞ며 그 ᄠᅳ들 그릇디 아니케 ᄒᆞ며 그 귀와 눈과ᄅᆞᆯ 즐거우시게 ᄒᆞ며 그 자시며 교샤믈 便安ᄒᆞ시게 ᄒᆞ며 그 飮食으로ᄡᅥ 忠厚히 養홀 디니 이런 젼ᄎᆞ로 父母ㅣ ᄉᆞ랑ᄒᆞ시논 바ᄅᆞᆯ ᄯᅩ ᄉᆞ랑ᄒᆞ며 父母ㅣ 恭敬ᄒᆞ시논 바ᄅᆞᆯ ᄯᅩ 恭敬홀 디니 가히 ᄆᆞ릐게 니르러도 다 그리 홀 디어니 ᄒᆞ믈며 사ᄅᆞ미ᄯᆞ녀

> 현대어역
>
> 　증자가 이르시되, "효도하는 자식의 늙으신 부모 봉양하는 법이란 그 마음을 즐겁게 해 드리고 그 뜻을 그릇되지 않게 하며 그 귀와 눈을 즐겁게 하며 그 주무시며 계시는 것을 편안하게 하며 그 음식으로 정성껏 모셔야 할 것이니, 이런 까닭으로 부모가 사랑하시는 것을 또 사랑하며 부모가 공경하시는 것을 또 공경해야 할 것이니, 개나 말에 이르기까지 그러해야 하거늘 하물며 사람에게 있어서랴."

형태소 분석

- 늘그시니 : 늙으신 이를, 늙으신 부모를 🔖 늙-(형용사 어간)+-으시-(주체 높임 선어말 어미)+-ㄴ(관형사형 어미)#이(의존 명사)+Ø(목적격 조사)
- 즐기시게 ᄒ며 : 즐기시게 하며 🔖 즐기-(동사 어간)+-시-(주체 높임 선어말 어미)+-게(보조적 연결 어미)#ᄒ-(보조 용언 어간)+-며(대등적 연결 어미)
- 그릇디 아니케 : 그릇되지 않게, 어기지 않게 🔖 그릇(ᄒ)-(동사 어간, 'ᄒ-'생략)+-디(보조적 연결 어미)#아니ᄒ-(보조 용언 어간)+-게(보조적 연결 어미)
- 자시며 : 주무시며 🔖 자-(동사 어간)+-시-(주체 높임 선어말 어미)+-며(대등적 연결 어미)
- 겨샤ᄆᆞᆯ : 계심을 🔖 겨시-(동사 어간)+-옴(명사형 어미)+ᄋᆞᆯ(목적격 조사)
- ᄉᆞ랑ᄒ시논 : 사랑하시는 🔖 ᄉᆞ랑ᄒ-(형용사 어간)+-시-(주체 높임 선어말 어미)+-ᄂᆞ-(현재 시제 선어말 어미)+-오-(대상 활용 선어말 어미)+-ㄴ(관형사형 어미)
- 가히 : 개.
- ᄆᆞ리게 : 말에게 🔖 ᄆᆞᆯ(명사)+이게(부사격 조사)
- 사ᄅᆞ미ᄯᆞ녀 : 사람이랴 🔖 사ᄅᆞᆷ(명사)+이ᄯᆞ녀(의문 보조사)

2 혼례장

昏義예 닐오ᄃᆡ 昏姻禮ᄂᆞᆫ 쟝ᄎᆞ 두 姓의 됴호ᄆᆞᆯ 뫼화 우흐론 宗廟를 셤기고 아래론 後世를 닛게 ᄒᆞᄂᆞ니 그럴ᄉᆡ 君子ㅣ 重히 ᄒᆞᄂᆞ니 이런드로 昏姻禮예 納采와 ≪納采ᄂᆞᆫ 그려기 드려 굴히ᄂᆞᆫ 藝라≫ 問名과 ≪問名은 겨지븨 난 어믜 일훔 무를 시라≫ 納吉와 ≪納吉은 됴흔 占卜 드릴 시라≫ 納徵과 ≪納徵은 幣帛 드려 昏姻 보람ᄒᆞᆯ 시라≫ 請期호ᄆᆞᆯ ≪請期ᄂᆞᆫ 昏姻홀 나ᄅᆞᆯ 請홀 시라≫ 다 主人이 廟에 돗 ᄭᆞᆯ며 几 노코 ≪廟ᄂᆞᆫ 祠堂이라≫ 門 밧긔 절ᄒᆞ야 마자 드러 揖ᄒᆞ야 辭讓ᄒᆞ야 올아 廟애 命을 듣ᄂᆞ니 ≪命은 사회 짓 마리라≫ 昏姻禮를 恭敬ᄒᆞ며 삼가며 重히 ᄒᆞ며 正히 호미라

현대어역

『혼의』에 이르기를, 혼인의 예의는 장차 두 성 간에 좋은 사이를 맺어, 위로는 종묘를 섬기고 아래로는 자식을 낳아 후세를 잇게 하려는 것이니, 그러므로 군자는 이를 중히 여긴다. 이 때문에 혼인의 예에서 납채와 ≪납채는 기러기를 드려 가리는 예이다.≫ 문명과 ≪문명은 여자의 어머니 이름을 묻는 것이다.≫ 납길과 ≪납길은 좋은 점복을 드리는 것이다.≫ 납징과 ≪납징은 폐백을 드려 혼인을 표시하는 것이다.≫ 청기함을 ≪청기는 혼인할 날을 청하는 것이다.≫ 다 신부 집 주인이 사당에 돗자리 깔고 상을 놓고 ≪묘는 사당이다.≫ 문밖에 나가 절하여 맞아 들어와 읍하여 사양하면서 올라가 사당에서 신랑 집에서 전하는 명을 듣는다. ≪명은 사위의 집의 말이다.≫ 이는 혼인의 예를 공경하며 삼가며 신중하게 하며 바르게 하려는 것이다.

형태소 분석

- 昏義(혼의) : 혼인에 대해 기록한 예기의 편명
- 됴호몰 : 좋음을 🔖 됴ᄒ-(형용사 어간)+-옴(명사형 어미)+올(목적격 조사)
- 뫼화 : 맺어, 모아 🔖 뫼호-(동사 어간)+-아(종속적 연결 어미)
- 우ㅎ론 : 위로는 🔖 우ㅎ(ㅎ종성 체언)+으로(부사격 조사)+ㄴ(보조사)
- 이런ᄃ로 : 이런 이유로
- 그려기 : 기러기를 🔖 그려기(명사)+Ø(목적격 조사)
- ᄀᆞᆯ히ᄂᆞᆫ : 구별하는 🔖 ᄀᆞᆯ히-(동사 어간)+-ᄂᆞ-(현재 시제 선어말 어미)+-ㄴ(관형사형 어미)
- 보람홀 : 표할, 표시할 🔖 보람ᄒ-(동사 어간)+-ㄹ(관형사형 어미)
- 돗 : 돗자리 🔖 돗(명사)+Ø(목적격 조사)
- ᄭᆞᆯ며 : 깔며 🔖 ᄭᆞᆯ-(동사 어간)+-며(대등적 연결 어미)
- 올아 : 올라 🔖 오ᄅᆞ-(동사 어간)+-아(종속적 연결 어미)
- 사회짓 : 사위의 집의

恭敬ᄒ며 삼가며 重히 ᄒ며 正ᄒᆞᆫ 後에ᅀᅡ 親ᄒᆞᄂᆞ니 禮의 大體니 남진 겨집 ᄀᆞᆯ히요ᄆᆞᆯ 일워 夫婦의 義ᄅᆞᆯ 셰요미라 남진과 겨집괘 ᄀᆞᆯ히요미 이신 後에ᅀᅡ 夫婦ㅣ 義 잇고 夫婦ㅣ 義이신 後에ᅀᅡ 아비와 아ᄃᆞᆯ왜 親ᄒᆞ요미 잇고 아비와 아ᄃᆞᆯ왜 親ᄒᆞ요미 이신 後에ᅀᅡ 님금과 臣下왜 正히 ᄒᆞ요미 잇ᄂᆞ니 그런ᄃᆞ로 닐오ᄃᆡ 昏姻禮ᄂᆞᆫ 禮의 根源이라

현대어역

공경하며 삼가며 신중히 하며 바르게 한 후에야 친하게 되는 것이 혼례의 기본 원칙이니, 남편과 아내의 구별을 이루어 부부의 의를 세우는 것이다. 남편과 아내의 구별이 있은 후에야 부부의 의가 있고, 부부의 의가 있은 후에야 아비와 아들의 친함이 있고, 아비와 아들의 친함이 있은 후에야 임금과 신하의 바르게 함이 있으니, 어떤 까닭으로 혼인례가 예의 근원이니라.

형태소 분석

- 大體 : 기본 원칙
- ᄀᆞᆯ히요ᄆᆞᆯ : 구별함을 🔖 ᄀᆞᆯ히-(동사 어간)+-옴(명사형 어미)+ᄋᆞᆯ(목적격 조사)
- 셰요미라 : 세움이다, 세우는 것이다
  🔖 셰-(동사 어간)+-옴(명사형 어미)+이(서술격 조사)+-다(평서형 종결 어미)
- 아ᄃᆞᆯ왜 : 아들의 🔖 아ᄃᆞᆯ(명사)+와(접속 조사)+ㅣ(관형격 조사)
- 그런ᄃᆞ로 : 그런 이유로

禮記예 닐오딕 昏姻ㅎ논 禮는 萬世의 비르소미니 다른 姓에 取호요문 뻐 머리 호물 븓게 ㅎ며 굴히요물 두터이 ㅎ논 배니라 幣를 모로매 精誠도이 ㅎ며 말ㅅ물 두터이 아니홀 업시 ㅎ야 告호딕 直과 信과로 뻐 ㅎㄴ니 信은 사ㄹ물 셤기며 信은 겨지븨 德이니라 혼 번 다못 ㄱ주기 ㅎ면 모미 뭇도록 가싀디 아니ㅎㄴ니 이런도로 남지니 주거도 얻디 아니 ㅎㄴ니라 男子ㅣ 親히 마자 남지니 겨지븨게 몬져 홈문 剛과 柔왓 쁘디니 하늘히 싸ㅎ롯 몬져 ㅎ며 님금이 臣下롯 몬져 호미 그 쁘디 혼 가지라 摯를 자바 ≪摯는 그려기라≫ 뻐 서르 보는 둔 恭敬ㅎ야 有別호믈 볼기 개니라 男女ㅣ 굴히요미 이신 後에사 아비와 아돌왜 親흠 아비와 아돌왜 親흔 後에사 義 난 後에사 禮 두외며 禮 두왼 後에사 萬物이 便安ㅎㄴ니 굴히욤 업스며 義 업소문 禽獸의 道ㅣ라

현대어역

『예기』에 이르기를, 혼인하는 예는 만세의 시작이니, 다른 성을 취하는 것은 멀리 한 것을 붙게 하며 구별하는 것을 두터이 하려는 것이다. 폐백을 반드시 정성스럽게 하며, 말씀을 옳은 말이 아니면 사용하지 아니하며 곧고 신의가 있게 고하는 것이다. 신의는 사람을 섬기는 도리이며 신의는 아내의 덕이 된다. 한번 더불어 가지런히 짝지어진 다음에는 죽을 때까지 변하지 않으니 이런 까닭으로 남편이 죽어도 다른 남자에게 시집가지 않는다. 혼인 때 남자가 친히 여자를 맞으러 가서 남자가 여자에게 우선하게 하는 것은 남자의 강직함과 여자의 유순함을 뜻하는 것으로, 하늘이 땅으로부터 우선하고 임금이 신하보다 우선한다고 하는 것과 같은 뜻이다. 지를 잡아 ≪지는 기러기이다.≫ 서로 보는 것은 공경하여 남녀의 유별함을 밝히는 것이다. 남녀의 구별이 분명해진 후에야 아버지와 아들이 친하게 되며, 아버지와 아들이 친한 후에야 의가 생기며, 의가 생기고 난 후에야 예가 이루어지며, 예가 이루어진 후에야 만물이 편안하니, 구별함이 없고 의가 없는 것은 짐승의 도리이다.

형태소 분석

- **비르소미니** : 시작이니, 비롯함이니 [분] 비릇-(동사 어간)+-옴(명사형 어미)+이(서술격 조사)+-니(종속적 연결 어미)
- **머리** : 멀리 [분] 멀-(형용사 어간)+-이(부사 파생 접미사)
- **븓게 ㅎ며** : 붙게 하며 [분] 븓-(동사 어간)+-게(보조적 연결 어미)#ㅎ-(보조 동사 어간)+-며(대등적 연결 어미)
- **두터이** : 두텁게 [분] 두텁-(형용사 어간)+-이(부사 파생 접미사)
- **모로매** : 모름지기, 반드시
- **精誠도이** : 정성스럽게 [변] 精誠두빙>精誠도이
- **아니홀 업시 ㅎ야** : 아니함이 없게 하여

  '아니ㅎ-+-ㄹ'의 결합에서 관형사형 '-ㄹ'에 'ㅅ'이 결합하여 주어의 기능을 담당하고 있다.

- **다못** : 더불어, 함께
- **ㄱ주기** : 가지런히
- **맛드록** : 마치도록 [분] 뭇-(동사 어간)+-도록(종속적 연결 어미)
- **가싀디** : 가시지, 변하지, 고치지 [분] 가싀-(동사 어간)+-디(보조적 연결 어미)
- **몬져** : 먼저

- 싸ㅎ롯 : 땅으로, 땅으로부터 〔분〕 싸ㅎ(ㅎ종성 체언) + ㅗ롯(부사격 조사)
- 볼기개니라 : 밝게 하는 것이다

王吉이 글워를 進上ᄒᆞ수와 닐오디 夫婦는 人倫의 큰 綱領이니 短命ᄒ며 長壽홀 萌芽ㅣ라 世俗이 호ᄆᆞᆯ 해 일ᄒ야 사ᄅᆞ미 父母 두외욜 道를 아디 몯ᄒ야셔 子息이 잇ᄂᆞ니 이런ᄃᆞ로 敎化ㅣ 븕디 몯ᄒ 며 百姓이 해 일 죽ᄂᆞ니이다

현대어역

왕길이 글을 올려 아뢰기를, "부부는 인륜의 큰 근본이니 단명과 장수의 싹이 됩니다. 세속에서 시집가고 장 가가는 것을 너무 일찍 하여서 사람의 부모 될 도리를 알지 못하면서 자식을 두게 됩니다. 이런 까닭으로 교화가 밝지 못하며 백성들이 많이 일찍 죽습니다."라고 하였다.

형태소 분석

- 일 : 일찍이
- 븕디 몯ᄒ며 : 밝지 못하며 〔분〕 밝-(형용사 어간) + -디(보조적 연결 어미)#몯ᄒ-(보조 용언 어 간) + -며(대등적 연결 어미)
- 해 : 많이, 너무
- 일 : 일찍

文中子ㅣ 曰호딘 婚娶홀 제 천량 議論호문 되 다대의 道ㅣ니 君子ㅣ 그 ᄀᆞ올ᄒᆡ 드디 아니ᄒᆞᄂ니라 녜 남진 겨지븨 아ᅀᆞ미 各各 德을 글힐 ᄲᅮ니언뎡 천량으로써 禮믈 삼디 아니ᄒ더니라 일 婚姻ᄒ며 져며셔 媒聘호문 ≪媒는 듕신이라≫ 사ᄅᆞ믈 ᄀᆞᄅᆞ쵸딘 輕薄ᄒᆞᆫ 이를 뻐 ᄒᆞ논 디오 고마를 數 업시 호ᄆᆞᆫ 사ᄅᆞ믈 ᄀᆞᄅᆞ쵸딘 어즈러오ᄆᆞᆯ 뻐 ᄒᆞ논 디니 ᄯᅩ 貴ᄒ니와 賤ᄒ니왜 差等이 잇ᄂᆞ니 ᄒᆞᆫ 남진 ᄒᆞᆫ 겨지븐 庶人의 셕시라

현대어역

문중자가 니르되, "장가가고 시집갈 때 재물을 가지고 이야기하는 것은 오랑캐의 도이나 군자는 그런 고을에 는 들어가지 않는다. 옛날에는 남자와 여자의 집안이 각각 덕을 구별하였을지언정, 재물로 예를 삼지는 않았다. 일찍 혼인하고 어려서 중매인을 부르는 것은 ≪매는 중매인이다.≫ 사람을 경박한 일로 가르치는 것이고, 첩을 수없이 두는 것은 사람을 어지러움으로 가르치는 것이다.

형태소 분석

- 천량 : 재물
- 되 다대의 : 오랑캐의 〔참고〕 '되'도 오랑캐를 가리키며, '다대'도 오랑캐를 가리킨다.
- ᄀᆞ올ᄒᆡ : 고을에 〔분〕 ᄀᆞ올ᄒ(ㅎ종성 체언) + 이(부사격 조사)

- 드디 아니ᄒᆞᄂᆞ니라 : 들어가지 않는다 분 드-(동사 어간)+-디(보조적 연결 어미)#아니ᄒᆞ-(보조 용언 어간)+-ᄂᆞ-(현재 시제 선어말 어미)+-니-(원칙법 선어말 어미)+-라(평서형 종결어미)
- ᄀᆞᆯ힐 ᄲᅮ니언뎡 : 가릴 뿐일지언정, 구별할 뿐일지언정 분 ᄀᆞᆯ히-(동사 어간)+-ㄹ(관형사형 어미)#ᄲᅮᆫ(의존 명사)+이언뎡(조사)
- 듕신 : 중매인, 중개인
- 고마롤 : 첩을 분 고마(명사)+롤(목적격 조사)
- 셕시라 : 직분이다 분 셕(명사)+이(서술격 조사)+-다(평서형 종결 어미)

3 부부장

女敎애 닐오ᄃᆡ 겨지비 비록 ᄒᆞᆫ가지라 니ᄅᆞ나 남진은 겨지븨 하ᄂᆞᆯ히라 禮로 반ᄃᆞ기 恭敬ᄒᆞ야 셤교ᄃᆡ 아비ᄀᆞ티 홀 디니 모믈 ᄂᆞᆺ가이 ᄒᆞ며 ᄠᅳ들 ᄂᆞᆽ기 ᄒᆞ야 거즛 尊코 큰 양 말며 오직 順從호믈 알오 잢간도 거슬ᄢᅥ 마롤 디니 ᄀᆞᄅᆞ치며 警戒호믈 드로ᄃᆡ 聖人ㅅ 글 드롬ᄀᆞ티 ᄒᆞ며 모믈 보ᄇᆡ로이 너교ᄃᆡ 구슬ᄀᆞ티 ᄒᆞ야 저허 守홀 디니 잢간이나 ᄆᆞᅀᆞᆷ 노하 펴아려 몸도 오히려 잇디 아니커니 므스글 미드리오

현대어역

《여교》에 이르되, "아내가 비록 남편과 한가지라고 말하지만, 남편은 아내의 하늘이다. 예로 반드시 공경하여 섬기되 그 아비같이 할 것이니, 몸을 낮게 하며 뜻을 나직이 하여 거짓으로 존중하고 잘 난 척 말 것이며 오직 순종함을 알고 잠깐도 거스르지 말 것이니, 가르치며 경계함을 듣되, 성인의 글을 들음같이 하며 몸을 보배로이 여기되 구슬같이 하여 두려워하여 지킬 것이니 잠깐이나 마음을 놓아 펴겠는가. 몸도 오히려 있지 아니하거니 무엇을 믿으리오.

형태소 분석

- ᄒᆞᆫ가지라 : 한가지라고, 함께라고 분 ᄒᆞᆫ가지(명사)+∅(서술격 조사)+-라(종속적 연결 어미)
- 니ᄅᆞ나 : 이르나, 말하나 분 니ᄅᆞ-(동사 어간)+-나(대등적 연결 어미)
- 반ᄃᆞ기 : 반드시
- ᄂᆞᆺ가이 : 낮게 분 ᄂᆞᆺ갑-(형용사 어근)+-이(부사 파생 접미사) > ᄂᆞᆺ가ᄫᅵ > ᄂᆞᆺ가이
- ᄂᆞᆽ기 : 나직이 분 ᄂᆞᆽ-(형용사 어근)+-이(부사 파생 접미사)
- 큰 양 : 큰 척(체), 잘난 척 분 크-(형용사 어간)+-ㄴ(관형사형 어미)#양(의존 명사)
- 잢간도 : 잠깐도, 조금도
- 거슬ᄢᅥ : 거슬리게 분 거슬ᄡᅳ-(동사 어간)+이(부사 파생 접미사)
- 마롤 디니 : 말 것이니 분 말-(동사 어간)+-오-(선어말 어미)+-ㄹ(관형사형 어미)#ᄃᆞ(의존 명사)+ㅣ(서술격 조사)+-니(종속적 연결 어미)

- 드롬 : 들음, 듣는 것 🔼 듣-(동사 어간)+-옴(명사형 어미)
- 저허 : 두려워하여 🔼 저ᅙ-(동사 어간)+-어(종속적 연결 어미)

남지니 眞實로 허므리 잇거든 委曲히 諫호ᄃᆡ 利害를 펴 닐어 ᄂᆞᄎᆞᆯ 溫和히 ᄒᆞ며 말ᄉᆞᄆᆞᆯ 順히 홀 디니 남진이 ᄒᆞ다가 ᄀᆞ장 怒ᄒᆞ야커든 깃거든 다시 諫ᄒᆞ야 비록 튜믈 니버도 엇뎨 잠깐이나 怨望ᄒᆞ며 애와티리오 남자ᄂᆡ 所任은 반ᄃᆞ기 尊ᄒᆞ고 겨지븐 ᄂᆞᆺ가온 디라 시혹 티며 시혹 구지조미 公反호매 맛당호미니 내 어듸ᄯᅳᆫ 잠깐이나 對答ᄒᆞ며 내 어듸ᄯᅳᆫ 잠깐이나 怒ᄒᆞ리오 브터 ᄒᆞᄢᅴ 늘골 디라 ᄒᆞᄅᆞᆺ 젼치 아니니라 터럭만 이ᄅᆞᆯ 모로매 알외욜 디니 엇뎨 잠깐이나 제 쥬변ᄒᆞ리오 쥬변ᄒᆞ면 사ᄅᆞ미 아니니라 남진의 집 허므를 父母ᄭᅴ 니ᄅᆞ디 마를 디니 ᄒᆞᆫ갓 어버ᅀᅴ 시르믈 기티논 디라 니ᄅᆞᆫ들 므스기 보태리오 남진 어러 ᄒᆞ마 도라간 주그며 사로ᄆᆞ로 ᄡᅥ 홀 디니 ≪겨지븐 남진의 지블 제 집 사ᄆᆞᆯ 시 남진 어루믈 도라가다 ᄒᆞᄂᆞ니라≫ ᄒᆞ다가 어즈러이 ᄒᆞ면 ᄆᆞ쇼만도 ᄀᆞ디 몯ᄒᆞ니라 지블 니ᄅᆞ왇고져 홀 딘댄 닐오ᄃᆡ 和홈과 順홈괘니 므스그로ᄡᅥ 이에 닐위료 또 恭敬호매 잇ᄂᆞ니라

현대어역

남편이 진실로 허물이 있거든 자상히 간하되, 이로움과 해로움을 펴 일러 낯을 얼굴빛을 온화히 하며 말도 순하게 할 것이니, 남편이 만약 크게 노하거든 기뻐하거든 다시 간하여 비록 때림을 당해도 어찌 잠깐이나 원망하여 애타하리오. 남편의 소임은 반드시 높고 아내는 낮은 것이다. 혹시 치며 혹시 꾸짖음이 있다한들 마땅함이니, 내 어찌 잠깐이나 대답하며, 내 어찌 잠깐이나 노하리오. 의지하여 함께 늙을 것이다. 하루의 전체가 아니니라. 터럭만 한 일을 모르매 알릴 것이니 어찌 잠깐이나 제 마음대로 하리오. 마음대로 하면 사람이 아니니라. 남편의 집 허물을 부모께 이르지 말 것이니 한갓 어버이의 시름을 끼치는 것이다. 이른들 무엇을 보내리오. 남편에게 시집을 가 이미 돌아간 죽으며 사는 것으로 할 것이니 ≪여자는 남편의 집을 제 집 삼으므로 시집가는 것을 돌아간다고 한다≫ 만약 어지럽게 하면 마소만도 같지 못하다. 집을·일으키고자 할 것이면 이르되, 화합함과 순종함이니 무엇으로써 이에 이룰 것인가. 또 공경함에 있느니라.

형태소 분석

- 허므리 : 허믈이 🔼 허믈(명사)+이(주격 조사)
- ᄂᆞ출 : 얼굴빛을 🔼 낯(명사)+올(목적격 조사)
- 말ᄉᆞ믈 : 말을, 말씀을
- ᄒᆞ다가 : 하다가, 만약, 만일
- 깃거든 : 기뻐하거든 🔼 깃그-(동사 어간)+-어든(종속적 연결 어미)
- 튜믈 니버도 :
- 애와티리오 : 애타하리오 🔼 애와티-(동사 어간)+-리오(의문형 종결 어미)
- ᄂᆞᆺ가온 디라 : 낮은 것이다 🔼 ᄂᆞᆺ갑-(형용사 어간)+-ㄴ(관형사형 어미)#ᄃᆞ(의존 명사)+ㅣ(서술격 조사)+-다(평서형 종결 어미)
- 시혹 : 혹시, 때로
- 티며 : 치며 🔼 티-(동사 어간)+-며(대등적 연결 어미)

- 구지조미 : 꾸짖음이 분 구짖-(동사 어간)+-옴(명사형 어미)+-이(주격 조사)
- 맛당호미니 : 마땅하니, 마땅함이니 분 맛당ᄒ-(형용사 어간)+-옴(명사형 어미)+-이(서술격 조사)+-니(종속적 연결 어미)
- 어듸ᄯᆞᆫ : 어찌
- ᄒᆞᆫᄢᅴ : 함께, 동시에
- 늘골 : 늙을 분 늙-(형용사 어간)+-오-(대상 활용 선어말 어미)+-ㄹ(관형사형 어미)
- ᄒᆞᄅᆞᆺ 젼치 : 의미가 불분명하나, '하루'
- 쥬변ᄒᆞ리오 : 자유로이 하리오, 마음대로 하리오 분 주변ᄒ-(동사 어간)+-리-(미래 시제 선어말 어미)+-오(의문형 종결 어미)
- ᄒᆞᆫ갓 : 한갓, 공연히
- 어버ᅀᅴ : 어버이의 분 어버ᅀᅵ(명사)+의(관형격 조사)
- 기티논 디라 : 끼치는 것이다 분 기티-(동사 어간)+-ᄂᆞ-(주체 높임 선어말 어미)+-ㄴ(관형사형 어미)#ᄃᆞ(의존 명사)+ㅣ(서술격 조사)+-다(평서형 종결 어미)
- 어루믈 : 혼인함을, 시집가는 것을 분 어르-(동사 어간)+-움(명사형 어미)+을(목적격 조사)
- ᄆᆞ쇼만도 : 마소만도
- 니ᄅᆞ왇고져 : 일으키고자 분 니ᄅᆞ왇-(동사 어간)+-고져(종속적 연결 어미)

夫婦의 道ᄂᆞᆫ 陰과 陽과이 마ᄌᆞ며 神明에 ᄉᆞᄆᆞᄎᆞ니 眞實로 하늘과 싸쾃 큰 義며 人倫의 큰 ᄆᆞᄃᆡ라 이런 드로 禮예 男女ㅅ ᄉᆞᅀᅵ를 貴히 너기고 毛詩예 關雎ㅅ 義를 나토니 ≪關雎ᄂᆞᆫ 므렛 새 일후미니 빠글 一定ᄒ야 서르 어즈러이 아니ᄒ면 둘히 샹녜 굴와 노로ᄃᆡ 서르 즈올아이 아니ᄒ야 ᄠᅳ디 至極호ᄃᆡ 굴히요미 잇ᄂᆞ니라 周文王이 나 聖德이 겨시고 ᄯᅩ 聖女 姒氏를 어드샤 配匹을 사마시ᄂᆞᆯ 宮中ㅅ 사ᄅᆞ미 그 처ᅀᅥᆷ 오실 제 幽閑 貞靜ᄒᆞᆫ 德이 겨실ᄉᆡ 이 詩를 지서 닐오ᄃᆡ 서르 和樂ᄒ시며 恭敬ᄒᆞ샤미 雎鳩ㅣ 굳ᄒ시다 ᄒᆞ니라 幽ᄂᆞᆫ 기플 시오 閑ᄋᆞᆫ 安靜홀 시오 貞ᄋᆞᆫ 一定홀 시오 靜ᄋᆞᆫ ᄆᆞᅀᆞ미 조흘 시라 이를 브터 니ᄅᆞ건댄 重히 너기디 아니하미 몯ᄒᆞ리라 남지니 어디디 몯ᄒ면 겨지블 거느리디 몯ᄒ고 겨지비 어디디 몯ᄒ면 남지늘 셤기도 몯ᄒ며 남지니 겨지블 거느리디 몯ᄒ면 威儀ㅣ ᄒ야고 ≪威儀ᄂᆞᆫ 거동이 식식ᄒ고 法바다직홀 시라≫ 겨지비 남지늘 셤기디 몯ᄒ면 義理 를 어디리니 이 두 이를 가졸비건댄 그 ᄲᅮ미 ᄒᆞᆫ가지라

현대어역

부모의 도는 음과 양에 맞으며 신명에 사무친 것이니 진실로 하늘과 땅의 큰 의이며 인륜의 큰 마디이다. 이런 까닭으로 『예기(禮記)』에서 남녀의 사이를 귀하게 여기고 『모시(毛詩)』에서 관저(關雎)의 뜻을 드러내고 있다.[관저는 모시의 편 이름이니 관은 암수가 서로 화합하여 우는 소리이고, 저구(雎鳩)는 물새 이름이니 짝을 정하여 서로 어지러이 아니하면 둘이 늘 나란히 놀되 서로 허물없이 아니하여 뜻이 지극하되 분간이 있다. 주(周) 문왕이 태어나 성덕이 있고 또 성녀인 사씨(姒氏)를 얻어 배필을 삼으시거늘 그 처음 오실 때 유한정정한

덕이 있으시므로 궁중 사람이 이 시를 지어 말하기를 서로 화락하며 공경하는 것이 저구와 같다 하였다. 유(幽)는 깊다는것이요, 한(閑)은 안정하다는 것이요, 정(貞)은 일정하다는 것이요, 정(靜)은 마음이 깨끗하다는 뜻이다.] 이런 것으로 미루어 보건대 중히 여기지 않을 수 없다. 남편이 어질지 못하면 아내를 거느리지 못하고, 아내가 어질지 못하면 남편을 섬기지 못한다. 남편이 아내를 구느리지 못하면 위의(威儀)가 무너지고[위의는 거동이 엄숙하고 본받을 많다는 것이다], 아내가 남편을 섬기지 못하면 의리가 무너질 것이니, 이 둘을 비교한다면 그 쓰임은 한가지이다.

형태소 분석

- **하늘콰 싸쾃** : 하늘과 땅의 🔹 하늘ㅎ(ㅎ종성 체언)+과(접속 조사)#짜ㅎ(ㅎ종성 체언)+과(접속 조사)+ㅅ(관형격 조사)
- **무듸** : 마디.
- **나토니** : 나타내니, 드러내니 🔹 나토-(동사 어간)+-니(종속적 연결 어미)
- **므렛 새** : 물새.
- **일후미니** : 이름이니 🔹 일훔(명사)+이(서술격 조사)+-니(종속적 연결 어미)
- **싸글** : 짝을 🔹 싹(명사)+을(목적격 조사)
- **골와** : 나란히, 함께 나란히 하여 🔹 골오-(동사 어간)+-아(부사형 어미)
- **사마시놀** : 삼으시거늘 🔹 삼-(동사 어간)+-아-+-시-(주체 높임 선어말 어미)+-늘('-아늘'의 형태로 '-시-'가 개입된 불연속적 형태소)
- **기플 시오** : 깊을 것이고 🔹 깊-(형용사 어간)+-을(관형사형 어미)#ㅅ(의존 명사)+ㅣ(서술격 조사)+-고(대등적 연결 어미)
- **어디디 몯ᄒᆞ면** : 어질지 못하면 🔹 어딜-(동사 어간, ㄹ탈락)+-디(보조적 연결 어미)#몯ᄒᆞ-(보조용언 어간)+-면(종속적 연결 어미)
- **ᄒᆞ야디고** : 헐어지고, 헤어지고, 무너지고 🔹 ᄒᆞ야디-(동사 어간)+-고(대등적 연결 어미)
- **싁싁ᄒᆞ고** : 엄숙하고, 장엄하고 🔹 싁싁ᄒᆞ-(형용사 어간)+-고(대등적 연결 어미)
- **法바다직홀** : 본받음직할 🔹 法받-(동사 어간)+-암직ᄒᆞ-(형용사 파생 접미사)+-ㄹ(관형사형 어미)
- **믈어디리니** : 무너지리니 🔹 믈어디-(동사 어간)+-리-(미래 시제 선어말 어미)+-니(종속적 연결 어미)
- **가졸비건댄** : 비유할진대, 비교한다면 🔹 가졸비-(동사 어간)+-건대(종속적 연결 어미)
- **ᄡᅮ미** : 쓰임이 🔹 ᄡᅳ-(형용사 어간)+-움(명사형 어미)+-이(주격 조사)

08 두시언해(杜詩諺解)

1481년

1 옥화궁(玉華宮)

시내 횟돈 딕 솘 브르미 기리 부느니
프른 쥐 녯 디샛 서리예 숨느다
아디 몯ᄒ리로다 어느 님긊 宮殿고
기튼 지은 거시 노픈 石壁ㅅ 아래로다
어득흔 房앤 귓거싀 브리 프르고
믈어딘 길헨 슬픈 므리 흐르놋다
여러 가짓 소리 眞實ㅅ 뎌와 피릿 소리 곧도소니
ᄀᆞᅀᆞᆳ 비치 正히 ᄆᆞᆰᄆᆞᆰᄒ도다

현대어역

시내가 휘도는 곳에 솔 바람이 길게 부나니
푸른 쥐가 옛 기와의 서리에 숨는다.
알지 못하겠구나 어느 임금의 궁전인가.
남은 지은 것(건물)이 높은 석벽의 아래로다.
어둑한 방에는 귀신의 불이 파랗고
무너진 길에는 슬픈 물이 흐르는구나.
여러 가지 소리가 진실로 저와 피리 소리가 같더니
가을 빛이 정히 맑고 깨끗하도다.

형태소 분석

- **시내** : 시내가 ▶ 시내(명사)+Ø(주격 조사)
- **횟돈 딕** : 휘도는 곳에 ▶ 횟돌-(동사 어간)+-ㄴ(관형사형 어미)#딕(의존 명사)+Ø(부사격 조사)
- **솘 브르미** : 솔 바람이 ▶ 솔(명사)+ㅅ(관형격 조사)+ㅂㄹㅁ(명사)+이(주격 조사)
- **기리** : 길이, 길게(부사).
- **부느니** : 부나니 ▶ 불-(동사 어간)+-느-(현재 시제 선어말 어미)+-니(종속적 연결 어미)
- **프른 쥐** : 푸른 쥐가 ▶ 프르-(형용사 어간)+-ㄴ(관형사형 어미)#쥐(명사)+Ø(주격 조사)
- **녯** : 관 옛

- 디샛 : 기와의 분 디새(명사) + ㅅ(관형격 조사)
- 서리예 : 서리에 분 서리(명사) + 예(부사격 조사)
- 숨ᄂ다 : 숨는다 분 숨-(동사 어간) + -ᄂ-(현재 시제 선어말 어미) + -다(평서형 종결어미)
- 아디 몯ᄒ리로다 : 알지 못하리도다, 알지 못하겠구나 분 알-(동사 어간) + -디(보조적 연결 어미) #몯(부정 부사)#ᄒ-(동사 어간) + -리-(미래 시제 선어말 어미) + -도-(감동법 선어말 어미) + -다(평서형 종결어미)
- 님긊 : 임금의 분 님금(명사) + ㅅ(관형격 조사)
- 宮殿고 : 궁전인가 분 宮殿(명사) + -고(의문 보조사)
- 기튼 : 남은 분 기트-(동사 어간) + -ㄴ(관형사형 어미)
- 지은 거시 : 지은 것(건물)이 분 짓-(동사 어간) + -은(관형사형 어미)#것(의존 명사) + 이(주격 조사)
- 노폰 : 높은 분 높-(형용사 어간) + -은(관형사형 어미)
- 石壁ㅅ 아래로다 : 석벽의 아래로다 분 石壁(명사) + ㅅ(관형사형 어미) + 아래(명사) + -도-(감동법 선어말 어미) + -다(평서형 종결 어미)
- 어득흔 房앤 : 어둑한 방에는 분 어득ᄒ-(형용사 어간) + -ㄴ(관형사형 어미)#房(명사) + 애(부사격 조사) + ㄴ(보조사)
- 귓거시 : 귀신의 블이, 도깨비의 불이 분 귓것(명사) + 의(관형격 조사)#블(명사) + 이(주격 조사)
- 프르고 : 파랗고 분 프르-(형용사 어간) + -고(대등적 연결 어미)
- 믈어딘 : 무너진 분 믈어디-(동사 어간) + -ㄴ(관형사형 어미)
- 길헨 : 길에는 분 길ㅎ(명사) + 에(부사격 조사) + ㄴ(보조사)
- 슬픈 므리 : 슬픈 물이 분 슬프-(형용사 어간) + -ㄴ(관형사형 어미)#믈(명사) + 이(주격 조사)
- 흐르놋다 : 흐르는구나 분 흐르-(동사 어간) + -ᄂ-(현재 시제 선어말 어미) + -옷-(감동법 선어말 어미) + -다(평서형 종결 어미)
- 여러 가짓 소리 : 여러 가지 소리가 분 여러(관형사)#가지(명사) + ㅅ(관형사형 어미)#소리(명사) + Ø(주격 조사)
- 眞實ㅅ : 진실의, 진실로 분 眞實(명사) + ㅅ(관형격 조사)
- 뎌와 피릿소리 : 저와 피리 소리와 분 뎌[笛] + 와(접속 조사)#피리(명사) + ㅅ(관형격 조사) + 소리(명사) + Ø
- ᄀᆮ도소니 : 같은데, 같더니 분 ᄀᆮ-(형용사 어간) + -돗-(감동법 선어말 어미) + -(ᄋᆞ)니(종속적 연결 어미)

> 'ᄀᆮ도ᄉᆞ니 → ᄀᆮ도소니'로 모음 동화의 결과로 본다.

- ᄀᆞᇫ비치 : 가을 빛이 분 ᄀᆞᅀᆞᆯ(명사) + ㅅ(관형격 조사) + 빛(명사) + 이(주격 조사)
- 正히 : 정히 분 正(명사) + 히(부사격 조사)
- ᄌᆞᆺᄌᆞᆺᄒ도다 : 맑고 깨끗하도다 분 ᄌᆞᆺᄌᆞᆺᄒ-(형용사 어간) + -도-(감동법 선어말 어미) + -다(평서형 종결 어미)

2 귀안(歸鴈)

보미 왯는 萬里옛 나그내는
亂이 긋거든 어느 히예 도라가려뇨
江城엣 그려기
노피 正히 北으로 누라가매 애롤 긋노라.

현대어역
봄에 와 있는 만리에서의 나그네는
난이 그치거든 어느 해에 돌아갈까
강성에의 기러기
높이 바르게 북으로 날아가니 애를 끊는구나.

형태소 분석
- 보미 : 봄에 **분** 봄(명사)+익(부사격 조사)
- 왯는 : 와 있는 **분** 오-(동사 어간)+-아(보조적 연결 어미)#잇-(보조 동사 어간)+-는(관형사형 어미)
- 만리옛 : 만리(명사)에의 **분** 만리(명사)+예(부사격 조사)+ㅅ(관형격 조사)
- 긋거든 : 그치거든 **분** 긋-(동사 어간)+-거든(종속적 연결 어미)
- 江城엣 : 강가에 있는 성에 **분** 江城(명사)+에(부사격 조사)+ㅅ(관형격 조사)
- 그려기 : 기러기가 **분** 그려기(명사)+Ø(주격 조사)
- 노피 : 높이 **분** 높-(형용사 어간)+-이(부사 파생 접미사)
- 애롤 : 창자를 **분** 애(명사)+롤(목적격 조사)
- 긋노라 : 끊는다 **분** 긋-(동사 어간)+-ᄂ-(현재 시제 선어말 어미)+-오-(인칭법 선어말 어미)+-다(평서형 종결 어미)

3 강촌(江村)

물근 ᄀᆞᄅᆞᆷ 흔 고비 ᄆᆞᄋᆞᆯᄒᆞᆯ 아나 흐르ᄂᆞ니
긴 녀름 江村애 일마다 幽深ᄒᆞ도다
절로 가며 절로 오ᄂᆞ닌 집 우횟 져비오,
서르 親ᄒᆞ며, 서르 갓갑ᄂᆞ닌 믌 가온딧 ᄀᆞᆯ며기로다.

늘근 겨지비 죠히룰 그려 쟝긔파ᄂᆞᆯ ᄆᆡᆼᄀᆞᆯ어ᄂᆞᆯ,
져믄 아ᄃᆞᆯᄂᆞᆫ 바ᄂᆞᆯ룰 두드려 고기 낫글 낙술 ᄆᆡᆼᄀᆞᄂᆞ다.

> 한 病에 엇고져 ᄒᆞ논 바ᄂᆞᆫ 오직 藥物이니,
> 져구맛 모미 이 밧긔 다시 므스글 求ᄒᆞ리오.
>
> (두시언해 초간본 권7, 1481)

> **현대어역**
> 맑은 강의 한 굽이가 마을을 안아 흐르니, 긴 여름날의 강 마을엔 모든 일이 다 그윽하고 한가롭구나. 저 혼자 갔다 저 혼자 오는 것은 집 위에 있는 제비요, 서로 친하며 서로 가까운 것은 물 가운데 있는 갈매기로다. 늙은 아내는 종이에 그려 장기판을 만들고, 어린 아들은 바늘을 두드려 고기 낚을 낚시를 만들고 있다. 많은 병에 오직 얻고자 하는 것이 있다면 그것은 약물이니, 조그마한 몸이 이 밖에 더 무엇을 바라겠는가?

형태소 분석

- 몰ᄀᆞᆫ : 맑은 **분** 몱-(형용사 어간)+-은(관형사형 어미)
- ᄀᆞᄅᆞᆷᄉ : 강(江)의 **분** ᄀᆞᄅᆞᆷ(명사)+ㅅ(관형격 조사)
- 고비 : 굽이가 **분** 곱-(曲, 형용사 어간)+-이(명사파생 접미사)+Ø(주격 조사)
- ᄆᆞᄉᆞᆯᄒᆞᆯ : 마을을 **분** ᄆᆞᄉᆞᆯㅎ(ㅎ종성 체언)+올(목적격 조사)
- 녀르믜 : 여름의 **참고** 녀름[夏], 여름[實]
- 幽深ᄒᆞ도다 : 그윽하도다.
- 오ᄂᆞ닌 : 오는 것은 **분** 오-[來]+-ᄂᆞ-(현재 시제 선어말 어미)+-ㄴ(관형사형 어미)#이(의존 명사)+ㄴ(보조사)

  > 학자에 따라서 마지막의 'ㄴ'을 관형사형 어미로 보는 경우가 있으나 굳이 관형사형 어미로 보아야 하는 이유가 의문이다. 관형사형 어미로 볼 필요가 없이 그냥 보조사로 보아도 무방하다고 하겠다.

- 우흿 : 위에 있는 **분** 우ㅎ(ㅎ종성 체언)+의(부사격 조사)+ㅅ(관형격 조사)
- 져비오 : 제비이고
- 서르 : 서로 **변** 서르>서로
- 갓갑ᄂᆞ닌 : 가까운 것은 **분** 갓갑-(형용사 어간)+-ᄂᆞᆫ(관형사형 어미)#이(의존 명사)+ㄴ(보조사)
- 믌 가온딧 : 물 가운데 있는.
- ᄀᆞᆯ며기로다 : 갈매기로다.
- 겨지븐 : 아내는 **분** 겨집(명사)+은(보조사)
- 죠희 : 종이.
- ᄆᆡᇰᄀᆞ러ᄂᆞᆯ : 만들거늘, 만들고.
- 져믄 : 어린 **변** 幼 → 少 **참고** 졈다[幼], 어리다[愚]
- 낫골 : 낚을 **분** 났-[釣]+-올(관형사형 어미)
- 낙솔 : 낚시를 **분** 났[鉤]+올(목적격 조사)
- 한 : 많은.

- 져구맛 : 조그마한.
- 밧긔 : 밖에 분 밝(명사)+의(처소 부사격 조사)
- 므스글 : 무엇을 분 므슥(대명사)+을(목적격 조사)

4 절구(絶句)

> ᄀᆞᄅᆞ미 ᄑᆞᄅᆞ니 새 더욱 ᄒᆡ오,
> 뫼히 퍼러ᄒᆞ니 곳 비치 블 븓ᄂᆞᆫ 둣도다.
> 옰보미 본ᄃᆡᆫ 쏘 디나가ᄂᆞ니,
> 어느 나리 이 도라갈 ᄒᆡ오.
>
> (두시언해 초간본 권10·17)

현대어역
강물 빛이 푸르니 새의 흰 빛은 더욱 선명히 돋보이고,
산이 푸르러 가는데, 그 속에서 피는 빨간 봄꽃들이 마치 불타는 듯하도다.
내가 보건대 올 봄도 또 허망하게 지나가고 마니
어느 날이나 돌아갈 해인가?

형태소 분석

- ᄒᆡ오 : 희고 분 ᄒᆡ-(白, 형용사 어간)+-고(대등적 연결 어미, 'ㄱ' 약화 현상)
- 뫼히 : 산이 분 뫼ㅎ(명사)+이(주격 조사)
- 퍼러ᄒᆞ니 : 푸르니 분 퍼러ᄒᆞ-(형용사 어간)+-니(종속적 연결 어미)
- 곳 : 꽃.
- 블 : 불[火] 변 블>불(원순 모음화)
- 븓ᄂᆞᆫ : 붙는 분 븓-(동사 어간)+-ᄂᆞᆫ(관형사형 어미)
- 둣도다 : 듯하도다 분 둣(의존 명사)#('ᄒᆞ-'생략)+-도-(감동법 선어말 어미)+-다(평서형 종결 어미)
- 옰보미 : 금년 봄이. 참고 옰봄(來春, 오는 봄), 옰봄(今春, 금년 봄)
- 본ᄃᆡᆫ : 보건대는. 보건대.
- 디나가ᄂᆞ니 : 지나가니.
- 이 : 이것이.
- ᄒᆡ오 : 해인가? 분 ᄒᆡ(명사)+고(의문 보조사)

5 월야억사제(月夜憶舍弟)

防戍ᄒᆞᄂᆞᆫ 딋 부페 ᄃᆞᆫ니리 그츠니 邊方ㅅ ᄀᆞᅀᆞᆯᄒᆡ ᄒᆞᆫ 그려긔 소리로다
이스른 오ᄂᆞᆳ 바ᄆᆞᆯ 조차 ᄒᆡ니 ᄃᆞᄅᆞᆫ 이 녯 ᄀᆞ올ᄒᆡ 볼갯ᄂᆞ니라
잇ᄂᆞᆫ 아ᅀᆞ이 다 흐러가니 지비 주그며 사롬 무롤 ᄃᆡ 업도다
브텨보내ᄂᆞᆫ 書信이 댱샹 ᄉᆞᄆᆞᆺ디 몯거늘 ᄒᆞ물며 兵戈ㅣ 마디 아니ᄒᆞ놋다

현대어역

변방을 지키는 곳의 북소리에 다니는 것이 그치니 변방의 가을에 한 기러기 소리로구나.
이슬은 오늘 밤을 좇아 희니 달은 이 옛 고을(고향)에도 밝겠느니라.
있는 아우가 다 흩어지니 집이 죽으며(가족의 생사를) 살아있는 것을 물을 데 없도다.
부쳐 보내는 편지는 늘 통하지 못하거늘 하물며 전쟁이 말지 아니하도다(끝나지 않았도다).

형태소 분석

- 防戍ᄒᆞᄂᆞᆫ : 변방을 지키는 분 防戍ᄒᆞ-(동사 어간) + -ᄂᆞᆫ(관형사형 어미)
- 딋 : 곳의 분 딕(의존 명사) + ㅅ(관형격 조사)
- 부페 : 북소리에 분 붚(명사) + 에(부사격 조사)
- ᄃᆞᆫ니리 : 다니는 것이 기 ᄃᆞᆫ니다 분 ᄃᆞᆫ니-(동사 어간) + -ㄹ(관형사형 어미)#이(의존 명사)
- 그츠니 : 그치니 분 긏-(동사 어간) + -으니(종속적 연결 어미)
- 邊方ㅅ : 변방의 분 邊方(명사) + ㅅ(관형격 조사)
- ᄀᆞᅀᆞᆯᄒᆡ : 가을에 분 ᄀᆞᅀᆞᆶ(명사) + -ᄋᆡ(부사격 조사)
- ᄒᆞᆫ : 한.
- 그려긔 : 기러기의 분 그려기(명사) + 의(관형격 조사)
- 소리로다 : 소리로구나 분 소리(명사) + -도-(감동법 선어말 어미) + -다(평서형 종결 어미)
- 이스른 : 이슬은 분 이슬(명사) + 은(보조사)
- 오ᄂᆞᆳ 바ᄆᆞᆯ : 오늘 밤을 분 오늘(명사) + ㅅ(관형격 조사)#밤(명사) + ᄋᆞᆯ(목적격 조사)
- 조차 : 좇아 분 좇-(동사 어간) + -아(종속적 연결 어미)
- ᄒᆡ니 : 희니 분 ᄒᆡ-(형용사 어간) + -니(종속적 연결 어미)
- ᄃᆞᄅᆞᆫ : 달은 분 ᄃᆞᆯ(명사) + ᄋᆞᆫ(보조사)
- ᄀᆞ올ᄒᆡ : 고을에 분 ᄀᆞ옳(명사) + -ᄋᆡ(부사격 조사) 변 ᄀᆞᄫᆞᆶ > ᄀᆞ옳 > 고올 > 골
- 볼갯ᄂᆞ니라 : 밝아 있느니라 분 ᄇᆞᆰ-(형용사 어간) + -아(보조적 연결 어미)#잇-(형용사 어간) + -ᄂᆞ-(현재 시제 선어말 어미) + -니라(평서형 종결 어미)
- 아ᅀᆞ이 : 아우가 분 아ᅀᆞ(명사) + 이(주격 조사)
- 흐러가니 : 흩어지니.

- 사롬 : 살아 있음 🔁 살-(동사 어간)+-옴(명사형 어미)
- 무룰 : 물을 🔁 묻-(동사 어간)+-오-(대상 활용 선어말 어미)+-ㄹ(관형사형 어미)
- 브텨 : 부쳐 🔁 븥-(동사 어간)+-이-(사동 접미사)+-어(부사형 어미)
- 당샹 : 늘, 언제나.
- 스뭇디 : 통달하지 🔁 스뭇-(동사 어간)+-디(보조적 연결 어미)
- ᄒ몰며 : 하물며.
- 兵戈ㅣ : 전쟁이.
- 마디 : 말지 🔁 말-(동사 어간)+-디(보조적 연결 어미)
- 아니ᄒ놋다 : 아니하는구나 🔁 아니ᄒ-(동사 어간)+-ᄂ-(현재 시제 선어말 어미)+-옷-(감동법 선어말 어미)+-다(평서형 종결 어미)

6 춘망(春望)

나라히 破亡ᄒ니 뫼콰 ᄀᆞᄅᆞᆷᄲᅮᆫ잇고 잣 앗 보ᄆᆡ 플와 나모ᄲᅮᆫ 기펫도다
花鳥는 平時 所玩이어늘 今則 見而 濺淚ᄒ며 聞而 驚心ᄒ니 時世ᄅᆞᆯ 可知로다.
時節을 感歎ᄒ오니 고지 눉므를 ᄲᅳ리게코 여희여슈믈 슬흐니 새 ᄆᆞᅀᆞᄆᆞᆯ 놀래ᄂᆞ다
烽火ㅣ 석ᄃᆞᄅᆞᆯ 니ᅀᅦ시니 지븻 音書ᄂᆞᆫ 萬金이 ᄉᆞ도다.
셴머리를 글구니 ᄯᅩ 뎌르니 다 빈혀를 이긔디 몯홀 ᄃᆞᆺ ᄒᆞ도다

현대어역

나라가 망하니 산과 강뿐이고 성 안의 봄에 플과 나무만 무성하도다.
꽃과 새는 평화로울 때에는 완상하는 것지만 지금 꽃을 보니 눈물이 흐르고 새 우는 소리를 들으니 마음을 놀라게 하니 시세를 가히 알만하다.
시절을 애상히 여기니 꽃이 눈물을 뿌리게 하고 이별을 슬퍼하니 새가 마음을 놀라게 한다.
봉화가 석 달을 이었으니 집의 편지는 만금보다 비싸다.
흰 머리를 긁으니 또 짧아지니 다 비녀를 이기지 못할 것 같도다.

형태소 분석

- 나라히 : 나라가 🔁 나라ᄒ(명사)+이(주격 조사)
- 破亡(파망)ᄒ니 : 망하니 🔁 破亡ᄒ-(동사 어간)+-니(종속적 연결 어미)
- 뫼콰 : 산과 🔁 뫼ᄒ(명사)+과(접속 조사)
- 플와 : 플과 🔁 플(명사)+와(접속 조사)
- 기펫도다 : 깊이 있도다 🔁 깊-(형용사 어간)+-어(보조적 연결 어미)#잇-(형용사 어간)+-도-(감동법 선어말 어미)+-다(평서형 종결 어미)

- 感歎호니 : 애통히 느끼니 분 感歎ᄒ-(동사 어간)+-오-(인칭법 선어말 어미)+-니(종속적 연결 어미)
- 고지 : 꽃이 분 곶(명사)+이(주격 조사)
- 눉므를 : 눈물을 분 눈(명사)+ㅅ(관형격 조사)+믈(명사)+을(목적격 조사)
- ᄲᅳ리게코 : 뿌리게 하고 분 ᄲᅳ리-(동사 어간)+게(보조적 연결 어미)#ᄒ-(동사 어간)+-고(종속적 연결 어미)
- 여희여슈믈 : 이별하였음을 분 여희-(동사 어간)+-어#이시-(동사 어간)+-움(명사형 어미)+을(목적격 조사)
- 슬후니 : 슬퍼하니 분 슳-(동사 어간)+-우-(인칭법 선어말 어미)+-니(종속적 연결 어미)
- 놀래ᄂᆞ다 : 놀라게 하도다 분 놀라-(동사 어간)+-ㅣ-(사동 접사)+-ᄂᆞ-(현재 시제 선어말 어미)+-다(평서형 종결 어미)
- 烽火ㅣ : 전란이.
- 니세시니 : 이어 있으니 분 닛-(동사 어간)+-어(보조적 연결 어미)#이시-(형용사 어간)+-니(종속적 연결 어미)
- 지븻 : 집의 분 집(명사)+의(부사격 조사)+ㅅ(관형격 조사)
- 萬金이 : 만금보다 분 만금(명사)+이(비교 부사격 조사)
- ᄉᆞ도다 : 싸도다 분 ᄉᆞ-(형용사 어간)+-도-(감동법 선어말 어미)+-다(평서형 종결 어미)
- 글구니 : 긁으니 분 긁-(동사 어간)+-우-(인칭법 선어말 어미)+-니(종속적 연결 어미)
- 뎌르니 : 짧으니 분 뎌르-(형용사 어간)+-니(종속적 연결 어미)
- 빈혀롤 : 비녀를 분 빈혀(명사)+롤(목적격 조사)

09 소학언해(小學諺解)

1588년

孔·공子·ᄌᆡ 曾증子·ᄌᆞᄃᆞ·려 닐·러 글ᄋᆞ·샤·ᄃᆡ, ·몸·이며 얼굴·이며 머·리털·이·며 ·ᄉᆞᆯ·흔 父·부母:모·씌 받ᄌᆞ·온 거·시·라, 敢:감·히 헐·워 샹히·오·디 아·니·홈·이 효·도·ᄋᆡ 비·르·소미·오, ·몸·을 셰·워 道·를 行ᄒᆡᆼ·ᄒᆞ·야 일·홈·을 後:후世:셰·예 :베퍼 ·뻐 父·부母:모를 :현·뎌케 :홈·이 :효·도·ᄋᆡ ᄆᆞ·ᄎᆞᆷ·이니·라.

孔子謂曾子曰 身體髮膚受之父母 不敢毀傷 孝之始也 立身行道 揚名於後世 以顯父母 孝之終也

:유·익흔 ·이 :세 가·짓 :번·이오, :해·로온 ·이 :세 가·짓 :번·이니, 直·딕흔 ·이·를 :번ᄒᆞ·며, :신·실흔·이·를 :번ᄒᆞ·며, 들:온 ·것한 ·이·를 :번ᄒᆞ·며, 들:온 ·것한 ·이·를 :번ᄒᆞ·면 :유·익ᄒᆞ·고, 거·동만니·근·이·를 :번ᄒᆞ·며, 아·당ᄒᆞ·기 잘 ·ᄒᆞ·는 ·이·를 :번ᄒᆞ·며, :말·솜·만 니·근 ·이·를 :번ᄒᆞ·면 해·로·온이·라.

益者三友 損者三友 友直 友諒 友多聞 益矣 友便辟 友善柔 友便佞 損矣

> **현대어역**
>
> 공자께서 증자에게 일러 말씀하시기를, 몸과 형체와 머리털과 살은 부모께 받은 것이라, 감히 헐게 하여 상하게 하지 아니함이 효도의 시작이고, 입신(출세)하여 도를 행하여 이름을 후세에 날려 이로써 부모를 드러나게 함이 효도의 끝이라.
> 유익한 벗이 셋이고, 해로운 벗이 셋이니, 정직한 이를 벗하며, 신실한 이를 벗하며, 견문이 많은 이를 벗하면 유익하고, 행동만 익은 이를 벗하며, 아첨하기를 잘하는 이를 벗하며, 말만 익은 이를 벗하면 해로우니라.

형태소 분석

- 孔공子ᄌᆡ : 공자가 분 孔공子ᄌᆞ(명사) + ㅣ(주격 조사)
- 曾증子ᄌᆞᄃᆞ려 : 曾증子ᄌᆞ(명사) + '-ᄃᆞ려'(낙착점 부사격 조사)
- 닐러 : 일러[謂], 말하여. 기 니르다. 문 닐어(15세기) > 닐러(16세기) > 일러(두음 법칙)
- 글ᄋᆞ샤ᄃᆡ : 말씀하시되 분 글-(어간) + -ᄋᆞ샤-(주체 높임 선어말 어미) + -오ᄃᆡ(종속적 연결 어미, '오'의 생략) → 글ᄋᆞ샤ᄃᆡ(분철 표기)
- 얼굴 : 형체, 형태. 얼굴(형체, 體) → 얼굴(낯, 顔)[의미 축소]
- ᄉᆞᆯ흔 : 살은, 살갗은 분 ᄉᆞᆯㅎ(ㅎ 받침 체언) + 은(대조 보조사)
- 父부母모씌 : 부모로부터 분 父母(명사) + 씌(유래 부사격 조사, 객체 높임의 뜻)

- 받조온 : 받은 [분] 받(어간)＋－ᄌ오(객체 존대 선어말 어미)＋－ㄴ(관형사형 어미). [참고] 15세기 : 받ᄌᄫᆞᆫ
- 헐워 : 헐게 하여 [분] 헐－(동사 어간)＋－우－(사동 접미사)＋－어(종속적 연결 어미)
- 샹히오디 : 상하게 하지, 다치게 하지 [분] 샹ᄒᆞ－(동사 어간)＋－이오－(사동 접미사의 중복)＋－디(보조적 연결 어미)
- 비르소미오 : 시작(됨)이고 [분] 비르솜－[비릇－(동사 어간)＋－옴－(명사 파생 접미사)]＋이(서술격 조사)＋－고(대등적 연결 어미).
- 셰워 : 세워 [분] 셔－(어근)＋－이우－(이중 사동 접미사)＋－어(종속적 연결 어미)
- 베퍼 : 베풀어 [분] 베프－(어간)＋－어(종속적 연결 어미) → 베퍼(으 탈락) [문] 베프다＞베퍼다(ㄹ 첨가)＞베풀다(원순 모음화)
- 뻐 : [문] 쓰다(用현, 동사) → 뻐(부사)
- 현뎌케 : 현저하게, 드러나게 [분] 현뎌ᄒᆞ－(어간)＋－게(보조적 연결 어미) → 현뎌케(탈락, 축약)＞현저(구개음화, 단모음화)
- ᄆᆞᄎᆞᆷ이니라 : 끝이니라 [분] ᄆᆞᆾ－＋－음(명사 파생 접미사)＋이(서술격 조사)＋－니라(평서형 종결 어미)
- 유익흔 이 : 유익한 이가 [분] 유익ᄒᆞ－(어간)＋－ㄴ(관형사형 어미)＃이(의존 명사)＋Ø(주격 조사)
- 세 가짓 : 세 가지의 [분] 세(관형사)＃가지(명사)＋ㅅ(사잇소리)
- 벋이오 : 벗이고. [변] 벋＞벗(7종성법, 18세기 영·정조 때). 이고(서술격 조사)＞이오('ㄱ' 탈락, 'ㅣ' 모음 순행 동화)
- 해로온 : 해로운 [분] 해롭－(형용사 어간)＋－은(관형사형 어미) → 해로온[ㅂ 불규칙] [변] 해로ᄫᆞᆫ(15C) 해로ᄫᆞᆫ＞해로온('ㅸ' 탈락)＞해로운(모음 조화 파괴)
- 直딕흔 : 솔직한, 정직한 [분] 딕ᄒᆞ－(형용사 어간)＋－은(관형사형 어미)
- 신실흔 : 믿음직스럽고 거짓이 없는.
- 들온 : 들은 [분] 듣－(동사 어간)＋－오－(인칭법 선어말 어미)＋－ㄴ(관형사형 어미) → 들온[ㄷ 불규칙]

> 관형사형 어미에 결합되는 선어말 어미 '－오－'
> 1. 꾸밈을 받는 명사가 꾸미는 말의 의미상 목적어일 때
>   [예] 須達이 지슨(짓－＋－우－＋－ㄴ) 푸숨마다
> 2. 음운론적 변이형 : 음운적 조건에 따라 교체되는 이형태 → 우, 요, 유
>   형태론적 변이형 : 형태적 조건에 따라 교체되는 이형태 → 로(서술격 조사 어간 아래)

- 한 : 많은(多). [기] 하다 [분] 하－(동사 어간)＋－ㄴ(관형사형 어미)
- 거동 : 몸가짐. 여기서는 거짓된 몸가짐을 뜻함.

- 니근 : 익은, 익숙한, 그럴 듯한 🔃 닉-(형용사 어간)+-은(관형사형 어미) 🔃 닉은>익은(두음 법칙)

> 15세기 두음 법칙
> 1. 단어의 첫머리에 'ㅸ, ㅿ, ㆁ'이 쓰이지 않음.
> 2. 두음 법칙으로 인한 음운 변화
>   통시적 변화 : 녀름[夏]>여름
>   한자어의 변화 : 여자(女子)>여자, 로인(老人)>노인

- 아당ᄒ기 : 아첨하기 🔃 아당ᄒ-(어간) + -기(명사형 전성 어미)
- 말솜 : (겉만 번지르르한) 말. 🔃 말솜(말씀)>말씀(이화 작용)
- 해로온이라 : 해로우니라 🔃 해롭-(형용사 어간)+-ᄋ니라(평서형 종결 어미) → 해로ᄫ니라>해로오니라>해로우니라(15세기 표기 : 해로ᄫ니)

10 순신역전(純臣力戰)

1617년

통졔ᄉᆞ 니슌신은 아산현 사ᄅᆞᆷ이니, 디용이 사ᄅᆞᆷ의게 넘더라. 임진왜난의 통졔시 되여, 구션을 ᄆᆡᆼᄀᆞ라, 예를 텨 여러 번 이긔다.

무술년 겨울히 쥬ᄉᆞ를 거ᄂᆞ리고, 도적으로 더브러 남히 셤 바닫 가온대 가 크기 사화 이긔기를 타셔, ᄆᆞᄅᆞ조쳐 가ᄂᆞ리를 ᄯᆞᆯ오다가, 슌신이 ᄂᆞᄂᆞᆫ 텰환의 마ᄌᆞᆫ 배 되여 죽기예 님ᄒᆞ여, 좌우ᄃᆞ려 닐러 굴오ᄃᆡ, 삼가 발상티 마오, 긔를 두ᄅᆞ고 붑을 울려 날 사라실 적 ᄀᆞ티ᄒᆞ라. ᄒᆞ야ᄂᆞᆯ, 그 말대로 ᄒᆞ야 마ᄎᆞᆷ내 크기 이긔여 도라오다.

쇼경 대왕이 녹공 증직ᄒᆞ시고, 금 샹됴의 졍문ᄒᆞ시니라.

(東國新續三綱行實圖, 광해군 9년(1617년))

현대어역

통제사 이순신은 아산현 사람이니, 지용이 다른 사람을 뛰어넘더라. 임진왜란에 통제사가 되어 거북선을 만들어, 왜를 쳐서 여러 번 이기다.

무술년 겨울에 주사를 거느리고 도적으로 더불어 남해 섬 바다 가운데 나가 크게 싸워 승기를 타서, 물러나 쫓겨가는 자들을 쫓아가다가, 순신이 날아오는 철환에 맞은 바 되어, 죽음에 임하게 되자, 좌우에 일러 가로되, "삼가 발상을 하지 말라. 깃발을 두르고 북을 울려 나를 살아 있을 때와 같이 하라." 하거늘, 그 말대로 하여 마침내 크게 이기고 돌아오다.

소경 대왕[선조(宣祖)]이 녹공 증직(錄功贈職)하시고, 지금 임금 때에 정문(旌門)을 세우시니라.

형태소 분석

- 텨 : 쳐. 티다(> 치다, 구개음화) 분 티－(동사 어간)＋－어(종속적 연결 어미)
- 바닫 : 'ㄷ'은 사잇소리의 변이 형태. 17세기 초에는 'ㅅ' 대신에 'ㄷ'이 쓰이는 경우가 많음. (ㅅ과 ㄷ의 음가가 혼동됐음을 보여 주는 현상)
- 크기 : 크게 분 크－(형용사 어간)＋－기(부사형 전성 어미) 문 크긔 → 크기(동음 생략)
- ᄆᆞᄅᆞ조쳐 : 물러나 쫓기어 분 ᄆᆞᄅᆞ좇－[ᄆᆞᄅᆞ－(어근, 'ᄆᆞ르－'의 이형태)＋좇－(어근)]＋－이－(피동 접미사)＋－어(종속적 연결 어미)
- 가ᄂᆞ리 : 가는 것을 분 가－(동사 어간)＋－ᄂᆞ－(현재 시제 선어말 어미)＋－ㄹ(관형사형 어미)#이(의존 명사)＋Ø(목적격 조사)
- ᄯᆞᆯ오다가 : 따르다가. 쫓아가다가. 기 ᄯᆞᆯ오다.
- ᄂᆞᄂᆞᆫ : 날아오는. 기 ᄂᆞᆯ다.
- 사라실 : 살아 있을 분 살－(동사 어간)＋－아(보조적 연결 어미)#이시－(형용사 어간)＋－ㄹ(관형사형 어미) → 사라실(동작상)

11 노걸대언해(老乞大諺解)

1670년

> 너는 高麗ㅅ사름이어니 또 엇디 漢語 니롬을 잘 ᄒᆞᄂᆞ뇨.
> 내 漢ㅅ사름의손ᄃᆡ 글 ᄇᆡ호니 이런 젼ᄎᆞ로 져기 漢ㅅ말을 아노라.
> 네 뉘손ᄃᆡ 글 ᄇᆡ혼다.
> 내 漢 흑당의셔 글 ᄇᆡ호라.
> 네 므슴 글을 ᄇᆡ혼다.
> 論語 孟子 小學을 닐그라.
> 네 每日 므슴 공부ᄒᆞᄂᆞ다.
> 每日 이른 새배 니러 學堂의 가 스승님끠 글 ᄇᆡ호고 學堂의셔 노하든 집의 와 밥 먹기 ᄆᆞᆺ고 또 흑당의 가셔 품쓰기 ᄒᆞ고 셔품쓰기 ᄆᆞᆺ고 년구ᄒᆞ기 ᄒᆞ고 년구ᄒᆞ기 ᄆᆞᆺ고 글읇기 ᄒᆞ고 글읇기 ᄆᆞᆺ고 스승 앏픠셔 글을 강ᄒᆞ노라.
> 므슴 글을 강ᄒᆞᄂᆞ뇨.
> 小學 論語 孟子를 강ᄒᆞ노라.

형태소 분석

- **니롬** : 말함, 말하기 [분] 니ᄅᆞ-(동사 어간) + -ㅁ(명사 파생 접미사)
- **ᄒᆞᄂᆞ뇨** : 하는가.

  > '-ᄂᆞ뇨'는 원래 1, 3인칭 주어에 호응하는 의문형 어미인데 2인칭 주어 '너'와 함께 쓰이고 있다. 따라서 2인칭 의문형 '-ㄴ다'의 용법에 혼란이 나타나고 있다.

- **져기** : 적이, 좀 [분] 젹-(형용사 어간) + -이(부사 파생 접미사)
- **뉘손ᄃᆡ** : 누구에게 [분] 누(인칭 대명사) + -ㅣ 손ᄃᆡ(부사격 조사)
- **ᄇᆡ혼다** : '-ㄴ다'는 주어가 2인칭 의문문에서만 사용하는 의문형 어미
- **흑당의셔** : 학당(學堂)에서. '의셔'는 위치를 뜻하는 부사격 조사.
- **므슴** : 무엇(대명사, 관형사). 여기서는 관형사로 사용.
- **닐그라** : 읽었다. [참고] 어미 '-롸'는 정확한 뜻은 밝혀져 있지 않은 특수한 어미로, 과거의 의미를 나타낸다.
- **學堂의셔 노하든** : 학당에서 놓아 주거든, 방과(放課) 후면.
- **글읇기** : '읇'은 8종성 표기

- **앏픠셔** : 앞에서 🔠 앞 → 앏(8종성 표기), -의셔 → 모음 조화 혼란(~의셔), 앏픠셔 → 거듭적기

> 중철 표기는 16세기 문헌에 나타나기 시작한 표기법으로 연철 표기가 분철 표기로 이행되는 과정에 나타난 과도기적 표기법으로 체언이나 어간은 분철의 어형을, 조사나 어미는 연철의 어형을 썼다.
> 예 피(급-+-히), 앏픠(앏-+-의)

중세 국어 자료 2

1 고려속요(高麗俗謠)

1 정과정(鄭瓜亭)

前腔	내 님믈 그리ᄉᆞ와 우니다니
中腔	山(산) 졉동새 난 이슷ᄒᆞ요이다.
後腔	아니시며 거츠르신 ᄃᆞᆯ 아으
附葉	殘月曉星(잔월 효성)이 아ᄅᆞ시리이다.
大葉	넉시라도 님은 ᄒᆞᆫᄃᆡ 녀져라 아으
附葉	벼기더시니 뉘러시니잇가.
二葉	過(과)도 허믈도 千萬(천만) 업소이다.
三葉	ᄆᆞᆯ힛마리신뎌
四葉	ᄉᆞᆯ읏븐뎌 아으
附葉	니미 나ᄅᆞᆯ ᄒᆞ마 니ᄌᆞ시니잇가.
五葉	아소 님하, 도람 드르샤 괴오쇼셔.

- 『악학궤범(樂學軌範)』

형태소 분석

- **내** : 내가 **분** 나(대명사) + ㅣ(주격 조사)
- **님믈** : 님을 **분** 님(명사) + 을(목적격 조사) ⇨ '니믈'의 중철[거듭적기]

  '님'을 제3인칭으로 보는 것보다 제2인칭으로 사용되었다고 해석된다. 그 이유는 어미가 'ᄒᆞ쇼셔'체로 되어있다는 점 때문이다. '넉시라도 님은, 아소 님하'의 '님'도 마찬가지로 해석된다.

- **그리ᄉᆞ와** : 그리워하여 **분** 그립-(형용사 어간)+-ᄉᆞᆸ-(객체 높임 선어말 어미)+-아(종속적 연결 어미) **변** 그리ᄉᆞᄫᅡ > 그리ᄉᆞ와

- 우니다니 : 계속하여 울더니 분 우니(동사 어간, 울[泣]-+니[行]-)-+-더-(회상법 선어말 어미)+-오-(인칭법 선어말 어미)+-니(종속적 연결 어미)

  '우니-'는 울[泣]-+니[行]의 합성어임.

- 난 : 나는 분 나(대명사)+ㄴ(보조사)
- 이슷ᄒᆞ요이다 : 비슷합니다 분 이슷ᄒᆞ-(형용사 어간)+-오-(인칭법 선어말 어미)+-이-(상대 높임 선어말 어미)+-다(평서형 종결 어미) 비교 위 고온 양직 난 이슷ᄒᆞ요이다<근재집, 관동별곡>
- 아니시며 : 아니시며 분 아니(ᄒ)(동사 어간)+-시-(비존칭 선어말 어미)+-며(종속적 연결 어미)
- 거츠르신 둘 : 허황한 줄을 기 거칠다, 허황하다, 허망하다 분 거츨-(형용사 어간)+-으시-(주체 높임 선어말 어미)+-ㄴ(관형사형 어미)#ᄃᆞ(의존 명사)+ㄹ(목적격 조사)
- 아ᄅᆞ시리이다 : 알 것입니다 분 알-(동사 어간)+-ᄋᆞ시-(주체 높임 선어말 어미)+-리-(미래 시제 선어말 어미)+-이-(상대 높임 선어말 어미)+-다(평서형 종결 어미)

  '-시-'는 비존칭으로 해석하는 것보다 자연물인 '잔월효성'을 외경시하는 태도가 보인다고 볼 수 있다. 따라서 높임의 기능을 실현하는 것으로 해석된다.

- 넉시라도 : 넋이라도 분 넋(명사)+이라도(조사)
- ᄒᆞᆫ ᄃᆡ : 한곳, 한데
- 녀져라 : 가자꾸나 기 녀다, 가다, 다니다 분 녀-(동사 어간)+-져라(청유형 어미)

  '-져라'는 독백에 가까운 기능을 나타내므로 'ᄒᆞ쇼셔'체로 바라보지 않고 있다.

- 벼기더시니 : 우기던 이가 분 벼기-(동사 어간)+-더-(회상법 선어말 어미)+-시-(주체 높임 선어말 어미)+-ㄴ(관형사형 어미)#이(의존 명사)+Ø(주격 조사)

  '벼기다'는 '우기다', '이간시키다', '어기다', '약속하다, 다짐하다' 등의 여러 가지 의미로 해석된다. 여기에서는 『고어 사전』(남광우)의 의미를 따라 '우기다, 고집하다'의 의미로 해석한다.

- 뉘러시니잇가 : 누구였습니까 분 누(대명사)+ㅣ(서술격 조사)+-더-(회상 시제 선어말 어미)+-시-(주체 높임 선어말 어미)+-니-(원칙법 선어말 어미)+-잇-(상대 높임 선어말 어미)+가(의문형 종결 어미)
- 過 : 잘못
- 천만 업소이다 : 전혀 없습니다 분 천만(부사)#없-(형용사 어간)+-오-(인칭법 선어말 어미)+-이-(상대 높임 선어말 어미)+-다(평서형 어미)
- 몰힛마리신뎌 : 미상 분 몰힛말+이신뎌

  '슬프게 하지 말아주시오, 마음을 편안하게 하는 말씀이었구나, 신하들의 참소의 말이신 것이여' 등 다양한 의미로 해석된다. 또 '몰힛마리신뎌'를 '믈(물>무리)+힛(핣>'할다=참소하다'의 명사화 접미사)+말[勿]+이+시+ㄴ뎌(감탄)'으로 해석하여 '무리의 참소의 말이로다, 무리의 참소를 말아주시와'의 의미로 해석되기도 하며, '믈(믊다=슬프다의 ㅂ약화)+히(부사형 어미)+ㅅ(강조)+말[勿, 말다]+어(부사형)+시+ㄴ뎌'로 해석하여 '슬프게 하지 말아주시오'라는 의미로 해석하기도 한다.

- 슬웃븐뎌 : 사라지고 싶구나 🔄 슬웃브-[형용사 어간, '슬웃-(부사 어간)+-브-(형용사 파생 접미사)']+-ㄴ뎌(감탄형 어미)

> 의미는 '슬프구냐', '사라지고만 싶은 것이여', '가슴이 미어집니다' 등으로 다양하게 해석된다. 이 외에도 '불타 끊기는 듯하구냐' 등으로도 해석된다. 또 '슬웃븐뎌'를 '슬(슳, 슬프다)+-으-+ㅅ(강조)+-ㄴ뎌(감탄형 어미)'로 해석하여 '슬프도다'의 의미로 해석하기도 하며, '슬(사라지다)+-으-+ㅅ(강조)+-브-(원망형, '싯브다'의 생략)+-ㄴ뎌(감탄형 어미)'로 해석하여 '죽고 싶도다'로 해석하기도 한다.

- 아소 님하 : 아아 님이여, 아서라 님이시여
- 도람 드르샤 : 돌려 듣다, 용서하다 🔄 도람듣다 🔄 돌-(동사 어간)+-암(접사)#듣-(동사 어간)+-으샤-(주체 높임 선어말 어미)+-아(종속적 연결 어미)
- 괴오쇼셔 : 사랑해 주소서 🔄 괴-(동사 어간)+-오쇼셔('고쇼셔'의 이형태로, '-고시-'에 명령형 어미 '-쇼셔'가 붙은 것으로 해석할 수도 있다.

2 가시리

> 가시리 가시리잇고 나는
> 브리고 가시리잇고 나는.
>   위 증즐가 大平盛代(대평셩ᄃᆡ)
>
> 날러는 엇디 살라ᄒᆞ고
> 브리고 가시리잇고 나는
>   위 증즐가 大平盛代(대평셩ᄃᆡ)
>
> 잡ᄉᆞ와 두어리마ᄂᆞᄂᆞᆫ
> 선ᄒᆞ면 아니 올셰라.
>   위 증즐가 大平盛代(대평셩ᄃᆡ)
>
> 셜온 님 보내옵노니 나는
> 가시는 듯 도셔 오쇼셔 나는.
>   위 증즐가 大平盛代(대평셩ᄃᆡ)
>
> -『악장가사(樂章歌詞)』

형태소 분석

- 가시리 : '가시리잇고'의 생략형
- 가시리잇고 : 가시겠습니까? 🔄 가-(동사 어간)+-시-(주체 높임 선어말 어미)+-리-(미래 시제 선어말 어미)+-잇-(상대 높임 선어말 어미)+-고(의문형 종결 어미)

- 나는 : 미상

  '나는'은 '조흥구'로 보는 견해(양주동)도 있으며 '피리의 구음(口音)'으로 보는 견해(정병욱)도 있고, 율격적인 배려에 의해 삽입된 무의미한 말이라는 견해(김완진)도 제시되어 있다.

- 부리고 : 버리고 【분】 브리-(동사 어간)+-고(종속적 연결 어미)
- 날러는 : 나는, 나더러는

  '나(대명사)+ㄹ(매개 자음)+-러-(매개 자음)+-는(보조사)'로 보는 견해가 있는데, 'ㄹ'과 '러'를 조음소(매개 자음)로 보는 경우에 해당한다. 하지만 문법적인 해석이 쉽지 않다.

- 엇디 : 어찌
- 살라 : 살라고 【분】 살-(동사 어간)+-라(종속적 연결 어미)
- 잡수와 : 붙잡아 【분】 잡-(동사 어간)+-습-(객체 높임 선어말 어미)+-아(부사형 어미)

  【변】 잡스바>잡스와>잡사와>잡아

- 두어리마ᄂᆞᆫ : 두겠지만, 둘 것이지만 【분】 두-(동사 어간)+-어-(확인법 선어말 어미)+-ㄹ(관형사형 어미)#이(의존 명사)+-마ᄂᆞᆫ('-마ᄅᆞᆫ'의 이형태)
- 선ᄒᆞ면 : 서낙한, 그악한, 서운하면 【분】 선ᄒᆞ-(형용사 어간)+-면(종속적 연결 어미)

  '선ᄒᆞ면'을 '서운하면'으로 해석하기도 하는데, '서낙하면, 그악하면, 역겨워지면, 얼굴을 마주보기만 하면' 등으로 다양한 해석이 있다. '아름다운, 고운'의 의미로 해석하는 경우도 있으나, '셜온'이 '셟은 > 셜본 > 셜운 > 서러운'의 문법적 변천 과정을 거친 것으로 보면 타당하지 않다.

- 올셰라 : 올까 두려워 【분】 오-(동사 어간)+-ㄹ셰라(의구형 어미)
- 셜온 : 서러운, 괴로운 【기】 셟다 【분】 셟-(형용사 어간)+-은(관형사형 어미) 【변】 셟은>셜본>셜운>셜온>서러운
- 보내ᄋᆞᆸ노니 : 보내오니 【분】 보내-(동사 어간)+-ᄋᆞᆸ-(객체 높임 선어말 어미)+-ᄂᆞ-(현재 시제 선어말 어미)+-오-(인칭법 선어말 어미)+-니(종속적 연결 어미)
- 둣 : 듯 듯이
- 도셔 : 돌아, 돌아서서 【분】 돌-(동사 어근)#셔-(동사 어근) ⇨ 비통사적 합성어 【예】 深意山 모진 범도 경셰ᄒᆞ면 도셔ᄂᆞ니<고시조, 청구영언>

3 서경별곡

西京(서경)이 아즐가 西京(서경)이 셔울히 마르는 / 위 두어렁셩 두어렁셩 다링디리
닷곤딕 아즐가 닷곤딕 쇼셩경 고외마른 / 위 두어렁셩 두어렁셩 다링디리
여히므론 아즐가 여히므논 질삼뵈 브리시고 / 위 두어렁셩 두어렁셩 다링디리
괴시란딕 아즐가 괴시란딕 우러곰 좃니노이다. / 위 두어렁셩 두어렁셩 다링디리

구스리 아즐가 구스리 바회예 디신돌 / 위 두어렁셩 두어렁셩 다링디리
긴히똔 아즐가 긴힛똔 그츠리잇가 나는 / 위 두어렁셩 두어렁셩 다링디리
즈믄 히를 아즐가 즈믄 히를 외오곰 녀신돌 / 위 두어렁셩 두어렁셩 다링디리
信(신)잇돈 아즐가 信(신)잇돈 그츠리잇가 나는 / 위 두어렁셩 두어렁셩 다링디리

大同江(대동강) 아즐가 大同江(대동강) 너븐디 몰라셔 / 위 두어렁셩 두어렁셩 다링디리
빅 내여 아즐가 빅 내여 노혼다 샤공아 / 위 두어렁셩 두어렁셩 다링디리
네 가시 아즐가 네 가시 럼난디 몰라셔 / 위 두어렁셩 두어렁셩 다링디리
녈 빅예 아즐가 녈 빅예 연즌다 샤공아 / 위 두어렁셩 두어렁셩 다링디리
大同江(대동강) 아즐가 大同江(대동강) 건넌편 고즐여 / 위 두어렁셩 두어렁셩 다링디리
빅 타 들면 아즐가 빅 타 들면 것고리이다 나는 / 위 두어렁셩 두어렁셩 다링디리

형태소 분석

- 西京이 : 평양이
- 아즐가 : 조음구
- 셔울히마르는 : 서울이지만 ▶ 셔울ㅎ(ㅎ종성 체언) + 이(서술격 조사) + -마르는(보조사, '모르는'의 이형태 또는 '마른'의 중복된 형태)

  > '마른'은 문장의 끝에만 쓰여 두 문장을 연결시키는 역할을 하는데, 현대 국어의 종결 보조사 '마는'의 직접적 소급형에 해당한다.
  > 예 그듸내 굿비사 오도다마른 숨쉬사 몯 어드리라<석보상절 권 23:53>

- 닷곤딕 : 닦은 데 ▶ 닭-(동사 어간) + -오-(인칭법 선어말 어미) + -ㄴ(관형사형 어미)#딕(의존 명사)

  > '-오-'가 나타날 수 없는 환경인데 나타난 것으로, 수의적으로 나타난 것으로 볼 수 있다.

- 쇼셩경 : 미상. 작은 서울 또는 평양의 어느 부분
- 고외마른 : 사랑하지마는 ▶ 고이-(동사 어간) + -오-(인칭법 선어말 어미) + ㅣ마른(보조사)

  > '고외마른'은 양주동에 의해 '사랑하오이다마는'으로 해석되어 왔으나, '고외'를 '괴위(瑰位)'가 '괴외'로 변화한 것으로 보아 삼공의 지위를 의미하는 것으로 보기도 하며, 명사 '님'으로 보기도 한다. 여기에서는 『고어 사전』(남광우)을 따른다.

- 여희므론 : 여의기보다는, 이별하기보다는 🔖 여희-(동사 어간)+-ㅁ(명사형 어미)+으론(비교 부사격 조사)
- 질삼뵈 : 질삼베 🔖 질삼(명사)+뵈(명사)
- 부리시고 : 버리고 🔖 브리-(동사 어간)+-시-(주체 높임 선어말 어미)+-고(대등적 연결 어미)

> '-시-'는 주체를 높이는 선어말 어미이나, 화자 '나'가 '버린다'는 서술어와 호응할 수가 없어 비존칭으로 사용되며, 다양한 학설이 있다.

- 괴시란디 : 사랑하신다면, 사랑하실 것 같으면 🔖 괴-(동사 어간)+-시-(주체 높임 선어말 어미)+-란디(조건·가정의 연결 어미)
- 우러곰 : 울면서 🔖 울-(동사 어간)+-어(종속적 연결 어미)+곰(보조사)
- 좃니노이다 : 따라 다닙니다 🔖 좃니[좃-(동사 어근)#니-(行, 동사 어근)]+-ᄂ-(현재 시제 선어말 어미)+-오-(인칭법 선어말 어미)+-이-(상대 높임 선어말 어미)+-다(평서형 종결 어미)
- 구스리 : 구슬이 🔖 구슬(명사)+이(주격 조사)
- 바회예 : 바위에 🔖 바회+예('에'의 이형태)
- 디신돌 : 떨어진들 🔖 디-(동사 어간)+-시-(비존칭 높임 선어말 어미)+ㄴ돌(보조사)
- 긴히쭌 : 끈이야 🔖 긴ㅎ(ㅎ종성 체언)+이쭌(보조사)
- 그츠리잇가 : 끊어지겠습니까? 🔖 그츠-(동사 어간)+-리-(미래 시제 선어말 어미)+-잇-(상대 높임 선어말 어미)+가(의문형 종결 어미)
- 즈믄 히를 : 천 년을 🔖 즈믄(명사)#히(명사)+를(목적격 조사)
- 외오곰 : 외따로, 홀로, 멀리 🔖 외오(부사)+곰(보조사)
- 녀신돌 : 가신들

> '녀신돌'의 주체를 '님'으로도 볼 수 있고, '나'로도 볼 수 있다. '나'로 보면 '-시-'는 비존칭의 기능을 지닌 것으로 해석된다.

- 너븐디 : 넓은 줄을 🔖 넙-(형용사 어간)+-은(관형사형 어미)#디(의존 명사)
- 몰라셔 : 몰라서
- 빅 내여 : 배를 내어 🔖 빅(명사)+Ø(목적격 조사)#내-(동사 어간)+-어(종속적 연결 어미)
- 노ᄒᆞ다 : 놓았느냐 🔖 놓-(동사 어간)+-ᄋᆞ다(의문형 어미)
- 네 가시 : 너의 아내가 🔖 너(대명사)+ㅣ(관형격 조사)#갓(명사)+이(주격 조사)
- 럼난디 : 넘난 줄을, 욕정이 일어난 줄을 🔖 럼나-(동사 어간)+-ㄴ(관형사형 어미)#디(의존 명사)
- 녈 비예 : 갈 배에, 떠나가는 배에 🔖 녀-(동사 어간)+-ㄹ(관형사형 어미)#빅(명사)+예(부사격 조사)
- 연즌다 : 얹었느냐? 🔖 엱-(동사 어간)+-은다(의문형 종결 어미)

> 제2인칭 의문형으로 고영근은 관형사형 '엱은'에 의문 보조사 '다'의 결합으로 본다.

- 고즐여 : 꽃을
- 것고리이다 : 꺾을 것입니다, 꺾겠습니다 <u>분</u> 졋-(동사 어간)+-오-(의도법 선어말 어미)+-리--(미래 시제 선어말 어미)+-이-(상대 높임 선어말 어미)+-다(평서형 종결어미)

4 청산별곡(靑山別曲)

살어리 살어리랏다. 靑山(청산)애 살어리랏다.
멀위랑 ᄃᆞ래랑 먹고, 靑山(청산)애 살어리랏다.
    얄리얄리 얄랑셩, 얄라리 얄라.

우러라 우러라 새여, 자고 니러 우러라 새여.
널라와 시름 한 나도 자고 니러 우니노라.
    얄리얄리 얄라셩, 얄라리 얄라.

가던 새 가던 새 본다. 믈 아래 가던 새 본다.
잉무든 장글란 가지고, 믈 아래 가던 새 본다.
    얄리얄리 얄라셩, 얄라리 얄라.

이링공 뎌링공 ᄒᆞ야 나즈란 디내와손뎌.
오리도 가리도 업슨 바므란 ᄯᅩ 엇디 호리라.
    얄리얄리 얄라셩, 얄라리 얄라.

어듸라 더디던 돌코, 누리라 마치던 돌코.
믜리도 괴리도 업시 마자셔 우니노라.
    얄리얄리 얄라셩, 얄라리 얄라.

살어리 살어리랏다. 바ᄅᆞ래 살어리랏다.
ᄂᆞᄆᆞ자기 구조개랑 먹고 바ᄅᆞ래 살어리랏다.
    얄리얄리 얄라셩, 얄라리 얄라.

가다가 가다가 드로라, 에졍지 가다가 드로라.
사ᄉᆞ미 짒대예 올아셔 奚琴(히금)을 혀거를 드로라.
    얄리얄리 얄라셩, 얄라리 얄라.

가다니 빈 브른 도긔 설진 강수를 비조라.
조롱곳 누로기 미와 잡ᄉᆞ와니, 내 엇디 ᄒᆞ리잇고.
    얄리얄리 얄라셩, 얄라리 얄라.

형태소 분석

- 살어리 : '살어리랏다'의 생략형. 율조를 맞추기 위한 표현
- 살어리랏다 : 살리라, 살고 싶구나, 살아야 했을 것을

  > '-어-'는 확인 선어말 어미 '-거-'의 'ㄱ' 탈락형. '-리러-(→ 리라)'는 미래 시제와 추측 회상법 '-더-'의 결합형으로 보아 경험시 기준의 미래 시제를 가리키는 것으로 보기도 한다. '-랏다'는 '-러-+-옷-(감동법 선어말 어미)+-다'의 변형으로 보기도 한다.

- 靑山(쳥산)애 : 청산에 분 靑山(명사)+애(처소 부사격 조사)
- 멀위랑 : 머루랑, 머루와, 머루며 분 멀위(명사)+랑(접속 조사) 변 멀귀>멀위(ㄱ약화)>머뤼>머루
- ᄃᆞ래랑 : 다래랑 분 ᄃᆞ래(명사)+랑(접속 조사)
- 먹고 : 먹고 분 먹-(동사 어간)+-고(대등적 연결 어미)
- 우러라 : 우는구나(감탄형), 울어라(명령형), 노래하라(명령형)
- 닐어 : 일어나 분 닐-(동사 어간)+-어(종속적 연결 어미)
- 널라와 : 너보다, 너와 마찬가지로 분 너(대명사)+ㄹ(활음소)+라와(비교 부사격 조사)
- 시름 한 나도 : 시름이 많은 비교 ᄒᆞ다 : 행하다[爲, 行]
- 우니로라 : 울고 있구나 분 우니-[울-[泣]+니-[行]]+-ᄂᆞ-(현재 시제 선어말 어미)+-오-(인칭법 선어말 어미)+-다(평서형 종결 어미)
- 가던 새 : 날아가던 새, 갈던 사래
- 본다 : 보았느냐(과거 의문형), 보느냐(현재 의문형), 본다(현재 평서형)
- 잉무든 : 이끼 묻은, 날이 무딘 참고 '잉'은 '잇[苔]'의 오기로 본다.
- 장글란 : 쟁기랑, 병기(兵器)랑, 은장도(銀粧刀)랑

  > • '장글란'은 '잠글란(잠ᄀᆞ란)'의 변형이며, '잠글란 > 장글란'은 자음 동화이다.
  > • '잠ㄱ+이(주격 조사)>잠기>장기>쟁기'를 거쳐 하나의 명사로 굳어짐.

- 이링공 뎌링공 : 이리고 저리고, 이럭저럭 변 뎌리고>져리고(구개음화)>저리고(단모음화)
  참고 '이리고 저리고'에 운율적 성조를 고르게 하는 'ㅇ'이 첨가된 형태
- 나즈란 : 낮은 분 낮(명사)+으란(보조사)
- 디내와손뎌 : 지내왔구나, 지내왔지만, 지내왔을망정 분 디내-[經過]+오다-[來] ⇨ 디내오다 (합성 동사)

  > • 디내오-(어간)+-아(부사형 어미)#ᄉ(의존명사)+-오-(선어말 어미)+-ㄴ뎌(감탄형 어미)
  > • 디내오-+-아손뎌(방임형 어미)

- 오리도 가리도 : 올 사람도 갈 사람도 분 오-/가-(동사 어간)+-ㄹ(관형사형 어미)#이(의존 명사)+도(보조사)
- 엇디 호리라 : 어찌하리오

- 어듸라 : 어디에다, 어디다 분 어듸(명사) + 라(보조사)

  '어듸'는 '어ᄃᆞ[何處]'에 처소 부사격 조사 '의'가 결합되어 명사로 굳어진 것

- 더디던 : 던지던 변 더디다 > 던지다(구개음화, ㄴ첨가)
- 돌코 : 돌인가 분 돌ㅎ(명사) + 고(의문 보조사)
- 믜리도 : 미워할 사람도 분 믜-(형용사 어간) + -ㄹ(관형사형 어미)#이(의존 명사) + 도(보조사)
- 괴리도 : 사랑할 사람도 분 괴-(형용사 어간) + -ㄹ(관형사형 어미)#이(의존 명사) + 도(보조사)
- 업시 : 없이 분 없-(형용사 어간) + -이(부사형 어미)
- 마자셔 : 맞아서 분 맞-(동사 어간) + -아셔(종속적 연결 어미)
- 바ᄅᆞ래 : 바다에 분 바ᄅᆞᆯ(명사) + 애(처소 부사격 조사)
- ᄂᆞ무자기 : 나문재 변 ᄂᆞᄆᆞᆯ자기 > ᄂᆞ무자기 > ᄂᆞᄆᆞ자기 > ᄂᆞᄆᆞ재 > 나문재
- 구조개랑 : 굴조개랑, 굴과 조개랑
- 가다가 : 가다가 분 가-(동사 어간) + -다가(종속적 연결 어미)
- 드로라 : 듣노라, 들었노라 분 듣-(동사 어간) + -오-(의도법 선어말 어미) + -라('다'의 변이형, '호라' 형은 'ᄒᆞ다'와 함께 의미상 과거의 동작을 나타냄)
- 에졍지 : 외딴 부엌

  '에'의 어원은 확실하지 않으며 졍지(경상도 방언), 에졍지, 들판, 마당 등의 의미와 '에'를 감탄사나 접두사로 보려는 학설이 있다.

- 사ᄉᆞ미 : 사슴이 분 사ᄉᆞᆷ(명사) + 이(주격 조사)
- 짒대예 : 장대에 분 짐[荷] + ㅅ(관형격 조사) + 대[竿] + 예('에'의 이형태)
- 올아셔 : 올라서 분 오ᄅᆞ-(동사 어간) + -아셔(종속적 연결 어미) > 올아서(설측음화)
- 奚琴(히금)을 : 해금을
- 혀거를 : 켜거늘, 켜는 것을 분 혀-(동사 어간) + -거를(종속적 연결 어미, '거늘'의 이표기)
- 빅 브른 : 배가 불룩한
- 도긔 : 독에 분 독(명사) + 의(처소 부사격 조사)
- 설진 : 살찐, 진한, 주름이 잡힌
- 강수를 : 강한 술을 변 수블[酒] > 수울 > 술
- 비조라 : 빚노라, 빚었노라
- 조롱곳 : 미상. 조롱박꽃

  '조롱곳 누로기'를 잘 익은 누룩이라는 주장도 있으나, 정확한 어의는 밝혀지지 않았다. '설진'을 '술진'으로 보아 '잘 익은'으로 해석하기도 하며, '독한' 또는 '덜 익은' 등 다양하게 해석된다. '강술'은 '독한 술' 등으로 보나 정확하게 밝혀지지 않았다.

- 믜와 : 매워 분 믭-(형용사 어간) + -아(종속적 연결 어미) 변 믭아 > 믜와 > 매워

- 잡ᄉᆞ와니 : 잡으니, 붙잡으니 🔲 잡-(동사 어간)+-ᄉᆞᆸ-(객체 높임 선어말 어미)+-아(확인법 선어말 어미)+-니(종속적 연결 어미) 🔲 잡ᄉᆞᄫᅡ니＞잡ᄉᆞ와니＞잡사오니
- 엇디 ᄒᆞ리잇고 : 어찌하리이까 🔲 엇디ᄒᆞ-(형용사 어간)+-리-(미래 시제 선어말 어미)+-잇-(상대 높임 선어말 어미)+-고(의문형 종결 어미)

5 정석가(鄭石歌)

딩아 돌하 當今(당금)에 계샹이다.
딩아 돌하 當今(당금)에 계샹이다.
先王聖代(션왕셩ᄃᆡ)에 노니ᄋᆞ와지이다.

삭삭기 셰몰애 별헤 나ᄂᆞᆫ
삭삭기 셰몰애 별헤 나ᄂᆞᆫ
구은 밤 닷 되를 심고이다.
그 바미 우미 도다 삭나거시아
그 바미 우미 도다 삭나거시아
有德(유덕)ᄒᆞ신 님믈 여희ᄋᆞ와지이다.

玉(옥)으로 蓮(련)ㅅ고즐 사교이다.
玉(옥)으로 蓮(련)ㅅ고즐 사교이다.
바회 우희 接柱(졉듀)ᄒᆞ요이다.
그 고지 三同(삼동)이 퓌거시아
그 고지 三同(삼동)이 퓌거시아
有德(유덕)ᄒᆞ신 님 여희ᄋᆞ와지이다.

므쇠로 텰릭을 ᄆᆞᆯ아 나ᄂᆞᆫ
므쇠로 텰릭을 ᄆᆞᆯ아 나ᄂᆞᆫ
鐵絲(텰ᄉᆞ)로 주롬 바고이다.
그 오시 다 헐어시아
그 오시 다 헐어시아
有德(유덕)ᄒᆞ신 님 여희아와지이다.

므쇠로 한쇼를 디여다가
므쇠로 한쇼를 디여다가
鐵樹山(텰수산)애 노호이다.
그 쇠 鐵草(텰초)를 머거아
그 쇠 鐵草(텰초)를 머거아
有德(유덕)ᄒᆞ신 님 여희아와지이다.

> 구스리 바회예 디신돌
> 구스리 바회예 디신돌
> 긴힛돈 그츠리잇가.
> 즈믄 히룰 외오곰 녀신돌
> 즈믄 히룰 외오곰 녀신돌
> 信(신)잇돈 그츠리잇가.

형태소 분석

- 딩아돌하 : 미상 분 딩(명사)+아(호격 조사)#돌ㅎ(ㅎ종성 체언)+아(호격 조사)
- 계샹이다 : 미상 참고 '겨시이다'의 이표기로 추정

> '계시이다'가 비타동사이므로 '계시거이다'와 같이 '-거-'가 나타나야 하지만 악장가사에서 비타동사 아래 '-아-/-어-' 등이 결합하는 예가 있어 '계샤아이다'로 분석할 수도 있다.

- 先王聖代예 : 태평 세월에
- 노니오와지이다 : 놀고 싶습니다 분 노니-(동사 어간)+-오-('-숩-'의 이형태, 객체 선어말 어미)+-아-(확인법 선어말 어미)+-지-(소망의 선어말 어미)+-이-(상대 높임 선어말 어미)+-다(평서형 종결어미)

> '노니다'가 비타동사이므로 '노니옵거지이다'이어야 하나, 악장가사에 비타동사 아래 타동사 표지가 나타나는 경향과 일치한다.

- 삭삭기 : 바삭바삭
- 셰몰애 : 가는 모래, 잔모래, 세사(細砂)
- 별헤 : 벼랑에 분 별ㅎ(ㅎ종성 체언)+에(처소 부사격 조사)
- 구은 : 구은 분 굽-(동사 어간)+-은(관형사형 어미)
- 심고이다 : 심었습니다 분 심-(동사 어간)+-오-(인칭법 선어말 어미)+-이(상대 높임 선어말 어미)+-다(평서형 종결 어미)
- 삭 나거시아 : 싹 나거든 분 삭(명사)#나-(동사 어간)+-거-(자동사 표지)+-시-(비존칭 선어말 어미)+-아(종속적 연결 어미)

> '거시야'는 15세기에 '거시샤'였으며, '거'는 앞말이 비타동사임을 나타낸다. 그리고 '시'는 '거아' 사이에 끼어들어 불연속적 형태소가 된다. '-시-'의 기능은 '밤', '곶', '옷'과 함께 '성군'과 관련되어 있기 때문에 높임의 대상으로 삼아 '-시-'가 사용되었다고 보기도 한다(김완진).

- 여희오와지이다 : 이별하고 싶습니다 분 여희-(동사 어간)+-오-(객체 높임 선어말 어미)+-아-(확인법 선어말 어미)+-지-(소망의 선어말 어미)+-이-(상대 높임 선어말 어미)+-다(평서형 종결 어미)

- 사교이다 : 새겼습니다 분 사기-(동사 어간)+-오-(인칭법 선어말 어미)+-이-(상대 높임 선어말 어미)+-다(평서형 종결 어미)
- 바회 : 바위 변 바회 > 바휘 > 바위(ㅎ탈락)
- 우희 : 위에 분 우ㅎ(ㅎ종성 체언)+의(부사격 조사)
- 接柱접듀ㅎ요이다 : 접주하였습니다
- 三同삼동 : 미상. '석 동', '세 묶음', '사방 삼백리의 땅', '여러 가지 색깔의 색이 어우러져 피는 모양' 등의 다양한 의미로 해석된다.
- 퓌거시아 : 핀 뒤에야 분 퓌-(동사 어간)+-거-(확인법 선어말 어미)+-시-(비존칭 선어말 어미)+-아(종속적 연결 어미)

> 고영근은 '퓌다'가 15세기라면 '프거시사'가 되어야 옳으므로 잘못 적은 어형이며, 그렇지 않다면 '퓌어시아'가 되어야 한다고 본다.

- 텰릭을 : 철릭(융복, 고관 대작이 입던 의복)을 분 텰릭(명사)+을(목적격 조사)
- 몰아 : 지어 분 모ᄅ[裁]-(동사 어간)+-아(종속적 연결 어미)
- 鐵絲텰ᄉ로 : 철사로
- 주롬 : 주름
- 바고이다 : 박았습니다 분 박-(동사 어간)+-오-(인칭법 선어말 어미)+-이-(상대 높임 선어말 어미)+-다(평서형 종결 어미)
- 헐어시아 : 헌 뒤에야 분 헐-(동사 어간)+-어-(확인법 선어말 어미, '-거-'의 이형태)+-시-(비존칭 선어말 어미)+-아(종속적 연결 어미)
- 한쇼를 : 큰 소를
- 디여다가 : 지어서, 주조하여다가, 주조하여 가지고 분 디-(동사 어간)+-어다가(종속적 연결 어미)

> '-어다가'는 현대 국어와 같이 타동사에 붙는 연결 어미이다.

- 노호이다 : 놓습니다 분 놓-(동사 어간)+-오-(인칭법 선어말 어미)+-이-(상대 높임 선어말 어미)+-다(평서형 종결 어미)
- 머거아 : 먹은 뒤에야 분 먹-(동사 어간)+-어아(종속적 연결 어미)
- 디신돌 : 떨어진들 분 디-(동사 어간)+-시-(비존칭 선어말 어미)+ㄴ들(보조사)
- 긴힛ᄃᆞᆫ : 끈인들, 끈이야 분 긴ㅎ(ㅎ종성 체언)+이ᄯᆞᆫ(보조사)

> 'ᄋᆞᆺᄃᆞᆫ'은 'ᅀᅡ'에 대립되는 비특수 보조사로 15세기에 나타난다.
> 예 므슴잇ᄃᆞᆫ 뮈우시리여<월인천강지곡 기 62>

- 그츠리잇가 : 끊어지겠습니까?
- 외오곰 녀신돌 : 외따로, 홀로 살아간다고 한들

6 쌍화점(雙花店)

雙花店에 雙花사라 가고신딘
回回아비 내손모글 주여이다
이말슴미 이店밧긔 나명들명
다로러 거디러
죠고맛감 삿기광대 네 마리라 호리라
더러둥셩 다리러디러 다리러디러 다로러 거디러 다로러
긔 자리예 나도 자라 가리라
위 위 다로러 거디러 다로러
긔잔딘 ᄀ티 덦거츠니 업다

三藏寺애 브를혀라 가고신
그뎔 寺主ㅣ 내손모글 주여이다
이말ᄉ미 이뎔밧긔 나명들명
다로러 거디러
죠고맛간 삿기 上座ㅣ 네 마리라 호리라

드레우므레 므를 길라 가고신
우뭇龍이 내손모글 주여이다
이 말ᄉ미 이우믈밧끠 나명들명끠
다로러거디러
죠고맛간 드레바가 네 마리라 호리라

술풀 지븨 수를 사라 가고신딘
그짓아비 내손모글 주여이다
이말ᄉ미 이집밧끠 나명들명
다로로 거디러
죠고맛간 싀구비가 네 마리라 호리라

형태소 분석

- 雙花(쏭화) : 만두
- 사라 : 사러. '-라'는 목적의 연결 어미
- 가고신딘 : 가니까

> '가고 있으니까(한글학회)'로 보기도 하나 정확하지 않으며, '-곤딘-'이라는 어미에 '-시-'가 개입된 것으로 보는 경우도 있으나 확실하지 않다. '-ㄴ딘'은 '-ㄴ즉슨, -니까는' 등의 의미를 지닌다.

- 回回(휘휘)아비 : 미상

  > 색목인 늙은이(양주동)로 보기도 하며 북방인(김완진)으로 보기도 한다. 그리고 서역인(박병채)로 보는 경우도 있다.

- 주여이다 : 쥐었습니다 🔠 쥐-(동사 어간, 동음 탈락)+-여('-어-'의 이형태, 타동사 표지 선어말 어미)+-이-(상대 높임 선어말 어미)+-다(평서형 종결어미)
- 말솜미 : 말씀이 🔠 말솜(명사)+미(주격 조사, 중철 표기)
- 밧긔 : 밖에 🔠 밧[外](명사, ㄱ곡용어)+의(특수 처소 부사격 조사)

  > 처소 부사격 조사는 '에/애/예'가 있으나, 이것의 예외로서 '이/의'가 있다. '이/의'는 이 부사격 조사만을 취하는 체언이 있다.
  > 예 • 이 : 앒[前], 낮[晝], 밭[田], 곶[花], 나모[木], 아춤[朝]
  >   • 의 : 집[家], 곁[傍], 녁[側], 적[時], 밑[下], 구무[穴]

- 나명들명 : 나며들며

  > 예 • 이링공 뎌링공ㅎ야 나즈란 디내와숀뎌<청산별곡>
  >   • 떼만흔 굴며기는 오명가명 ᄒ거든<도산12곡>

- 다로러거디러 : 미상

  > 의미가 없는 사설로 조흥구(양주동), 해금의 구음(口音)(정병욱) 등으로 본다.

- 죠고맛감 : 조그마한(관형사)

  > '죠고맛감'은 '죠고맛간', '죠고맛' 등의 이형태가 있다.

- 삿기 : 새끼
- 긔 자리예 : 그 자리에 🔠 그(대명사)+의(관형격 조사)#자리(명사)+예(부사격 조사)
- 덦거츠니 : 거친 것이, 정돈되지 못하고 어수선한 것이, 답답한 것이, 우울한 것이 🔠 덦거츨-(형용사 어간)+-은(관형사형 어미)#이(의존명사)
- 드레우므레 : 두레우물에 🔠 드레(명사)#우믈(명사)+에(부사격 조사)
- 우믓 : 우물에 🔠 우믈(명사, ㄹ탈락)+ㅅ(관형격 촉음)

  > '믈'의 'ㄹ'이 복합어 앞에서 촉음이 되어 나타난다.

- 폴 : 파는 🔠 폴-(동사 어간)+-ㄹ(관형사형 어미)
- 짓아비 : 지아비 🔠 집아비 > 짒아비(ㅂ탈락) > 짓아비
- 싀구비가 : 미상

  > '싀구비'를 '시궁에 쓰는 바가지'(양주동)나 '술바가지'(박병채) 등으로 해석한다.

7 상저가(相杵歌)

듥긔동 방해나 디허 히얘
게우즌 바비나 지서 히얘
아바님 어마님쯰 받줍고 히야해
남거시든 내머고리 히야얘 히야해

현대어역

쿵더쿵 덜커덩 방아나 찧어 히얘
거친 밥이나 지어서 히얘
부모님께 드리고 히야해
남으면 내가 먹으리 히야해히야해

형태소 분석

- 듥긔동 : 덜거덩
- 방해나 : 방아나 본 방하(명사)＋ㅣ나(보조사)
- 디허 : 찧어 본 딯－(동사 어간)＋－어(종속적 연결 어미)
- 히얘 : 노래의 가락을 맞추기 위해 쓰인 감탄사
- 게우즌 : 거친 본 게웃－(형용사 어간)＋－은(관형사형 어미)
- 바비나 : 밥이나 본 밥(명사)＋이나(보조사)
- 지서 : 지어 본 짓－(동사 어간)＋－어(종속적 연결 어미)
- 남거시든 : 남으면 본 남－(동사 어간)＋－거－(확인법 선어말 어미)＋－시－(비존칭 선어말 어미) ＋－든(종속적 연결 어미)
- 머고리 : 먹으리다 본 먹－(동사 어간)＋－오리('－오－＋－리－'의 결합, '오리이다'의 준말)

8 사모곡(思母曲)

호미도 눌히언마루는
낟ㄱ티 들리도 업스니이다
아바님도 어이어신마루는
위 덩더둥셩
어마님ㄱ티 괴시리 업세라
아소 님하
어마님ㄱ티 괴시리 업세라.

－『악장가사』

현대어역

호미도 날이지마는
낫과 같이 잘 들 까닭이 없습니다.
아버님도 부모님이시지만
위 덩더둥셩
어머님과 같이 사랑하실 분이 없도다.
아, 임이시여
어머님과 같이 사랑하실 분이 없도다.

형태소 분석

- 호미도 : 호미도 분 호미(명사)+도(보조사)
- 눌히언마ᄅᆞᄂᆞᆫ : 날이지마는 분 눌ㅎ(명사)+이(서술격 조사)+－어－(확인법 선어말 어미, '－거－'의 이형태)+－ㄴ－(선어말 어미)+마ᄅᆞᄂᆞᆫ(조사)
- 낟ᄀᆞ티 : 낫같이 분 낟(명사)#ᄀᆞᇀ－(형용사 어간)+－이(부사형 전성어미)
- 들리도 : 들 까닭도 분 들－(동사 어간)+－ㄹ(관형사형 어미)#이(의존명사)+도(보조사)
- 업스니이다 : 없습니다 분 없－(형용사 어간)+－으니－(원칙법 선어말 어미)+－이－(상대 높임 선어말 어미)+－다(평서형 종결어미)
- 어이어신마ᄅᆞᄂᆞᆫ : 어버이시지마는 분 어이[엇[母]+이(접미사)]+－어－(확인법 선어말 어미, '－거－'의 이형태)+－시－(주체 높임 선어말 어미)+－ㄴ－(선어말 어미)+마ᄅᆞᄂᆞᆫ(조사)
  변 엇[母]+이＞어시＞어ᅀᅵ＞어이＞어버이

  > '어이'는 '엇[母]+이(접미사)'의 결합으로 '어머니'를 뜻하나, 이 노래에서는 '어버이'의 의미를 지닌다.

- 괴시리 : 사랑하실 분이 분 괴－(동사 어간)+－시－(주체 높임 선어말 어미)+－ㄹ(관형사형 어미)#이(의존 명사)
- 업세라 : 없도다 분 없－(형용사 어간)+－에라(감탄형 종결 어미)
- 아소 : 향가 잔영으로 보는 근거

exercise
연습 문제

01 다음은 중세 국어 자료의 대화 내용을 알아보기 쉽게 재구성하여 이를 통해 알 수 있는 사실을 지도하려고 한다. 〈보기〉의 ㉠과 ㉡에 들어갈 말을 각각 쓰시오. [2점] 2009년도

(성문 아래에서 실을 꼬는 옥녀에게)
太 子: 네 어쩐 사루민다
玉女1: 내 龍王(용왕)ㅅ 밧門 자분 죠이로라
　　　 (더 들어가 안쪽 문으로 가서 은실을 꼬는 옥녀에게)
太 子: 그듸 龍王ㅅ 갓시 아니시니
玉女2: 龍王ㅅ 中門 자본 죠이로라
　　　 (더 들어가 안쪽 문으로 가서 황금실을 꼬는 옥녀에게)
太 子: 그듸 엇더니시니
玉女3: 나는 龍王ㅅ 안門 자본 죠이로라
太 子: 그듸 날 爲ᄒ야 大海龍王(대해용왕)씌 솔보듸……善友太子(선우태자)ㅣ 보ᅀᆞᄫᆞ라 왯다 ᄒ고라

(중략)

龍 王: 福德(복덕) ᄀᆞ즌 사름 아니면 이런 險(험)호 길헤 올 줄 업스니라 …… 먼 길헤 와 므스거슬 얻고져 ᄒ시ᄂᆞ고
太 子: 大王하 閻浮提(염부제)옛 一切 衆生(일체중생)이 옷 밥 爲ᄒ야 그지 업슨 受苦 (수고) 훑씨 이제 王끠 왼 녁 귀옛 如意摩尼寶珠(여의마니보주)를 비숩고져 ᄒ노이다.
(월인석보 22, 44~46)

―| 보기 |―
- '太子'는 '玉女'들이 '龍王'과 관련된 인물임을 안 뒤 그 전과는 달리 상대를 높이고 있다.
- '太子'는 '玉女3'이 '大海龍王'에게 전할 말을 (㉠) 인용하여 명령하고 있다.
- '玉女'들은 모두 '太子'를 상위자로 대접하지 않고 있다.
- '龍王'이 발화한 (㉡) 문장은 일반적인 중세 국어의 질서에서 벗어난 예외적인 것이다.

02 다음은 중세 국어 자료의 대화 내용을 알아보기 쉽게 재구성하여 이를 통해 알 수 있는 사실을 지도하려고 한다. 〈보기〉의 ㉠과 ㉡에 들어갈 말을 각각 쓰시오. [2점] 2010년도

> 수달 : 主人(주인)이 므슴 차바늘 손소 둔녀 밍ᄀ노닛가 太子(태자)를 請(청)ᄒᆞᅀᆞᄫᅡ 이받ᄌᆞᄫᆞ려 ᄒᆞ노닛가 大臣(대신)을 請ᄒᆞ야 이바도려 ᄒᆞ노닛가
> 호미 : 그리 아닝다
> 수달 : 婚姻(혼인) 위ᄒᆞ야 아ᅀᆞ미 오나ᄃᆞ 이바도려 ㉠ <u>ᄒᆞ노닛가</u>
> 호미 : 그리 아니라 부텨와 즁과를 請ᄒᆞᅀᆞᄫᆞ려 ᄒᆞ뇡다
> 수달 : ㉡ <u>엇뎨 부톄라 ᄒᆞ느닛가</u> 그 ᄠᅳ들 닐어쎠
> 호미 : 그듸는 아니 듣ᄌᆞᄫᅢᆻ더시닛가 淨飯王(정반왕) 아ᄃᆞ님 悉達(실달)이라 ᄒᆞ샤리 (……) 三世(삼세) 옛 이ᄅᆞᆯ 아ᄅᆞ실ᄊᆡ 부톄시라 ᄒᆞᄂᆡᆼ다
> 수달 : 엇뎨 쥬이라 ᄒᆞ느닛가
> 호미 : (……) 이 사ᄅᆞᆷ들히 다 神足(신족)이 自在(자재)ᄒᆞ야 衆生(중생)이 福田(복전)이 ᄃᆞ욀ᄊᆡ 쥬이라 ᄒᆞᄂᆡᆼ다
>
> – 『석보상절』

보기
- '수달'과 '호미'는 서로에게 (㉠)의 상대 높임법을 사용하고 있다.
- ㉠은 서술어의 주어와 화자가 일치함을 나타내는 표지가 사용된 것으로 볼 수 없는 예이다.
- ㉡에 사용되는 의문문은 형식과 달리 실질적으로 (㉡) 의문문으로 볼 수 있다.

03 다음은 중세 국어 자료를 통해 문법적 지식을 지도하려고 한다. 〈보기〉의 ㉠과 ㉡에 들어갈 말을 각각 쓰시오. 단, ㉠은 형태소를 분석하여 제시할 것. [2점] 2011년도

> 玉 華 宮
>
> 시내 횟돈 ᄃᆡ 숤 ᄇᆞᄅᆞ미 기리 부ᄂᆞ니
> 프른 쥐 녯 디샛 서리예 <u>숨ᄂᆞ다</u>
> 아디 몯ᄒᆞ리로다 <u>어느 님긊</u> 宮殿고
> 기튼 지은 거시 <u>노푼 石壁ㅅ 아래로다</u>
> 어득ᄒᆞᆫ 房앤 귓거싀 브리 프ᄅᆞ고
> 믈어딘 길헨 슬픈 므리 흐르놋다
> 여러 가짓 소리 <u>眞實ㅅ</u> 뎌와 피릿 소리 <u>ᄀᆞ도소니</u>
> ᄀᆞᅀᆞᆶ 비치 正히 ᄀᆞᆺᄀᆞᆺᄒᆞ도다
>
> – 『두시언해』

보기
밑줄 그은 'ᄀᆞ도소니'는 (㉠)(으)로 분석되며, 'ᄀᆞ도소니'가 (㉡)의 결과로 'ᄀᆞ도소니'로 변화한 것이다.

04
다음은 중세 국어 자료를 바탕으로 하여 문법적 지식을 지도하고자 한다. 〈보기〉의 ㉠과 ㉡에 들어갈 말을 각각 쓰시오. [2점] 2012년도

> 潘綜(반종)이 아비 더블오 도죽 ㉠ <u>뽀처</u> 가더니
> 아비 닐오듸 "㉡ <u>내</u> 늘거 설리 몯 가리로소니 네나 살아라" ᄒ고 짜해 앉거늘
> 潘綜이 다ᄃᆞ기 그에 마조 가 머리 조아 닐오듸 "아비 늘그니 ㉢ <u>사ᄅᆞ쇼셔</u>"
> 도즈기 다ᄃᆞ거늘 그 아비 또 請호듸 "㉣ <u>내</u> 아ᄃᆞ리 날 爲ᄒᆞ야 잇ᄂᆞ니 내사 주거도 므던커니와 이 아ᄃᆞᄅᆞᆯ ㉤ <u>사ᄅᆞ고라</u>"
> 도즈기 그 아비ᄅᆞᆯ ㉥ <u>버히거늘</u> 潘綜이 아비ᄅᆞᆯ 안고 업데어늘
> ―〈삼강행실도 효자도 20〉

보기
- ㉠은 '뽗―'의 사동사 '뽀치―'에 연결 어미 '―어'가 결합한 것으로 (㉠   )의 의미이다.
- ㉡과 ㉣은 형태는 동일하게 나타나지만 문장 성분은 다르다.
- ㉢은 동사 '살―'에 명령형 어미 '―쇼셔'가 결합한 것으로 '살리소서'라는 의미로 사용된다.
- ㉢과 ㉤은 청자가 동일하지만 다른 등급의 상대 높임 어미를 사용하였다.
- ㉥은 연결 어미 '―어늘/거늘'이 (㉡   )되어 가는 과정을 보여 준다.

05
다음은 중세 국어 자료를 바탕으로 하여 문법적 지식을 지도하고자 한다. 〈보기〉의 ㉠과 ㉡에 들어갈 말을 각각 쓰시오. [2점] 2013년도

> 그ᄢᅴ 善慧 부텻긔 가아 出家ᄒᆞ샤 世尊ㅅ긔 ᄉᆞᆯᄫᆞ샤듸 <u>내 어저ᄭᅴ</u> 다ᄉᆞᆺ 가짓 ᄭᅮ믈 ᄭᅮ우니 ᄒᆞ나ᄒᆞᆫ 바ᄅᆞ래 누보며 둘흔 須彌山ᄋᆞᆯ 볘며 세흔 衆生들히 <u>내 몸</u> 안해 들며 네흔 소내 ᄒᆡᄅᆞᆯ 자ᄇᆞ며 다ᄉᆞᆺ 소내 ᄃᆞᄅᆞᆯ 자보니 世尊하 날 爲ᄒᆞ야 니ᄅᆞ쇼셔
> ―〈월인석보〉

보기
'내 어저ᄭᅴ'의 '내'의 문장 성분은 (㉠   )(이)고 '내 몸'의 '내'의 문장 성분은 (㉡   )(이)다.

06

다음은 근대 국어를 지도하기 위한 교수·학습 자료이다. 자료를 고려하여 〈작성 방법〉에 따라 서술하시오. [4점]

> 너는 高麗ㅅ사름이어니 또 엇디 漢語 니룸을 잘 ᄒᆞᄂᆞ뇨. 내 漢ㅅ사름의손ᄃᆡ 글 ᄇᆡ호니 이런 젼ᄎᆞ로 져기 漢ㅅ말을 아노라. 네 뉘손ᄃᆡ 글 ᄇᆡ혼다. 내 漢 혹당의셔 글 ᄇᆡ호라. 네 므슴 글을 ᄇᆡ혼다. 論語 孟子 小學을 닐그롸. 네 每日 므슴 공부ᄒᆞᄂᆞ다. 每日 이른 새배 니러 學堂의 가 스승님ᄭᅴ 글 ᄇᆡ호고 學堂의셔 노하든 집의 와 밥 먹기 ᄆᆞᆺ고 또 혹당의 가셔 품쓰기 ᄒᆞ고 셔품쓰기 ᄆᆞᆺ고 년구ᄒᆞ기 ᄒᆞ고 년구ᄒᆞ기 ᄆᆞᆺ고 글읇기 ᄒᆞ고 글읇기 ᄆᆞᆺ고 스승 앏픠셔 글을 강ᄒᆞ노라. 므슴 글을 강ᄒᆞᄂᆞ뇨. 小學 論語 孟子를 강ᄒᆞ노라.
>
> 『노걸대언해』, 현종 11년(1670년)

〈주요 학습 항목〉
- 명사형 어미 : 사룸, 니룸, 품쓰기, 셔품쓰기, 년구ᄒᆞ기, 글읇기
- 의문형 어미 : ᄇᆡ혼다, 공부ᄒᆞᄂᆞ다
- 평서형 어미 : 아노라, 강ᄒᆞ노라
- 부사격 조사 : 사름의손ᄃᆡ, 뉘손ᄃᆡ
- 중철 표기 : 앏픠셔

항목	수정 내용	수정 이유
명사형 어미	'사룸, 니룸' 삭제	'사룸, 니룸'의 '-ㅁ'은 명사파생 접미사에 해당하는 예이다.
의문형 어미		
평서형 어미		
부사격 조사		

― 작성 방법 ―
- 자료와 주요 학습 항목을 고려하여 '수정 내용'에 추가하거나 삭제할 내용을 제시할 것.
- 수정 내용에 따라 수정 이유를 근거로 들어 설명할 것.

07 다음은 중세 국어 자료의 대화 내용을 재구성한 자료이다. 자료에 대한 〈보기1〉의 학생들의 탐구 결과를 수정하여 지도할 내용을 〈보기2〉의 지시에 따라 서술하시오. [4점]

鳩留國 婆羅門이 아히 어더 지븨 도라니거늘 가시 마조 그지조디
가시 : 엇뎨 추마 그 눗 가지고 도라온다 이 아기내는 國王ㅅ 孫子ㅣ어늘 어엿비 아니 너겨 모미
 다 ㉠ <u>혈의 틴다</u> 어셔 드려다가 프라 브릃 스르몰 사오 오라
 <중략>
長者 : 太子ㅅ 布施ᄒᆞ시논 ᄆᆞᅀᆞ미 이데도록 ᄒᆞ시니 이제 아ᅀᆞ면 太子ㅅ 本來ㅅ 뜨데 그르츠리
 니 ㉡ <u>王끠</u> 슬ᄫᅡᅀᅡ ᄒᆞ리라 王이 아르시면 사내시리라
 ᄒᆞ야ᄂᆞᆯ 아니 아ᅀᆞ니라 모든 臣下ㅣ 王끠 슬보디
臣下들 : 大王ㅅ 두 孫子를 婆羅門이 드려 왜셔 ᄑᆞᄂᆞ이다
 王이 드르시고 ᄀᆞ장 놀라샤 즉재
王 : 婆羅門이 아기 드려 드러오라
 ᄒᆞ시고 王과 夫人과 臣下들콰 大闕ㅅ 각시들히 두 아기를 ᄇᆞ라고 모골 메여 ᄒᆞ더니 王이 두
아기를 브르샤
王 : 오나라 ㉢ <u>안져</u>
 ᄒᆞ신대 아기내 울오 아니 안기ᅀᆞᆸ더니 王이 婆羅門ᄃᆞ려 무르샤디
王 : 이 아기 갑슬 언마 바들따
 <중략>
王이 더욱 슬ᄒᆞ샤 즉재 그 말다히 비들 내시고 다시 블러 안져 ᄒᆞ신대 두 아기 王끠 나ᅀᅡ가니라
王이 두 孫子 아ᄂᆞ시고 두루 ᄆᆞ니시며 무르샤디
王네 : 아비 뫼해 이셔 므스글 머그며 므스글 닙더뇨
두 아기 : 나못 여름과 ᄂᆞᄆᆞᆯ콰 먹고 褐로 옷 ᄒᆞ야 닙고 온 가짓 새와 서르 즐기고 쏘 시름 ᄆᆞᅀᆞ미
 업더이다
王 : (즉재) 婆羅門을 에라
아들 아기 : 이 婆羅門이 하 비 골햇ᄂᆞ니 바ᄇᆞᆯ 주라 ᄒᆞ쇼셔
王 : 怒홉디 아니콴디 바ᄇᆞᆯ ㉣ <u>주고라</u> ᄒᆞᄂᆞ다

(월인석보 권22 : 56~60)

┤보기├

모둠A : ㉠은 '의'는 후행하는 동사 '틴다'를 수식하는 부사격 조사로 파악됩니다.
모둠B : ㉡의 '王끠'에서 '끠'는 현대 국어에서 높임 명사와 결합하는 '께서'와 마찬가지로 주격 조
 사로 생각되는데요.
모둠C : ㉢의 '안져'는 '앉-+-여'가 결합된 것으로, 평서형 어미 '-어'의 이형태로 보입니다.
모둠D : ㉣의 '주고라'에서 '-고라'는 종속적 연결 어미라고 생각하는데요.

┤작성 방법├

• 학생들의 탐구 결과를 자료로 하여 수정하여 지도할 내용을 제시할 것.
• 지도 내용은 구체적인 근거를 들어 제시할 것.

이 책의 참고문헌
REFERENCE

국립국어원(1996), 『국어의 시대별 변천·실태 연구 1 : 중세 국어』, 국립국어연구원.

_____(1997), 『국어의 시대별 변천·실태 연구 2 : 근대 국어』, 국립국어연구원.

국어연구소(2003), 『국어 어문 규정집』, 대한교과서.

강규선 외(2006), 『훈민정음 연구』, 청운.

강신항(2008), 『수정증보 훈민정음연구』, 성균관대학교 출판부.

_____(2010), 『훈민정음 창제와 연구사』, 도서출판 경진.

고영근(1997), 『중세어 자료 강해』, 집문당.

_____(2008). 『표준 중세 국어 문법론』. 집문당.

구본관 외(2016), 『한국어 문법 총론Ⅱ』, 집문당.

권재일(1998), 『한국어 문법사』, 박이정.

김기종(2018), 『역주월인천강지곡』, 보고사.

김남미(2006), 「/Xㅸ-/계 어간의 재구조화와 음운 과정」, 『국어학』48, 국어학회.

김성규(1996), 『중세 국어 음운』, 『국어의 시대별 변천 연구』, 국립국어연구원.

김영욱(1990), 「중세국어 관형격조사 '익/의, ㅅ'의 기술과 관련된 문제해결을 위하여」, 『주시경학보』6, 주시경연구소.

김재호(1990), 『두시언해 강의』, 학문사.

김정수(2010), 『역주 삼강행실도』, 세종대왕 기념사업회.

남광우(2007), 『교학 고어사전』, 교학사.

남성우(2006), 『16세기 국어의 동의어 연구』, 박이정, 2006.

_____(2007), 『국어사 연구와 자료』, 태학사.

남기심·고영근(1985). 『표준 국어 문법론』. 탑출판사.

_____(2000), 『고교 문법 자습서』, 탑출판사.

남성우(2006), 『16세기 국어의 동의어 연구』, 박이정.

류준경(2008), 『의유당관북유람일기』, 신구문화사.

김정수(2010), 『역주삼강행실도』, 세종대왕기념사업회.

안병희·이광호(1997), 『중세 국어 문법론』, 학연사.

안병희·윤용선·이호권(2006), 『중세 국어 연습』, 한국방송대학교 출판부.
유창균(1998), 『훈민정음 역주』, 형설출판사.
이광호(2009), 「'므스'와 '므슥/므슴/므슷'의 의미특성 및 형태변화」, 『국어국문학』151, 국어국문학회.
이기문(1998), 『신정판 국어사개설』, 태학사.
이선영·이승희, 『내훈』, 채륜.
이익섭(1992), 『국어 표기법 연구』, 서울대학교 출판부.
_____(2000), 『국어학 개설』, 학연사.
조규태(2006), 『개정판 용비어천가』, 한국문화사.
조남호(1996), 『국어의 시대별 변천·실태 연구 1 : 중세 국어』, 국립국어연구원.
_____(1997), 『국어의 시대별 변천·실태 연구 2 : 근대 국어』, 국립국어연구원.
황문환(1986), 「'조선 시대 언간과 국어 생활」, 『새국어생활』12-2, 국립국어원.

자료
『법화경언해』권2
『석보상절』권6
『석보상절』권11
『석보상절』권13
『석보상절』권19
『석보상절』권23
『석보상절』권24
『월인석보』권7
『월인석보』권8
『월인석보』권20
『월인석보』권22
『월인석보』권23

학교문법의 이해-중세문법

2020년 10월 5일 초판 1쇄 인쇄 | 2020년 10월 12일 초판 1쇄 발행

저자 이영택 | **발행인** 장진혁 | **발행처** (주)형설이엠제이
주소 서울시 마포구 월드컵북로 402 KGIT 상암센터 1212호 | **전화** (070) 4896-6052~3
등록 제2014-000262호 | **홈페이지** www.emj.co.kr | **e-mail** emj@emj.co.kr
공급 형설출판사

정가 20,000원

© 2020 이영택 All Rights Reserved.

ISBN 979-11-86320-78-5 93700

* 이 책은 저작권법에 의해 보호를 받는 저작물이므로 동영상 제작 및 무단전재와 복제를 금합니다.

> 이 도서의 국립중앙도서관 출판시도서목록(CIP)은 서지정보유통지원시스템 홈페이지(http://seoji.nl.go.kr)와
> 국가자료공동목록시스템(http://www.nl.go.kr/kolisnet)에서 이용하실 수 있습니다.(CIP제어번호 : CIP2020034946)

중세문법 학교문법의 이해

Memo

Memo